第二届中国民族旅游论坛文集

# ZHONGGUO MINZU LÜYOU YANJIU(2011JUAN)

# 中国民族旅游研究

（2011卷）

中国人类学民族学研究会民族旅游专业委员会
桂 林 理 工 大 学 民 族 旅 游 研 究 中 心

吴忠军 邱平伟 主编
杨主泉 副主编

北京·旅游教育出版社

# 编写委员会

**顾问**

周明甫（全国政协民族和宗教委员会原副主任、中国人类学民族学研究会常务副会长）

戴斌（中国旅游研究院院长、教授、博导）

**主任委员**

黄忠彩（国家民委民族问题研究中心副主任、巡视员，中国人类学民族学研究会秘书长）

**副主任委员**

吴忠军（桂林理工大学民族旅游研究中心主任、旅游学院副院长、教授）

**委员（以下按姓氏拼音排序）**

程道品（桂林理工大学研究生处处长、博导、教授）

邸平伟（青海民族大学工商管理学院书记、教授）

龚　锐（贵州民族大学旅游与航空服务学院院长、教授）

金海龙（琼州学院旅游管理学院院长、教授）

李　雯（内蒙古师范大学旅游学院院长、教授）

明庆忠（云南师范大学旅游与地理科学学院院长、博导、教授）

孙丽坤（大连民族学院旅游系主任、教授）

唐晓云（中国旅游研究院、副教授）

王　凯（北方民族大学管理学院旅游系主任、副教授）

杨正文（西南民族大学西南民族研究院副院长、博导、教授）

朱普选（西藏民族学院管理学院副院长、教授）

# 前　言

旅游业作为促进我国民族地区社会经济发展的重要支柱产业，其发展势头对民族地区经济发展、社会和谐稳定和民族团结的影响，日益显著。随着国家西部大开发战略稳步推进，旅游业已上升为国民经济的战略性支柱产业，民族地区得天独厚的旅游资源条件及其旅游业良好的发展势头，使民族旅游研究日益受到政府和学界的重视，民族旅游研究也不断深入，呈现出广阔的学术发展前景。

为了贯彻《国务院关于加快发展旅游业的意见》（国发〔2009〕41号）和《国务院关于进一步繁荣发展少数民族文化事业的若干意见》（国发〔2009〕29号）中关于发展民族旅游产业的相关指示和精神，推动中国民族旅游研究水平，加强学界之间、学界与政府之间的成果交流，形成中国民族旅游发展共识，总结一批全国民族地区旅游发展的典型案例和经验，以民族旅游研究理论指导民族地区旅游发展实践，促进民族地区经济发展、社会稳定、民族团结，在中国人类学民族学研究会下成立民族旅游专业委员会，整合国内不同地域、不同学科背景、不同研究机构的研究人员共同就民族旅游研究领域的问题进行深入有效的研究交流，显得很有必要，很有意义。在专业委员会的组织下召开中国民族旅游论坛，定期回顾总结和展望国内的民族旅游业和民族旅游研究，这必将大大提升本领域的研究水平，指导民族地区旅游发展实践，促进民族地区旅游业的发展！

当前，我国民族地区的社会发展进入了一个新的历史时期，也面临着一些突出的矛盾和问题，通过社会经济发展解决民族地区在新形势下遇到的新情况，民族旅游应发挥出积极和有效的作用，这就要求我们民族旅游研究工作者要以更加负责的研究态度、更加科学的研究方法，坚持理论联系实际，适应新形势的要求，认真研究解决民族旅游发展过程中的重大理论和实践问题，多出成果、出好成果、出能解决实际问题的成果，努力把民族旅游专业委员会建设成为民族旅游研究交流的平台、民族地区政府部门旅游管理决策的"智库"，为民族地区的旅游发展作出贡献！

为充分反映论坛取得的学术成果，共享资源，在征得了与会专家、学者的同意后，将在每次论坛结束后选择部分论文结集出版。因本书篇幅有限，仍有一些优秀的论文未能收录，对此我们深表歉意。同时，书中难免存在不足之处，敬请广大读者提出宝贵意见和建议。

中国人类学民族学研究会民族旅游专业委员会主任　**吴忠军**

# 目录

交流·共识·合作
——第二届中国民族旅游论坛纪要 …… 邱平伟 1
诗意的想象还是现实的同行
——在第二届民族旅游论坛上的演讲 …… 戴斌 4
共享的信仰:壮族旅游开发的跨文化性研究 …… 黄爱莲 9
少数民族村寨居民对旅游业发展认知的比较研究
——以广西金秀县为例 …… 刘宏盈 韦复生 16
企业人类学视角下的民族旅游景区治理研究
——以广西三江县程阳桥景区为例 …… 张瑾 24
桂台民族文化与两岸旅游合作 …… 赵明龙 35
龙脊平安寨的发展模式对中国现代化的启示 …… 李富强 44
二维理性视阈下的民族村寨旅游实践 …… 杨艺 60
民族旅游学科建设与人才培养研究 …… 吴忠军 杨主泉 68
民族旅游中的族群与族群关系
——广西龙脊的案例 …… 吴忠军 王佳果 78
民族村寨旅游地家庭旅馆同质化经营的形成机制与化解对策 …… 陈志永 吴亚平 92
民族地区乡村旅游可持续发展研究
——以广西恭城红岩新村为例 …… 邓敏 105
民族旅游地居民对文化景观变迁的感知研究
——以龙胜平安寨为例 …… 甘智文 杨主泉 112
民族旅游与民族团结进步浅论 …… 罗树杰 125
基于体验的民族村寨旅游产品设计
——以贵州黔东南少数民族村寨为例 …… 罗永常 133

社区参与旅游发展的困境与对策研究 …………………………… 刘宏芳 明庆忠 139
关于生态博物馆乡村旅游可持续发展的思考
——以贵州镇山村为例 ………………………………………………… 盘晓愚 148
民族文化主题酒店:民族文化传承与休闲旅游发展互动的新载体
——以云南民族文化主题酒店为例……………… 程 程 邓小威 明庆忠 155
少数民族地区“农家乐”乡村旅游的可持续发展研究
——以宁夏为例 ………………………………………………………… 许丽君 161
“点—轴系统”理论在环青海湖旅游圈开发中的应用 ……………… 赵丽华 167
民族旅游原真性与创新性发展 ……………………………………… 周作明 173
旅游时代:一座苗族村寨的演变史
——以千户苗寨西江为例………………………………… 余达忠 陆 燕 187
基于社区参与的民族特色民居型“农家乐”发展研究
——以雷山西江千户苗寨为例…………………………………………… 钟 珺 196
蒙古族非物质文化遗产旅游开发探讨 ……………………………………… 郭利峰 204
科学发展兴旅游:长阳的经验与启示……………………………… 李忠斌 文晓国 211
“民族文化圈”区域旅游开发模式研究
——以湘桂黔边“侗族文化旅游圈”为例 ……………………… 石 伟 李 慧 217
基于社会性别分析的旅游地居民旅游就业探讨…………………… 项 萌 程道品 231
旅游开发与壮族梯田稻作文化生态的保护和发展
——对广西桂林龙脊古壮寨的个案研究…………………………………… 杨 艺 242
旅游背景下桂北民族村寨文化景观演变研究
——以广西平安、大寨为例………………………………… 吴忠军 陈东芝 249
论“白沙细乐”的旅游境遇
——管窥民族音乐遗产的旅游场域传承 ……………………………… 赵红梅 256
黔东南民族村寨农村劳动力与发展旅游业的关系研究…………………… 钟 珺 268
民族旅游内在矛盾与民族旅游规划管理研究
——以长阳土家族旅游为例 …………………………………………… 马晓京 283
景点与社区叠合式旅游开发模式研究
——以云南省玉溪市新平县南村为个案…………………… 辛立波 杨 慧 293
西南民族村镇旅游促进民族社区可持续生计研究 ……………………… 邢启顺 305

民族旅游地的旅游商品开发探讨
——以丽江古城为例 …………………………… 光映炯　张晓萍　和灿芬　315

民族地区文化遗产景观的保护与旅游开发研究
——以青藏铁路沿线及周边地区为例 ……………………………………… 邱平伟　324

民族地区旅游投资开发模式研究………………………………… 梁福兴　覃　澄　334

在震撼中触摸青海高原人的心灵
——谈开发青海民族旅游文化的新思路 ……………………………… 贾晞儒　338

# 交流·共识·合作

## ——第二届中国民族旅游论坛纪要

邸平伟
(青海民族大学工商管理学院,青海西宁,810007)

2011年7月21—24日,由中国人类学民族学研究会主办,中国人类学民族学研究会民族旅游专业委员会、青海民族大学、青海藏文化馆承办,《旅游论坛》杂志社协办的第二届中国民族旅游论坛在"夏都"西宁市的青海民族大学顺利召开。来自12个省、市、自治区的旅游专家、学者和业界人士共计30多家单位代表、80余人参加了会议。国家民委政策法规司黄忠彩司长、中国旅游研究院院长戴斌教授、中山大学旅游学院孙九霞教授等知名学者也应邀出席了会议。论坛围绕"民族旅游与民族团结、民族旅游与文化遗产、民族旅游的转型升级、民族旅游与人才培养"的话题展开,旨在进一步整合民族旅游研究的力量,起到在学术前沿的引导作用,推进我国民族旅游工作,为民族地区经济和谐发展、社会稳定、民族团结作出新贡献。

本次论坛分为主题报告、分组研讨和学术考察三项议程。在开幕式的主题报告中,大会邀请了5位专家、学者发言。两个分组的小组讨论中,与会代表积极发言、踊跃讨论,从民族旅游的理论、观念到具体产业实践、操作进行了有效的交流探讨,碰撞产生出了不少新的学术观点和见解。在闭幕式上,民族旅游专业委员会主任吴忠军教授对本次论坛进行了总结,并对专业委员会今后的发展提出了建议。在学术考察过程中,与会代表参观了著名的藏传佛教圣地塔尔寺,感受神奇、神秘的藏传佛教文化;参观了融合传统文化元素和现代科技魅力的青海藏文化馆,并题字留念;参观了互助土族自治县的西部土族民族风情园,多姿多彩的土族风情和载歌载舞的互动参与活动给与会代表留下了深刻印象。

### 一、主题发言

中国旅游研究院院长戴斌教授从民族旅游的内涵谈起,就西部民族旅游开发中现实与理想的落差、现代与传统的落差、发达与落后的落差等问题进行了富于人文关怀

[作者简介] 邸平伟,男,青海民族大学工商管理学院书记、教授。

的论述,戴院长认为当代中国民族旅游的伟大实践为我们民族旅游研究提供了前所未有的历史机遇,希望民族旅游研究者能把学术理论研究同产业实践有机结合,探索出有中国特色的民族旅游研究发展道路。

中山大学旅游学院孙九霞教授在主题演讲中认为旅游发展是民族地区乡村城市化的第三条道路。贵州民族学院旅游与航空服务学院院长龚锐博士则结合自身从事文化旅游策划的切身经历谈论了民族地区旅游发展中文化展演的一些问题。青海民族大学贾晞儒教授作为主办方代表,就青海民族文化的旅游开发谈了自己的一些思路。此外,本次论坛特别邀请了民族旅游产业的业界精英代表——青海藏文化馆馆长易志刚就藏文化馆的文化创意和文化产业发展情况作精彩发言。

## 二、专题会议

### (一)民族旅游与民族团结

民族旅游专业委员会主任、桂林理工大学民族旅游研究中心主任吴忠军教授结合一个典型民族旅游地——广西龙脊的案例,对民族旅游发展中族群文化建构和族群形象塑造、族群文化认同等问题进行分析。武夷学院周作明教授认为只要守住民族核心文化就可以推陈出新,同时,旅游创新中需要注意民族文化重构、整合。中国社会科学研究院刘晓春博士首先以4个民族村寨为个案,对民族村寨旅游的主体行为、文化表象、资源开发、发展模式等问题进行了探讨。北方民族大学宋莉副教授从穆斯林的角度去谈民俗旅游,反映了研究宗教旅游的学者会遇到来自各方面的阻力,尤其是遇到当地回族的排斥,提出对民族旅游开发需要做到对当地民族的充分尊重。青海交通职业技术学院赵丽华副教授运用"点—轴系统"理论探讨环青海湖旅游圈的开发,认为这种方法能减少区域内部由于利益分配引起的掣肘现象,形成发展旅游业的合力。

### (二)民族旅游与文化遗产

贵州大学金颖若教授认为民族旅游的开发需要承载旅游活动的时空环境,集市对旅游业的意义在于"经济搭台,文化唱戏"。青海藏文化馆易志刚馆长结合青海藏文化馆的实践经验,提出了文化产业的发展新路。黑龙江大学朱桂凤教授认为必须让研究者将文化的焦点对准经济,用文化产业的视角来重新审视满族民俗文化开发的问题。贵州大学盘晓愚教授以贵州镇山村为例,对生态博物馆乡村旅游可持续发展作了深度探讨,提出了实现乡村旅游可持续发展的途径。黑龙江大学祁颖教授探讨了如何使隐性转化为显性,提出发掘10个当地少数民族的旅游文化和旅游资源、增强认知程度和吸引力需要更多的建议和思路。青海民族大学先巴教授就塔尔寺旅游开发的现状和问题,提出了其开发应当遵循的建议。宁夏大学杨学燕老师以纳家户回族文化开发为例,探讨了回族文化开发的4个原则。青海省旅游规划研究院窦建科规划师以实际参与的青海河南蒙古族自治县旅游规划为例,得出了文化是旅游的灵魂,项目是规划的核心,保护是规划的责任必须植根于当地的民族文化等结论。

(三)民族旅游的转型升级

西藏民族学院朱普选教授用共生理论探讨拉萨旅游产品开发中存在的问题,认为第一个共生关系是旅游产品内部各种旅游产品的关系,第二个共生关系是各个部门形成的相互关系。青海民族大学邸平伟教授以青海省旅游发展为例,探讨了青海民族旅游业转型升级的对策,提出了民族地区旅游业的转型升级关键。桂林理工大学李少游教授探讨了内蒙古赤峰市旅游产品结构优化的问题,提出了赤峰旅游产品结构优化的对策。青海民族大学卓玛措教授从地理区位、经济区位、文化区位的角度分析青海旅游业发展存在的劣势,同时分析了发展"大美青海"的优势。琼州学院黄丽华老师就海南发展民族旅游的优势及其对国际旅游岛建设的积极推动作用和存在的缺陷,以及如何发展民族旅游、保护民族文化提出了一些意见和建议。

(四)民族旅游与人才培养

宁夏大学许丽君教授提出民族地区农家乐发展需要从服务质量标准化、从业人员专业化、产品经营品牌化等方面加强。桂林理工大学杨主泉副教授在分析民族地区旅游发展和旅游教育的基础上,提出了民族旅游学科构建的思路,并提出了民族旅游专业人才培养的相应对策。

**三、达成共识**

在本次的论坛中,与会代表还讨论了民族旅游专业委员会今后发展的一些问题,并讨论通过了《关于进一步加快我国民族地区旅游业持续健康发展的建议》、《关于编辑出版〈中国民族旅游研究〉和〈中国民族地区旅游业发展报告〉的建议》、《关于成立民族旅游教材编写委员会的建议》、《中国人类学民族学研究会民族旅游专业委员会会费标准》四份文件。

本届中国民族旅游论坛是中国民族旅游界的一次盛会,不仅为参会嘉宾及代表提供了交流的机会,也将为中国民族旅游学术研究和民族旅游的创新发展起到积极的推进作用。

# 诗意的想象还是现实的同行

## ——在第二届民族旅游论坛上的演讲

中国旅游研究院院长　戴　斌

(2011.7.21 青海西宁)

老师们,同学们:

对于民族旅游,在座各位专家学者应该比我研究得更为深入。今天早上我专门请教了中山大学的孙九霞教授,简单学习了一些民族学的基础常识。去年我在厦门大学主持博士学位论文答辩,有一位叫张进福的年轻学者写了一篇关于西藏朝圣旅游的博士论文,研究功底很扎实,尤其是他对民族旅游的研究方法让我很受感动,他是把自己作为一个普通游客,在同行中去了解、去触摸所写对象的,当时我给的评价是优秀。举一个民族旅游现实中的小例子,我曾经遇到有的游客到达坂城问导游,达坂城的姑娘为什么辫子不长啊,歌曲里不都是那样唱的吗,导游说辫子长的姑娘都被娶走了。这是笑话,但是反映了旅游活动中诗意与现实的落差,还有传统与现代的反差。

当前,民族旅游研究已经处于学术建构的理性自觉与产业实践的利益驱动的双重推动中,有遥相呼应的现实空间,更多的则是学术与实践的各自表达。无论是学术建构还是产业实践,更多的是学术界、政府和产业主体对民族地区的主观想象。哪怕这种想象是诗意的,也无法回避这样一个事实:民族地区世居者的自我认同与发展选择的权利被有意无意地遮蔽或者遗忘了。我们总是从理论出发或者从市场开发的角度出发,希望发展民族旅游要保持原真性,难道让一个地方的老百姓与现代生活方式相分离就是原真性吗?当我们想让世居者保持他们原有的生活方式和生产方式的时候,我们更要认识并充分尊重他们同样有获得发展的需要、享受现代化生产和生活文明的需要。这里的年轻人有接受现代教育的需求,他们不是只愿意在山里对对山歌,如果有可能,他们也希望看电影、泡酒吧、蹦迪、唱歌,希望跟城市里的年轻人一样能够端着红酒杯,聊聊龚琳娜的歌曲《忐忑》和《丢丢铜》,尽管《丢丢铜》还是苗族民族歌曲。所以我们需要思考保护什么样的原真性,如何在传统与现代之间寻求一种均衡。纯而又纯的原真性可能只是理论的想象。目前我国民族地区贫困人口达到700多万,而今天都市年轻人随便消费上万块购买一件奢侈品,就足够一个落后地区的家庭一年的生活费。从游客视角的想象,是不是有意无意地忽视了民族地区的旅游发展现状和经济社会相对落后的现实?一个地方的旅游经济发展如果不能给原住民带来生活品质的改善和提升,那么发展旅游的真正意义就没有实现。

为了迎合旅游者的想象,《印象·丽江》、《印象·刘三姐》等舞台表演成为传递民族文化而专门设计出来的门户产品。越来越多的旅游开发案例通过舞台表演的真实,用镜头放大民族文化的特质,传递民族旅游资源。如果把生活方式视为一种旅游资源,我们是不是把民族地区的旅游发展方式狭窄化了?广西的龙脊梯田很美,很多年轻人喜欢在那里生活,客房供不应求。还有张家界的梯马神歌,丽江的纳西古乐、临沧的佤王宴的表演,等等,我都很受感动,但我也在想这些是不是老百姓现实生活中真正需要的?这些节目中,组织者让人们在固定的场所、固定的时间去给游客演那些原本只是有特定的时间或节事活动中才呈现的划船、唱歌、背新娘等活动,是不是符合旅游伦理?说实话,每当当地的老百姓对我表达热情的时候,我会手足无措。我知道他们是出于礼貌和热情,但是我会想当他们的子女长大以后回忆起他们的父母为了获得旅游发展的资金或政策支持而去迎合外来的客人时,他们会认为这是一个值得骄傲的时代,还是一个需要从记忆中抹去的时代?

从政府开发的角度来看,民族地区旅游发展也更多是一种想象。比如地方政府对本土资源的认识,会不会存在有意夸张和盲目拔高的现象?中国人谁不说咱家乡好呢?我见过一些地方领导谈起本地旅游资源滔滔不绝、赞不绝口。我们要考虑的这些本地人引以为豪的东西是不是构成旅游产业的必然组成部分?来到青海,我们看到美丽的山川、丰富多彩的民族文化、宗教文化,但是游客吃、住、行、游、购、娱的现实需求能不能得到有效解决?我们看到我国台湾地区有很多族群,虽然当地老百姓对这些民族的差异和特点了解得很清楚,但一般游客做不到。从学术意义上考查出来的差异很多时候并不能构成旅游产品,游客也往往不会被这一点点差异所吸引。因此,政府在旅游开发过程中,如果也靠一种想象去推动,就很可能会与实际脱节,也与旅游经济发展的客观规律相背离。

民族地区的旅游发展依然受到非均衡的地区结构与相对滞后的生产要素的制约。现在,更多民族地区发展旅游主要以脱贫致富、拉动GDP增长、促进就业等经济效益为目标。区域之间的非均衡和区域内部非均衡是普遍存在的。中国旅游研究院每年发布《区域旅游发展报告》,一个显而易见的结论是,包括长三角、珠三角、环渤海的东部地区,既是重要的旅游客源地,也是主要的旅游目的地。去年国内旅游人次达到21亿人次,今年预计达到23亿。这些人是不是都能到西部旅游?我看只有少数才能成为西部游的现实客源。有些西部地区的领导同志提出,能不能搞一个旅游支援西部计划,全国每个省每年送来一百万游客,这样一年西部地区就可以接待多少多少游客。想法是好的,但是现实中行不通。旅游产业的发展趋势是让市场在资源配置中起基础性作用,靠行政手段干预市场,可能获得局部的、短期的效益,但不可能长久,更不可能是全局性的战略部署。国内旅游人均消费只有540多元,且不用说坐飞机、火车过来要花钱,还要吃、要住、要行啊。都是需要花钱的,现在就那么些可自由支配的支出,跑不远。所以说西部地区的旅游市场有一个自然发育的过程。从东部地区发展经验来看,主要还是靠客源内部流动。有的地方领导说,我这里的湖泊比西湖还要好,还要大。从物理、化学、生态各个因素考量下来,可能确实比西湖好。但是千年以来白娘子的传说、苏小小、秋瑾、徐志摩等名人和事件所沉淀的历史文化底蕴却是不可超越的,更重要的是无法获得距离客源地那么近的交通优势和那么丰富的城市基础设施和公共服务项目的依托。再比如,在青海湖畔尝一尝青稞酒,是很不错的旅游体验,但也只是旅游产品中的一个吸引点,并不足以支撑起一个区域的旅游发展,整个国家的旅游经济运行在"十二五"甚至更长时间仍将表现出区域之间的非均衡性,需要各级政府慢慢引导。区域内部也存在非均衡的状态,比如陕西有世界文化遗产,其他地区呢?客观地讲,西部地区的旅游发展还处于初级阶段。我们既要有雄心壮志,也要承认现实的制约。

具体到民族地区,我们还要进一步认识到宏观经济和社会发展水平给旅游开发带来的潜在约束。除了少数地区拥有世界级的旅游资源和相对长时间的历史积淀,比如布达拉宫、喀纳斯湖、西双版纳等,民族旅游的发展要服从于旅游经济演化的客观规律。从长期来看,没有可能单兵突击地通过旅游发展带动大区域的经济社会发展。一个村子、一个县域可以,一个省域、市域的范围则不现实。单纯靠几场演出、为数不多的游客消费,而没有当地老百姓的内生需求做支撑,没有规模经济和密度经济做支撑,一个地方的旅游是不可能坚实地发展起来的。一时兴起,也不可能持续发展下去。旅游经济的发展一定是与地方经济社会发展协调并进的,如果没有当地的经济社会发展,如果没有地方的商业活动,建那么多接待设施现实吗?有的地方提出一定要搞多少多少家五星级酒店,要建多少多少洞的高尔夫球场去吸引海外游客,我觉得有些冒进。且不说旅游有很强的季节性,如果没有当地消费者参与,单是维护费都无法通过外来游客消费支撑。一个地方的旅游发展,就是要构建一个本地居民和外来游客共享的消费空间,从经济的角度来讲就是扩大消费支撑面。

我们还要关注基础设施建设,关注资本、技术和人才要素对西部地区或民族地区旅游发展形成的现实制约。我曾经随国家旅游局代表团调研了青海地区的旅游现状,看了塔尔寺、原子城、王洛宾纪念馆和青海湖,很美。但我在当地离开政府接待体系以后,明显感觉到民间接待环境还有很大的差距。比如很多酒店设施,就达不到接待的标准。游客过来除了体验民族风情和欣赏自然风光外,是要休息、要吃饭、要住宿、要高兴的,天天吃手抓羊肉不行。基础设施、特别是商业接待设施,可以说严重制约了民族旅游发展。千万不要盯着所谓的高端,一定要踏踏实实做一些民居旅馆,把卫生条件搞得像经济型酒店,把年轻人才吸引过来,把普通老百姓服务好。动不动就要建五星级酒店,且不说没有经营五星级的管理人才,客源就是最大的制约。旅游通常被认为是经验密集型、劳动力密集型产业,我看现代旅游业是资本密集型,新业态还是技术密集型的,更多是靠专业团队。我想这些问题的解决需要国家层面的战略推动和区域发展的直接实施,但是更需要包括原住民或世居民在内的民族地区的利益相关者进行协调,要引导教育他们认识这些问题,树立正确的发展理念。要立足于中国民族地区经济发展的大背景,立足于旅游产业发展的大格局,对民族地区的旅游发展,无论是具体的战略制定、发展规划还是民族旅游的学术建构,才能够理性务实,不至于脚下踩空。

民族旅游的科学研究应当在学术理性的照耀下与现实同行。我总觉得包括旅游在内的任何一项伟大的社会实践,从来都离不开理论的指导。在我国进入国民大众旅游新时期的大背景下,民族地区方兴未艾的产业实践为我们这一代旅游学人提供了极其难得的历史机遇。今天在座的有很多年轻的教师,胡锦涛总书记在七一讲话中对年轻人寄予了厚望。我在研究院举办的中国旅游科学年会上反复强调一个产业要吸引年轻人的加入才会有发展的生命力。过来以后,了解到青海民族大学酒店专业的学生就业不错,我很欣慰。我们在大学做旅游研究,首先要培养年轻人的责任,他们是产业的未来。我们所面对的还是一个每时每刻都在发生变化的社会科学实验室,是一个每时每刻都在拷问我们学术理性的课题库。经常有年轻学者问我,该做什么研究?如何寻找科研课题?我说自己,还有研究院的同事们每天都有做不完的课题,常常感到研究的时间不够用。总觉得脚下的这块土地需要我,人民需要我,他们发展的方向是什么?怎么发展?资源的开发怎样得到消费者的认同?哪怕告诉他们怎样去营销,怎样包装一个旅游产品,总之有很多现实问题需要我们去一步步地加以解决。更重要的是我们面对的是时时刻刻发生变化的市场。从国际旅游学术格局来看,我们有制定国家旅游发展的中长期战略和旅游法的机会,而国外同行则没有这个学术机会和时代需求,即使他们有更为厚重的学术底蕴。比如欧洲国家的旅游产业实践发展相对成熟,政府、学者、商业各司其职,学者只需要回归象牙塔,做自己的研究就可以了。产业演化的历时性和业态成长的共时性并存,是时代给予这一代旅游学术研究的历史机遇。社会科学研究一定要有现实的关注对象,才有现实意义,我们一定要抓住这一难得的历史机遇。

我曾经在大学里管过科研工作,管过独立学院,也管过实验室。说实话,文科的实验室填个表,申请点经费没问题,然而我们一定清楚,真正的实验室还是在广阔天地里,在产业现实当中。我们应当以有这样一个产业发展带给我们的“实验室”而庆幸,更应当把旅游产业发展所提出的众多问题作为我们这一代学人的责任,当成民族旅游研究的现实课题。关注现实,关注民族地区旅游发展进程中世居民的所思所想,是民族旅游研究的终极目标,也是拷问我们学术良知的试金石。

我还希望我们的旅游研究者能够到现场去,与游客同行、与世居民同行、与产业主体同行。我总觉得对于旅游产业研究而言,定性研究也好、定量研究也罢,总之有很多很多的研究方法和分析工具可供我们选择。但是我个人以为,对于当代旅游研究而言,田野调查仍然是最有效的研究方法。很多学者总是急于在SCI、SSCI、EI上发表论文,关注自己学术成果的被引用率,以更快地定职称和评教授,这在现实无可厚非。但一个学术大家、一个学术群体更应当考虑能够为未来留下什么成果和思想,而不是仅仅在于当下获得的评价。我在大学工作时就反对为学术范式而学术范式。有的学生设计一个非常复杂的技术模型得出一个非常简单的结论,对实践毫无意义。又如问卷调查当中,往往存在不遵循科学调查方法和为保证预定结果而修改数据的现象。真正的学术来自于实践,我们要到现场去观察,去记录,通过案例与数据的搜集与积淀,进而形成自己的学术观点,这可能是民族旅游研究最有效的路径。做学术研究千万不能急,得慢慢来。曾经感动于台湾的学者去做志工,引导和教育贫困家庭如何包装和营销自己的旅游产品。还有一批驻村艺术家,到山区族群中,住在那里做手工艺品,由政府补贴,与当地民众打成一片,在为当地民俗民风感动的同时慢慢地把当地文化带动起来了。我们的学者能不能做到这一点啊！到实践中去,到民众生活的现实场景中去。

当然,我们是学者,还要回到书斋中。了解基层、倾听他们的声音、帮助他们发展的同时,作为学者还要以民族学、人类学为基础去分析和研究旅游现象,构建学术底蕴。像观光客的凝视那样,民族学者的沉思也是必须的。通过案例研究,运用归纳和演绎的方法,经由纯粹的思想试验,基于现场的思考,探索出中国民族旅游研究的典型主体与客体,形成中国独特的民族旅游研究方法,从而为世界民族旅游研究、世界旅游研究、民族学研究、人类学研究贡献当代学人的观点和旅游的视角,这是我们的大格局、大视野和大责任。这样才能够不仅仅用民族学、人类学方法研究旅游现象,还能够向旅游学术界、民族学术界、人类学术界,向国际上贡献我们的研究成果和方法。特别是以空间移动和族群融合、人与人面对面交流的产业发展的思想,一旦民族旅游研究从研究方法、从学术成果走向思想的培育,一扇自由广阔的理论大门就会在我们面前豁然洞开。我们就不会因为没有课题、学科地位低而纠结,就会淡定从容地把我们的脚放在民族发展的大地上,才会逐渐养出浩然之气。对民族地区自然环境、人文场景及其演化的记录,历史上是由文人来承担的。今天,我们学者应当以自觉的学术理性来承担民族地区的发展重任,从一种诗意的想象走向现实的同行。我们应当更多地倾听民族地区世居者的声音,用理性的思考和学术的自觉去帮助他们发展,把他们的思想和文化传承下去。也许有一天他们的生产方式会改变(在发展的进程中也一定会改变的,因为现代化是不可阻挡的进程),也许有一天他们的生活方式表面上会变化(因为人与人之间的交流融合),但是他们的文化精神、他们的价值观会传承下来,会通过旅游这个领域传承下来。见证并推动这一伟大的历史进程,民族地区的人民会永远记住这一代学人的才情与努力。

# 共享的信仰:壮族旅游开发的跨文化性研究

黄爱莲

(广西大学商学院,广西南宁,530004)

【摘　要】在民俗风情旅游开发走向深入的今天提出民间宗教信仰跨文化共享的问题应该是顺理成章的。民间宗教信仰主导着地域民俗文化,在旅游开发中关注无形的精神性民俗,特别是民间宗教信仰的表述十分必要。壮族风情旅游开发才刚刚起步,其深度开发要求突破单纯形式化的樊篱,真实地展示民间宗教信仰的精神力量,积极推动壮族地域文化精神的跨文化共享。而跨越文化界限的关键在于壮族风情旅游的商品化,尤其是正确认识壮族风情旅游产品的价值与使用价值。

【关键词】民间宗教信仰;跨文化共享;壮族风情旅游

从参观、参与到深度体验,民俗风情旅游的深度开发已经引起学界越来越多的关注(如:吴必虎等,2000;吴国恩,2003;陈建设等,2005;邹统钎等,2007),但是,在旅游开发中民俗文化的基本精神如何不被歪曲,在旅游活动中对民俗风情的消费如何超越徒有其表的形式,在民俗风情旅游开发找到新的契机之前,诸如此类的追问还需要持续下去。与此相关的问题是民族民间文化的保护,近年来学界同人在民族民间文化的收集整理中做了大量的工作,以壮族民间文化为例,《壮学丛书》编委会组织编纂了一批壮族民间文化研究资料,而梁庭望、丘振声、廖明君等壮学研究者更是以论著的形式推动了壮族民间文化研究的深入。不过,我个人认为对民族民间文化的学术化整理同样有必要进行生活化的还原,因为现象的本质化有助于我们从根本上认知民族民间文化的基本精神,而本质的现象化也有助于我们把握民族民间文化的丰富性。不管现实中存在着多少难以协调之处,民俗风情旅游开发与民族民间文化保护的根本目标是一致的,民俗学者的案头与民俗风情旅游目的地不需要相互排斥,而应该相得益彰。而为民俗风情旅游项目注入民族文化的基本精神、一种活的精神很可能是两者统一的关键。它是维系地域民间文化传承所必需的,也是民俗风情旅游的可持续发展不可缺少的。

---

[作者简介]黄爱莲,女,壮族,广西南宁人,广西大学商学院旅游管理系,教授,硕士生导师,研究方向为民族地区旅游发展。

## 一、民间信仰与民俗旅游

有学者将民俗旅游资源划分为三大类型:生产民俗、消费民俗、流通民俗等属于物质民俗;家族民俗、村落民俗、民间组织民俗、礼仪民俗、岁时节令民俗等属于社会民俗;而信仰祭祀民俗、口授语言民俗、民间艺术民俗、民间游戏娱乐民俗等属于精神民俗(邓永进等,2001)。在上述归类中绝大多数民俗资源都是有形资源,它们可看、可听、可触,在现实的生活世界中有确定的时空展开。而信仰祭祀民俗,包括民间宗教信仰、巫术迷信、礼俗禁忌则属于无形资源,其特殊之处在于不可感觉,在现实的生活世界中没有对应的时空归属。民俗风情包容广泛,民间宗教信仰不过是其中很小的一个组成部分,但它却需要我们给予充分关注。民间宗教信仰"是人类认识和把握世界的一种方式,它既试图帮助人们认识和把握外部世界,也试图引导和帮助人们去认识和把握内部世界,以及两者之间的那些可知不可知的关联"(姜生,2006),正是民间宗教信仰连通了个人与世界,有限与无限。民间宗教信仰是先民们精神文化的核心,是地域民俗文化的精神表述与重要载体,它为一定地域之内民俗习惯的延续提供了生生不息的动力支持。主要表现在:它是关于族群历史的诗情追忆,在对本族群的创世始祖乃至近世祖先的崇拜中,先祖艰辛的创世经历以一种象征性的形式被记录了下来;它是处理现实关系的主要依据,如何理解当下面对的世界是先民们生存在世上所面临的首要问题,在民间宗教信仰中,"一整套隐含的、被广泛共享的、因而成为某一特定人群之特点的信仰、传统、价值和期望"(Pizam,1999)得以完整保存,他们在总结自我与世界相处的感性经验的基础上,形成了认识世界的基本模式,并由此形成了处理现实问题的基本方法论;它也是关于族群未来的美好展望,在对过去的诗情追忆与对现实的一贯态度之间,同时已经隐含并曲折地表达了族群对未来生活的某种信念与向往。民俗风情是一代又一代先民在与自然的长期斗争中的伟大创造,或为有形的遗留,或为无形的积淀,而民间宗教信仰作为解决严酷的生存问题的精神准则贯穿其间,它是先民们征服自然的动力之源,也是一个族群的后裔们生存于这个世界之上的目的与归宿。

但是,与世界上广泛传播的几大体制化了的宗教不同,民间宗教信仰经常表现出兼收并蓄、杂乱无章、藏污纳垢、信徒众多的特征。这与民间的生存环境有关,民间一般文化水平不高,不重视系统知识的学习,更重视生活经验的积累。民间宗教信仰作为生活经验的一部分代代相传,在传承中得到丰富发展。民间宗教信仰多有对其他宗教信仰的直接借鉴。它一般没有完善的形式,在信仰体系的建构上时有矛盾之处,对信仰的表述缺少精致化的处理,所信奉的核心观念也多有模仿的痕迹。民间宗教信仰大多缺少学者的参与,在整理归纳的过程中对精华与糟粕缺少清晰的理性,往往良莠不齐,既有对真实人生的关注,也存在着把人们引向虚妄的可能。但是可以肯定的是民间宗教信仰与族群生活密切相关,因其深深地植根民间而与普通民众的生活呈胶着状态,它强烈地表达了普通民众对于妥善处理现实问题的要求,因此它对广大民众的号召力更强大,更深刻,也更持久。

目前我国民俗风情旅游项目的开发依然是以民俗风情的展示为主,各地以地域民俗风情展示为主的旅游项目,如民俗村、风情园、文化村、民俗博物馆、古街、古城,以及种类繁多的民俗风情展示会等已越来越多。随着民俗风情旅游开发的不断深入,旅游者对民俗风情展示活动的参与也越来越多地被重视,旅游者被更多地要求参与到民俗风情的展示活动中来,以加强民俗风情旅游的互动环节。但是,我们必须承认在民俗风情旅游开展的过程中,民俗风情展示的失真与民俗风情旅游参与的庸俗化现象是相当普遍的。民族民间文化的基本精神被有意无意地改变甚至歪曲,大量拼凑的民俗垃圾甚至伪民俗粉墨登场,"将'遗嘱'的旗号高高打起,实质却是想方设法增加'新鲜内容'以哗众取宠"(吴国恩,2003)。这既是对地域民族民间文化精神的亵渎,也是对广大旅游者的不尊重。我个人认为产生这种问题的根本原因是,我们在开发民俗风情旅游资源的时候只看到了民俗风情资源有形的物质性部分,而忽略了民俗风情旅游资源无形的精神性部分,也许准确地说不是忽略,而是无力把它更好地再现出来。

## 二、壮族风情旅游的真实性

就壮族风情旅游开发而言,当旅游者徜徉在壮族先民遗留下来的那些活动遗址、居室建筑、服饰饮食、待客礼俗、节庆活动、民族工艺、神话传说、音乐舞蹈、戏曲文艺、绘画雕塑所营造的地域文化氛围之中的时候,他们需要物质性的接触,也需要精神性的体验。并且由于民俗风情旅游的独特性所在,精神性的体验显得更重要,只有在精神性的活动中旅游者对壮族民俗文化风物的感知才可能达到一定深度。因此,我们必须有勇气追问:壮族地域文化的基本精神被准确把握并有益传达了吗?我个人认为厘清壮族风情旅游资源中有形资源与无形资源的特征及其相互关系是必要的,不管我们是否愿意承认,在壮族民俗风情的各组成部分中,壮族先民在长期劳作中形成的抽象的"信仰、传统、价值和期望",尤其是那些沉潜于民间的非体制化的宗教信仰是民俗风情的精髓,剔除了民间宗教信仰,壮族风情旅游就是一具没有灵魂的躯壳。

壮族的信仰神谱系相当复杂且经历了一个漫长的演变过程,即使在今天,"宗教信仰仍然是壮族乡村日常生活的伴随物,它是壮族文化结构中的一个组成部分"(梁庭望,2000)。在壮族民众的信仰神谱系中有自然崇拜,有布洛陀、姆六甲始祖神崇拜,也有祖先崇拜与巫教。壮族的自然崇拜文化中有以雷神为主体的天体崇拜,有以水神为主体的无生物崇拜,有以花神为主体的植物崇拜,也有以蛙神为主体的动物崇拜。壮族先民的自然崇拜物与他们的生活密切相关,以雷神而论,"壮民族对于雷神的丰饶崇拜即对于其主宰雨水能力的膜拜","主宰着雨水多寡的雷神,不但具有莫大的威力,同时也是一个常常折磨人类的神灵"(廖明君,2002)。壮民族崇拜布洛陀和姆六甲,布洛陀是男性始祖神,姆六甲是女性始祖神。布洛陀和姆六甲都被认为是创造了本民族的始祖,智慧超凡,且品格高尚。除了对创世始祖的崇拜之外,在壮族地区还广泛流行着近世祖先崇拜——对近世祖先亡灵的缅怀,对近世祖先的崇拜与当地巫教混杂在一起,道公文化比较集中地反映了壮族民间的祖先崇拜观念。道公文化大量吸收了汉民族文化传统的内容,而大量的借鉴则造成了某种程度上神的谱系的混乱,在道公对之负责的诸神中,有道教的太上老君,也有佛教的释迦如来。道公为亡者召灵,有时也为生者驱邪开路。壮族地区的祖先崇拜一方面存在较多的争议,另一方面也拥有相当广泛的群众基础。从图腾崇拜到祖先崇拜,在壮族民众中间最终形成了一个多神崇拜的格局。多神崇拜表达了壮族先民对天、地与人的强烈敬畏之心。

在壮族先民的表象世界中,“感性世界与彼世合而为一。对他们来说,看不见的东西与看得见的东西是分不开的”(列维 - 布留尔,1930)。民间宗教信仰,比如自然崇拜观念正是这种原始思维的文化遗留。正确处理壮族风情旅游有形资源与无形资源的关系涉及观念层面与技术层面上的双重困难,但这是实现壮族风情旅游真实性诉求的关键。旅游从业者急需向相关领域的研究者学习,学习善待民族民间文化的态度,以及发掘民间文化遗产的科学方法,以推动民俗风情旅游走向深度开发。无论如何,信仰的力量在壮族风情旅游目的地的开发中必须被尊重,它在有形的现实世界里没有可度量的位置,但它肯定存活在壮族地区居民内心深处的某一个角落。作为精神性的东西,它如鬼魅般游移于人们之间,如影随形地参与着人们在现实世界里的每一项活动,并发挥着不可估量的作用。它引导着人们的灵魂,左右着人们的行动,而那些长期濡染于这一地域民俗文化氛围之中的人们对它可能并不自觉,只是下意识地追随着它。

壮族风情旅游开发目前还处于起步阶段,已经形成品牌的景点还不多,这为我们打造高品位的旅游景点提供了极大的空间。我们必须牢固树立资源开发的整体意识,在对景点的开发中,既要注重有形资源的开发,又要注重无形资源的开发,做到有形与无形的有机统一。正确理解并再现壮族地域民族文化的基本精神,真实地再现壮族先民长期积累的生存经验,以负责任的态度鉴别、择取,发扬其精华,抛弃其糟粕。事实上有形资源与无形资源的内在联系是相当紧密的,因为它们为着同一的生存目的,共同生成于同一的生态环境之中。如每年的农历四月初八是壮族传统的牛魂节,这个节日的中心内容是举行敬拜耕牛的祭祀活动。牛魂节体现了作为稻作民族的壮族的动物崇拜观念。进入农耕社会以来,人们依靠牛力耕种谋食,牛在人类生产生活中起着举足轻重的作用,人们以替牛安栏、敬蓄牛魂的仪式和活动,表达了自己尊敬和崇拜耕牛的心理(岑贤安,2002)。牛魂节上的各项节日庆典活动是可见的,而壮族先民尊牛崇牛的心理是无形的,必须细心揣摩才能会之于心。而尊重信仰的力量就意味着我们必须坚决避免把精神性的民俗资源进行简单比附,随意为其配置在现实世界中的对应物。在各地的民俗风情旅游开发实践中诸如此类的粗暴做法迄今为止已经举不胜举。但是无形民俗资源需要开发,而开发当然意味着对它进行实体化处理,把它变成在现实世界里可以感知的东西。

## 三、跨文化的民间宗教信仰

一个了无新意,却又让我们尴尬无比的问题是:信仰可以出卖吗?商品化是民俗风情旅游开发的必然选择,而面对民间宗教信仰商品化的如潮之势我们应该何去何从?事实上我们不必对这一商品化的趋势给予过分狭隘的理解。民俗文化精神商品化的过程也是一个被更广泛的人群所接受与共享的过程,如果这种共享建立在相互理解与认同的基础之上,那么商品化的实现就是真正达成相互理解的一个证明,如果在商品化的过程中地域民族文化的基本精神没有失真,那么就意味着地域民族文化的基本精神超越了地域的限制,走向更广泛的人群。商品化在这里并不完全等同于一般意义上的买卖关系,金钱确认了买卖关系中的商品属性,但它并没有决定一切。在这一商品化的过程中东道主与旅游者的文化隔绝将在一定程度上被打破,地域民族文化的意义的共享将成为现实。从这个层面上理解,我们完全有理由对民间宗教信仰商品化的良性运作充满期待。“意义被人们所共享的程度,依赖于他们对其本身的价值与信仰以及对他人的价值与信仰所达到的意识程度”(Potter,1994),有学者如是说。

壮族先民在长期的生产与生活中所创造的民俗文化是整个人类文化财富的有机组成部分,面对独特的生存环境他们形成了一整套应对自然的理念与手段,较好地解决了一个族群的生存与发展问题。他们有自己的图腾崇拜物,也有发自内心地对祖先的敬仰,他们以自我的方式敬天畏神,无论是崇拜的对象,还是崇拜的方式都迥异于其他族群。从族群之外的眼光看它是奇异神秘的,但是从整个人类的眼光看它又与其他民族文化彼此相通,这是在交换中走向共享的物质基础。壮族是一个开放的民族,具有涵容异己文化的宽广胸怀,对外来的东西没有明显的拒斥心理,并且“一旦他们意识到在这些信仰与价值上存有差异,他们就会修正自己的行为以提高与来自其他文化的人协调工作的能力”(Potter,1994)。他们有足够的心理准备迎接来自异域文化的那些善意的访问与敌意的挑战,在与异文化的碰撞中,他们特别善于将异己的东西转化为本族类的精神财富。也许这种转化有精粗之别,但是可以肯定地说这是一种极为可贵的民族心理,他们正是因此而历经上千年不衰,同样他们也必将因此而走向崭新的未来,这是在交换中走向共享的心理基础。壮民族独特的民族性为跨文化交流的实现提供了一个有效的实践平台。

壮族民间宗教信仰的跨文化共享与壮族风情旅游产品的开发是统一的,而正确认识壮族风情旅游产品的商品属性是其成功进入市场的一个关键。壮族风情旅游产品的价值体现在壮族先民所获得的经验知识对于解决现实问题的有效性上,而这种有效性又是在世代相传中不断累积的,一句话,体现在壮族先民创造历史的长期性上。民间宗教信仰为普通民众生存在世界之上提供了强大的精神支持,在生活经验之外,它为当地居民提供了一种生存的精神力量。壮族风情旅游的使用价值在于它用于交换之前是当地居民的日常生活本身,而当它被出售之后,在被旅游者消费的过程中它就成为了一种给旅游者以精神抚慰的产品。壮族风情旅游产品是商品,但是又不能作为一般的商品来看待,它在商品化的同时,也存在着鲜明的非商品化的倾向,在旅游者的感同身受中,它将对旅游者的内在心灵产生作用,促进旅游者心灵的升华。壮族风情旅游产品商品化的成功需要一系列扎实的工作:(1)搜集整理有关广西壮族民间文化的文献与实物;(2)对获得的资料进行可开发性评估,从宜于开发、较宜于开发和不宜于开发三个层次进行分类,并对宜于开发和较宜于开发的资源进行理论论证;(3)民间宗教信仰作为一种特殊旅游资源的可开发性尤其需要进行专门的论证,以确保在实践中不出现偏差。

毫无疑问,开发壮族风情旅游产品的使用价值是一项需要投入精力的工作。民俗风情旅游资源偏重于精神方面,而其中的无形资源更是纯粹精神性的东西,但二者在一定程度上是统一的,并体现在壮族先民的物质创造中,因此,努力发掘有形资源中所蕴含的精神特征,并寻求二者的结合就显得十分必要。而那些精神性的"信仰、传统、价值和期望"在某些重要的方面与有形资源很可能并非一一吻合,但是又需要特别给以展示,因而为它们寻求在现实生活世界中的象征性对应物是必需的,否则必将造成壮族民俗风情重要部分的缺失,无法让旅游者感知当地民俗文化的全部。民俗风情资源中有悖于现代科学精神的部分需要经过技术处理,为了更好地与旅游者共享当地民俗文化的精华,那些已经远离现代生活,用"现有的国际人权文件,各群体、团体和个人之间相互尊重的需要和顺应可持续发展"(联合国教科文组织,2003)的标准来考量,已经显得落后的、狭隘的部分肯定要被剔除掉。壮族民俗风情与当地的独特生活环境密切相关,无论是他们崇拜的各种神祇,还是图腾崇拜物,都会让旅游者感到陌生,这种陌生感在为旅游者提供一种从未有过的新鲜体验的同时,也有可能阻碍壮族地域文化与其他族群的共享,因此在旅游开发的过程中,我们既要张扬地域文化独特性的一面,同时也要兼顾地域文化的可认知性。在旅游活动中吸引力与神秘感是相伴生的,一定程度上的神秘感将增加旅游目的地的吸引力,但是过分神秘又将影响旅游者的有效感知度,因此,壮族风情旅游产品既要保持一定的神秘感,又不能故弄玄虚。简单地说,壮族风情旅游在强调地域生活独特性的同时,也要兼顾旅游者的欣赏品位,把文化的地域性与流行的品位统一而不是对立起来。

## 参考文献

[1]赖辛格(Reisinger, Y.),托纳(Toner, L. W.).旅游跨文化行为研究[M].朱路平,译.天津:南开大学出版社,2004:15.

[2]列维-布留尔.原始思维[M].丁由,译.北京:商务印书馆,1981:376.

[3]邓永进,薛群慧,赵伯乐.民俗风情旅游[M].昆明:云南大学出版社,2001:39.

[4]梁庭望.壮族文化概论[M].南宁:广西教育出版社,2000:450.

[5]廖明君.壮族自然崇拜文化[M].南宁:广西人民出版社,2002:69.

[6]联合国教科文组织.保护非物质文化遗产公约[EB/OL].http://www.npc.gov.cn,2006-05-17.

[7]岑贤安.壮族牛魂节考察[J].广西民族研究,2002(1):67－70.

[8]陈建设,吴忠军.少数民族村寨旅游开发中的经济激励研究[J].广西民族学院学报(哲社版),2005(12):17－19.

[9]姜生.民间信仰与大型宗教的递变关系及能量交换[J].文史哲,2006(1):5－7.

[10]吴必虎,余青.中国民族文化旅游开发研究综述[J].民族研究,2000(4):85－94.

[11]吴国恩.被篡改的民族风情[J].民族论坛,2003(6):38－39.

[12]邹统钎,王燕华,丛日芳.乡村旅游社区主导开发(CBD)模式研究——以北京市通州区大营村为例[J].北京第二外国语学院学报(旅游版),2007(1):53－59.

# 少数民族村寨居民对旅游业发展认知的比较研究

## ——以广西金秀县为例

刘宏盈　韦复生

(1. 广西民族大学管理学院,广西南宁,530006;2. 百色学院,广西百色,533000)

【摘　要】随着旅游业的发展,旅游者求新、求奇、求异的文化需求心理使得少数民族村寨旅游越来越受到旅游者的欢迎。民族村寨通过发展旅游业提高了居民的收入水平和生活质量,但是随着旅游业的发展和游客的大量涌入,也对民族村寨的社会、经济、文化造成了一些影响。那么,旅游业发展不同程度的民族村寨居民对旅游业发展如何看待,以及他们对旅游影响的认知如何,成为一个不可忽视的研究课题。本文以广西金秀县古占村、孟村为例,对社区居民进行了调查研究,通过比较分析得出不同村寨居民对旅游业的不同认知。

【关键词】少数民族村寨;认知;比较研究

## 一、引言

民族村寨旅游是指以少数民族乡村社区为旅游目的地,以目的地人文事象和自然风光为旅游吸引物,以体验异质文化,追求淳朴洁净,满足"求新、求异、求乐、求知"心理动机的旅游活动[1]。彭瑛,何志华[2]认为民族村寨旅游属于乡村旅游的范畴,是乡村自然风光游和乡村民俗风情游的结合,同时具有民俗旅游、乡村旅游和生态旅游的特征,是融观赏、考察、体验、娱乐、购物、度假为一体的综合性旅游活动。但又不同于一般意义上的乡村度假和农业观光旅游,也不同于市郊"农家乐"式的休闲农业旅游。

自20世纪80年代以来,云南、四川、贵州、广西等少数民族聚集的地方相继以开发民族文化村寨、民族农家乐、民族风情园、生态博物馆等形式,发展民族村寨旅游,利用旅游业带动当地经济发展,并创立了"越是民族的,越是世界的"的旅游扶贫发展道

---

[基金项目]国家社会科学基金项目(09BJL065)、广西民族大学引进人才科研启动项目(2009QD002)。

[作者简介]刘宏盈(1981—　),男,汉族,河南内乡人,广西民族大学管理学院旅游管理系主任,管理学博士,副教授,研究方向:旅游规划、旅游者行为。韦复生,教授,男,壮族,1963年10月生,广西南宁市武鸣县人,毕业于广西大学,在职研究生学历。

路。1992年国家旅游局推出"少数民族风情游",1995年又推出"民俗风情游"年,标志着以民俗为主题的文化旅游的兴起,其间涌现出了一大批独具特色、闻名中外的少数民族旅游村寨。民族村寨旅游的吸引物主体既可以是少数民族乡村的自然风光,也可以是包括建筑、服饰、饮食、节庆、婚丧嫁娶、文体活动等在内的人文景观,还可以是居民的思维方式、心理特征、道德观念、审美情趣等非显性的文化特征。因此上至寨容寨貌、礼仪习俗,下至村寨居民本身及其生产生活方式都可以成为民族村寨旅游的吸引物。

## 二、民族村寨旅游研究回顾

我国关于少数民族村寨旅游研究起步较晚,但随着民族地区旅游业的发展,研究的数量日益上升,反映了学者们对少数民族村寨旅游的广泛关注。从研究现状来看,目前少数民族村寨旅游研究对象主要集中在贵州和云南两省,其中尤以贵州为最,这与两省内少数民族众多,旅游资源丰富有关,但广西、四川、宁夏等省区的少数民族村寨旅游研究略显薄弱,而新疆、青海、西藏等省区的少数民族村寨旅游研究目前则尚未有研究文献出现。

在研究内容上,国内研究目前主要涉及少数民族村寨旅游现状调研与评价、开发模式、旅游产品、市场营销与品牌建设、社区参与、社会文化影响、可持续发展、基础理论研究及其他方面。如熊辉、彭重华等[3]以湘西侗族村寨景观为例,建立了景观评价指标体系并运用于民族村寨旅游资源的系统评价。廖国一[4]对桂林龙胜县各少数民族民俗风情旅游景点开发与管理的现状进行了调查研究。蒋丽芹[5]对贵州凯里市麻塘革家村寨的民族旅游资源等级、开发条件等进行了评价。罗永常[6]对黔东南民族文化旅游开发现状进行了调查和分析。杨昌儒、潘梦谰[7]对贵州民族村寨发展中存在的问题进行了研究。余青、吴必虎[8]提出了生态博物馆这种民族文化旅游持续发展的模式。张华明、滕健[9]以勐景来的成功为案例,提出了以保护开发为前提、公司起主导作用、有鲜明特色主题、村民普遍受益的多赢"CCTV式"开发模式。金颖若[10]认为集市旅游是一种新的有前途的民族文化旅游开发形式。黄萍[11][12]结合四川旅游资源特色,提出了建立文化生态村的可持续民族旅游发展模式。王莹[13]从旅游体验的角度,运用SERVQUAL模型对我国民族村寨旅游产品进行了分析。杨兆麟[14]对云南省的民族传统文化保护和旅游产品培育现状进行了调查。陈志永、梁玉华[15]以贵阳市镇山村为例,从旅游体验视角出发,提出了镇山村旅游产品开发的思路与对策。陈瑾[16]以云南临沧佤族为例,对在旅游文化情景体验下的民族旅游产品策划设计进行了探讨。

少数民族村寨旅游的发展离不开社区居民的参与,黄华、王洁[17]对社区村民参与民族村寨旅游开发的必要性、优势和原则进行了研究。罗永常[18]认为社区参与是民族村寨旅游可持续发展的前提,而社区利益的保障是社区有效参与的决定性因素。他通过分析部分民族村寨社区参与旅游利益分配的现状及其原因,提出了民族村寨社区参与旅游的利益保障机制。李广宏[19]认为社区居民参与旅游发展主要是指社区居民参与旅游决策、旅游规划、旅游项目设计、旅游基础设施建设、旅游利益分配、教育培训、旅游资源和环境管理等旅游发展的全过程。张洁、杨桂华[20]以云南中部古州野林彝族村寨、大槟榔园花腰傣村寨两个生态旅游景区为例,通过调研分析得出社区经济和旅游业发展水平、景区优势旅游资源、社区居民对旅游开发认知、对政府的信任度及民族传统习俗等五个影响社区村民参与旅游积极性的因素。梁玉华[21]针对贵州花溪镇山村旅游开发中存在的问题,从旅游产品转型、游客管理等方面对少数民族村寨生态旅游开发进行了探讨。卢世菊[22]阐述了少数民族地区开展乡村旅游对构建和谐社会的作用,并指出了民族地区发展乡村旅游、构建和谐社会应注意的几个问题。彭瑛、何志华[23]认为,在民族地区发展民族村寨旅游能很好地与新农村建设结合起来,推动我国城乡社会和谐、可持续的发展。简王华[24]对广西民族村寨旅游开发现状进行了研究,提出要以民族村寨为主体构建广西民族文化旅游品牌。总体来说,国内对少数民族村寨旅游的研究在短短的时间里取得了重大的进展,但是仍然处于起步阶段。在概念的厘清、深化,个案的普适性,对社区居民影响的可行性对策研究上还比较薄弱。本文以金秀县古占村、孟村为例,在深入调研、访谈的基础上,对旅游业处于不同发展程度的民族村寨社区居民对旅游业发展的认知进行了比较研究。

## 三、案例研究——金秀县古占村、孟村

### (一)研究区域概况

金秀瑶族自治县位于广西中部偏东,距南宁400公里,柳州150公里,桂林180公里。1952年被确定为瑶族自治县,是中国成立最早的瑶族自治县。金秀县有五个瑶族支系,分别为盘瑶(过山瑶)、茶山瑶、坳瑶、山子瑶、花蓝瑶。课题组走访了孟村和古占村这两个民俗旅游开发较早的村落。古占村是金秀县长垌乡平道村的一个自然屯,位于距金秀县城20公里处,地处金秀县城到圣堂山路上,为山子瑶聚居地。目前全村有48户,224人。1993年开始旅游开发接待游客。孟村位于距金秀县城约12公里处,有47户,205人,背靠罗汉山,面向莲花山。位于县里主要公路桐木到金秀的边上,交通便利。近些年来,这两个村寨旅游发展势头较好,以古占村为例,每年接待游客不下2000人次,全村旅游收入每年都有五六万元人民币,人均收入250多元,演员个人年收入为700多元。

### (二)问卷调研及结果分析

为深入了解旅游业发展不同程度的少数民族村寨社区居民对旅游业发展的认知及态度,更好地发展民族村寨旅游业,振兴当地经济社会发展,调查小组向古占村和孟村居民发放了调查问卷。选取这两村的原因在于,两村同为近距离内特征相似性较强、具有一定空间竞争性的瑶族村寨,但旅游业发展程度及对村民收入的重要性程度不同,因而将其作为案例进行研究。调研采取随机访谈及入户抽样调查方式。其中对孟村发放问卷30份,收回27份,其中有效23份,有效率为76.7%;对古占村发放问卷36份,收回31份,有效31份,有效率为86.1%。

1. 社区居民文化程度比较

通过调研我们发现,古占村居民的文化程度普遍比孟村要高(如图1所示)。87%以上的古占村民为初中或小学文化,而孟村这个数字为67%,究其原因应与交通有关,古占村相对有利的交通条件会方便更多适龄孩子及时入学接受教育。另外,两个村被访居民中有86.7%的人文化程度为初中以下,说明古占村和孟村及其附近瑶族村寨的农村教育普及程度还有待进一步提高。

2. 旅游收入占村民经济来源的比例

79%的孟村居民由旅游带来的收入占总收入的比重小于10%,而古占村的比例为71%。剩余村民由旅游带来的收入占总收入的比重都是10%~30%。可以看出金秀县村寨旅游仍处于初级开发阶段,旅游产品尚未成熟,旅游商品、纪念品销售收入、本地土特产品收入等也较少,尚未占据当地社区居民经济收入来源的主要地位。

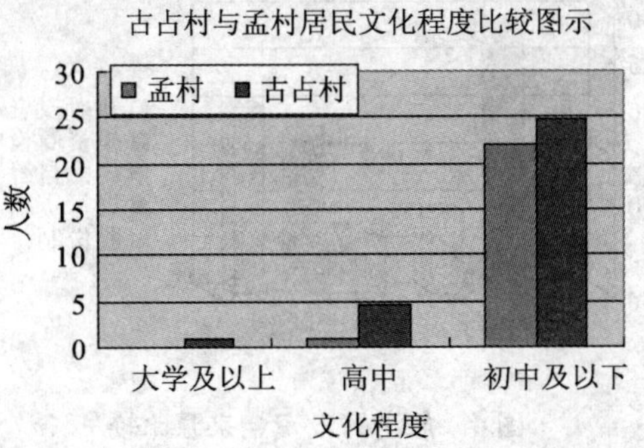


**图1　古占村与孟村居民文化程度比较**

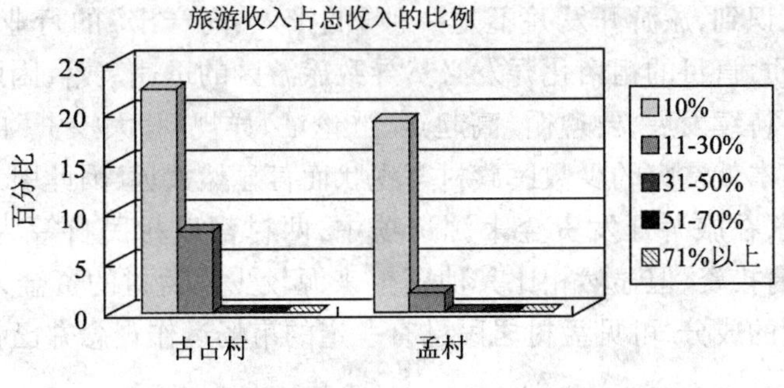


**图2　居民旅游收入占总收入的比例比较**

3. 旅游开发中社区居民最关心的问题

对"旅游开发中最关心的问题",七成以上的居民都选择了"收入",当然,在没有进入小康的农村,收入永远是农民的主题。另外,古占村有较多村民认识到旅游业带来的环境污染问题,而环境问题在孟村尚未得到居民们的关注。此外,淳朴的瑶寨居民对自己民族的文化以及与游客之间的文化交流关注也较多,这将有利于瑶族传统文化的保持。

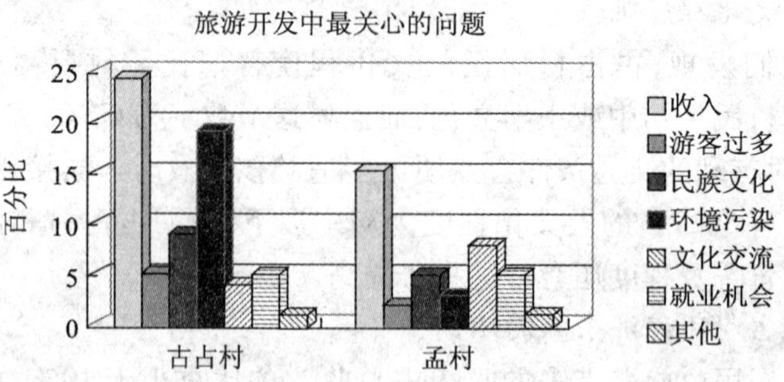


**图3　村民最关心的问题比较**

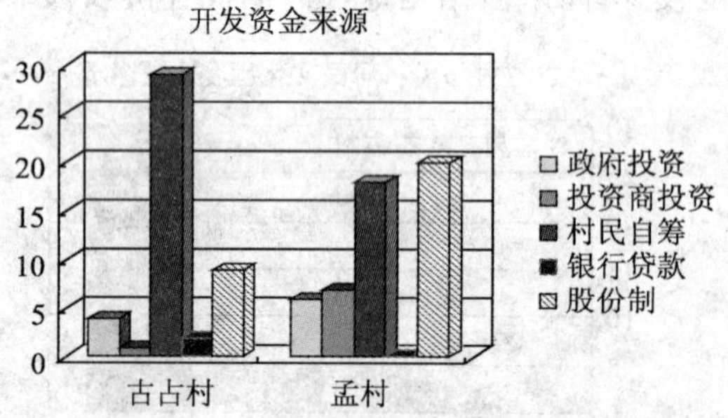


**图4　旅游开发资金来源比较**

4. 旅游开发资金来源

人们已经认识到,旅游开发并不是一种“低投入、高产出”的行业,旅游业发展实践告诉我们,劣质、盲目的粗俗化开发必然导致旅游区的迅速衰落,因此要实现旅游区的健康、良性、可持续发展,要遵循“高起点、严论证、详规划、大投资”的原则。而这一较高的要求距离本就贫穷的少数民族村寨现状而言显然太远,因此引入外部资金势在必行。我们发现,在旅游开发资金来源选项中,两村都以村民自筹为主,占88%;此外,两村都有政府投资,但显然相比其他资金来源较少。孟村的资金来源中还有投资商投资及股份制的成分,可见孟村居民已有一定的市场运作观念并已初步尝试与市场接轨。

5. 社区居民对旅游开发现状满意程度

调研结果显示,85%以上的居民对旅游业开发是支持和赞成的,因为这毕竟多多少少地增加了他们的经济收入。国内外社区发展旅游业的案例告诉我们,社区居民对外来旅游者和发展旅游业的态度大多要经历“热情—欢迎—冷漠—排斥”的过程,这与一个旅游地发展的生命周期阶段相对应,古占村和孟村居民对旅游业发展的态度说明目前这两村的旅游业发展尚处于起步阶段,旅游者在村内的旅游活动尚没有对他们的生产生活造成太大的负面影响。

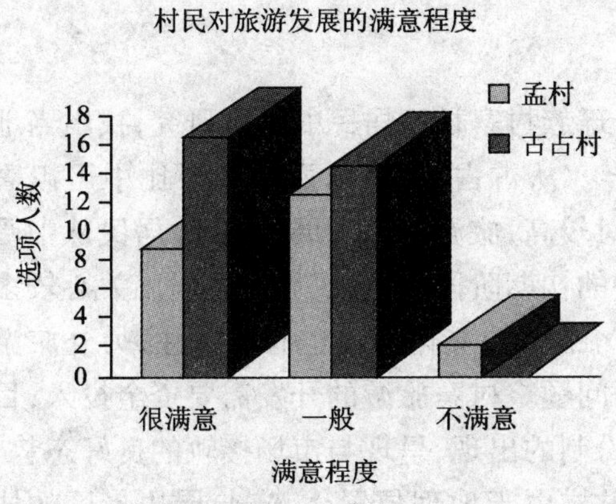


图5　村民对旅游发展的满意程度比较

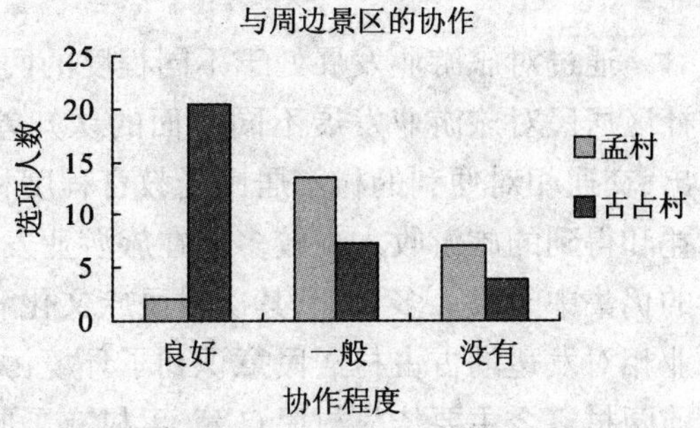


图6　居民认为本村与周边景区的协作程度

在对旅游发展满意程度的回答上,古占村居民的满意度普遍高于孟村(如图5所示),这与发展旅游业给古占村村民带来较明显的收入增加有关,说明在旅游业发展的初期阶段,发展旅游业能带来的经济利益多少仍然是决定居民对旅游业态度的关键之一。

6.本村与周边景区的协作程度

调研中发现,96%的村民认识到游客在当地的停留时间不到一天,大多为两到四个小时。旅游者在选择到某地游览时,往往希望在最少的时间内游览最多的高级别景点,这是由旅游者的时间及消费水平所决定的。由图6可以看出,古占村居民大多认为古占村与周边景区协作良好,而孟村大多数居民则认为一般,这与古占村交通便利,地处金秀县城到圣堂山路上有很大关系,借圣堂山之力分流了一部分游客。

7.迫切要解决的问题

在调查中发现,在最迫切要解决的问题上,资金、基础设施改善、政府支持和接待设施改善等选项占据较高比例,说明两村居民都普遍认识到这些外在因素对促进社区旅游发展的重要作用。社区居民关心、参与和发展村寨旅游的意识正在逐渐增强,但在生态环境保护、旅游产品更新换代等方面,村民的认知还比较少,这说明一方面村民的生态环境保护意识还有待加强,另一方面还需要开拓旅游发展的新思路,促进社区旅游发展的差异化互补,在竞合中求生存、求发展。

8.旅游带来的不良影响

在发展旅游业可能带来的不良影响上,好客、淳朴的瑶族同胞还尚未能意识到发展旅游业对他们的社会生活带来的全部负面影响,但仍有部分选项获得了较高的选择频率。综合调研结果,对传统文化的冲击、思想观念的变化、生活方式的影响、风俗习惯的影响等是认同度较高的几个方面,说明当地社区居民还是隐约发现了外地游客的大量涌入可能带来的问题。

## 四、结论

通过对旅游业发展处于不同程度的两个瑶族村寨社区居民的调查研究,找出当地社区居民对旅游业发展不同方面的认知差异。从古占村、孟村两村的对比中可以看出,交通相对便利的村寨居民受教育程度相对较高,旅游业也发展得更快,居民从中受益和得到的旅游收入也较多。在旅游业发展的初期阶段,少数民族村寨居民关心较多的仍集中于收入多少上,其次对民族文化和与游客的文化交流也有所关注,另外旅游业相对发达的古占村居民意识到了环境污染问题。村寨旅游的开发需要资金投入,目前两村资金主要依靠村民自筹,孟村有了股份制的出现,呈现与市场接轨的良好态势,但在发展中要防止旅游“飞地”的出现。古占村由于地理位置优势,与周边景区的协作程度较好,孟村相对不足。在对旅游发展满意程度的认可上,相对发展更好的古占村对旅游发展满意度较高。在迫切需要解决的问题上,两村都集中于资金、基础设施改善、政府支持和接待设施改善等方面。此外,淳朴的瑶族同胞也慢慢意识到了在发展旅游业过程中出现的对传统文化的冲击、思想观念的变化、生活方式的影响、风俗习惯的影响等不良影响,这一认识某种程度上具有超前性,对民族村寨旅游地的良性、健康发展和保持民族文化传统的可持续性具有重要意义。

### 参考文献

[1] 罗永常. 试论民族村寨旅游的特征与开发原则[J]. 黔东南民族师范高等专科学校学报,2005(6):60-62.

[2] 彭瑛,何志华. 民族村寨旅游与新农村建设浅议[J]. 技术与市场,2007(7):101-102.

[3] 熊辉,彭重华,朱明. 湘西侗族村寨旅游资源评价及可持续发展对策[J]. 湖南林业科技,2007(1):44-46.

[4] 廖国一. 龙胜少数民族民俗风情旅游景点开发与管理现状的调查研究[J]. 桂林旅游高等专科学校学报, 2004(1):41-43.

[5] 蒋丽芹. 少数民族村寨旅游资源开发与可持续发展战略研究[J]. 江南大学学报(人文社会科学版),2005(4):66-69.

[6] 罗永常. 黔东南民族文化旅游资源开发现状分析与对策研究[J]. 贵州民族研究,2004(3):118-121.

[7] 杨昌儒,潘梦澜. 贵州民族文化村寨旅游发展问题与对策研究[J]. 贵州民族学院学报(哲学社会科学版)2004(5):5-9.

[8] 余青,吴必虎. 生态博物馆:一种民族文化持续旅游发展模式[J]. 人文地理,2001(6):40-43.

[9] 张华明,滕健. 民族村寨旅游开发的 CCTV 模式[J]. 广西民族研究,2006

(3):197 - 203.

[10] 金颖若.集市旅游——民族文化旅游开发的新形式[J].贵州民族研究,2003(3):74 - 78.

[11] 黄萍,杜通平,李贵卿等.文化生态村:四川民族旅游可持续发展的有效模式[J].农村经济,2005(1):106 - 109.

[12] 黄萍,王元珑.创建四川民族文化生态旅游可持续发展模式研究[J].西南民族大学学报(人文社科版),2005(8):177 - 180.

[13] 王莹.从旅游体验的角度谈民族村寨的开发建设[J].内江师范学院学报,2007(3):49 - 51.

[14] 杨兆麟.民族传统文化保护和旅游产品培育现状调查[J].今日民族,2004(7).61 - 63.

[15] 陈志永,梁玉华.民族村寨旅游地衰落研究:以贵阳市镇山村为例[J].云南社会科学,2007(1):99 - 102.

[16] 陈瑾.旅游文化情景体验产品策划设计初探[J].河南农业,2007(8):57 - 58.

[17] 黄华,王洁,黄蓉.社区参与民族村寨旅游开发的初步研究[J].商场现代化,2007(12):219 - 220.

[18] 罗永常.民族村寨社区参与旅游开发的利益保障机制[J].旅游学刊,2006(10):45 - 48.

[19] 李广宏.社区居民参与民族村寨旅游开发的探讨[J].黑龙江民族丛刊,2007(4):46 - 50.

[20] 张洁,杨桂华.社区居民参与旅游积极性的影响因素调查研究[J].生态经济,2005(10):303 - 311.

[21] 梁玉华.少数民族村寨生态旅游开发与旅游可持续发展探讨[J].生态经济,2007(5):113 - 117.

[22] 卢世菊.少数民族地区乡村旅游发展与和谐社会构建研究[J].贵州民族研究,2006(2):108 - 113.

[23] 彭瑛,何志华.民族村寨旅游与新农村建设浅议[J].技术与市场,2007(7):101 - 102.

[24] 简王华.广西民族村寨旅游开发与民族文化旅游品牌构建[J].广西民族研究,2005(4):187 - 191.

# 企业人类学视角下的民族旅游景区治理研究
## ——以广西三江县程阳桥景区为例

张瑾
(四川大学历史文化旅游学院,四川成都,610000)

【摘　要】多学科视角的切入丰富了企业经济管理理论的研究方法与研究视野,对于相关学科的发展也起到了同样的效果。文章将企业人类学的视角引入民族旅游景区管理研究中,以我国广西壮族自治区境内一个典型的少数民族旅游景区作为研究对象,在前期田野调查的基础上,对该景区现行的企业型治理方式进行分析。研究认为,对于民族旅游景区这样一种特殊的治理对象,常规意义上的公司治理结构难以应对复杂的企业环境,因而影响了企业的经济效益和旅游景区的可持续发展。在此基础上,笔者提出了民族旅游景区的多中心治理模式。

【关键词】企业人类学;民族旅游景区;公司治理结构;多中心治理

## 一、国内企业人类学研究概述

随着市场化进程在全球范围内的普及,企业已经成为现今社会的重要主体之一,并得到了很多非经济管理类学科(如人类学、心理学、社会学等)的关注和研究。多学科视角的切入丰富了企业经济管理理论的研究方法与研究视野,对于相关学科的发展也起到了同样的效果。在30年前,人类学家对于主流社会市场和消费问题的研究并不关注,即使偶有涉猎,也得不到学界的认可。1982年,美国学者理查德·韦尔克(Richard R. Wilk)和埃里克·阿诺德(Eric Arnould)将一篇关于发展中国家消费文化新模式的论文送交《美国人类学家》发表时遭到拒绝,理由是"这不是一个人类学关心的主题[1]",而现在研究市场经济领域中人的行为的民族志尤其是跨文化研究作为人类学的一个重要研究领域已经获得越来越多的认可。

"企业人类学"正是在这样的背景下应运而生。顾名思义,企业人类学是将文化人类学的理论和方法运用到企业领域的一门学科。这是一门新兴的年轻学科,2008年7月12日,在北京召开的"企业人类学:实证与应用研究"学术座谈会首次将这一学科名称引入我国。2009年8月在云南昆明召开的国际人类学与民族学联合会第16

[作者简介]张瑾(1986—　),女,桂林理工大学2008级硕士研究生。

届世界大会上,有两个以“企业人类学”为关键词的会议主题,分别是“企业人类学:回顾与展望”和“创新与企业人类学”。综合上述两次学术会议的议题和研究人员提交的论文,张继焦(2009)发表了引介性的文章《“企业人类学”的实证与应用研究》[2](2009),对国外企业人类学的相关研究成果进行介绍,并认为“企业人类学”可以研究企业组织、人力资源管理、消费者行为分析、产品设计、市场营销、广告宣传和沟通策略、企业文化、跨文化管理、国际营销中的跨文化适应、企业的社会责任、企业的地方性和群体性、一个新兴的群体少数民族企业家12个领域。之后张继焦又发表了《企业人类学关于“成功”的案例分析》[3](2009)一文,作者根据对马来西亚28位华商和经理人的访谈内容,分析了影响受访对象成功的关键因素。到目前为止,国内相关的研究成果仅止于此。

## 二、研究缘起与方法

本文的研究对象是我国广西壮族自治区的一个少数民族旅游景区。《旅游区(点)质量等级的划分与评定》①对旅游景区有相关的规定,由于旅游景区具有普遍意义,在没有特指的情况下,日常所说的景区即为旅游景区。文章所涉及的少数民族旅游景区即是指以少数民族文化资源作为主要吸引物的旅游景区,广义的民族旅游景区包括民俗文化村、生态博物馆和民族旅游村寨三种类型,狭义的民族旅游景区则是指符合旅游区质量要求的民族旅游村寨,本研究仅限于对民族旅游村寨的探讨。民族旅游景区与其他类型景区最大的差异在于所开展的旅游活动类型不同,在景区内所开展的民族旅游是文化旅游的一种特殊形式,结合了自然、文化资源,奇异的少数民族风情等。目前关于民族旅游的定义尚未形成定论,较有代表性的有斯万和凡登柏尔格的定义:前者认为民族旅游是基于当地人的生活方式来吸引游客的旅游形式[4],后者则认为民族旅游是指当地居民以自己的文化(包括当地人自己)为主要吸引物,并直接参与的一种旅游形式[5],二者在表述上有所区别,但是也不难看出民族旅游与其他类型旅游活动的本质差异在于社区居民(一般是少数民族)是否在旅游吸引物中占核心地位,这也正是民族旅游景区与其他类型景区的本质差异所在。

民族旅游景区成为真正意义上的企业,肇始于20世纪90年代晚期的景区经营权转让,在此之前,民族旅游景区的经营一般由当地政府或居民进行,并不具备现代企业性质。时至今日,这两种管理模式仍然存在,但是更为普遍的是政府通过转让经营权在景区管理中引入企业化经营而形成企业型民族旅游景区。这种景区具有以下几个方面的特征:一是资源产权的复杂性。景区资源的占有权、使用权、收益权和转让权属于不同的主体且存在交叉;二是企业经营的对象——景区,同时也是少数民族人民生活的社区,而企业经营者多是外来人员,与社区之间是陌生的关系;三是企业的经营涉

① 我国的《旅游区(点)质量等级的划分与评定》对旅游景区的规定为:经县级以上(含县级)行政管理部门的批准设立,有统一管理机构,范围明确,具有参观、游览、度假、康乐、求知等功能,并提供相应旅游服务设施的独立单位。

及众多的利益相关群体,包括当地政府、社区居民、旅游中间商、旅游者等。企业处在错综复杂的政治、经济、文化关系当中,同时还要面对完全陌生的一个社区,对内对外的治理都有较大的难度。

本文选择我国广西壮族自治区境内一个典型的少数民族旅游景区作为研究对象,在两次田野调查①的基础上,采用传统的民族志叙述手法还原研究对象的具体情境,尝试从企业人类学的视角对民族旅游景区的治理方式进行探讨。

## 三、研究对象概况

### (一)程阳桥景区

程阳桥景区位于广西柳州市三江县林溪乡平岩村境内。三江县程阳地区,是侗族聚居区,位于广西东北的九万大山之中,山区横跨桂、黔、湘三省边界,中国五个侗族自治县都在于此,其中三江县侗族人口最多。程阳桥景区位于三江县城东北部,距县城19公里,与湖南省接壤,是三江县侗族风情旅游的典型景区。该景区连绵几公里,浓缩着侗族文化的精华,范围包括程阳八寨,即马安寨(又称为“马安屯”,有时写成“马鞍寨”)、平坦寨、平寨、岩寨、东寨、大寨(当地人又称程阳寨)、平埔寨、吉昌寨,被誉为世界四大历史名桥的全国重点文物保护单位程阳永济桥就坐落在该景区。程阳八寨的村民全部为侗族,村寨历史悠久,民族文化极富特色,源远流长,是南侗②族群的典型缩影。根据2010年调查所得的数据,八寨共有居民2037户,共9400多人,2008年全村人均收入3165元。

### (二)景区发展历程

程阳桥景区的旅游开发始于1987年,直到90年代初期,景区发展一直处于起步阶段,旅游经营以自发式的家庭、个人接待为主,营利还不是旅游经营的主要目的。但是人们的旅游经营意识随着当地旅游业的飞速发展得到了极大推动,1997年三江侗族自治县被广西壮族自治区定为少数民族风情旅游重点县,纳入桂林—龙胜—三江—融水—柳州民族旅游黄金线圈。为了发展旅游业,1999年三江县政府在资金十分困难的情况下拿出3万元制作出版精美的《三江旅游》宣传册1万本,并组织引导、督促各旅游企业外出宣传促销,积极拓展海内外客源市场。2000年之后,三江县制定出以程阳桥侗族文化风情旅游区为核心,辐射县域内其他四个旅游区的旅游发展布局,使三江县基本形成集民族风情、山水风光、文物古迹、生态环境、宗教和奇石文化于一身的旅游发展格局,成为桂北最重要的少数民族风情旅游名县。2003年,三江县政府主管部门与有关部门完成了程阳桥侗族文化风情旅游区保护开发总体规划和程阳景区

---

① 两次调查的时间分别为:2008年3月26日至4月2日,2010年9月4日至20日。

② 南侗是相对北侗而言的概念。侗族地区按照语言划分为南北两大方言区。北部方言区侗族文化变迁较快,现已与周围汉族无大异;南部方言区由于有两百万人连片分布的聚居区,中间地带没有其他文化隔离,基本上保留了侗族的文化特色,居住在南部方言区的侗人被称为南侗。资料根据刘锋、龙耀宏主编的《侗族》(云南大学出版社2004年7月版)一书中的描述整理形成。

的详细规划。2006年,程阳八寨被定为广西壮族自治区新农村建设的示范点,由新农办主持的各项建设工作在强大的资金与政策支持下顺利开展,村寨的基础设施得到了大力的改善。从2007年起,程阳桥景区先后荣获了"中国首批景观村落""广西十大魅力乡村""国家4A级旅游景区"等荣誉称号。

程阳桥景区的经营与管理经历了数次变革:1996年之前,三江县政府和相关部门没有介入程阳桥景区的经营管理,村寨旅游完全处于放任自流状态;1996年和1997年两年,由本村的一个村民承包景区,向游客收取2—7元不等的门票;1998—2001年,由三江县旅游局直接负责经营,期间门票为10元/人;2002—2007年,三江县一位廖姓的旅行社老总与本村的一位村民合伙承包经营景区,承包合同由他们和三江县旅游局、文化局签订,承包费用50万元/年,景区门票提至30元/人。2007年5月上旬,三江县政府收回经营权,至2008年4月期间,由三江县旅游总公司①负责景区的经营管理。2008年4月,程阳桥景区的经营权正式移交给现在的景区公司,下文中将会对现任的景区经营企业作详细的介绍。

## 四、程阳桥景区现行公司治理结构分析

### (一)程阳桥公司的建立背景

采用各种形式招商引资是地方政府热衷的行为,对于三江县来说更是如此,三江县是国家级贫困县,吸引外来资金的注入是发展县域经济必不可少的途径之一。早在2007年年初,三江县政府与柳州市投资控股有限责任公司②有了合作意向,恰逢新农村建设的开展,政府便以新农村建设施工期间会影响经营、承包经营对景区发展不利等理由,收回了程阳桥景区的经营权。2007年11月,柳州城投公司与三江县人民政府就程阳桥景区经营权等事宜开会商讨,并在会上形成了关于合作的会议纪要,大致内容如下:由投控公司下属的柳州市天逸旅游文体开发有限责任公司(以下简称天逸公司)和三江侗族自治县程阳桥景区旅游开发有限责任公司以股份合作制方式,共同出资成立程阳桥旅游投资开发有限责任公司,三江县以非货币财产入股,投控公司以2000万资金入股,各占50%股份。当时三江县入股的非货币财产包括程阳桥景区的经营权,三江县民族广场、博物馆、第一鼓楼和三江宾馆的经营权,除程阳桥景区经营权有利可图之外,其他四项入股资产都是难以赢利的③。

在这份协议的背后,投控公司看中的并非程阳桥景区的经营权,而是意图在三江县做房地产开发,三江县政府为了引入这笔2000万的投资,承诺给投控公司300亩的土地开发权。上述会议召开后不久,投控公司便认缴了2000万货币出资,三江县许诺

---

① 三江县旅游总公司是由政府直管的单位,由旅游局局长带头,下设有办公室、财务部、工程部、市场部等部门。

② 柳州市投资控股有限责任公司是柳州市政府的投融资平台,属国有独资企业,为上市公司。

③ 民族广场、博物馆和第一鼓楼三项本是三江县的公共场所,三江宾馆则一直是负债经营的,它的前身三江县政府招待所,建设投资1600万,竣工时负债700多万,之后一直负债经营。

的土地开发权却迟迟没有兑现。最初承诺的300亩土地,事实上只是一片80亩的土地与投控公司达成了合作意向,随后投控公司对这块土地进行了规划,规划建设一个四星级宾馆,但是三江县政府又将土地的开发权批给了本县的城市建设投资公司。自此之后,投控公司与三江县政府进行了长时间的拉锯战,公司的兴趣在于地产开发,不在于程阳桥景区的经营,三江县政府一日不实现承诺的土地开发权,公司便不拿钱出来对景区建设进行投资。

程阳桥公司的建立背景是当前许多民族旅游景区企业化经营的典型缩影,地方政府对招商引资的盲目追求使得大量外来的投资商进入民族地区成为旅游景区经营者,在既得利益的驱动下,地方政府对这类经营者的监管往往不力。

**(二)公司景区管理办公室的组织结构与职能**

1. 景区管理办公室的组织结构

程阳桥公司于2008年4月开始接手景区经营,由于公司的经营业务除了景区之外,还有三江宾馆以及房地产开发,公司总部便设在离景区19公里之外的县城,财务等部门设在总部办公室,在景区入口处设有管理办公室,管理部2人,行政主管1名,为马鞍寨人,景区经理①(女性)1名,三江县人。根据向姓经理口述,景区管理办公室的组织结构如图1所示:

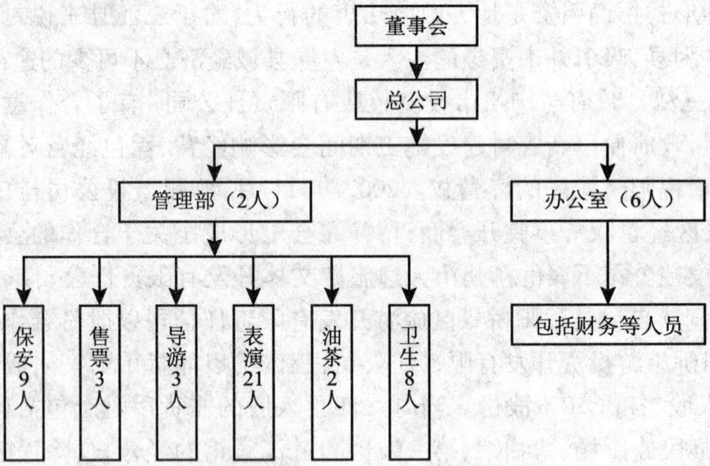


**图1 公司景区管理办公室组织结构图**

2. 景区管理办公室的职能

景区管理办公室的主要职能是负责景区的日常经营,主要包括门票售卖与管理、宣传营销、与旅行社联系等,目前公司的收入来源以景区门票收入为主。

程阳桥景区的门票管理是公司日常业务的最难之处,也是公司与社区居民的矛盾

① 向姓经理以前在旅行社工作过,负责组织程阳桥景区的促销工作,主要是和南宁、柳州和桂林的旅行社联系。本文中有关程阳桥公司景区管理办公室的资料多来自她的口述。

症结所在。程阳桥景区有12.55平方公里,景区内的社区人口有近万人,209国道从景区内通过,而且八个寨子另有若干个出入口,因此门票管理成为景区经营中最令人头疼的问题。比起其他的业务来,门票才是景区管理办公室的重中之重。2009年之前的几年之内,景区的门票一直维持在30元/人,游客逃票、居民帮助游客逃票的现象时有发生,2009年7月,董事会在没有与村民协商的情况下,擅自把门票提至60元/人,票价提高以后,逃票的现象越发猖獗,村子里甚至形成了一个专业帮助游客逃票的团队,村民称之为"拉客仔"。据调查过程中对公司保安与多名村民了解的情况,进入景区的游客中大约有1/3是没有购票的。公司的9名保安主要的工作职责就是在景区内巡逻,清查所遇游客的门票,制止"拉客仔"私运游客进入景区,因此引发了多次的冲突事件。

### (三)主要利益相关群体

在民族旅游景区中,与景区经营企业治理机构有密切联系的利益相关群体主要有社区居民和当地政府:

1.社区居民

社区居民是指程阳桥景区旅游开发涉及的程阳八寨所有居民,居民的利益代言人是程阳八寨村民旅游协会(下称"旅游协会"),协会成立于2008年5月20日,由各村的党支书、村委主任、老人协会[①]会长等担任常务会员。协会的主要功能和职责有以下四点:一是参与景区公司对景区旅游的管理;二是协调景区公司与村民的利益,并把属于村民的门票提成发到八寨村民手上,一年分两次;三是监督村民完成清洁卫生和防火义务工作;四是在景区开展各项活动时代表公司与村党总支、村委和老人协会联络,共同把各方面工作做好[②]。

2008年12月,旅游协会的寨老和村干部代表村民与程阳桥公司的总经理就门票收入的居民提成方案进行协商,并签订了书面合同。这次协商签订的合同为日后景区内的诸多矛盾埋下了隐患,曾全程参与的一位知情人在访谈中用"阴谋"一词描述合同签订过程,大致的情况是:合同由公司总经理事先拟好,协商开始以后发至与会人员手中,协商在酒桌上进行,酒过三巡后,由公司的一位本地侗人用侗语向老人们逐条解释,提出意见立即协商修改,当场就签订了合同,拟定的提成方案为公司将年营业纯利润的10%支付给村民作为门票提成,每年12万元的提成保底,合同有效期为5年,期满后重新签订。但是,在解释合同条款的过程中,用的不是"纯利润"一词,而是"营业额",代表们多为50岁以上的村干部和六七十岁的寨老,文化水平十分有限,加上酒精的作用,纷纷在合同上按了手印。次年7月,公司将景区门票价格翻番,但是年底给

① 老人协会,来自于侗族传统的村落自治制度侗款组织,由村中年长的男性组成,负责社区秩序的控制与管理。后随着社会的发展演变为寨老组织,称为"老人协会",在南侗地区的大部分村落中,老人协会仍拥有一定的声望,事关村寨的大事必须经过老人们的同意。

② 资料来源于《程阳八寨村民旅游管理协会章程(草案)》,由协会吴会长提供。文章中有关旅游协会与公司的关系和冲突的相关情况也多来自于他的口述,并经过其他访谈对象的佐证。

居民的提成依然没有变,按八寨人口总数分配以后,平均每个村民每年只分到10元,村民们对此意见非常大,因而对公司普遍没有好感。

利益永远是景区治理中的关键词,但影响景区治理成效的,也有利益之外的诸多因素,比如在程阳桥景区的调查过程中,村民们多次提及公司的工作人员对他们的淡漠与不尊重,对景区内的基础设施建设投入太少,公司的工作人员在访谈中则反复强调村民的素质如何低下,数次破坏景区内的基础设施。总之,无论是在经济、文化还是心理上,程阳桥公司与社区的关系都处于较差的状态。

2. 当地政府

从上文对程阳桥公司建立背景的分析可以看出,程阳桥公司与三江县政府之间的合作关系早已出现裂缝。为了表示对三江县政府不满意的履行承诺,程阳桥公司在进入景区后,对景区基础设施的建设与维护一直非常怠慢,对于景区门票的收入一直特别在意,由于公司的这些怠慢和在意,景区的基础设施迟迟得不到进一步的完善①,门票提价对游客规模造成一定的冲击,进一步激化了公司与村民的矛盾,景区发展缓慢,经常遭到游客投诉。

为了更好地监督引导程阳桥景区的经营,协调各部门对景区的管理,理顺管理体制,2010年6月28日,三江县政府成立了程阳桥景区管理委员会,从旅游局、乡政府、公安局、国土资源局、林业局等各个部门抽调了18个人,由县人大副主任担任主任,旅游局副局长和程阳桥公司总经理分别担任副主任。管委会的主要职能是管理景区的基础设施,维护配套设施,对景区内的商业、服务行业进行指导监督,还包括景区的开发以及处理和社区群众的关系等,比如对民居改建的审批、建筑风貌的维护(如制止乱搭乱建)等,在景区内设有办公场所。2010年9月和2011年8月笔者在景区进行田野调查的过程中,曾数次到管委会,不曾见到有人办公。2011年1月初,管委会开始介入景区的经营工作,停止了公司对景区门票的经营权,景区因此停止营业两个月之久,2011年3月中旬,经过相关部门的调解,程阳桥公司恢复了对门票的销售和管理,景区重新开放。

通过对程阳桥景区公司治理结构的分析可以看出,现行的公司治理结构形成于复杂的内外环境作用中,但是又没有能够很好地适应这种环境,公司的各部门职能没有得到恰如其分的履行。公司的主要利益相关群体各有其组织,但是公司与这些组织之间的关系恶劣,对企业经营与发展造成了极为不良的影响。

### (四)现行景区治理方式中存在的问题

1. 缺乏对社区的尊重与理解

程阳桥公司作为外来者,对社区文化缺乏必要的尊重和理解。程阳八寨是一个典型的南侗村落,南侗族群有着和谐的社会内部结构,族群成员往往聚族而居,旧时村落

① 直到笔者2010年调查期间,景区内的排污管道问题和路灯损坏问题仍然没有得到解决。白日里,景区部分排污沟恶臭熏天,一入夜,整个村落便陷入一片黑暗之中。

的治理由村中年长男性负责,称为"款首",较大空间范围内的联合自治则由各村"款首"合款共同商议乡规民约。侗款制度是侗族传统社会最重要也是最主要的社会制度,其在历史上的巨大作用至今仍然影响着人们的社会生活和精神生活,由"款首"演化而来的"寨老"在与当地党政部门的结合过程中发挥着重要的作用,程阳八寨的"老人协会"便是由其各寨的寨老组成。此外,南侗是热爱公益事业的族群,村落在扩大过程中需要另立新寨时,首要事宜是各家出力把侗寨的象征——鼓楼、戏台等公共场所修建完毕,再进行民居的建设。永济桥的修建可以很好地说明这一特点,1912年建桥时,在五十位侗族老人的倡议下,八寨居民共同投入建设,"服工不计日月,男女老少,惟力是尽,绝不推诿而中止。其热心公益之精神,良堪钦佩[7]。"邻省、邻县的侗家人也纷纷捐木、捐钱、捐粮、捐工,波及范围到方圆百里[8]。而且,南侗社会长期处于自给自足的自然经济条件下,有着报酬平等的劳动分工[9],因而其成员有着强烈而朴素的公平观念。

从程阳八寨居民的角度出发来观察公司的一系列行为,后者显然不符合这个民族的价值观。对老人协会的不尊重亵渎了族群的自然领袖,对景区设施建设的忽略违背了公益精神,利益分配的制度又与村民心中的公平相去甚远。二者之间的矛盾可以说是程阳桥景区公司在从城市房地产开发领域跨入少数民族景区的经营领域中,由于不熟悉社区文化而出现的"水土不服"。

2. 缺乏对企业行为的有效监督

在程阳桥景区现行的治理方式中,景区的经营完全由程阳桥公司负责,对于门票具体售出了多少、公司的开支、年终景区经营的利润几何,社区居民一概不知。本应由公司投入资金加以完善的景区基础设施问题,也迟迟得不到解决。从景区所有权、管理权、经营权分立的角度来说,对企业行为的监督应是程阳桥景区管理委员会的职责,但是代表政府行使管理权的这个机构在职能履行时显得有些无力;从社区参与和部分旅游资源所有权的角度来说,程阳八寨的社区居民对程阳桥公司的行为也有监督的权利,但是村民们在现行的治理方式中处于"失语"状态,连自身利益尚且无法保证,更遑论对企业行为实施监督。

对景区经营企业的投资额和债务履行等行为缺乏有效的监督与约束,并不是存在于程阳桥景区的个例,而是在我国民族地区旅游开发中普遍存在的问题。究其原因,主要是资源的所有权在景区治理结构中没有得到明确化,而经营企业普遍缺乏社会责任感,在使用资源的过程中,总是本着效益最大化成本最低的宗旨,在获取大量经济利益的同时,在资源使用补偿方面对资源维护建设的投入和给予居民的收益提成都较少。

3. 共有利益分配制度的不合理

从上文中对利益群体关系和冲突事件的分析可以看出,纷争与矛盾产生的根源都在于利益分配制度。民族旅游景区的共有利益主要是指景区的门票收入,体现的是相关群体在景区收益权上的共有性。程阳桥景区现行的利益分配制度存在诸多的不合理之处:其一是共有利益在景区经营企业与社区居民之间分配的不均衡,按照程阳桥公司履行的门票提成协议,居民仅占有当年景区营业纯利润的10%,公司拥有90%的收益权。1:9的比例差距过大。其二是分配制度中"纯利润"难以界定。由于对企业经营行为的监管缺失,很难得知"纯利润"的具体数额,于是公司连年来都是按照12万的保底提成支付给旅游协会,为了保证企业效益的最大化,很难避免公司在"纯利润"的数额上做文章。访谈中,公司的向姓经理便告诉笔者,自2008年经营程阳桥景区以来,公司连年处于亏损状态,向村民支付12万已是仁至义尽。其三是共有利益分配制度的意思表达不真实。利益分配制度可以看作是程阳桥公司与社区居民之间订立的一份双务合同,但是在订立过程中,公司代表采取了近似于欺诈的手段,使合同表示的意思存在一定程度的不真实,没有真实体现社区居民的利益诉求。从合同法的角度来说,属于可撤销的合同。

共有利益分配制度的不合理也是民族旅游景区治理中常见的问题,各旅游地的收益虽然有多有少,但是利益分配方案都大同小异,突出的表现为收益权在利益群体之间分配的不均衡。这样的利益分配制度难以同时满足各利益主体的要求,因而成为民族旅游景区中影响利益群体关系、制约景区发展的主要原因。在利益分配的问题上,既患寡,亦患不均,协调利益群体关系的关键首先在于通过公平合理的方式协商出一个能够在最大程度上使各方都认可的利益分配方案。

## 五、民族旅游景区治理的新思路——多中心治理

目前已有的民族旅游景区治理模式主要有政府主导型、企业主导型、政企合作型,少数景区采用居民主导型,但是多数治理效果并不理想,最后往往被其他类型替代。这几种治理模式都有一个弊端,就是景区的经营、决策权过多地偏向于某一方利益群体,导致利益相关群体之间的关系失衡。以本文中研究的企业型治理模式为例,经营决策权过多地偏向于外来企业。对社区而言,外来企业对社区文化缺乏理解与尊重,其权利的扩大化更加使企业与社区格格不入;对政府而言,难以对企业行为实施有效的监督与引导,造成旅游景区建设落后,发展缓慢。应该倡导一种能够兼容各利益群体,均衡各自利益关系的治理模式,并使之制度化,从制度上杜绝上述弊端。笔者建议在现行的民族旅游景区治理模式中引入被忽视的其他利益群体,建立包括多元主体在内的景区多中心治理模式[10]。

### (一)多中心治理模式的内涵

多中心治理模式是在明确民族旅游景区发展参与主体和资源所有权的基础上,综合参与式发展和企业股份合作制,成立企业型的民族旅游景区经营管理组织,由各利益主体共同参与管理,实行收益分配按股分红与按劳分配相结合的一种多元参与的新型治理模式。

多中心治理与传统的治理模式最基本的不同在于:从利益相关群体的社会责任和长远利益出发,系统地考虑社区旅游所涉及的各个方面的利益。它的重点则在于让所

有旅游资源的使用者参与管理,核心内容是“社区居民参与管理”。核心在于强调当地人、当地社会和当地文化参与的本土化管理[11]。这种管理不同于原来传统的垄断管理方式,是在外来旅游开发商进行一定资金启动下,根据原有的管理经验,采取超越原有管理方法,设计和构造一套符合当地实际情况的新型治理方式。

参与式管理实现的途径是实行股份合作制。股份合作制是一种集股份制与合作制优点于一身的新型社会主义集体经济组织形式:在制度方面保证了劳动者与所有者的统一及劳动者地位的平等;在收益分配方面实行按股分红与按劳分配相结合的方式;在管理方面,实行民主决策和管理,即股份合作制企业内部职工拥有参与决策和管理的权利。并仿照股份公司制度,设置相应的机构,制定相应的章程。

### (二)多中心治理模式的实施流程

多中心治理模式的实施流程如下:

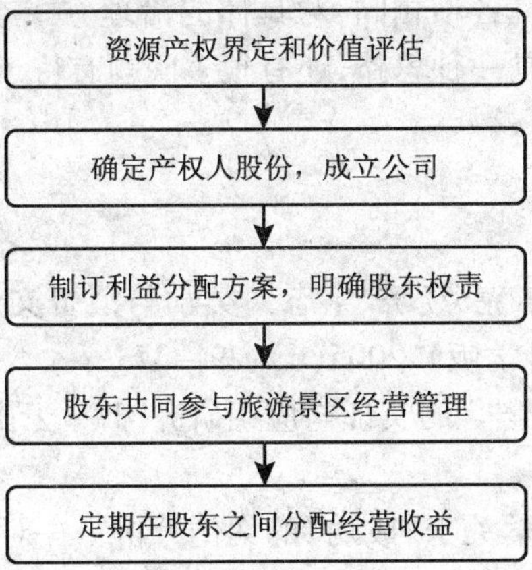


**图2　民族旅游景区多中心治理方式的实施流程**

实施多中心治理首先要对旅游资源进行产权界定和价值评估,将旅游资源产权界定为国家产权、集体产权、村民小组产权、村寨居民个人产权4种产权主体;把村寨内可供开发的景观和文化旅游资源转化成股本,然后由包括社区居民、政府、开发商在内的产权所有者以股东身份合作,成立股份合作公司;公司成立后,由股东协商制订利益分配方案,并制定相应的公司章程,以明确股东权责;由股东共同参与旅游景区经营管理,协商制定各种相关的管理条例等,在日常管理过程中各司其职,各负其责;以一年或更短的时间为周期定期分配景区经营收益,收益分配实行按股分红与按劳分配相结合,企业积累公积金用于扩大再生产和旅游设施的建设与维护,以公益金的形式投入到乡村的公益事业(如导游培训、乡村旅游管理),以及维持社区居民参与机制的运行等,同时通过股金分红支付股东的股利分配。

## 六、结论

本文的研究旨在引入企业人类学的视角，在前期田野调查和丰富的一手资料的基础上，以广西壮族自治区一个典型的民族旅游景区作为研究对象，细致深入地分析其现行的公司治理结构。研究认为，对于民族旅游景区这样一种特殊的治理对象，常规意义上的公司治理结构难以应对复杂的企业环境，因而影响了企业的经济效益和旅游景区的可持续发展。在此基础上，笔者提出多中心治理模式，并认为通过多中心治理可以使包括国家、集体和个人在内的利益群体在景区经营中按照议定的股份获得相应的收益，同时也必须履行相应的义务，这样便实现各主体的责任和义务的对等关系，并通过合作形成各主体间的相互制衡。实行民族旅游景区的多中心治理模式，是笔者试图解决民族旅游景区发展中所存在的文化、经济矛盾的一个初步设想，实践中的民族旅游景区牵涉到的具体情境各不相同，对具体的治理方式亦有不同的要求，因而文中的多中心治理模式只能算是一种思路，还有很多问题有待于进一步的研究、探索。

## 参考文献

[1][美]理查德·韦尔克. 经济、生态人类学与消费文化研究[J]. 黄娟，译. 广西民族学院学报(哲学社会科学版)，2005(6)：29－37.

[2]张继焦. “企业人类学”的实证与应用研究[J]. 云南民族大学学报(哲学社会科学版)，2009(1)：15－21.

[3]张继焦. 企业人类学关于“成功”的案例分析——对马来西亚二十八位华商和经理人的访谈及其分析[J]. 学术探索，2009(4)：68－73.

[4]Swain, M. B. 1989 Gender Roles in Indigenous Tourism: Kuna Mola, Kuna Yala, and Cultural survival. In Hosts and Guests. Philadelphia: University of Pennsylvania Press.

[5]Van Den Berghe, P. L. 1980 Tourism as Ethnic Relations: a Case Study of Cuzco, Peru. Ethnic and Racial Studies, Vol. 3, No. 4, pp. 375－392.

[6]雷德明. 完善我国公司治理结构的对策探讨[J]. 统计与咨询，2007(6)：54－55.

[7]姜玉笙. 三江县志[M]. 台北：成文出版社，1974：373.

[8]廖君湘. 侗族传统社会过程与社会生活[M]. 北京：民族出版社，2005：155.

[9]潘年英. 民间·民风·民俗[M]. 贵阳：贵州民族出版社，1994：257.

[10]谭华云，王凯. 景区转让中的利益整合与多中心治理——以凤凰城为例[J]. 桂林旅游高等专科学校学报，2006(4)：19－22.

[11]祝波善. 全球化与本土管理[J]. 企业文化，2006(2)：8－9.

# 桂台民族文化与两岸旅游合作

赵明龙
(广西社会科学院民族旅游研究所所长,广西南宁,530000)

**【摘　要】**广西和台湾一衣带水,是多民族的地方,民族文化底蕴丰厚,民族文化各具特色,不少民族文化有旅游观光开发价值。加强桂台民族文化交流与合作,不仅有利于增强两岸的民族认同感,而且有利于保护和繁荣民族文化,促进两岸民族旅游合作与发展。本文试就上述问题进行一些探讨,旨在抛砖引玉。

**【关键词】**广西;台湾;民族文化;旅游合作

## 一、桂台民族文化特征

### (一)桂台民族基本情况

1. 广西世居民族基本情况

广西现有壮、汉、瑶、苗、侗、仫佬、毛南、回、京、彝、水、仡佬12个世居民族,总人口5100多万人,其中少数民族人口约1982万人,约占全区总人口的38.86%(其中壮族占广西总人口的32.98%)。

在12个世居民族中,又可分为若干个族群。如汉族可分为客家、平话、蛋家、桂西高山汉等族群。壮族可分为布依、布侬、布岱、布央、布雷等十多个支系。瑶族可分为十几个支系,如河池南丹的白裤瑶、百色凌云的背篓瑶、蓝靛瑶,桂平的盘瑶,田林的蓝靛瑶、背陇瑶(也称布努瑶)、盘古瑶,金秀的茶山瑶、花蓝瑶、山子瑶、盘瑶和坳瑶12个瑶族支系,从而构成了中国乃至世界上瑶族支系最多,瑶族风情五彩缤纷的瑶族之乡。苗族也可分为多个支系,其中,居住在隆林的可分为白苗、红苗、青苗、黑苗、花苗五个大系。侗族也有一些支系,北部侗族分为7个支系,南部也可分为两大支系。其他各世居民族内部也可分为若干个小支系。

2. 台湾民族基本情况

台湾的民族分为原住民和汉族。"原住民"是指汉人移居台湾前最早抵达台湾定居的族群、原住民。原住民分为"平埔"和"高山"两大系统。汉族尚未大量来台定居之前,居住在平地的原住民总称为"平埔族",生活在高山地区的原住民则称为"高山

---

[作者简介]赵明龙,广西社会科学院民族旅游研究所所长、副研究员。

族”。这里所说的“高山族”也就是现在大家对台湾原住民的总称。其中,在平埔族群中有9个不同的民族。但是距今三百年前,平埔族群因为汉族人的大量迁台,已经完全被汉化,目前只剩宜兰地区的噶玛兰族被纳入原住民族群中。所以,现存的原住民,大致上以高山地区的10个民族——泰雅、赛夏、布农、邹、邵、排湾、鲁凯、阿美、卑南、太鲁阁族(原为南部的泰雅族)为主,加上噶玛兰族和兰屿岛的达悟族(旧称雅美族),总共12个民族。台湾官方认定的台湾“原住民”族群分别为雅美、排湾、卑南、鲁凯、阿美、邹人、布农、赛夏、泰雅、邵人、噶玛兰以及太鲁阁共12个。截至2009年12月,台湾原住民人口数为504 531人(占台湾总人口数的2.1%),而大部分的当代原住民则是居住在山区和城市当中。

### (二)桂台民族特色文化

广西和台湾24个世居民族或原住民,因地理、历史、语言、习俗等不同,各自显现的民族文化也各具特色。民族文化是旅游业的灵魂,有不少民族文化是重要的旅游资源,具有观光开发价值。

#### 1.服饰文化

服饰文化是一个民族或族群的重要标志,桂台各民族在服饰上具有自己的鲜明特色,从而构成服饰美学和旅游吸引力。

(1)广西世居民族传统服饰。广西12个世居民族各自有独特的传统服饰,汉族传统服饰有唐装等,但各地汉族服饰也有独特的风格。在壮族聚居的农村,特别是在比较偏僻的壮族山区,其服饰仍保存本民族传统特色。男子多穿青布对襟上衣,有的还以布帕缠头。女子服饰则别具一格,因地区不同而式样各异。壮族妇女多穿无领斜襟绣花滚边的上衣,下身穿绣花滚边宽脚的裤子或青蜡染的褶裙,腰束绣花围腰,脚穿绣花鞋,有的头上还缠着各式方巾,喜欢戴银首饰。壮族服饰各支系大同小异,而最有特色的民族服饰则是那坡壮族服饰(俗称黑衣壮)、大新上甲的壮族岱支系的女工短衣、短裙,龙州金龙的布岱的女式长衣等。在12个世居民族中,苗族、瑶族和侗族的服饰最具特色,各支系的款式多姿多彩。在广西隆林德峨乡,如今苗族同胞仍然穿着多姿多彩的苗族服饰赶街串寨,成为“活着的民族博物馆”。在广西博物馆民族民俗展览厅里,展览着广西壮、瑶、苗、侗、水、仫佬、毛南、京、回、仡佬、彝11个少数民族特色浓郁、五彩斑斓的服饰。曾经在美国举办的《广西少数民族服饰艺术展》,展出了壮、瑶、苗、侗4个少数民族的服饰170多件(套),在当地引起了强烈的反响,令美国参观者赞叹:想不到广西民族服饰也这样美,工艺特别细,做工特别好,能把这么悠久丰富的民族文化和这么漂亮的民族服饰保存到现在,真是了不起!

(2)台湾原住民传统服饰。在台湾,12个原住民族群的服饰色泽鲜艳,各具特色。大致分为4种类型:一是窄幅贯头衣型:以泰雅族、赛夏族和阿美族为代表,共同特征是皆为贯头衣系统的短衣裙。二是皮衣型:以邹族、布农族和邵族为代表,共同特征是男子皆以皮革制衣。三是汉式长衣型:以排湾族、鲁凯族和卑南族为代表,共同特征为穿着裁剪缝制而成的中式长衣和下裳。四是离岛型:以离岛兰屿的达悟族为代表。以泰雅族为例,泰雅族的衣服在形制上以方衣系统为主。而披肩对泰雅族人来说则是一种多功能又实用的服饰,男女皆可穿戴,夏季小型,冬季则更换大型。在歌舞宴会时穿着的盛装,最大的特色是用贝珠穿之于胸贝而成珠衣,称为织贝,并白或红布为底,在胸部和背部织成几何花纹,图案简单而色彩鲜艳。

2. 饮食文化

(1)广西世居民族饮食文化特色。广西地形复杂且地处亚热带,气温高雨量足,禽畜种类繁多,蔬果四时不断。平原地区的麻鸭、三黄鸡,滨海地区的海产品,还有环江菜牛、巴马香猪、廉州鱿鱼、桂林马蹄、荔浦芋头、贵县莲藕等许多驰名特产,为广西菜系的形成提供了丰富的物质基础。各民族依自己的风俗习惯和嗜好,创造出了多姿多彩、具有浓厚民族特色的传统食品。总的来说,广西的菜肴,多以本地盛产的山珍、水产和禽畜肉为原料,还常以岭南佳果诸如荔枝、杧果、菠萝等入菜。一般以猪、鸡、狗、牛、羊、鸽、咸淡水族为常宴,以山珍和名特水鲜为上品。广西名菜既有粤菜的特色,又区别于粤菜,技艺上多用蒸、炖、焖、焗、炒、炸等方法,口味以清甜、鲜香、微辣、脆嫩为主,讲究鲜、嫩、爽、滑,原汁原味。

从各个世居民族来看,也各有特点。如壮族,其饮食原料特别丰富,风味食品也特别多。主食主要有南瓜饭、白薯饭、八宝饭、乌饭、竹筒饭、五色糯米饭、粽粑、糍粑、桄榔粉等,副食主要有血生、鸭酱、鱼生、酸肉酸鱼、郎棒、蜗牛脍、腌碎骨、烤香猪等,汤类饮料主要有瓜汤、田七鸡汤、田七酒、蛤蚧酒、东兰墨米酒、罗汉果茶等。

汉族(客家人)在吸取当地少数民族饮食经验的基础上,结合中原饮食文化,逐渐形成了新的独具风格的客家饮食文化。如现在流行于广西的所谓“酿”菜系列。再有就是客家人称为艾米果的一种食品,是用艾草汁糅入米粉当中,再包上馅做成饺子形状,有鱼饺、蛋饺、信丰萝卜饺等。

瑶族饮食文化的一大特点就是“靠山吃山”,他们以稻米、玉米及杂粮为主食,红薯、凉薯、芋头、粟米、糁子、高粱、荞麦、木薯、山薯等都是他们的重要食料。副食品则更多,肉类除狗肉外其他几乎无所不食。

苗族菜肴讲究“酸、辣、香”,常见的有青菜酸、酸肉、酸鱼、酸汤鱼、泡辣椒、糯米酸辣子、剁辣子、酱辣子、五香鱼、桃花虫、臭豆渣等。风味饮食如“剖汤”,杀猪后,将内脏洗净切碎,加上边角次肉,加姜、蒜、花椒等作料合煮成一锅,即为“剖汤”。

侗族的特色饮食文化首推“侗不离酸”、“侗不离鱼”,腌食是最能体现侗族民族特色的佳肴。侗家有三大名菜:鱼生、红肉和牛瘪。此外,侗族的烧鱼、油茶等也颇具特色。

(2)台湾原住民饮食文化特色。原住民传统的烹调技术都较为简单,以阿美族为例,除了生食外,多半以水煮及火烤食用,其中有一种“石煮法”相当特殊,是从前阿美族人出外野餐的拿手绝活。而采集或收成的食物,尤其是肉类,当场吃不完的,就用日晒、熏烧或淹渍等方法加以储藏;另外,小米等谷类则可酿成酒,供祭典等特殊场合饮用。

随着时代变迁,阿美族已普遍接受以稻米为主食,但嗜食野菜的风尚不但没有消失,反而广被其他族群接受。炒山苏、藤心排骨、过猫、山苦瓜、面包果、槟榔心等,早已成为许多大饭店、小餐馆里的必备菜。花莲市的各大饭店,也常季节性推出原住民美食活动。只是多半采取台式、客式的料理方式,口味较重,也较迎合现代人,却往往把野菜天生的芳香一并压抑。阿美族传统的料理方式,精致程度虽不及,却更能彰显食物的原味。

阿美族石头火锅比较有特色。石头火锅做法简单、原始,举凡食材、容器、饮具、汤勺都就地取材。族人从前出外狩猎、工作时,只要带上一包盐巴,利用简单的食材,就能煮出一锅美味的料理,充分展现出其生活智慧。首先以槟榔叶鞘折成"锅具",盛满水后将鱼虾、野菜和盐巴一齐投入,一旁则以炭烤石,待石头受热烧成白色时,便将之夹至容器。不久,石头把水烧滚,便成一锅香喷热腾的鱼汤。阿里碰碰是"南势阿美"特有的食物,与粽子有些类似,亦可称为阿美饭包。阿美人利用海滨常见的林投,先将其叶子摘下,削除边刺,再以4片叶编织成袋状,塞入生糯米水煮或干蒸。由于有林投叶的熏陶,食用起来别具一股芳香。阿美族人称腌肉为"希捞",不论鱼肉、鱼卵、兽肉及动物内脏,吃不完便加以腌制保存。

3. 建筑文化

(1)广西世居民族建筑特色。广西12个世居民族的传统建筑文化各有特色。壮族主要是"干栏"特色。南北的壮族干栏也各具特色。如龙胜壮族"干栏"建筑非常有特色,基本上为木质结构,近年也有所创新,内部为钢混结构,外面为"干栏"建筑风格,实为家庭式旅馆。南部壮族如今慢慢地淘汰传统木结构"干栏",纷纷地建起钢混结构的小楼房。汉族的建筑特色首推贺州的客家围屋。三江、龙胜的侗族民居建筑多为高脚"干栏",还有鼓楼和风雨桥,堪称世界建筑精品。瑶族和苗族建筑,各地有别,颇有特色。

(2)台湾原住民传统建筑特色。台湾原住民各族群生活方式传统上以渔猎为主,靠山吃山,靠海吃海,各自有一套适应自然环境的生活方式。例如住屋的建筑,材料上就有竹、藤、木、石等多种区别,形制也大不相同。泰雅、赛夏、布农与邹族是长方形屋;排湾、鲁凯住屋以石板堆墙,石片做瓦;阿美与卑南则是草木建成的长屋;雅美族地处长年湿热的兰屿岛,半穴居草房最具避热功能。

各原住民的传统建筑有一定的差异。阿美族的住宅除了主屋外,也有公廨、祖祠、厨房、谷仓、水车、桩米房、家畜寮舍或墓园。泰雅族的民居建筑大都包括主屋、谷仓、家畜与家禽舍、兽骨架、头骨架与望楼。排湾族建筑最富艺术气息,建筑以丰富的木雕彰显屋主的贵族身份,今日的好茶与古楼为保存完整的聚落。室内有木雕祖先像,门楣上雕有许多百步蛇的纹样;头目家屋前的庭院有象征头目威权的司令台及目标石,上面雕着人形与百步蛇,是其他族没有的。布农族分布在南投、高雄与台东三县交界山区,是原住民住得最高的一族。建筑材料多用片岩、木板及茅草,就地取材且因地制宜。布农族喜欢半地穴,室内略比室外低,室内有一谷仓,贮藏小米。住屋外面常以石片围成矮墙与附属小屋,构成一个院落的生活空间。卑南族的住屋平面为长方形,用竹管编成墙体,以茅草盖屋顶,地面不凹下,很接近台湾南部的平埔族建筑。鲁凯族的住屋多用片岩砌成,墙壁与屋顶皆以片岩排成。室内地板也都铺成大片石板,四周用木板垫成床铺,中央设有火炉;室内的木柱呈扁平状,主柱被视为神圣的,有守护神的象征。室外通常有庭院,铺大片石板,边缘凸出石台作为椅子,屋檐下有石椅供做家事,设计显示出室内室外空间的充分利用。邹族住宅平面有长方形及椭圆形,茅草屋顶。赛夏族人口为九族中最少者,建筑物与泰雅族人相近,房屋内有明显隔间,各有独立功能,反映出家庭私密性要求高。达悟族居住在兰屿以打鱼为生,为了防台风,建屋在凹坑中,地底有排水道,室内形成前后室,主屋建在凹坑下。

平埔族的建筑不容易见到,很少能保存下来。早在明清的文献中有所提及,北部有凯达格兰族,宜兰有噶玛兰族,台中有巴布萨拉族及和安雅族,嘉南平原有西拉雅族,高雄有马卡道族。据荷兰人记载,他们的建筑平面多为长方形,多以竹子、木材及茅草为主要建材。平埔族汉化程度很深,根据清代文献描述,平埔族建筑有高土台基,其屋顶、门窗、墙体及屋架,则可能以编竹或编藤制作。

4. 节庆文化

中华传统节日是海峡两岸同胞共同的节日,节日文化也是海峡两岸同胞共有的宝贵财富。传统节日民俗文化,对于中华文化的传承,具有重要意义,体现了民间的礼仪、习俗、伦理与价值观。

(1)广西世居民族节庆文化。广西12个世居民族节庆文化丰富,传统的共同的重要节庆有:春节、元宵节、二月初二(春社节)、清明节、三月三、四月初五、端午节、六月六、七夕节、中元节(七月十四)、中秋节、重阳节、尝新节(十月初二)、冬至节、灶王节。

按节庆的内容分,各民族有祝祭交游的节日,如壮族歌圩、莫一大王节、布洛陀节,瑶族的盘王节、祝著节、红衣节、红瑶"晒衣节",苗族的苗年节、跳坡节、祭鼓节,侗族的吃冬节、姓氏节、多也节,侗、壮、瑶、苗族的花炮节,仫佬族的依饭节、走坡节,毛南族的分龙节,回族的开斋节、古尔邦节、圣纪节,京族的哈节,彝族的跳弓节、水节的端节。

按农事节日分,有壮族的蚂拐节,仡佬族的拜树节,瑶族的敬鸟节,壮、瑶、侗族的敬牛节、插秧节、拜田节,瑶族、仡佬族的吃虫节,壮、瑶、苗族的尝新节,阳朔汉族的渔火节、桂林恭城月柿节、防城金花茶节等。

随着社会的发展和文化的繁荣,广西各地涌现出不少新节。如南宁国际民歌艺术节、河池铜鼓文化艺术节、百色布洛陀旅游节、崇左宁明花山文化旅游节、崇左德天瀑布国际旅游节、北海国际海滩旅游文化节、防城港上思县十万大山原始森林旅游节、梧州国际宝石节等。这些节庆活动,充分展示了广西各世居民族的文化,再现了各民族祭祀、歌舞、赛事、商贸等繁荣景象。

(2)台湾原住民节庆文化。据资料显示,台湾原住民节庆文化也很丰富。春节、端午节及中秋节为三大主要传统节庆。而元宵节也非常受重视,因此有关它的庆典特别多。一般除了祭祖、猜灯谜、吃元宵汤圆外,最热闹的要属"迎花灯"及"放天灯"。台南的"盐水蜂炮"也是元宵节当天的重头戏。地方民俗庆典,有妈祖绕境。台湾各地共有870余间妈祖庙,每逢农历三月妈祖诞辰,全台各地庙宇都会举办祭祀、进香、绕境等活动,其中尤以台中县大甲镇澜宫的妈祖绕境,历史最悠久且规模最盛大。烧王船祭典,是台湾西南沿海著名的民俗祭典之一,原始用意为送瘟神出海,如今已演变成祈安降福的活动。每三年举行一次,东港烧王船约在农历九月份于屏东县东港镇东隆宫举行,西港烧王船在农历四月中旬于台南县西港乡庆安宫举行。其中东港烧王船场面最为热闹盛大,闻名全台,除庙会活动外,最后一天的烧王船仪式更是整个祭典的高潮。

原住民祭典,共计有31个之多,常常借由祭典、仪式、歌舞、竞技等来表达对天地鬼神的崇敬。如阿美族的丰年祭、赛夏族的矮灵祭、布农族的打耳祭、卑南族年祭、达悟族飞鱼祭等,都极富特色,很具观光价值。丰年祭是阿美族人最盛大的活动,于每年七八月间举办。丰年祭中常见的祭典仪式包括成年祭、迎宾舞、丰年舞、耕种舞、捕鱼祭等,整个过程包含迎灵、宴灵和送灵三阶段。打耳祭是布农族一年中最重要的祭典,约在每年4月下旬至5月初举行。祭典主要分成狩猎、射耳、烤猪肉、分猪肉、猎枪祭、夸功庆、成巫祭等几个主要活动。战祭(Mayasvi玛雅斯比)是邹族部落中最神圣的祭典,早年依征战及狩猎的情况择期举行,如今则明定于每年2月15日,由达邦及特富野二社轮流举办,固定于男子聚集会所(库巴)举行。其主要供奉征战之神,即战神和司命神,除向其祈求战力外,也借此求得神灵的庇佑,并含有激励族人士气的功用。矮灵祭是赛夏族最重要的一项传统祭典,两年一小祭,十年一大祭,在农历十月十五左右农作物收成之后举行,为期4天3夜。整个矮灵祭分为告灵、迎灵、会灵、娱灵、送灵等几个主要仪式,其中尤以迎灵最为神圣,只容本族参与(一般游客只能参加会灵及娱灵两种仪式)。

卑南族年祭,卑南族的"猴祭"及"大猎祭"合称为"年祭"。近年来,各村落间轮流举办"联合年祭",持续将卑南族的特色发扬光大。卑南族是台湾原住民中最崇尚武力的族群,约在每年12月下旬举办的"猴祭",被视为卑南族最具特色的祭典。所谓"猴祭",是指卑南族男子进入少年会所的成年礼仪,一般称为"刺猴祭"。传统猴祭中,卑南族少年须经过一连串严格的考验,其中以能用竹竿刺杀猴子最为重要(如今猴子已改为藤制的模型替代),借此培养锻炼少年的胆识体魄及分工合作的精神,整个过程须历经4次考验,之后才能进入"大猎祭"。

桂台各民族的节庆文化,往往是各世居民族或原住民各种传统文化的大汇集,融歌舞、宗教、商贸、赛事等为一体,具有重要的观光价值。如文本田阳敢壮山布洛陀文化,既有祭祀始祖神布洛陀,也有开展壮族歌圩比赛,还有舞狮比赛,商贸活动也贯穿整个节庆的全过程。又如宁明花山国际文化节,有万人公祭骆越始祖、花山美食大赛,也有壮族歌坡对歌(歌圩)、撒网捕鱼比赛、原生态的舞蹈表演、壮·瑶·侨风情风俗展演、抢花炮比赛、牛拉竹排竞渡等,多姿多彩,令人向往。

## 二、推进桂台民族旅游合作的几点建议

民族文化是一个民族的灵魂和血脉，也是民族旅游的重要资源。中华民族在几千年的历史长河中，创造了独具特色、瑰丽灿烂的中华文化，不仅成为凝聚中华民族的精神纽带，更对人类文明作出了重大贡献。为了推进桂台民族文化，促进民族旅游合作与发展，笔者提出如下建议：

### （一）共建民族文化认同

人类社会发展进程中，同一民族通常都具有共同的思想意识、价值观念、心理特征和行为方式，人们在这种共同的文化背景和教育中成长，并获得民族认同感。民族与文化的认同，有助于让人们找到归属，形成、承担共同的社会行为和责任。同时，也有助于共同传承、保护和发展民族文化，推进桂台旅游文化合作。广西和台湾虽隔海相望，但两地同文同种、一衣带水，两岸民族文化同根同源，一脉相承。加强民族文化交流有利于进一步增强台湾与大陆同根同祖、同源同流、同心同德的认同感，有利于使两地在交流中了解、融合、创新和发展。广西民族风情浓郁，文化博大精深，有壮、瑶、苗、侗等11个少数民族近2000万人口，其中壮族人口数居全国少数民族首位，是中国各民族中人口仅次于汉族的一个少数民族，分布广、历史悠久。壮族与台湾原住民有相同的文化元素，同是稻作民族，有不少文化相同或相似，有共同的信仰，同是中华民族大家庭的重要成员。因此，要不断地加强民族文化交流，不断地加强中华文化的传播与弘扬，不断地加强两岸民众共同的民族和文化认同。正如中国国民党荣誉主席吴伯雄2010年7月10日在第六届两岸经贸文化论坛开幕式上所说的那样：两岸同属中华民族、炎黄子孙，同文同种，这是构成两岸加强合作交流的最大动力。

### （二）共同保护和挖掘民族文化资源

民族文化资源是开发民族文化旅游的重要资源。作为华夏儿女，我们深受中华民族文化的濡染。民族文化的保护与发展是关乎民族发展、关系子孙后代的大事，要保护我们的传统民族文化，更要让我们的传统民族文化发扬光大。从传统来看，桂台民族文化资源非常丰富，但由于现代化、全球化、区域经济一体化的迅猛发展，桂台传统民族文化受到极大的冲击，有些优秀的传统民族文化面临濒危或消失。当务之急，桂台应该加强保护、传承、开发民族文化资源。首先，加强对少数民族非物质文化遗产的保护，加强对濒危少数民族语言的保护和抢救等。为此，要积极开展桂台民族文化的普查登记，建设民族文化数据库，为保护民族文化打好基础。其次，根据旅游开发需要，逐步挑选那些有观光价值的民族文化加以挖掘、整理、提升，陆续开发为旅游项目，通过旅游项目的开发达到传承和保护民族文化的目的。开发民族文化旅游项目是一项复杂而艰难的工作，两岸虽然积累了一些经验，但成功的项目还不多。因此，双方应该加强交流，相互学习借鉴，吸收世界各地成功的开发经验，共同推进桂台民族文化旅游资源的开发。

### （三）共同开展民族文化宣传和民族旅游营销

桂台有近25个世居民族，但因地理和历史的原因，相互对对方地区的民族情况了

解不多。在广西,很多人只知道台湾有"高山族",而不知道高山族就是台湾十几个原住民族群的总称。在台湾,同样不少民众对广西的12个世居民族也了解不多,就是专门从事民族学和人类学研究的学者也许了解得也不够。因此,双方有必要共同加强开展桂台民族文化宣传、民族旅游的营销。建议桂台各媒体带头为桂台宣传民族文化和民族旅游,开设专栏、专版、专门节目,大力宣传桂台民族文化和民族旅游,为两岸民族文化交流和民族旅游合作营造一个良好的宣传环境。同时,编辑集桂台民族文化和民族旅游为一体的丛书、手册等,全面推进桂台民族文化旅游合作与发展。在此基础上,适当召开桂台民族文化论坛或研讨会,就桂台民族文化保护、传承和开发进行热议、研讨,为各界献计献策。

### (四)共同建立民族文化交流合作机制

要在大交流、大合作的基础上,建立桂台民族文化交流合作机制,搭建稳固的交流合作平台,使两岸文化交流活动规范化、制度化、长期化。随着近年来两岸文化交流活动的深入开展,两岸学者建议文化交流制度化的呼声越来越高。只有两岸文化交流制度化,大交流、大合作才会健康、持续、良性、深入地发展。建设民族文化交流合作制度化,是推进桂台民族文化合作的重要保障。笔者认为,推动两岸文化交流正常化、规范化需要有制度化的保障,建议相关部门着手制定桂台文化交流、民族旅游合作5年或10年规划,确定阶段性目标,丰富交流内涵,使两岸民族文化交流合作和民族旅游合作议题能适时摆上桌面,付诸行动。

### (五)举行联谊活动推进双方民族文化交流与合作

联谊活动是深化桂台民族文化旅游合作的重要途径,是推进民族旅游的重要渠道。建议桂台每年举行3个活动:一是双方每年组织青年学生到对方地区考察、参观、观光,开展民族文化交流与民族旅游联谊活动,以增进了解,巩固传统友谊;二是双方每年有计划地组织一些游客,由有关民间社团带队,到对方地区参加各种传统节庆、祭祀活动、旅游文化节等,以增强民族凝聚力和认同感;三是举行桂台民族大联谊活动。每年举行一次,轮流在广西和台湾举行,挑选桂台各民族和族群代表参加,活动内容既有民族文化论坛、传统歌舞,也有传统体育、民族文化展览、民族风情摄影、书画图书交流等,以传播桂台民族文化,促进民族旅游合作与发展。通过举办系列联谊活动,桂台世居民族和原住民等民族的互动交流将得到进一步加深,使两岸民族文化在交流互鉴中共同发展,在传承创新中共同进步,在不断交流中互动。

### (六)加强桂台民族文化旅游产业合作

要增强两岸民族文化旅游产业的国际竞争力,必须加强桂台民族文化合作,这是互利共赢的大事业。当前,应积极整合桂台民族文化产业资源,优化资源配置和布局结构,培育旅游文化市场,共同打造民族文化产业链,形成产业群;深入发掘中华民族传统文化资源,共同打造桂台具有民族特色、风格、气派和原创性的知名旅游文化品牌;共同加强推进民族文化与科技融合,发展新兴民族文化产业,建设现代文化产业体系,促进桂台文化产业发展;加强桂台民族文化创意产业合作,合办两岸民族文化创意产业博览会,推动成立促进两岸文化创意产业交流合作的权责单位;积极扩大两岸民族文化题材的广播电影电视领域的交流合作,在两岸影视剧合拍、影视剧及电视节目的市场准入、影视演职人员交流等方面,积极探讨扩大交流合作;鼓励桂台各地各有关机构加强民族文化交流,轮流举办或相互参加各种主题的文化节、艺术节等大型文化交流活动。

## 参考文献


[1]赵明龙.广西民族发展报告[M].南宁:广西人民出版社,2009.

[2]李甫春,赵明龙.南方少数民族的变迁[M].北京:民族出版社,2010.

[3]台湾原住民.维基百科/自由的百科全书. http://zh.wikipedia.org/wiki/10/4/2011.

[4]台湾原住民传统服饰.中国台湾网,2009-01-14.

[5]台湾原住民建筑的特点.中国台湾网,2010-03-11.

[6]王嵩山.台湾原住民社会与文化概论[M].台北:联经,2001.

[7]任冠文.广西民族饮食文化与旅游发展[J].旅游论坛,2010(3).

[8]第五届两岸经贸文化论坛通过共同建议,http://news.xinhuanet.com/tw/2009-07/12/content_11696299.htm 2009-07-12.

# 龙脊平安寨的发展模式对中国现代化的启示

李富强
(广西民族大学民族研究中心,广西南宁,530000)

【摘 要】龙脊平安寨是广西龙胜各族自治县的一个壮族村寨,20世纪90年代末至21世纪初,在旅游业的带动下,平安寨实现了传统经济向现代经济的转型。它的发展模式对中国现代化的启示是:中国的现代化路径不应专注于城市化,社会转型往往伴随着失衡,和谐社会建设关键在于制度重构。

【关键词】龙脊平安寨;发展模式;乡土社会;中国现代化;启示

龙脊平安寨是广西龙胜各族自治县的一个壮族村寨,它有着以一家一户为生产和消费单位的传统小农经济,是一种生存经济。大多数农民家庭生活长期接近于生存线的边缘。自近代以来至1949年,平安寨与费孝通所调查的禄村相似,是受现代经济影响不深刻的地方。由于土地的生产力太低,不足以吸收资本,所以土地权的集中难以发生,剩余劳动力被束缚在分散的土地上。这就使农田人口压力巨大的平安寨经济走上了内卷化(involution)的道路。中华人民共和国成立后,新政权不仅深入农村,而且围绕农村经济扩展权力,通过土地改革、粮食定产定购定销、集体化等一系列的运动,重组农村经济。但在此过程中,农民被更加牢固地束缚在有限的土地上,专门从事农业,平安寨经济的内卷化依然继续。困扰于集体主义内卷化(collectivist involution)的平安寨经济长期以来发展迟缓或停滞不前。改革开放以来,平安寨经济逐步在探索中走出困境。在20世纪90年代末至21世纪初,随着通往平安寨的公路如愿以偿地开通,平安寨被纳入了旅游大市场。围绕旅游业的发展,大量资本注入古老的村寨,造成了其经济结构的重大改变。在旅游业的带动下,平安寨的非农经济发展了起来,传统的农业经济逐渐退居次要地位。平安寨走出了低报酬的、停滞的小规模农业经济的泥潭,实现了传统经济向现代经济的转型。①它的发展模式对中国现代化具有启示作用。

---

[作者简介] 李富强,广西民族大学民族研究中心主任兼壮学研究中心主任,中国少数民族经济学科带头人,研究生导师,博士,教授。

① 李富强. 现代背景下的乡土重构——龙脊平安寨经济与社会变迁研究. 北京:科学出版社,2009:93-136.

## 一、中国的现代化路径不应专注于城市化

中国农村的根本出路在于“非农化”,即农村农民的活动由以农业为主转化为以非农产业为主。因为中国长期以来人—地关系高度紧张,而且随着耕地减少越来越紧张,光靠提高农民在土地上的收入,农民生活的改善是极其有限的,只有将剩余劳动力从土地上转移出去,让他们从事非农产业,才能大幅度增加农民收入。依此看来,上天对平安寨人是不公的。他们地处偏僻山区,交通不便,耕地远少于全国平均水平,因而长期处于贫困状态。但同时他们又是幸运的,因为他们继我国东南沿海地区农村以创建和发展乡镇企业走上了非农化的道路之后,也突破了农业的内卷化,走上了非农化的道路。

平安寨人的幸运在于他们的祖先早已为他们开凿了一片如今可供观赏的梯田,并创造了富有地方和民族特色的文化;还在于他们生逢一个发展极不均衡的全球化时代。在这个时代里,现代社会的人们生活压力大,已背上了沉重的包袱,他们失落、彷徨、焦虑、烦恼,四处寻找解脱之道。而旅游正是通过对异文化的体验和对现实喧嚣生活方式的暂时逃避,为现代社会的人们提供了一种解脱方式。于是,旅游业随着现代化运动的深入发展而蓬勃兴起。当人们对现代大众化旅游渐渐厌倦,曾一度被人们认为是贫穷、落后的乡村,被赋予了人情浓郁的田园风光的想象,那些饱受现代性之苦的“现代人”如织而来,因为他们向往着回归自然,亟须以纯真的自然、古朴的风情、传统的文化洗涤、抚慰他们的心灵。正是因此,平安寨这个在地图上难以找到的村庄,如今可以凭借他们祖宗留下的那片长期以来养不活他们的贫瘠的梯田,挣脱了土地的束缚,走上了富裕的道路,并扬名世界。当看到一个个不同肤色的“洋人”手执旅游手册,按图索骥地在寨中寻找通过电子邮件预订的农家旅舍时,你就会真切地感受到古老的平安寨如今确确实实地进入了世界旅游市场,真真切切是“地球村”的一员。

然而,与其说平安寨人是幸运的,不如说他们是坚毅、聪慧的。千百年来,他们披荆斩棘,筚路蓝缕,勤勤恳恳地耕耘着那片狭小贫瘠的土地,默默地承受着繁衍生息之重。而当机会来临,他们便以世代累积起来的经验和智慧,敏锐地抓住机遇,寻求发展。如果当初他们没有抱定“要致富,先修路”的信念,一而再再而三地要求上级支持,修通了通往本寨的公路,它独特而丰富的旅游资源、靠近世界知名旅游城市桂林的区位优势等,都将得不到发挥,平安寨也就无法进入旅游市场圈,旅游业的发展也无从谈起。所以,归根结底是市场使这个古老的村庄获得了新生,而市场的眷顾靠的是村民自己的不懈追求。

在实现非农化的方式上,平安寨与我国长江三角洲和珠江三角洲等地殊途同归。长江三角洲和珠江三角洲的非农化主要是靠“工业下乡”来实现的,而平安寨的非农化道路则是依靠旅游业带动服务业来实现,因而,可以将之概括为“平安模式”。“平安模式”与“苏南模式”、“温州模式”、“珠江三角洲模式”等模式的共存,充分说明了市场经济与地方性相结合的多样性和复杂性,以及中国人民探索现代化途径的积极性

和创造性。20世纪80年代前,中国经济作为一个整体,其二元结构表现为制度化的城乡差别。改革开放后,长江三角洲和珠江三角洲走上了乡村工业化的道路,产生了农村的二元经济。而“平安模式”则是后工业时代的产物。费孝通先生曾以“三级两跳”来概括20世纪中国社会的深刻变化。所谓“三级”,指中国社会在20世纪经历的三种社会形态:农业社会、工业社会和信息社会;“两跳”即其中包含的两个大的跳跃:从农业社会跳跃到工业社会,再从工业社会跳跃到信息社会[①]。就全国来说,我国的第一个跳跃还在进行当中,有的地方尚未完成,而又开始了下一个更大的跳跃。“平安模式”即是以传统农业社会与外界的信息社会对接的结果,因而其社会转型具有了跨越式双重转型的意味。

“平安模式”作为从农业经济向“文化经济”或“符号经济”转型的一种模式,在我国经济发展中具有一定代表性和示范性,前景非常远大。因为祖国大地江山如此多娇,中华各族历史如此悠久,文化如此灿烂、辉煌,旅游资源如此丰富,举世罕见。尤其是西部地区,不仅生物多样性为世界瞩目,文化的多样性也令人叹为观止。在漫长的历史过程中,丰富多彩的西部文化像一条奔腾不息的河流,伴随着人类从远古走到现代,历尽了是非成败,兴衰荣辱,饱览了沧海桑田的变化和世态炎凉,积淀和融汇了人类对宇宙万物真谛的感悟。也许从现代经济的眼光来看今天的西部是落后的,但文化并不落后,那从历史深处走来、多姿多彩的文化之河蕴含着不竭的创造性。如果说目前西部是贫困的,那么它的贫困也是“富饶的贫困”。这块古老的热土所蕴藏的不可估价的文化资源——包括历史文化资源和民族文化资源,为旅游业的发展提供了优越的基础和条件。而旅游业的发展不仅能以较低的成本给经济欠发达地区带来巨大的经济效益,而且会强化族群认同意识,推动民族传统文化复兴,激发民族文化的复制、再造和创新。这是全球化背景下文化与经济协调发展的重要途径之一,尽管在发展旅游的过程中,也可能带来一些负面的影响,但只要民众有了“文化自觉”,就可以趋利避害[②]。

“平安模式”的重要价值或远大前景还在于它以一种“不离土不离乡”的非农化方式,开辟了一条超越乡土社会的新途径。“乡土社会在地方性的限制下成了生于斯、死于斯的社会。常态的生活是终老是乡。假如在一个村子里的人都是这样的话,在人和人的关系上也就发生了一种特色,每个孩子都是在人家眼中看着长大的,在孩子眼里周围的人也是从小就看惯的。这是一个‘熟悉’的社会,没有陌生人的社会”。[③] 而如今的平安寨似乎已不纯粹是一个“乡土社会”了。经营家庭旅馆的村民与桂林、南宁、广州、深圳、香港等地旅行社建立长期或短期的稳定关系,并通过电话、电脑向国内外的游客招揽生意,经营店铺的村民频繁往来于各大城市进货,越来越多的外来经营者定居寨里,平安寨的生活已经很难说是局限于地方性的生活,平安社会也很难说完

---

① 费孝通.“三级两跳”中的文化思考.读书,2001(4):3-9.

② 李富强.让文化成为资本——中国西部民族文化资本化运营研究.北京:民族出版社,2004:85-100.

③ 费孝通.乡土中国 生育制度.北京:北京大学出版社,1998:9.

全是一个没有陌生人的社会了,或许可借用贺雪峰的话称之为"半熟人社会"[①]。

在中国现代化的进程中,与乡土社会对应的概念是都市社会。乡土中国和城市中国不仅代表着传统社会和现代社会的区隔,而且代表着现代化的路径选择。[②] 而平安寨在村庄中实现的乡土社会的超越,对乡土社会与城市社会的二分及"城市中国"这一现代化路径提出了挑战。城市中国的现代化路径的立论逻辑是:既然城市社会是现代社会,那么现代化就是城市化。城市化既是手段,又是终极目标。因而,有人甚至提出:"要解决当前农村面临的根本问题,可考虑通过土地的集中以实现现代农业的产业化;通过土地出卖使农民获得原始积累资金,以实现中国农村的城镇化。"[③]可不少学者发现,世界范围的现代化实践证明,非西方国家城市化的高实现程度并不必然带来如西方国家的现代社会[④]。我国著名学者温铁军甚至在考察了众多发展中国家后指出,在那些发展中的人口大国,只要人口超过1亿,没有哪个发展中国家有城市化的"成功典范",发展中国家的城市化大多只是一种空间平移贫困,也就是说是用贫民窟来实现的[⑤]。中国是一个农民大国,近百年的现代化也仅实现了不到1/3的人口成为城市居民。尽管在改革开放之后,随着工业化、城市化的快速发展,农村剩余劳动力转移的速度加快,但是,"农村在相当长的时期内将仍然处于人多地少的小农经济局面。如果真的完全通过产权私有化和市场机制来做到劳动力资源的'最合理配置',在贫富分化之上,农村的1.5亿隐性失业者立刻会变成显性失业者,其后果不堪设想"[⑥]。"且不说现在大中小城市吸纳农村人口的能力已经明显下降,从长期分析来看,即使我们加快城市化,到2030年可能实现50%城市化率,到那时我们是十六七亿人口,按16.8亿计算也仍然还有8亿4千万人生活在农村;而在城市化加速阶段,按正常的城市化发展速度和规模来看,每年被征占的土地至少在1200万亩以上。也就是说30年后,无论按新口径19.5亿亩算,还是按老口径14.5亿亩算,都要减少3亿多亩,人均耕地面积也会实际上减少更多。在这种情况下,农村这三个基本要素的配置关系能调节得了吗?这个基本国情矛盾制约是一个大问题"[⑦]。因此,城市中国的现代化路径有待反思。从西方发展经验提炼出来的"城市化"的经典概念,是城市人口比例的增加;而它的"中国化"概念应如美国人类学家顾定国(Gregory E. Guldin)在深入研究中国都市化之后提出的:"都市化并非简单地指越来越多的人居住在城市和城镇,而应该是指社会中城市与非城市地区之间的来往和相互联系日益增多这种过程。"[⑧]与此概念相对应的城市化路径选择就是城乡统筹、协调发展。这一路径选择不仅符合中国

---

① 贺雪峰.新乡土中国——转型期乡村社会调查笔记.桂林:广西师范大学出版社,2003:1-4.
② 李远行.乡土中国城市中国——当代中国现代化路径选择刍议.三农中国,2004(2):79-85.
③ 阎周秦,程华.论农村土地所有权的平稳转移.社会科学研究,2003(3):35.
④ 李远行.乡土中国城市中国——当代中国现代化路径选择刍议.三农中国,2004(2):79-85.
⑤ 温铁军.两个没有看见和两个支持体系.三农中国,2007(1):3-11.
⑥ 黄宗智.制度化了的"半工半耕"过密型农业(下).读书,2006(3):76.
⑦ 韩德强.评"三农问题"上的若干主张.三农中国,2004(1):64-65.
⑧ 周大鸣.现代都市人类学.广州:中山大学出版社,1997:219.

国情,而且吸取了拉美和非洲不发达国家都市化的教训,顺应了当今世界都市化的发展趋势。随着后工业时代的来临,人们对于工业化带来的“城市病”越来越有了深切的感受,而交通、通信和计算机技术的发展,又使人们“逃离”城市有了可能。所以,后工业城市时期的人口运动与工业城市时期是相反的,即从中心城市向四郊和农村扩散。在40年前法国著名社会学家H. 孟德拉斯(Henri Mendras)就曾出版了《农民的终结》一书①,受该书的影响,我国社会学家李培林也致力于探讨“村落的终结”议题,可是,“农民的终结”并不等同于村落或乡村社会的终结②。其实,1984年,孟德拉斯在为《农民的终结》再版写的《跋:二十年之后》中,利用新的调查资料描绘了法国“乡村社会的惊人复兴”的状况③。所谓乡村社会复兴,即逆城市化的趋势,它说明,城市化未必就是人类所必须追求的方向。

因此,不论是从世界大势,还是从自身现实来说,中国的现代化路径不应专注于城市中国之一途,即不应把一切希望都寄托在城市化,而应该同时致力于乡土中国的现代化。当然,乡土中国的现代化并不尽然反对城市化、工业化,更不是回到传统的小农世界,而是要把关注的焦点聚集在居住着大部分中国人口的乡村社会,重建现代化的价值体系,将现代性中具有价值合理性的元素与乡土中国的价值观念相结合,使中国的现代化同时具有价值的合理性和人性的基质。此一认识和思路是符合中央政府提出的“建设社会主义新农村”的重大战略决策的。“建设社会主义新农村”改变了以往简单地加快城市化的倾向,更关注城乡之间的良性互动,主张“工业反哺农业,城市支持农村”;在农村建设中,重在农村社会相关制度建设;强调在农村发展的同时保持田园风光,建设自然和人文环境良好的生态型农村社会④。这一战略决策体现了以人与自然、人与人、人与自己内心世界和谐相处来证明人的价值的思想,不仅与中国传统文明“天人合一”、“知足长乐”的智慧相合拍,而且顺应了从旧式现代性向新型现代性转变的世界潮流⑤,在地球不可再生资源越来越少,人类掠夺式开发文明面临危机时,为人类发展提供了新的路径选择。而平安寨的实践使我们看到了这一路径的可行性和宏大愿景。

## 二、社会转型往往伴随着失衡

如果说平安寨经济在非农产业兴起前如同黄宗智对中国解放前6个世纪和解放后30年的农村经济所作概括,是“没有发展的增长”的话⑥,平安寨经济在20世纪90

① [法]H. 孟德拉斯(Henri Mendras). 农民的终结. 李培林,译. 北京:社会科学文献出版社,2005:1.

② 李培林.《农民的终结》中文版再版译者前言. 见:[法]H. 孟德拉斯(Henri Mendras). 农民的终结,李培林,译. 北京:社会科学文献出版社,2005:2.

③ [法]H. 孟德拉斯(Henri Mendras). 农民的终结,李培林,译. 北京:社会科学文献出版社,2005:276-282.

④ 温铁军. 新农村建设新在哪里? 决策与信息,2006(4):32-33.

⑤ 郑杭生. 新型现代性及其在中国的前景. 学术月刊,2006(2):21-24.

⑥ 黄宗智. 长江三角洲小农家庭与乡村发展. 北京:中华书局,2000:11-12.

年代之后就步入了"发展"。而且,发展是迅速的。现如今,当你徜徉古寨之中,沐浴在灯红酒绿之下,观赏着那应接不暇的店铺牌匾,与各种肤色的游客交臂而过,你就会发现,平安寨其实已是"村庄中的都市",村落的各种设施逐渐配套,自身已初步具备了镇的职能,不再依赖原有的镇——和平镇,村民生活已孕育了城市化的某些特征,村庄的每一个角落似乎都弥漫着浓郁的"现代性"。它已经或正在超越"乡土社会"!

"人类的经济,是嵌合并陷于制度、经济的和非经济的因素中的。"[①]经济发展伴随着社会转型,而转型中的社会往往是各种矛盾和冲突比较突出的社会。在平安寨的发展过程中,始终存在着一些不和谐因素。"3·25事件"就是最典型的例子。此事件发生在2005年,起因是平安寨群众与GLLJWQ旅游有限责任公司的利益纠纷。2002年7月3日,GLLJWQ旅游有限责任公司(甲方)曾与平安寨(乙方)签订了有关平安村梯田维护费的协议,规定甲方每年付给乙方15万元梯田维护费;景点的开发建设由甲方按规划负责进行;乙方必须维护梯田完好,按季节进行耕作;协议期限为3年,即从2002年1月1日起至2004年12月31日止,合同期满后必须在2005年3月1日前续签合同。可是,合同期满后,因双方在梯田维护费数额等问题上有较大分歧,合同迟迟没有续签。平安寨群众便从2005年3月1日开始拦客,阻止购买了旅游公司所售票的游客入寨游览。2005年3月6日,县领导来到平安村开会协商解决矛盾。但这次的协商并未真正解决问题。2005年3月8日,村民继续拦客。为平息事件,县公安局派来了公安人员。在村口的停车场,由县城开来的班车停泊在以往的位置上等客,公安人员要求班车让开,群众不满,遂蜂拥上前与公安人员论争。公安人员用摄像机记录了这些场面。2005年3月12日,GLLJWQ旅游有限责任公司(甲方)与平安村(乙方)协商达成了共识:双方暂签半年合同,时间从2005年1月1日至6月30日,甲方付给乙方梯田维护费15万元,下半年的梯田维护费按新组建公司的分配方案执行。第二天,群众不再拦客,开始放游客进寨。事情似乎已得到了解决。不料,县公安局却于2005年3月25日根据摄像机所拍下的图像到平安寨抓走村民2人,拘留15天后释放。据说这一事件当时只有香港有媒体进行了报道,内地群众很少有人知晓,但在事发地的影响非常之大,至今当地群众对此事仍记忆犹新,说起来仍有不平之色。

其实,这一事件不过是长期积累的矛盾的一次激烈爆发而已。据了解,从县旅游公司参与平安景区的旅游经营活动开始,就与当地村民有了矛盾。村民们认为,平安寨能成为旅游目的地是因为有梯田的存在,而梯田是自己的祖先留下的,因而应归村寨所有,由谁来经营应由村民决定,就像是城里的一间铺面,以什么价钱租给谁经营自然是主人的事,价钱不合适就可以租给别人。可平安景区由GLLJWQ旅游有限责任公司经营是由政府决定的,付给平安村的梯田维护费(群众又叫进寨费)似乎也不容商量。所以,每次合同期满,群众都要求提高梯田维护费,从而使他们与旅游公司的矛

① 波拉尼(K. Polanyi)在与阿伦斯伯格(C. M. Arensberg)和皮尔逊(H. W. Pearson)于1957年共同编撰的《早期帝国的贸易与市场》(Trade and Market in the Early Empires)中所提出的观点。转引自:陈庆德. 经济人类学. 北京:人民出版社,2001:84.

盾激化。群众自行设卡“拦客”的事已不是第一次。2001 年 3 月,平安寨与旅游公司于 1998 年签订的合同期满,群众就曾提出要增加梯田维护费,旅游公司不同意,续签合同的事被搁置,于是群众自己设卡售票,向游客收取进寨费。为打破僵局,县领导于 2002 年 5 月 10 日来到平安寨召开干部群众代表会议,但终究无法解决问题。由于群众与公司之间在梯田维护费的问题上一直未能达成共识,群众对公司的要求历来不怎么配合,有时故意不按时令种植和灌溉,梯田崩塌了也不修整,甚至根本不种植,更严重的是,一些农户屡屡在停车场至寨口风雨桥之间、从寨子至二号景点之间及二号景点上乱建、乱搭各种违章建筑。县建设局、旅游局一而再再而三禁而不止。“3·25 事件”绝不是偶发的。

平安寨的不和谐,归根结底是由于社会转型过程中经济、政治和文化等子系统的变迁速度不匹配所致。借助于现代化的部分结果如日益发达的交通、通信和现代传媒等,平安村的经济相对于制度层面超前发育,造成经济发展与社会、制度重构失调。当市场取代再分配成为资源配置的基本机制,利益的分配便不再主要取决于国家,而是市场和社会中的利益博弈,可是相应的利益协调机制却没有建立、健全起来。这主要表现为分散的小农与市场和政府的矛盾。分散的小农由于缺少用组织的方式为自己争取合法利益的机制,在市场、政府面前处于弱势地位,难以与市场和政府达成良性互动关系,易于激化矛盾,酿成冲突。

作为“3·25 事件”当事方之一的当地村民是无组织的、分散的。随着旅游业的开展,平安寨群众的经济理性高涨,势不可当。各家各户纷纷创造条件新建、改建或扩建家庭旅馆和店铺,根本不顾政府部门的规划。在群起追求经济效益最大化的潮流中,人际关系愈来愈趋于理性化。原本和睦相处的同宗兄弟,如今为了“抢客”而反目的现象屡见不鲜。尽管村委会采取了措施,把平安寨的 6 个村民小组编成 3 个组合(第一组合由第一和第六村民小组组成、第二组合由第二和第三村民小组组成、第三组合由第四和第五村民小组组成)轮流到停车场去招揽游客,但冲突仍时有发生。尽管人们在筹集(家庭旅馆、店铺等的)建设资金时,仍常常借助传统的亲缘关系,但传统的以“家门”等强制力建构的人际联系的权力文化网络已经瓦解,而现代社会关系尚未建立,村庄的社会关联度大大降低。诚如贺雪峰所指出,农民之间原本长长的社会链条已断裂为若干小节,构成链条的中间结构无一致行为,也无领袖①。在此情况下,政府和企业要进入农村,都面临一个交易成本问题。

为了顺利地进入和扎根于平安梯田景区,GLLJWQ 旅游有限责任公司企望通过与平安村民委员会这一对手的谈判,以较低的成本获取平安景区的旅游经营权。从现行法律来看,这未尝不可。因为我国土地制度在 20 年改革过程中不断修订和完善,已经形成了有中国特色的村社所有、家庭承包制度,这个制度在 1998 年中共中央十五届三中全会发布的“跨世纪的文件”中被确立为“中国农村基本经济制度”。问题是村民们

① 贺雪峰. 乡村治理与秩序——村治研究论集. 武汉:华中师范大学出版社,2003:245-247.

缺乏对村民委员会的信任,而村民委员会无力将村民组织起来,其代表村民的合法性受到了动摇。事实上,在"3·25事件"前后,乃至在10多年的旅游经营过程中,村民委员会对村民的影响力、号召力和控制力都非常虚弱。根本原因是村财务不清。1992年和1994年,平安村两次出售集体林场木材,所得款项均提留若干作为集体积累,可这些款如何开支,一直无法说明。开发旅游后,村部出租铺面"连心阁"的租金流向何处,村干部也从未能交代。村民从此对村干部失去了信任。所以,2007年以前,旅游公司每年支付的梯田维护费(村民俗称"进寨费")都按1997—1998年间开二龙桥至平安寨公路时各家各户完成的土石立方数全部分配完毕,村民委员会没有任何提留。虽也曾有村干部提出方案,要求开家庭旅馆、抬滑竿(当地俗称"抬轿子")或帮客人背行李等从事与旅游有关活动的村民,要从收入中按一定比例向村民委员会交纳公益金,但村民们普遍反对,理由是村里以往的财务不公开,而且近些年村委会也没有开展什么公益事业,因而一直是分文未交。从2007年开始,村民们原则上同意村委会从梯田维护费中提留5%作为公益金,但也是以财务公开为条件的,如果以往的财务到时无法厘清公布,村民还是要求把该费全部分光。可见,村民们对村民委员会能否充任自己的"当家人"是心存疑虑的。所以,在与旅游公司的谈判中,当分散的村民提出各种各样的意见时,村民委员会根本没有协调统一的能力,只能退居一旁当旁观者,无形中失去了代表村民与公司谈判的资格。

对村民来说,这并非好事。随着旅游业的发展,平安寨已越来越深地卷入市场经济之中,如若不能组织起来,就会成为市场经济的牺牲品。因为现代市场经济不是个体农户的天下。由于信息、资源等的不对称分布,市场往往使农民边缘化,在市场贸易中处于不利地位。对于公司机构来说,分散的个体农户是弱势的谈判者,往往只能被动接受市场价格。况且平安寨面对的旅游公司是一家政府公司,它的后面是政府。一旦政府和企业联手,分散的个体农户的弱势地位就更加突出了。不仅如此,一盘散沙般的小农由于难以通过正常的渠道、合法的程序表达和维护自己的合法权益,还使冲突难以消解,造成社会不稳定。在社会转型时期,利益主体趋于多元化,主体意识不断增强,某种程度的冲突不可避免,重要的是要将冲突控制在一个稳定的制度框架之内,通过正常的渠道来解决。而构建这个制度框架的关键是要把农民组织起来,使之可与政府、公司平等地对话,而不至于激化矛盾,酿成群体事件。

政府如同农民、企业一样,也是平安梯田景区旅游开发经营以及"3·25事件"中的主体之一。这个主体的目标与后两者有所不同。农民的目标是"安身立命"、"发家致富";企业的目标是实现利润最大化;政府的目标则比较复杂,具体政府行为的目标是财政收入(龙胜县政府从平安景区获得的经济利益包括6%的营业税、防洪费、教育附加费、城建附加费,以及据龙政函[2001]33号文件征收的20%的政府资源费,等等),而人民政府的性质又要求政府必须代表农民的根本利益,解决"三农"问题。因而,如何界定政府的角色和职能就非常重要了。应该说,当地政府为平安梯田景区的开发和经营殚精竭虑,做了大量卓有成效的工作,如投资公路建设和景区的广告宣传等,为当地旅游业的发展奠定了良好的基础。但景区村民对政府普遍不信任,甚至怀疑。最主要的原因是经营景区的旅游公司属于政府企业,政府支持其对景区实施垄断性经营,所以,每当村民与公司发生矛盾,当地政府都出面做深入细致的调解工作,村民们总是认为政府偏袒公司。政府与村民之间难以通过对话消除矛盾。对于国家或政府与市场的关系,新比较政治经济学对于国家自主性的强调,有助于我们思考和探索,在市场经济条件下,如何保持和重建政府的自主性和超越性,使公共权力能够公正地行使的问题①。有"农民代言人"美誉的李昌平说得好:"在解决三农问题的过程中,不能没有市场,但市场只是政府的工具。如果政府成为市场的工具,那么,农民就只有死路一条。"②这也是我们应该从平安寨"3·25事件"中吸取的教训之一。

由于弱势的农民与旅游公司和政府之间没有达成一种良性的互动关系,尽管村民有很高的参与旅游的热情和要求,但他们的参与程度低,参与范围窄。政府主导了当地旅游业的发展方向,决定由谁及如何开发经营;旅游公司在得到政府许可后,开始实施其开发经营计划,而村民只是将自己的部分劳动和社区资源参与到旅游经营中,至于开发目标、景区规划、产品类型、经营方式等,他们一无所知或知之甚少,他们的主动性、积极性受到打击,智慧和地方性知识等一概没有机会参与。这也是平安寨人与自然、传统与现代等不和谐的重要根源之一。人与自然的不和谐主要体现在生态环境的恶化上,村民因其旅游发展的参与权没有受到应有的尊重,无心维护梯田,乱建乱盖,生活用水未加处理,直接排入河中,且因生活用水增加,梯田灌溉缺水的问题亦迟迟无人解决。传统与现代的不和谐主要是因为主导产品开发的是"外来的"公司或政府管理部门,他们不了解当地的历史文化,而了解当地传统文化的村民又被排斥在外,所以,在"复兴"和"创造"传统的过程中,当地文化的"真实性"和"独特性"遭到破坏。如龙胜已举办了多届"红衣节",这个节庆本是从瑶族文化中演绎出来的③,可好几届"红衣节"都是在平安景区举行,对游客造成了误导。为了强化文化特色,旅游公司为平安寨请了一位来自邻县三江侗族自治县的艺人,即在龙胜经营一个景点的老板、自称"银水侗寨101代寨主"的刘金敏,编排了一台节目,供接待游客时表演。可是节目主题不鲜明,特点不突出,不能反映平安寨深厚的文化底蕴,而与"银水侗寨"等周边景点的节目雷同。所有这些问题都对平安景区的可持续发展构成威胁。

由此可见,"3·25"事件虽只是当地社会"不和谐"的一个片段或个案,但其发生有深刻的社会背景,从根本上说是当地社会在超越乡土社会的社会转型过程中,经济

① 孙立平.超越简单线性思维的发展视角.三农中国,2007(1):24-31.

② 李昌平.我向百姓说实话.呼和浩特:远方出版社,2004:41.

③ 红衣节本是龙胜瑶族的一个支系红瑶所特有的民族节庆。红瑶名称的由来乃缘于妇女爱穿自己编织的红衣衫。每年农历三月十五或四月初八是龙胜红瑶同胞的会期。这天,男女老少身着节日盛装,肩挑自己生产的土特产品,成群结队来到街市,交换一年所需的生活用品和农业生产资料用品,未婚青年则在这一天借机唱山歌、吹木叶,以优雅动听的情歌来相约幽会意中人。因当天红衣遍野,举目皆是,故称红衣节。据说早在元朝时期便已成俗。从1995年起,龙胜县开始把"红衣节"作为弘扬民族文化、向世人展示龙胜少数民族风情的节庆。广西旅游部门随后又将之确定为"广西重点少数民族节庆日"。

与社会、制度重构失调造成的,其影响广泛而深远,因而,其警示意义不容忽视。

## 三、和谐社会建设关键在于制度重构

也许“和谐社会”在中国历史上并未出现过,只寄托在文人的诗情画意中,但它却千真万确是中国人千百年来梦寐以求的理想。现如今,身为中华民族优秀子孙的中国共产党人,继承和发扬中华民族优秀传统,把“建设和谐社会”作为治国理念,带领全国人民开展了波澜壮阔的“构建社会主义和谐社会”的伟大实践。

我不能说平安寨曾经是一个世外桃源式的“和谐社会”,但由于中国古代皇权秉持“无为而治”的统治方式,加以平安寨地处边陲,近代以前平安寨基本上是一个“自主性”社会。它实行的“寨老制”是一种“村寨自治”制度。在此制度下,平安社会基本上是“礼治社会”。这种社会平静、安宁、有序,但却缺乏活力。人们凭借“道义经济”维持着生存。可是,平安寨的“自主性”是相对的、历史性的。而后,随着中国现代化运动的开展,国家权力逐步深入乡村,平安寨的内源性社会结构在与自上而下的国家权力的互动中重构,演绎了一幕现代背景下乡土社会变迁的壮丽历史话剧。在此过程中,国家政权加强对农业和农民生活的干预,村寨的自主性逐渐丧失。特别是在中华人民共和国成立后,新政权为重组农村经济,促进农村经济的发展,不仅进一步纵向地深入农村,从基层开始建立了与国家政权相联结的各级组织,而且横向地扩展权力,经过土地改革和集体化运动,建立起政社合一的人民公社制度,掌握了农民的经济抉择权,全面地控制了农村社会,造成了农村被国家化的倾向。可是,正如有的学者指出,组织结构的运行特性颇近于韦伯(Max Weber)所谓“科层制”的人民公社制度,虽然实现了生产资料与劳动者和管理者的分离,构造了科层式的互动关系,但却无法采用科层化的生产体系的激励机制,因为农村社区无法解雇成员,而国家对待发展不好的农村社区也无法像对待资不抵债的公司那样宣告其破产与重组;官僚体系的“升迁预期”亦不可能适用于亿万农民。这个内在逻辑使农民表现出了“吃大锅饭”的情绪和倾向。科层结构对于激发目的性行动趋于失败。尽管作为一种秩序维护机制,它非常有效,但这种秩序与贫困是一体的。这是国家体系的科层结构的内在属性[①]。所以,长期以来平安寨的经济无法突破生存经济的格局,农民生活处于贫困之中。直至人民公社制度终结,实行了家庭土地承包责任制和村民自治的政治经济体制之后,平安寨村民才千方百计开发旅游,走出了小农经济“内卷化”的陷阱,走上了市场经济的道路,过上了富裕的生活。然而,富虽富矣,随着村庄越来越深地卷入市场,社会的失序现象亦屡见不鲜。“3·25事件”虽然只是众多不和谐中一个不大不小的事件,但却是社会转型过程中权利失衡的表现,足以说明平安寨村民在市场经济中的弱势地位及其后果。要实现经济繁荣发展与社会和谐的统一,最重要的是要建构农民与市场、农民

① 杨善华,赵力涛.中国农村社会转型中社区秩序的重建:制度背景下的“农户—社区”互动结构考察.见:中国社会科学院社会学研究所.中国社会学(第三卷).上海:世纪出版集团 上海人民出版社,2004:142-159.

与国家的良性关系与互动,提高农民以规范化和制度化方式表达和追求自己利益的能力。而要实现农民与市场和国家之间的良性互动,必须实质性地提高农民合作的能力和组织水平,并把农民组织与合作能力的形成纳入体制的框架内,使之成为新体制的有机组成部分,以适应市场化的需要。

这一切的关键在于村民自治的进一步完善。平安寨所遭遇的问题说明潘维关于基层政权与市场经济的观点很有参考价值。潘维发现:在农民从计划经济迈向市场经济的痛苦过程中,基层政权——村政权和乡政府天然是农民与市场的中介。它能否发挥中介作用及中介水平的高低,对市场化的结果产生决定性的影响。而基层政权是否有能力充任中介,及其充任中介的质量,取决于当地社会主义传统的强弱,取决于回归家庭耕作的早晚和彻底程度。回归家庭耕作越早、越彻底,基层政权充任市场中介的能力就越低,当地农民受市场伤害,成为输家的机会也越多。反之,回归家庭耕作越晚、越不彻底,原有的社会主义集体在组织上和精神上保持得越完整,当地农民就越容易适应市场,成为市场赢家的机会也越多①。平安寨的所谓"社会主义传统"应该说是不强的,20 世纪 60 年代初发生震惊全国的暗中自发搞包产到户的事件充分说明了这一点。在 20 世纪 70 年代末 80 年代初全国"分田到户"浪潮中,他们回归家庭耕作虽不是很早,但比较彻底,分田到户后,集体经济已非常弱小。所以,村民委员会充任市场中介的能力有限,充任中介的质量不高。在此条件下,要提高村民委员会充任市场中介的能力和质量,关键是要完善村民自治制度。因为村民自治是中国现代化进程中的明智选择。中国现代化的历史表明,追求国家对社会的完全控制,如人民公社时期将亿万农民完全纳入国家体系之中,根本行不通,只能阻碍国家和社会的发展。改革开放以来,中国为了实现从计划经济社会向市场经济社会的转型,一直致力于建立社会主义市场体系。市场经济最显著的特征是,通过市场"这只看不见的手"来进行资源配置和调控,这必然要求改革国家完全控制社会经济的状况,给社会和市场以应有的独立地位。因而我们在完善官僚体制,建立理性政府,加强国家对社会控制的同时,还应该重视社会力量的作用,使之有一定的发展空间,以达成国家与社会的良性互动。这是实行村民自治的宗旨和意义所在。村民自治在实际运行中暴露出来的弊端,不应导向对村民自治的质疑,而应导向对它的进一步完善。

完善村民自治需要创新。平安寨是有自治的传统的。当年"龙脊十三寨"的寨老制倒也把一个多族群杂处的龙脊管理得井然有序。但寨老制的自治是村寨自治,而非村民自治,村寨自治和村民自治两者有极为关键的差别。"寨老制"式"村寨自治"是人身依附式的自治,其存在虽然与中央王朝的治理理念有关,但它本身是自发生成的,其运行的基础是农民的生存经济或"道义经济"。而村民自治应是以人的个性自觉和契约人格为条件的自治,它实际上是国家政权为适应市场经济需要的一种设计,是国家权力向社会的回归,是国家对社会自生力量的尊重与合作。它的实行是一个还政于

① 潘维.农民与市场:中国基层政权与乡镇企业.北京:商务印书馆,2003:375-376.

民的过程。因而,完善村民自治不可能也不应该回归传统村寨自治,而应是新形势下村治制度的创新和发展。潘维对完善村民自治的设想是朴实而可行的。他认为,村民自治的目的不是搞政治抵抗运动,而是要把准失业者组织起来,开展经济自助。自助是我国农民的唯一出路。村民自治的大方向是:以村庄社区为单位,把农民组织起来,积累"社会资本",引导农民从事改善社区生活环境和文化环境的生产劳动,说服和引导农民走上共同富裕的道路,逐渐安全地脱离耕地。村民自治的形式应是"百花齐放",判断"村民自治"形式先进与否,应该以能否推动农村的社会和谐与经济进步为标准①。就平安寨而言,要完善村民自治,重新把村民组织起来,笔者认为应该如同仝志辉所主张的,把村民委员会建设成为一个基础性综合发展组织。所谓综合发展组织,它首先应该是一个有主导的发展愿望,有在社区内调动资源的能力,组织社区公益事业供给和对外以一个合作经济主体身份进行经济交换的发展型组织。其次是它能组织基本的公共物品供给,如社区安全、道路、灌溉、社区文化生活等。最后它是各种专业性组织发育的平台或孵化器,各种专业性组织的人力资源、组织资源等来自社区经济合作组织②。孙中山先生早就提出过"地方自治体不止为一政治组织,且并为一经济组织"③的主张。梁漱溟也在对乡村建设运动的思考中认识到:"乡村是个小单位社会,经济组织、政治组织皆天然要造端于此的;一切果从这里建造起来,便大致不差。恰好乡村经济建设要走'合作'的路,那是以'人'为本的经济组织;由是而政治亦自形成为民主的。那么,富与权操于人人,更于是确立。现在所急的,是如何遵着这原则以培起乡村经济力量,乡村政治力量;这培起力量的工夫,谓之乡村建设。——乡村建设之所求,就在培起乡村力量,更无其他。力量一在人的智能,二在物资,而作用显现要在组织。"④先贤圣哲的这些论述可谓是高屋建瓴的真知灼见,至今仍有借鉴和指导意义。

为此,就必须重构乡村社会基础,开发村民自治的组织资源。现行村民自治之所以机制不协调和功能萎缩,是由于其机制和组织功能与市场经济建设不相适应的结果。重要原因是诺斯(Douglass C. North)所说的"路径依赖",即制度本身的惯性⑤。作为村民自治载体的村民委员会和村民小组是从人民公社的生产大队和生产小队转变而来,它们的运行机制和功能没有得到根本的改造,而事实上,随着国家权力构建的"三级所有,队为基础"体制的瓦解,村民小组在平安村只是一个编号作用,村民委员会既然仍被惯势思维定位为以前的生产大队,自然就是"政府的脚",除了协助乡政府完成收缴税费、计划生育等行政任务外,不能发挥凝聚组织农民的功能。从前"寨老

① 潘维.论村民自治的形式.三农中国,2006(2):5-17.

② 仝志辉等.农村民间组织与中国农村发展:来自个案的经验.北京:社会科学文献出版社,2005:272-273.

③ 转引自:梁漱溟.河南村治学院旨趣书.见:许纪霖,编选.内圣外王之境——梁漱溟集.上海:上海文艺出版社,1998:153.

④ 梁漱溟.梁漱溟全集(第五卷).济南:山东人民出版社,2005:231-232.

⑤ 林毅夫.再论制度、技术与中国农业发展.北京:北京大学出版社,2000:37.

制”式“村寨自治”的实现依靠的是“勒栏”、“泰瓦”等血缘组织及维系这些组织的行为规范。尽管改革开放以来,宗族文化有“复兴”之势,可时过境迁,“勒栏”、“泰瓦”组织几经打击,其社会作用和影响已经式微,与之相适应的行为规范也在市场经济社会中纷纷失效,现如今,“勒栏”、“泰瓦”仅具礼俗性意义,因而,村民自治断无依靠传统的“家门”组织而实现组织农民目的的可能。完善村民自治首先必须培育和建构新型的农村社会组织。这一见解与李昌平的观点不谋而合。他认为:“村民自治在农村搞了十几年,收效不大的原因也就在于没有足够的民间组织资源;只有民间组织的放活和发展,法制社会才有基石。……弱势的人没有组织为后盾,法律就会成为强势者欺负弱势人的工具。”①

培育和建构新型的农村社会组织的实质,在于限制、规范行政权力的乡村介入,启动和充分利用一切组织资源包括民间自组织资源,实现国家和乡村社会关系的良性互动②。这是中国市场经济发展的需要和趋势。因为市场化的过程就是社会资源由国家集中控制向社会分散配置的过程。改革前的中国社会是一个总体性社会,国家体制垄断了几乎所有的组织资源,反映在农村,也是实行高度集权的组织制度,经济、政治、社会组织都受到政治权力由上而下的超强控制,功能分化和结构分化滞后,缺乏独立性。整个乡村社会的运行完全由国家正式组织统制驱动,其活力、自主性和积极性被极大地消泯。改革开放之后,中国社会从总体性社会向分化社会过渡。国家权力收缩,体制外的社会组织获得了一定的资源和生存空间。而国家权力的后撤,也需要培育和建构一些新型社会组织,重构社会秩序。对此,我国学者已有明确论述。如社会学家孙立平指出,市场化是我国改革过程中的一种选择,应当坚定不移地坚持下去,但市场和政府一样,如果它的力量处于一种不受制约的状态,就会带来种种问题,所以我们需要一个与市场相对应的社会,来与市场相抗衡,矫正市场的消极作用。我国的市场经济已经搞了28年,迫切需要建设在市场经济条件下的社会生活新秩序,社会重建的任务应该明确地提出来了。③ 在诸如平安寨的农村,随着市场经济的发展,需要新型的社会组织,维护市场秩序,改善政府对农村经济管理,促进经济社会发展。因此,应该合理放宽国家控制,推动社会自生力量的发展,此即重建社会。

培育和建构经济专业组织是培育和建构新型社会组织、完善村民自治的首要切入点。早在20世纪二三十年代,梁漱溟在倡导乡村建设时,就一针见血地指出,要把一盘散沙似的农民组织起来,“必藉经济引入政治”,“经济组织之促进实为根本”④。现如今的中国乡村正向市场经济迈进,培育和建构经济专业组织,不仅可以提升农户适应市场的能力,而且是完善村民自治的基础。据有关方面调查,2005年,全国农村专

① 李昌平. 我向百姓说实话. 呼和浩特:远方出版社,2004:73-74.

② 朱新山. 乡村社会结构变动与组织重构. 上海:上海大学出版社,2004:200.

③ 孙立平. 以社会重建推动和谐社会的构建. 社会学研究,2007(2):175-180.

④ 梁漱溟. 河南村治学院旨趣书. 见:许纪霖,编选. 内圣外王之境——梁漱溟集. 上海:上海文艺出版社,1998:153.

业合作经济组织已超过15万个[①]。到2007年年底,加入农民专业合作组织的成员总数已达3870多万,其中农民(户)成员3480多万。加入农民专业合作组织的农户成员收入普遍比非成员农户收入高出20%左右。农民专业合作组织的凝聚力、吸引力不断增强[②]。广西农民专业经济组织也呈蓬勃发展态势。2003年,经各级民政部门登记的各类农村专业经济组织已达4425个,并以每年18%的速度增长,2007年有会员80多万户,辐射、带动农户50多万户。这些农民专业经济组织为当地农民提供产、供、销全程服务,实行专业化生产,开展一体化经营。最新统计资料显示,广西各类农民专业经济组织成员年人均收入增加500多元,受辐射带动的农户年人均增收200多元[③]。龙胜目前也有了30多个各种经济合作组织。各种模式的农村经济合作组织在维护农民权益、引导和帮助农民走向市场方面发挥了重要作用。据一位在和平乡当干部的平安寨人说,距平安寨不远的伟江乡就有一个农民专业合作组织"番茄协会",组织、带动了一大批农户共同致富。该协会前几年与广东的一家公司签订合同发动农户种番茄,公司承诺按保护价收购,但后来市场价格下跌,公司撕毁合同,低价收购,该协会便愤而拿起法律武器维护农民权益,为农民挽回了损失。这件事一时在龙胜广为流传。有学者研究发现,自发性合作组织不仅可为农民提供有效信息和最基本的心理、社会保障,而且为农民提供合作规范和合作意识[④]。在平安寨,如果能够围绕旅游业和农业的发展培育和建构经济(专业)合作组织,不仅将大大推进其经济发展,而且将大大提升当地农民的组织化程度。由于旅游业的发展,效益低下的农业越来越趋于边缘化,现在,守土参与旅游业的村民种田的积极性越来越低,可是当地旅游业发展所依赖的资源主要是梯田和梯田农业,如果农民一味地疏于梯田的耕种和维护,必将导致旅游资源的萎缩,最终不利于旅游业的发展。倘若能如黄宗智先生所言,让各家各户的梯田流转集中,建立"适当规模"的家庭农场,然后建立农业合作社,在国家扶持下,投入资本,提高产品质量,促进经营多样化及单位土地效益,改变农业停滞、衰落的状况[⑤],其意义将不仅是农业的发展,还可为当地旅游业的发展提供优良的社会和环境效益。在旅游业方面,也可培育和建构各类合作组织,如家庭旅馆协会、民族歌舞表演队、滑竿队、导游队等,以规范市场秩序,改善政府管理,提高农户抗风险能力。在此基础上,把村民委员会转换为一个在村党支部领导下的社区综合性发展组织,由它统领和整合各类经济合作组织及其他社会组织(如妇联组织、老年人协会等),使村庄权力结构朝多元化方向发展,可为乡村民主政治奠定坚实的基础,因为"所有大规模的民主制度、所有的民主国家、所有的多头政体都是组织上的多元主义"[⑥]。作为综合性发

① 侯保疆. 我国农民专业合作组织的发展轨迹及其特点. 农村经济,2007(3):123 - 126.

② 高文. 农民专业合作社发展步入快车道. 农民日报,2008 - 01 - 03.

③ 蒋秋,黄光曦,梁雄明. 我区农村专业经济协会健康发展. 广西农网,2007 - 10 - 09.

④ 王道勇,郧彦辉. 农民市民化:传统超越与社会资本转型. 甘肃社会科学,2005(4):9 - 13.

⑤ 黄宗智. 制度化了的"半工半耕"过密型农业(下). 读书,2006(3):72 - 80.

⑥ [美]罗伯特·A. 达尔. 多元主义民主的困境——自治与控制,周军华,译. 长春:吉林人民出版社,2006:27.

展组织的村民委员会,既协助乡政府完成行政任务,又率领农民在市场经济的大潮中搏击,全方位介入农村经济生活的方方面面,便为实现真正的村民自治、重新把农民组织起来创造了所必需的组织载体和基础。"农村产业合作组织既立,自治组织乃缘之以立,是则我所谓村治也。盖政治意识之养成,及其习惯能力之训练,必有假于此;自治人才与经费等问题之解决,亦必有待于此。"①梁漱溟斯言甚善。

然而,以经济专业组织为基础,把村民委员会转换为一个在村党支部领导下的社区综合性发展组织,只是完善村民自治、重新组织农民的必要条件,其充分条件则在于,以现代组织形态和科学民主的组织形式建立和建设各经济专业组织,在推进农村组织化的基础上,建立新的治理关系、治理原则和规则,通过强大的约束和保护力量确立现代公民的地位。在西方社会学经典理论中,关于人类社会性相互关系的论述主要有两种不同的观点。德国社会学家斐迪南·滕尼斯(Ferdinand Tonnies,1855—1936)在其著作《共同体与社会》(Gemeinschaft und Gesellschaft)中,把社会性的相互关系区分为"社区"和"社会"两种类型:社区是持久的和真正的共同生活,社会只不过是一种暂时的和表面的共同生活②。他认为,在社区(或共同体)中,成员的相互依赖关系非常紧密,社会关系形成一个极其稠密的网络,家庭是组织的基本形态。而现代社会的关系是通过契约和交换关系确立的,因此,社会团结的基础必定会被范围越来越大的地域流动、城市的兴起以及大规模产业结构所削弱。这意味着,随着文明化进程的展开,个人之间的社会关系反而抽象性越强、越疏远,陷入"无限制的经济竞争"之中。如果现代"社会"建立在上述前提下,那么财富垄断和阶级分化就不可避免,只有重建社区团结,才是现代社会的真正出路。③ 法国社会学家(E. Durkheim)则以"机械团结"和"有机团结"区分前现代社会和现代社会的社会关系。机械团结来源于人的相似性,而有机团结是在分工和契约关系的基础上确立的。他认为,19世纪欧洲步入工业社会后之所以发生激烈社会冲突和社会失范的危机,是由于从传统社会向工业社会急剧转型过程中,利益和价值分化,传统利益协调方式和价值体系解体,社会矛盾不断加深造成的。解决这一问题的根本出路,是在新的社会组织的基础上进行社会重组,形成"社会团结"的有机形式,防止"社会排斥"和"社会分裂"。④ 其实,在日益超越乡土性的现代乡村社会,企图通过重建"社区团结"或"机械团结"把农民组织起来,既不可能亦无益处。赵泉民在深入研究了国民政府农村合作运动后指出,契约性关系是自由、民主、平等存在的前提和保障,而以人身依附为基础的身份性社会和习俗经济,是以压抑人的个性自觉和否定契约人格为条件的,靠其来推动商品生产者的契约性联

---

① 梁漱溟. 河南村治学院旨趣书. 见:许纪霖,编选. 内圣外王之境——梁漱溟集. 上海:上海文艺出版社,1998:155.

② [德]斐迪南·滕尼斯. 共同体与社会——纯粹社会学的基本概念,林荣远,译. 北京:商务印书馆,1999:52-57.

③ 李培林,苏国勋等. 和谐社会构建与西方社会学社会建设理论. 社会,2005(6):3-4.

④ 李培林,苏国勋等. 和谐社会构建与西方社会学社会建设理论. 社会,2005(6):2-3.

合,实现社会个体利益的组织化,无异于缘木求鱼。即便是勉强地合作起来,也是一种"有组织的无秩序状态"中的"垃圾桶"模式。合作经济制度必须同相应的环境条件结合,才能展现它的效率、民主、平等诸价值。否则的话,合作只能是一种"浮面的东西"而缺乏持久的社会基础。这一"环境条件"就是商品生产者自由个性的觉醒、经济理性的成熟,作为契约主体的独立人格(包括法人人格)的存在①。因而,以科学民主的组织形式建立和建设各种组织,培育农民普遍理性的公民意识,进而使之成为拥有独立个性的社会主体,是完善村民自治、重新组织农民的充分条件和根本保证。如今的村民自治实践之所以存在村干部经营权力、以权谋私、乏于提供公共产品、难以代表广大民众等诸多问题,是因为村庄自主性地位增强的只是少数村干部的支配权,这些支配权没有促使其角色转变为提供公共产品、受公共权利约束的权威,其实质是一种"权威性自治",而非现代意义的"代表性自治"。权威性自治倾向于扩大一种权威支配或局部垄断,对村民权利及局部之外的他者权利采取整体排斥的立场,妨碍了普遍的个体权利扩展。因而没有力量能够对这种权威本身进行约束。权威性自治不一定自然导致公民权的确立②。要使村民自治取得建设性进展,实现"权威性自治"到"代表性自治"的转变,必须构建强大的约束力量规范基层权威,使村民委员会成为使用公共同意规则管理公共资源、提供公共产品的公共机构,推动公民权利的确立及更广泛的分布。因此,自治与国家政权建设的权利扩张并不矛盾,进一步完善村民自治,需要国家政权通过强行推行新规则,规范各种组织和各级政权本身的角色及治理规则的转变,使其成为真正意义上的现代组织和公共机构。这说到底,就是要进一步加强法制建设,推进"公民文化"创造,构建法治秩序。

只有这样,方可建构当地农民与市场和国家的良性互动关系,生成与市场经济相适应的社会生活新秩序,克服乡村社会中的权利失衡,消除由此引发的各种社会矛盾和冲突,实现经济发展繁荣与自然、社会和谐的有机统一。

---

① 赵泉民.政府·合作社·乡村社会——国民政府农村合作运动研究.上海:上海社会科学院出版社,2007:379-380.

② 张静.现代公共规则与乡村社会.上海:上海书店出版社,2006:133-137.

# 二维理性视阈下的民族村寨旅游实践

杨　艺
(桂林理工大学旅游学院,广西桂林,541004)

【摘　要】二维理性主要指工具理性和价值理性两个维度。本文通过对我国民族村寨旅游实践历程的梳理,指出我国民族村寨旅游发展的问题,在二维理性视阈的视角下,分析二者的断裂与整合,并在二维理性整合的视野中提出了民族村寨旅游的整体发展观、创新实践观和均衡利益的分配观。

【关键词】民族村寨旅游;工具理性;价值理性;实践

二维理性意指工具理性和价值理性,最早源自于马克斯·韦伯的研究。韦伯把理性区分为工具理性和价值理性二元范畴,并分析了资本主义产生发展过程中二者的内涵、本质及功能,如今工具理性和价值理性及其二分法已经成为分析世界文明历史重要的理念类型。以工具理性和价值理性为分析框架来诠释和透析我国当代民族村寨旅游实践,对于民族村寨旅游的深化研究以及可持续发展有重要意义。

## 一、工具理性和价值理性释义

### (一)工具理性和价值理性的概念内涵

韦伯根据手段与目的之间的关系将理性分为工具理性和价值理性。他指出工具理性即"通过对外界事物的情况和其他人的举止的期待,并利用这种期待作为'条件'或者作为'手段'以期实现自己合乎理性所争取和考虑的作为成果的目的",其含义具体指向通过实践的途径确认工具(手段)的有用性,从而追求物的最大价值的功效,为人的某种功利的实现服务。从内容取向上来说,工具理性把手段的有效性置于首位,它追求工具的效率和各种行动方案的正确性,致力于提供一套达到目的的技术、工具、手段、程序、规则和制度,选择一种最佳方法和最优途径并由此带来操作和运用的最好效果。从功能作用上来看,工具理性关注行为主体具体的操作能力,思考的是为既定目标"如何做"的问题。从表现形式上看,工具理性更多地表现为现实的实践状态,体现为具体的操作技术和运作规程,体现为"器"的层面。

简言之,工具理性关心的是手段的适用性与有效性,是人为实现某种目标而运用

[作者简介]杨艺(1977—　),女,侗族,广西河池人,桂林理工大学旅游学院讲师,主要研究方向:民族旅游。

手段的价值取向观念。因此,工具理性也叫技术理性,它是西方理性主义同现代科学技术相结合形成的技术理性主义文化理念,是在工业文明社会中以科学技术为核心的一种占统治地位的思维方式。

价值理性是由马克斯·韦伯提出的与工具理性并行的概念。意指"有意识地对一个特定的行为——伦理的、美学的、宗教的或作任何其他阐释的——无条件的固有价值的纯粹信仰,不管是否取得成就"。价值理性实质上是作为主体的人对自身价值和存在意义的体认、忧患、呵护、憧憬、建构与追求的自觉意识;内容取向上,价值理性致力于为行为主体提供一套行动的理念、原则、信仰、目标、理想、目的等,是主体活动的价值主旨和价值基础;功能作用上,价值理性关注主体活动"好"与"不好"的正当性评判,解决主体"应是谁"、活动内容"应是什么"等实质性问题,审视特定的目的是否符合终极价值及这种价值是否合乎人类本身的要求,致力于为主体活动提供形而上的终极关怀;而表现形式上,价值理性更多地表现为抽象的理论形态,体现为一种价值理念,位于"道"的层面。

由上可知,本质上价值理性属于一种价值理想和价值判断,而工具理性属于一种操作规程和实践能力。

### (二)工具理性和价值理性的逻辑辩证

人们往往把18世纪的启蒙运动作为现代性的开端。启蒙运动以来,随着工具理性日益膨胀,工具理性霸权出现,并逐渐凌驾于价值理性之上,人文理性却遭到了贬抑。工具理性的发展,一方面推动了科学技术进步,并促使人类文明从农业文明向工业文明转型;另一方面也导致人与自然、人与社会以及人与人关系的恶化,带来了生态危机和人的异化。由此引发了对科学技术、工业文明为表征的工具理性的批判浪潮,从卢梭开始,经过尼采、韦伯、胡塞尔、斯宾格勒、汤因比,直到存在主义、法兰克福学派、后现代主义等,对工具理性的批判从来就没有停止过。

毋庸置疑,现代工业社会人类面临的生存困境与人类实践日益陷入工具理性崇拜误区有关,但也不可否认工具理性文化理念有其合理性和历史必然性。以崇尚工具理性为本质特征的科学技术使人类在自然界中赢得了生命自信和精神自由。人类在享受科技带来的生活便捷和物质丰富的同时,也享受到了创造自然和改造自然,超越自我的自由。工具理性从功能、效率、手段和程序上来说是合理的,技术的发展和进步提高了人的认识和生存能力。然而将"工具理性"绝对化时,它的弊端就会凸显出来,当下所存在的生态失衡、人与自然关系的恶化、人的主体性的失落等问题,归根结底就是将"工具理性"绝对化的结果。因此,面对当今社会现代性的种种困境,需要价值理性来指导和匡正,以确定生命的真正意义和价值,指明人们实践的终极目的和前进方向。

工具理性和价值理性作为类理性的两个有机组成部分,相互作用、不可分割。价值理性为工具理性提供实践指导,为人类主体活动提供价值依托,守护着人类的精神家园。工具理性则为价值理性提供现实支撑,实现着人的本质力量的对象化,并在自我意识的更深层面体味着人生价值,为价值理性的升华提供契机。价值理性和工具理性的合作协同才是“道”与“器”的有效统一,是实现“人—社会—自然”三者和谐运行的最佳途径。

## 二、我国民族村寨旅游实践

### (一)我国民族村寨旅游实践历程

我国的民族村寨旅游肇始于20世纪80年代初期,是随着乡村旅游的发展而出现的一种旅游形式,经过近三十年的发展,“民族村寨旅游”已经成为一个专有概念,主要指“以少数民族乡村社区为旅游目的地,以目的地人文事象和自然风光为旅游吸引物,以体验异质文化,追求淳朴洁净,满足‘求新、求异、求乐、求知’心理动机的旅游活动”。此类型的旅游活动主要以少数民族社区为活动场所,以当地人文资源和自然景观资源为主要产品,强调文化差异,以乡土性、原生态性和广泛的参与性为主要特征。从发展历程上看,我国民族村寨旅游大致可以分为三个阶段。

起步阶段:20世纪80年代至90年代初期。1984年,贵州文化出版厅下发《关于调查民族村寨的通知》,有组织,有系统地开始了贵州民族村寨的调查工作,率先开始了民族村寨旅游开发的尝试。贵州省先后选取了安顺的布依族石头寨、黔东南的上朗德、青曼、西江苗寨、麻塘革家寨等8个村寨对游客开放。紧接着,西南地区民族众多,民俗文化资源丰富的云南、广西、四川等地民族村寨旅游实践活动也陆续开展。起步阶段的民族村寨旅游主要侧重于村寨景观和民俗风情的观光,开发层次低,规模小。

发展阶段:20世纪90年代初期至后期。1991年开始,贵州省民族地区“旅游扶贫”实践初见成效,更多民族地区跟进,以村寨旅游发展作为推动区域经济发展的突破口。与此同时,更多类型开发模式开始出现,如深圳中华民俗村、云南民俗村等为代表的异地集锦式,也有以民族节日为主的短期集中表现式,不过更多的是以自然村寨为对象的原生自然式。起步阶段的民族村寨旅游类型不断丰富,产品内容不断深化,但是探索发展过程中也出现了一系列问题,如开发与保护的矛盾,社区利益分配等问题开始引发关注与探讨。

深入发展和转型阶段:20世纪末期至今。随着开发的深入,我国民族村寨旅游开发的视野开始更多关注文化及自然生态的保护、开发的效率与可持续发展、民众参与和利益主体等问题。1998年,中国与挪威联合在贵州省创建了亚洲第一个生态博物馆——梭嘎苗族生态博物馆,此举标志着我国民族村寨旅游实践进入了新的阶段。民族村寨旅游的开发由最初的始于的文物搜集和保护,到以驱动民族地区经济发展为目标,发展至今天开始探索该实践的多重价值,民族村寨旅游进入了深入发展和转型期。

### (二)我国民族村寨旅游实践困境

随着我国民族村寨旅游实践在近三十年的发展中于不断探索中前行,尤其在当今实践的转型时期,一些矛盾和问题也日渐突出,面临发展困境。

#### 1. 社区人文生态消解与异化及环境生态的破坏

民族村寨旅游的开发,加速了民族社区文化的变迁与异化。开发初期,大量外来文化进入,出现了文化的交融与混合,本土文化在毫无防备的状态下被消解同化,甚至被误读和滥用。民族文化资源的开发由于缺乏有效规划和指导,以其经济价值为一维取向的开发思路,造成了无序开发和文化资源的破坏。

大量的旅游者的进入,也使得社区环境压力增加,带来对于环境资源的过度透支问题,出现了植被破坏,水土流失,大气污染,排污不利等现象。与此同时,也带来社区治安不稳,人际关系紧张等问题。

2. 社区参与旅游不平衡

目前社区参与旅游开发已经成为民族村寨旅游开发的基本策略和共识,社区参与旅游主要指在旅游的决策、开发、规划、管理、监督等旅游发展过程中,充分考虑社区的意见和需要,并将其作为开发、受益和参与主体,以保证旅游业可持续发展和社区发展。而在我国目前多数民族村寨旅游实践过程中社区参与并不平衡,表现为:旅游开发的大部分经济利益不属于村寨和村民;村民参与旅游发展的层次低、参与面窄;利益分配机制尚未完善,利益分配不均衡;过分追求短期经济效益,忽视社会、文化和环境效应;旅游者难以获得真实的体验;等等。

3. 开发利益主体职责不明,利益分配不均衡

民族村寨旅游开发实践涉及多重利益主体:国家,地方政府,社区居民,旅游开发商,旅游者等。不同利益主体有着不同的职责和利益取向。国家作为资源的所有者,代表着全社会公民的利益,负责资源的立法监督与保护,开发与利用。地方政府作为国家权力的具体代表,负责旅游的规划与管理,有保护资源的存在价值、实现资源价值的有效转化、推动地方经济文化共同发展的责任。而村寨居民作为村寨文化的承载者和旅游资源的主要组成部分,则是村寨居民旅游开发主体和利益受益主体,承担着主要资源传承、保护与开发的责任。旅游开发商作为村寨旅游开发的具体执行主体,在通过资本的投入实现效益的最大化基础上仍要以社区的经济文化环境的可持续发展为己任。而游客作为民族村寨旅游产品的消费者,在实施消费权力的同时也需要保持对他者文化的关怀与尊重,对自然的爱护和尊敬。

然而在实际的民族村寨旅游实践中,一系列问题相继显现:国家立法的缺失,监管主体的缺位,地方政府的政绩工程取向,社区居民失语,旅游开发商的短视,旅游者过度消费等,不同开发主体职责不明,利益相争,造成利益分配不均,资源多方透支的现象。

## 三、二维视阈中我国民族村寨旅游实践分析

可以将当今我国民族村寨旅游实践面临的困境置于二维理性的视阈中进行具体分析。

### (一)民族村寨旅游实践中工具理性与价值理性的断裂

我国民族村寨旅游实践是在"旅游扶贫"的政策下快速发展起来的,同时在西部大开发的政策导向下,旅游产业成为民族地区区域经济发展的重要产业之一。然而在

实践过程中,工具理性不断被强调甚至膨胀,价值理性遭到忽视和贬抑,出现了二维理性的实践断裂,主要表现在两个方面:

1. 民族村寨旅游产品的生产领域

由于缺乏科学的规划和有效的理念指引及信仰定位,部分民族村寨旅游产品开发过度指向以经济价值定位的维度,追求资源的最大利用以及利益产出的最大化,选择最佳方法和最优途径以实现市场目标,以数量化与预测等理性计算的手段来检测人们主体行为及后果的合理性。而韦伯就指出,这种合理性只是"形式的合理性",即"货币核算用于经济目的的程度",即经济活动的参与者利用货币来计算成本和收益的最大机会,追求的货币收益的最大化。而"形式的合理"并不代表"实质的合理",对资源的不当利用,过度透支,造成民族原生文化的变异消失,社区生态环境的恶化,社区人际关系的紧张,旅游文化产品的大众化与同质化,这与人类实践活动的终极价值目标是不相吻合的,不利于人与自然,人与社会以及人与人之间的和谐发展。

2. 民族村寨旅游产品的消费领域

现代性社会推崇工具理性,技术进步,物质丰富,人的欲望不断在得以满足的情况下又不断扩大,人的消费需求逐渐成为生产的主导,生产以消费为主导,人的创造性实践被物质欲望掌控。正如让·鲍德里亚所说的:"我们处在'消费'控制着整个生活的境地。所有的活动都以相同的组合方式束缚,满足的脉络被提前一小时一小时地勾画了出来。"早期的民族村寨旅游规划侧重以市场为导向,到后来的项目导向和文化导向型规划,其实其主旨还是着重于满足消费和创造需求。在批量式的生产过程中,人的创造力反而被抑制,而消费也变成快餐式的,同一性的,人其实失去了真正的消费自由。

### (二)民族村寨旅游实践中工具理性与价值理性整合

1. 实践要以工具理性作为价值理性的支撑

技术创新,改造自然,完善自身是人类发展的共同追求。我国的民族地区大多位置偏僻,交通不便,自然条件较差,贫困人口比例较高,基础设施薄弱,经济发展相对缓慢。如何加快民族地区经济文化发展,促使民族贫困地区尽快脱贫,是长期困扰政府决策部门的突出问题。旅游业作为高度外向型的产业类型,具有低重心启动,高度关联的辐射带动功能等特点,是民族地区大开发的优势产业和特色产业。民族村寨旅游开发实践三十年来,推动地方经济文化发展的效果显著,但也出现了较多问题,如旅游产品开发和旅游经济发展模式雷同,发展缺乏有效规划,旅游开发各自为政,资源掠夺式开发,旅游效益漏损等。这些问题的出现,多数正是由于开发无"道"而造成的,缺乏更科学有效的技术理性的指导,科学的认知和决策不足,导致了实践的失误。因此,我国的民族旅游村寨实践发展中需要更科学的工具理性的实证精神与创新精神的指导和支撑,是实现民族地区和谐与进步,实现中华民族多元一体共同发展的必需之"术"。

2. 价值理性的整体关照要融入工具理性的实践发展过程中

1999年我国西部大开发战略实施以来,国家采取了一系列政策措施,支持和推动民族地区经济发展,而实施"旅游带动发展"战略和"旅游兴地富民"战略,过度地注重速度效益和数量效益,以市场为导向,效益为中心,容易造成价值理性的偏差。民族村寨旅游实践关注的是社区发展的综合效益和整体价值,强调的是可持续发展。不同的民族社区有其自身的文化传统,习俗经验,价值观念和生计模式,在以工具理性为指导的实践过程中,必须以人为本,以价值智慧和价值良知为指导,实践所诉求的是大多数人的整体利益,民族社区的全面协调发展,是实践主体的全面发展。

## 四、二维理性整合中的我国民族村寨旅游实践思考

1. 国家现代性语境中的民族村寨旅游的整体发展观

20世纪90年代以来,在以信息技术为中心的科学技术进步和跨国公司发展的强力推动下,全球化进程发展迅猛,全球化已经成为当今世界发展变化的最深刻背景和最根本趋势。在此背景下,一方面文化处于不断的交融与变迁过程中,另一方面不断扩大的全球经济一体化体系对其他社会关系和价值体系产生巨大影响。我国是一个民族众多、文化多元的国家,在此全球化浪潮下我国现代性的建构中强调民族文化的多元一体、和谐共存。2011年10月18日十七届六中全会就明确提出:"坚持以经济建设为中心的同时,自觉把文化繁荣发展作为坚持发展是硬道理、发展是党执政兴国第一要务的重要内容,作为深入贯彻落实科学发展观的一个基本要求,进一步推动文化建设与经济建设、政治建设、社会建设以及生态文明建设协调发展。""以科学发展为主题,以建设社会主义核心价值体系为根本任务,以满足人民精神文化需求为出发点和落脚点,以改革创新为动力,发展面向现代化、面向世界、面向未来的,民族的科学的大众的社会主义文化,培养高度的文化自觉和文化自信"。由此可见,"发展"是我国现代性建构的核心主题,而文化的发展是实现整体发展的动力。因此,在我国的民族村寨旅游实践过程中,应树立整体发展观,以工具理性指导实现资源的科学有效转化,同时以价值理性为指引实现经济、政治、文化及环境生态的整体建设协调发展。正如有学者提到的:今天为我们继承的文化遗产是由于祖先不断投资和保护的结果。我们在对它的看护期中,无论对之细心照顾,还是疏忽、怠慢都将影响到后代的利益,即资源的使用会产生未来的效益,所以文化资源的管理既是经济效益问题,也是发展伦理问题。

2. 基于"文化工业"批判的创新实践观

法兰克福学派的代表人物阿多诺将现代大众文化称为"文化工业",他指出"文化工业"从生产机制上讲主要是由工具理性所控制,生产出来的文化产品具有商品化、技术化、标准化等特征。"文化工业只承认效益","文化工业"体制下的文化产品根据市场的需要设计,以企业生产效益为最终目的,文化的商品化导致消费者的盲从同时也导致了产品的平庸。此外,"文化工业'是按一定程序标准,大规模地生产各种文化

复制品,以普遍性取代特殊性,以同质性取代差异性,使人的主体创造性降低,想象力缺乏,产品雷同低俗。法兰克福学派对"文化工业"的批判同样适用于对我国民族村寨旅游实践的反思。在我国近三十年来的民族村寨旅游实践中,产品同质化现象严重,如西南片区的民族旅游参与体验项目的开发,大多离不开喝拦门酒,吃农家饭,民间技艺歌舞表演,婚礼习俗表演的套路。而民俗旅游商品也以机械化批量生产的披肩、围巾、绣品、类银饰品为主,价廉质次,缺乏新意。基于"文化工业"批判的创新实践观强调发挥主体能动性,立足民族文化传统,挖掘其文化本真价值,创造性地实现文化资源的开发与转换,真正体现出区域民族文化的多样性特征。

3. 以均衡原则为指导的利益分配观

利益分配是目前民族村寨旅游实践中的核心矛盾之一。民族村寨旅游开发涉及多元化的利益主体、多样化的利益需求以及多途径的利益实现方式,种种关系构成了复杂的利益网络,相关学者的研究勾画了旅游活动中利益相关者的基本构成图,如图1所示。不同圈层的利益相关者都有其不同的利益诉求,因此利益均衡原则应成为利益分配的首要原则。民族村寨旅游实践中的"均衡分配"并不等同于"平均分配",而是指科学分析考核各个利益主体的职责效能,实现利益的最优分配,实现旅游地的平稳可持续发展。

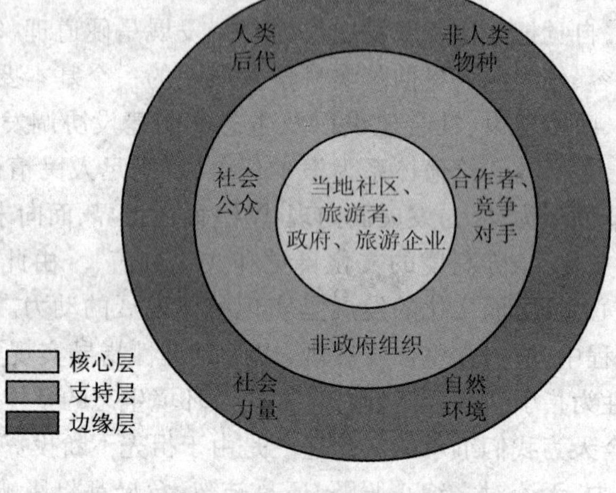


**图1　旅游开发利益相关者构成体系框架**

利益均衡分配的实现需要科学的工具理性为要义的实践指导,首先合理的旅游规划是实践的第一步。应根据不同民族村寨旅游地发展的不同阶段,多视角、多方法地制定综合性发展战略以及专项发展规划,兼顾各利益相关者的利益诉求,着眼于社区整体利益,提高当地居民的生活质量同时实现环境的保护,文化的发展。其次注重社区参与,尊重社区对遗迹、文化、生活方式、经济模式和环境的态度,让社区居民以多种形式多种途径参与到开发与保护的实践中,提高其参与的积极性实现文化的自信与自觉。

## 参考文献

[1]马克斯·韦伯.经济与社会(上卷)[M].林荣远,译.北京:商务印书馆,1997:106.

[2]王彩云.工具理性和价值理性视角下的中国民主建设[J].理论探讨,2011(3):49.

[3]罗永常.试论民族村寨旅游的特征与开发原则[J].黔东南民族师范高等专科学校学报,2005(6):60-62.

[4]卢宏.我国民族村寨旅游综述[J].贵州民族研究,2008(1):120.

[5]保继刚,孙九霞.社区参与旅游发展的中西差异[J].地理学报,2006(4):401-413.

[6]让·鲍德里亚.消费社会[M].南京:南京大学出版社,2008.

[7]兰德·梅森,玛尔塔·德·拉·托尔.在全球化社会中遗产的保存和价值.关世杰等,译.联合国教科文组织.世界文化报告——文化多样性、冲突与多元共存(2000)[M].北京:北京大学出版社,2002:165.

[8]王德刚,贾衍菊.成本共担与利益共享——旅游开发的利益相关者及其价值取向研究[J].旅游科学,2008(2):10.

[9]阿多诺.文化工业再思考[M].高炳中,译.天津:天津社会科学院出版社,2000.

# 民族旅游学科建设与人才培养研究

吴忠军　杨主泉

(桂林理工大学民族旅游研究中心,广西桂林,41004)

【摘　要】旅游业是民族地区经济发展的重要支柱产业,在分析民族地区旅游业、旅游研究和教育现状的基础上,从社会需求、学科理论、研究领域、研究方法等方面对民族旅游学科进行构建;同时,提出民族旅游学科的建设思路,包括专业委员会的作用发挥、民族旅游教材编写、旅游管理人才培养方案修订、学术活动开展等。

【关键词】民族旅游;学科建设;人才培养

民族旅游是促进我国西部地区社会经济发展的重要支柱产业,民族旅游发展事关民族地区的经济发展、社会稳定和谐、民族团结。随着国家西部大开发战略的稳步推进实施,旅游业被提升为国民经济的战略性支柱产业,民族旅游研究日益受到政府和学界的重视。结合旅游学科的建设和人才培养现状,本文对民族旅游学科构建、学科建设和专业人才培养进行初步的探讨。

## 一、旅游学科、民族学科、民族旅游学科的概念界定

### (一)旅游学科

依据国家标准学科分类,旅游学并没有被设为独立的学科,仅仅列于地球科学、经济学的根目录下;而普通高等学校本科专业目录的11大学科门类中,也只有管理学中涉及了旅游管理专业。经教育部批准同意设置的目录外专业名单中,对休闲体育、旅游管理与服务教育、会展艺术与技术、酒店管理、会展经济与管理进行了详细的分类。在我国的《国民经济行业分类》(GB/T 4754—2002)中,人们熟知的旅游供给的"食、住、行、游、购、娱"六要素,覆盖到了住宿和餐饮业(I门类),交通运输业(F门类),租赁和商务服务业(L门类),公共设施管理业(N门类),批发和零售业(H门类),文化、体育和娱乐业(R门类)等许多门类。而乡村旅游和工业旅游的开展,又已经将旅游活动扩展到了A、B、C、D、E诸多产业门类。

---

[作者简介]吴忠军(1965—　),广西龙胜人,教授,中国人类学民族学民族旅游专业委员会主任,主要研究方向:民族旅游;杨主泉(1976—　),福建连城人,副教授,中国人类学民族学民族旅游专业委员会秘书长,主要研究方向:民族旅游、生态经济。

虽然学术界对旅游学科体系、基本理论框架等方面的研究投入了大量的精力,旅游学理论方面也取得了丰硕的成果,但与其他成熟学科相比,旅游学仍非常年轻。受到我国旅游发展经济利益导向的影响,我国旅游学研究的功利性色彩十分浓厚,旨在解决旅游发展中具体问题的各个领域都取得了比较多的成果,而旅游基础理论方面的研究却非常欠缺,至今在旅游研究对象、旅游学科体系框架等基本问题上都尚未形成共识。总的说来,我国旅游学科框架方面较有代表性的理论有以下几种(详见表1):

**表1 旅游学科主要理论学说**

| | |
|---|---|
| 六要素说 | 认为旅游学的研究对象是从活动角度界定的"食、宿、行、游、娱、购"六大要素,"旅游六要素不仅是旅游产业结构的主体,而且在旅游学科体系中也居于基础性的地位。旅游六要素有自己的概念和原理体系,使旅游学具有应用学科性质"。 |
| 三体说 | 将旅游学科框架理解为主体、客体和介体(也称媒体),旅游学是以这3个要素为核心,研究旅游活动和旅游业发展规律的科学。 |
| 系统学说 | 将旅游活动视为一个开放的复杂系统,旅游系统构架包括四个部分,即客源市场系统、出行系统、目的地系统和支持系统。这一理论从系统论的角度阐述了旅游学研究的范畴及其涉及的范围,尤其是支持和保障系统的提出具有较强的创新性,用来描述和解释旅游现象是有力的。 |

### (二)民族学科

民族学研究的范围很广也很杂,作为一级学科概念的民族学,涵盖着以民族为研究对象的多个学科,包括民族学(文化人类学)、民族史、民族理论、民族经济、民族艺术等二级学科。该学科现实应用价值体现在"培养国民意识,提高国民素质和破除社会偏见方面的作用"。民族学是以民族共同体为研究对象,是研究民族产生、发展、演化和消亡规律的学科,它涉及民族历史、民族政治、民族经济、民族文化、民族宗教、民族社会、民族理论、民族法制和民族关系等一系列问题,是社会科学系列中的基础学科。民族学的建设和发展,对改变人们的思想观念,开阔眼界,全面合理地认识、了解民族共同体和民族问题的历史和现状,以及对消除种族歧视,加强民族团结,增进各民族之间的交流和理解,促进社会协调发展,均具有十分重要的意义。

### (三)民族旅游学科

民族旅游是由旅游学扩展而来,涉及经济、历史、文化、社会、民族、景观、艺术、地理、生态、环境等多学科领域,是一门建立在广泛的人文科学和自然科学基础上的学科,其核心是协调民族文化与旅游开发的关系。围绕有关民族旅游资源的开发与保护,进行科学理性与艺术感性的分析综合,寻求民族地区旅游发展过程中所面临问题的解决方案和解决途径,并对民族文化遗产进行保护和管理。民族旅游总目标是通过策划、规划、设计、维护、管理,保护和利用民族地区的人文和自然旅游资源,努力把旅游业建设成为人民群众更加满意的现代服务业,促进民族地区经济的发展,实现民族地区的共同富裕,培养服务民族地区的旅游人才。

## 二、民族旅游学科建设背景分析

### (一)旅游业的快速发展

世界旅游旅行理事会(WTTC)在许多年前就反复强调,旅游业正在成为全球最大的产业。在中国,这个产业的发展也十分惊人,近年来全国二十几个省市自治区都先后把旅游业定位为其地区性的先导产业、支柱产业;在这个基础上,国务院也在2009年的文件中把它正式定位为"国民经济的战略性支柱产业",即不仅是支柱产业还是战略性的产业,就是说,它的关键性、关联性和带动性对我国经济和社会的全局和长远发展具有重大引领带动作用,是关系到我国未来经济和社会发展的重要力量。2011年又批准设立"中国旅游日"。这些都同样地凸显了旅游对于中国老百姓的意义和价值。最新统计分析表明,虽然国际金融危机影响还在持续,同时中国遭受了自然灾害等因素的干扰,但2010年旅游业总收入达1.44万亿元人民币,同比增长12%;预计2011年旅游业仍将实现平稳健康增长,全年旅游总收入将达1.6万亿元,同比增长11%。就其现状而言,今天中国的旅游业,也早已突破了人们过去的旧认识,除了居民的闲暇类的旅游需求之外,十分显著的是,随着经济和社会发展的需要,世界旅游组织定义"旅游目的"时所界定的business类旅游(公务,商务和经济、文化、科技、教育等事务类的交流类旅游,如MICE——会展与奖励旅游等)在我国也越来越多地开展了起来,而且正越来越受到社会各界的注目。

我国是一个多民族的国家,少数民族地区占全国总面积的60%以上,因为地理、历史、观念以及其他诸多因素,民族地区的发展相对滞后。大多数是以农牧为主的经济格局,长期处于自然经济状态,同时,民族地区也是我国贫困地区的主要聚集地。然而,民族地区大多又是旅游资源十分丰富的地区,这些地区不仅风光秀丽、山川迷人,而且风情神奇、民俗诱人,是发展旅游经济的优势所在。由2010年的旅游接待情况来看,民族八省区都保持了10%~30%的增长速度,民族地区旅游业正处在黄金机遇发展期(详见表2)。截至2010年,民族地区共有世界自然遗产3处(云南三江并流、中国丹霞——贵州赤水、中国南方喀斯特——云南石林和贵州荔波),文化遗产2处(西藏布达拉宫、云南丽江古城),口述和非物质文化遗产8处(新疆维吾尔木卡姆艺术、蒙古族长调民歌、中国蚕桑贵州侗族大歌、《格萨尔》史诗、青海热贡艺术、藏戏、新疆《玛纳斯》、蒙古族呼麦),国家级重点风景名胜区56处,国家历史文化名城、名镇、名村分别为17个、14个和14个,国家重点文物保护单位267个,国家重点自然保护区94个。1995年至2008年间,民族八省区旅行社稳步发展,旅行社数量由1995年的531家发展到2008年的2427家;星级饭店稳步发展,星级饭店数量由2000年的1032家发展到2008年的2499家;2002年至2008年间,民族八省区的旅游景区数量迅速增加,A级景区数量由2002年的155家发展到2008年的463家,其中5A级景区11家、4A级141家、3A级113家。

表2 2010年民族八省区旅游接待人次

| | 接待人数 | 同比增长 | 接待人数构成 | | | |
|---|---|---|---|---|---|---|
| | | | 外国人 | 香港同胞 | 澳门同胞 | 台湾同胞 |
| 全国总计 | 96 589 776 | 20.15 | 54 111 187 | 26 202 332 | 3 739 635 | 12 536 622 |
| 广 西 | 2 502 363 | 19.24 | 1 413 870 | 420 947 | 84 964 | 582 582 |
| 贵 州 | 500 052 | 25.17 | 186 054 | 97 230 | 39 210 | 177 558 |
| 云 南 | 3 291 532 | 15.70 | 2 312 314 | 433 886 | 127 863 | 417 469 |
| 西 藏 | 228 321 | 30.54 | 214 136 | 4 708 | 3 454 | 6 023 |
| 青 海 | 46 740 | 29.42 | 33 925 | 3 901 | 272 | 8 642 |
| 宁 夏 | 17 990 | 23.87 | 12 861 | 2 105 | 416 | 2 608 |
| 新 疆 | 509 411 | 43.54 | 454 444 | 17 111 | 5 395 | 32 461 |
| 内蒙古 | 1 428 015 | 10.73 | 1 400 197 | 13 549 | 4 274 | 9 995 |

因此,中国民族地区旅游业如何应对新挑战,抓住新机遇,寻求新发展,是国内外各界共同关注的热点问题。

### (二)民族旅游的研究和教育现状

民族旅游是促进我国西部地区社会经济发展的重要支柱产业,民族旅游发展事关民族地区的经济发展、社会稳定和谐、民族团结。随着国家西部大开发战略的稳步推进实施,旅游业被提升为国民经济的战略性支柱产业,民族旅游研究日益受到政府和学界的重视。随着民族地区旅游业的蓬勃发展,民族旅游研究也不断深入,并表现出良好的学术发展前景,但目前国内该领域的研究力量较为分散,不同地域、不同学科背景的研究人员和研究机构缺乏一个权威、有效的学术交流机制和平台。

目前,民族旅游研究在中国的发展主要依托各高校民族学、人类学、旅游管理等专业开展。在我国13所民族院校中,12所学校开设有旅游管理本科专业,同时培养旅游方向的研究生。另外,全国共有468所大学开设了旅游管理本科专业,其中50%以上的大学主要分布在湖南、河南、江苏、湖北、辽宁、四川、广东、山东、陕西、吉林、浙江等省区,平均每个省区都有20所大学开设旅游管理本科专业(详见图1)。而在民族八省区中,共有66所大学开设了旅游管理本科专业,占到全国的14.10%(详见表3)。但是,通过调查发现,在这些大学的旅游管理本科专业人才培养方案中都存在一个共同问题,即在全国都采用旅游管理通识人才培养,缺乏针对性,主要表现如下:

第一,培养目标上,没有针对民族地区旅游发展而定位。(例1:本专业培养具备良好的政治思想素质和职业道德素养,掌握旅游基本理论知识和管理方法及技能,熟悉旅游业务实际,具有优秀的沟通能力和解决实际问题的综合能力,能够胜任现代旅游业实际工作需要的应用型、复合型旅游管理专业人才。学生毕业后,能在政府各级旅游行政管理部门、旅游企业、旅游科研、教学部门从事管理、科研和教学工作。)

第二,课程设置上,缺乏民族地区文化、民族旅游开发、民族旅游文化产业策划等方面的课程,无法凸显民族地方特色。(例2:专业课程——管理学、微观经济学、宏观经济学、市场营销、财务管理、旅游学概论、旅游心理学、旅游资源与开发、旅游经济学、饭店管理、景区管理、旅行社经营管理等。)

第三,在实践上,没有强调为民族地区的旅游发展进行诊断分析,缺乏对民族文化(歌舞、音乐、手工艺品、饮食、服饰、建筑等)的设计和开发,无法为民族旅游村寨的管理、旅游从业人员的教育提供行之有效的解决方案。

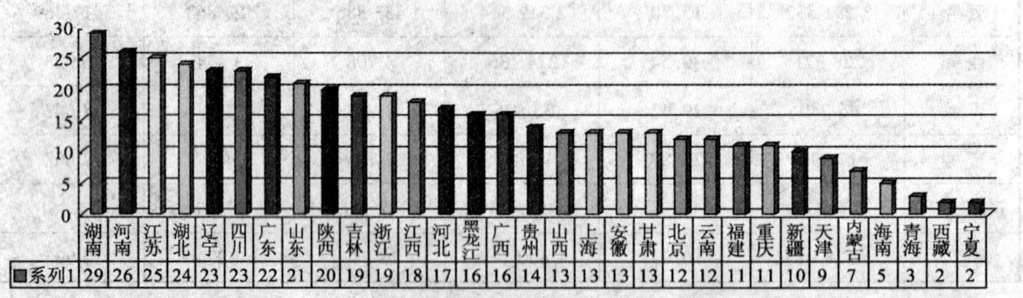


**图1　旅游管理本科专业在国内各省区分布情况**

**表3　民族八省区开设旅游管理本科专业院校**

| 省　份 | 开设院校 |
|---|---|
| 广西(16) | 广西大学、桂林理工大学、广西师范大学、广西民族大学、广西民族师范学院、广西师范学院、百色学院、梧州学院、广西财经学院、贺州学院、钦州学院、广西大学行健学院、桂林理工大学博文管理学院、广西民族大学相思湖学院、广西师范大学漓江学院、北京航空航天大学北海学院 |
| 贵州(14) | 贵州大学、贵州师范大学、贵州财经学院、贵州民族学院、贵州师范学院、遵义师范学院、铜仁学院、凯里学院、安顺学院、黔南民族师范学院、贵州大学科技学院、贵州大学明德学院、贵州民族学院人文科技学院、贵州财经学院商务学院 |
| 云南(12) | 云南大学、西南林业大学、云南师范大学、云南民族大学、云南财经大学、大理学院、玉溪师范学院、昆明学院、云南大学旅游文化学院、云南大学滇池学院、云南师范大学商学院、云南师范大学文理学院 |
| 新疆(10) | 新疆大学、塔里木大学、新疆农业大学、新疆师范大学、石河子大学、伊犁师范学院、新疆财经大学、新疆大学科学技术学院、新疆农业大学科学技术学院、新疆财经大学商务学院 |
| 内蒙古(7) | 内蒙古大学、内蒙古师范大学、内蒙古民族大学、内蒙古财经学院、赤峰学院、呼伦贝尔学院、内蒙古师范大学鸿德学院 |
| 青海(3) | 青海大学、青海师范大学、青海民族大学 |
| 西藏(2) | 西藏大学、西藏民族学院 |
| 宁夏(2) | 宁夏大学、北方民族大学 |

## 三、民族旅游学科构架

### (一)社会发展对民族旅游学科的需求和实践的三大基本领域

民族旅游学科专业面向民族地区经济发展,其社会需求与民族地区旅游业的快速发展特征和趋势密切相关。当前和未来民族旅游学科面临的三大社会需求为:(1)民族团结;(2)国民休闲;(3)民族发展(详见图2)。与需求对应,民族旅游专业实践也可概括为三大基本领域:(1)建设与管理;(2)规划与设计;(3)开发与保护(详见图3)。进一步可以细分为9项重点分支领域(详见图3)。

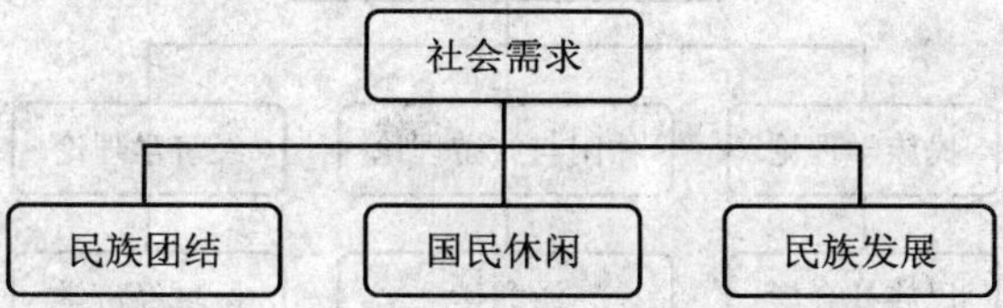


**图2 社会发展对于民族旅游学科的需求**

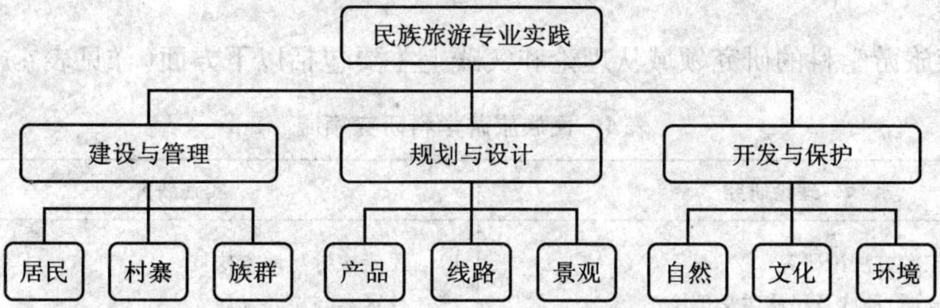


**图3 民族旅游专业实践的三大基本领域**

### (二)民族旅游学科构成与研究领域

与社会需求和实践相对应,民族旅游学科由三个基本分支构成:(1)民族旅游的参与式管理与规范;(2)民族与文化中所包含的各种吸引物;(3)民族旅游地及其产品的策划与营销(详见图4)。与之相对应的三大支撑专业方向:一是民族学;二是旅游学;三是经济学(详见图5)。与之相对应的三大核心理论分别为:民族学理论、休闲与旅游理论、经济学理论。三大核心理论的基础理论是:民族社会学、游憩学、区域经济学(详见图6)。

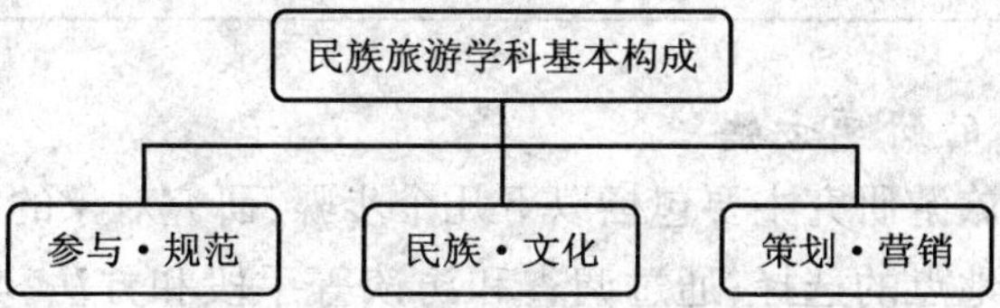


**图4 民族旅游学科基本构成**

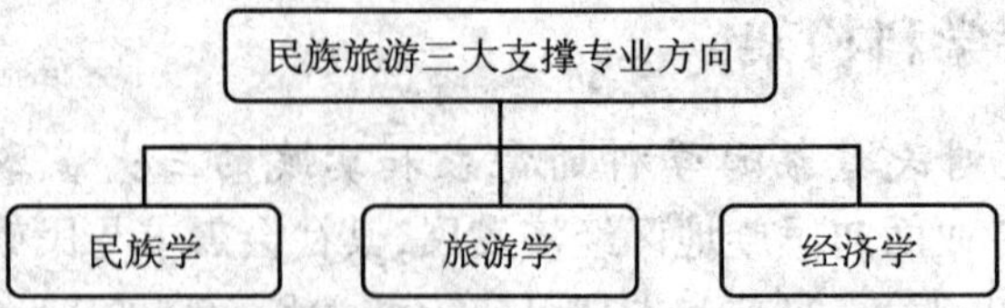


**图5　民族旅游学科三大支撑专业方向**

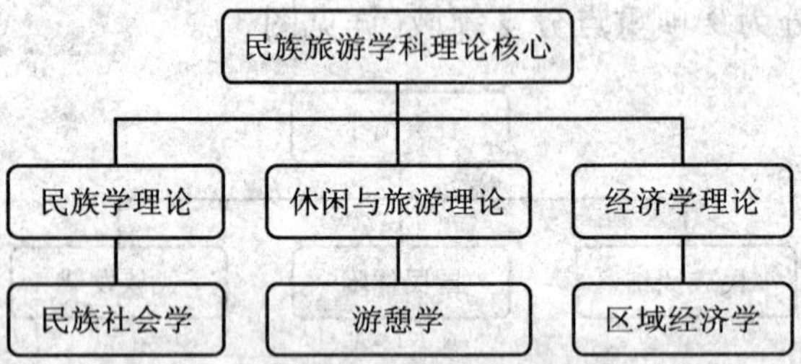


**图6　民族旅游学科理论核心**

民族旅游学科的研究领域从理论和实践上主要包括以下方面(详见表4):

**表4　民族旅游学科研究领域**

| 理论研究 | 实践研究 |
|---|---|
| 1)　民族旅游方法论研究 | 1)　民族旅游与地方扶贫 |
| 2)　中国族群、种族及民族主义理论 | 2)　社区参与旅游发展 |
| 3)　旅游地性别问题理论 | 3)　民族旅游、性别发展与旅游促进居民就业 |
| 4)　地方民族志 | 4)　民族旅游的利益相关者和多方参与 |
| 5)　中国区域文化类型 | 5)　民族旅游发展模式研究 |
| 6)　中国民族与区域文化数据库 | 6)　各民族地区旅游产业发展现状及趋势 |
| 7)　民族旅游学 | 7)　民族旅游地和民族文化景区规划与发展 |
| 8)　旅游人类学 | 8)　民族旅游的产品开发问题 |
| 9)　民族旅游核心教材 | 9)　竞争、合作与区域民族旅游发展 |
| | 10)　民族旅游与民族团结 |
| | 11)　民族旅游与文化遗产 |
| | 12)　民族旅游的转型升级 |
| | 13)　民族旅游人才培养 |

### (三)民族旅游的研究方法

一般来讲,民族旅游研究主要包括以下几个步骤:研究对象的历史、文化和地理背景资料的收集;研究地点的选择;通过调查和访谈等手段和方法,收集相关资料;室内资料分析和整理;数据统计和分析处理。其主要研究方法包括以下几种:

1. 文献研究

民族旅游研究所需要的资料除了直接来自于从各民族或部落实地获取,从文献记载中获取第二手资料也是民族旅游研究的一个重要途径。

2. 访谈法

访谈法是从人类学野外工作方法中借用过来的。文化人类学中的访谈法在民族旅游野外调查和资料收集过程中的应用十分广泛。一般来讲,访谈法包括关键人物访谈、随机访谈、结构式访谈和半结构式访谈,这些方法的使用要依研究目的和研究对象的特点而定。

3. 参与式调查

参与式调查法是近年来形成和发展起来的理论和方法,是指通过当地人的参与,由外来者协调和帮助,使当地人主动参与调查和分析的一种方法,包括参与式农村评估、快速农村评估、参与式观察等。参与式调查法改变了拥有传统知识的社区民众的被动地位,使其成为参与民族旅游研究的主体之一。

4. 数据分析

主要采用定性与定量的方法进行分析,近几年来,更多的学者喜欢采用定量的方法去研究民族旅游经济、民族旅游地社会文化变迁、民族旅游地景观变化等方面的内容。同时,结合遥感等方法,使得民族旅游研究更加可行和有意义。

## 四、民族旅游学科建设思路

### (一)发挥民族旅游专业委员会的作用

民族旅游专业委员会要以学术研究为己任,以民族旅游教育为依托,团结全国有旅游管理专业的大学、院系,组成专家团队,在以下方面做好服务工作:

(1)努力推进中国民族旅游研究领域的研究水平,增进人们对民族旅游在民族文化传承与保护、民族旅游文化产业发展、民族地区社会经济发展中的作用的认识和重视,注重实地的田野考察,为增强中华民族的自信心和凝聚力,为中国民族旅游学科的发展而努力。

(2)促成民族旅游专业委员会成为民族旅游研究人才聚集的中心、民族旅游专业规范提升的基地、引领民族旅游事业发展的平台。

### (二)成立民族旅游教材编写委员会

建议成立一个民族旅游专业教材编写委员会,研究并制定民族旅游专业教材建设的规划,确定教材编写单位和人员,然后分批分期多层次稳步吸收全国多数院校参与,以多方面反映对教材的需求,在教材建设过程中要突出学科带头人的作用,坚持老中青结合,注意培养提高一批年轻教师的教学水平,同时争取得到有关出版社的大力支持和合作。

民族旅游教材编写委员会要充分发挥社会各方面的积极性,统筹规划民族旅游教材的建设,把民族旅游专业教材编写工作做好,为开展民族旅游专业人才教育培养和在职培训奠定坚实基础。编委会委员充分发挥作用,组织、规划、编写和出版一批总结民族旅游领域政府管理、企业经营等方面理论和实践经验,展示民族旅游未来发展趋势,引导我国民族旅游业未来发展的高质量、高水平教材。

表5 建议规划出版的教材

| 教材名称 | 主要内容 |
|---|---|
| 民族旅游学 | 系统介绍民族旅游的学科构成、研究方法、研究内容等。 |
| 民族旅游规划 | 介绍民族地区自然和文化旅游资源应该如何整体规划。 |
| 民族旅游参与式管理 | 重点介绍四大利益主体(政府、旅游企业、居民、旅游者)在民族旅游发展过程中的参与模式。 |
| 民族地区文化遗产保护与利用 | 主要介绍民族地区文化遗产的类型、保护现状、利用情况。 |
| 地方民族文化(民族八省区) | 介绍宁夏回族,广西壮族,新疆维吾尔族,西藏藏族,内蒙古自治区、青海省、云南和贵州少数民族聚集区的民族文化。 |
| 民族旅游文化产业策划 | 重点介绍民族文化中歌舞、音乐、手工艺品、饮食、服饰、建筑等产业的策划。 |
| 民族旅游政策与法规 | 重点介绍国家的民族政策、民族地区的法律法规、民族文化禁忌等。 |
| 民族旅游地开发与营销 | 重点介绍民族旅游地产品、市场的开发和推广。 |

### (三)修订人才培养方案

为了培养更多服务地方经济社会发展的民族旅游实用人才,应主动适应形势发展和社会环境的变化,了解和掌握社会对专业人才的需求及对人才培养规格的要求,及时调整专业课程设置并修订好人才培养方案。具体建议如下:

1.人才培养目标方面

民族地区高等院校旅游管理专业人才培养目标应该是培养当前民族地区经济和社会发展急需的"面向行业,上手快、善沟通、动手能力强的高素质应用型旅游管理专业人才"。

2.课程设置方面

根据人才培养目标,在学科基础课、专业课、专业选修课程中增设与民族地区旅游发展密切相关的一些课程。

表6 民族旅游方面课程增设

| | |
|---|---|
| 学科基础课 | 民族旅游学 |
| 专业课 | 民族旅游政策与法规、民族旅游地开发与营销、民族文化产业策划、地方民族文化 |
| 专业选修课 | 民族旅游规划、民族旅游参与式管理、民族地区文化遗产保护与利用 |

3. 实践方面

要求旅游管理专业学生每年至少有2周时间到民族地区进行实践,并对其旅游开发的现状、问题、对策进行探讨分析。毕业设计必须选择民族旅游开发中最突出的问题进行研究,并提出针对性的建议。

**(四)积极开展学术活动**

为了加快民族旅游专业委员会进展步伐,加大学术活动的力度,营造浓厚的科研氛围,按照专业委员会成立初期的发展思路,今后每年举办一次民族旅游论坛,同时,每次论坛由民族八省区的相关高校联合各自治县举办。每次论坛收集的学术论文由出版社以专辑形式出版发行。此外,专业委员会的主任、副主任、会员单位也要结合自身实际,认真组织动员校内专家学者开展各类学术报告会、讲座以及研讨会,积极邀请校外知名专家学者进行学术交流,进一步扩大民族旅游专业委员会的规模和影响。各项学术活动的计划、开展情况均在民族旅游专业委员会网站(www. minzulvyou. com)发布,这样便于团队成员了解和参加活动。

## 参考文献

[1]惠红. 论大旅游学科体系的构建[J]. 旅游论坛,2010(2).
[2]程遂营. 旅游学科成熟度与旅游研究的学术规范[J]. 旅游学刊,2010(10).
[3]吴必虎. 构建有中国特色的旅游学科体系[J]. 旅游学刊,2007(1).
[4]浩帆. 关于民族学科开展应用研究的几点意见[J]. 民族研究,1985(3).
[5]窦开龙. 民族旅游的定义及内涵[J]. 现代商业,2008(20).
[6]陈兴贵. 人类学在民族旅游开发中的作用[J]. 贵州民族研究,2007(3).

# 民族旅游中的族群与族群关系

## ——广西龙脊的案例

吴忠军　王佳果
(桂林理工大学民族旅游研究中心,广西桂林,41004)

【摘　要】民族团结是构建和谐社会的重要基础,旅游业的发展使民族地区的族群文化、族群关系等方面出现不少新现象和新问题,如何在旅游发展过程中协调族群之间、族群同利益相关群体之间的关系,以减少族群冲突、促进民族团结是今后民族旅游研究的一个重要议题。本文对族群理论进行了简要的梳理,引出民族旅游研究中的族群研究议题,并结合一个典型民族旅游地广西龙脊的案例,对民族旅游发展过程中族群文化建构和族群形象塑造、族群文化认同等问题进行浅析,并着重对旅游开发后的族群关系进行论述,以分析旅游开发对族群关系的影响。

【关键词】民族旅游;族群;族群关系;龙脊

## 一、族群和民族旅游研究中的族群议题

族群研究作为一个相对独立的研究领域,在西方已有相当长的历史,"族群"概念于20世纪30年代已开始在研究中使用。伴随两次世界大战后帝国主义殖民体系的逐步瓦解,越来越多民族国家获得独立;冷战结束后,苏联和东欧社会主义阵营国家的政治解体,又产生了一批新的民族国家。在国际政治格局中,民族或族群冲突是造成一国内部或国与国之间矛盾和纷争的重要诱因。即便是在民族—国家理论和话语体系发源地的西方国家内部,也存在着广泛而棘手的族群关系问题。20世纪60年代以后,随着西方世界内部的族群问题的凸显和国际关系中因族群关系引发的国际冲突纷争的增多,西方理论界关于族群内涵、族群认同、族群关系的研究层出不穷,提出了不少有影响力的理论学说。

20世纪70年代末80年代初,伴随着中国社会学、人类学等学科的恢复重建,族群理论也由西方和中国港台引入大陆,族群研究随即成为人类学、社会学研究界的热点研究领域。近些年,随着中国西部民族地区旅游业的深入发展,有关民族旅游地因

---

[作者简介]吴忠军(1965—　),广西龙胜人,教授,中国人类学民族学民族旅游专业委员会主任,主要研究方向:民族旅游;王佳果,桂林理工大学旅游学院2009级硕士研究生。

文化涵化、文化变迁导致的族群身份、认同变化问题,因文化冲突、利益纷争、发展不均衡等造成的族群关系等问题开始进入研究者的视野。

### (一)中文语境中"族群"的内涵

在中文语境中,提及"族群"概念,一个无法绕过的概念就是与之含义相似且影响力更大的"民族"。无论是"族群"(ethnic)还是"民族"(nation & ethnos),这两个词都源自西方。"民族"一词从19世纪末传入中国后得到了广泛的使用;1949年新中国成立后,其内涵被斯大林民族理论界定而逐渐固定化,但随后国内研究界对民族一词的内涵仍存有不少争议,特别是在"族群"概念引入大陆学界后,有关"族群"和"民族"概念界定和使用的争论愈演愈烈。虽然有部分较为激进的学者提出了用"族群"代替"民族"的观点[1],但国内多数研究者坚持认为这两个概念存在交叉互补关系,两者没有绝对的分界线,是一组互补的概念,两者并不矛盾或冲突,只是针对具体的研究对象时,对其应用有具体的区别,而且两个概念会经常性交叉重合使用[2][3][4]。

汉语语境中,"民族"的概念主要包含两个层面,并带有明显的政治属性。较高层次的含义指向构成民族—国家政治共同体的主体的"中华民族",其政治属性与国家相关;较低层次的含义则指向构成中华民族的分支的"56个民族",其政治属性与地方自治相关[5]。

台湾学者较早开始使用"族群"一词,20世纪70年代末,才引进大陆研究界。族群原本指一个民族中的各个族群单位,或少数族群,但近年来在社会人类学的讨论中,族群有被扩大为泛称所有层次的族群团体的趋势[4]。中国大陆学界中也出现了对"族群"概念应用弥漫无边的泛化问题,甚至出现了把族群概念简约等同于"群体"的现象,郝时远专门对此类问题进行了专门的分析和批判[6]。一般认为,同"民族"的概念不同,"族群"更强调文化性[7],"族群"是以文化进行彼此区别的人群集团,是一个具有文化传统和历史渊源的群体[3],这一词汇更多地出现在学术研究和文化活动事项当中。

值得一提的是,民族旅游在英文语境中绝大多数时候被称为ethnic tourism,因为学术传统和翻译习惯,并没有采用"族群旅游"的名称。本文作者认为,在中文语境当中,现有中文译名对于学术研究和交流沟通不存在太大问题。但是,民族研究作为一个相对较年轻的研究领域,在进行民族旅游中的族群认同、族群关系等研究时,应尊重国内社会学、人类学研究界的学科传统和主流观点,在使用基本概念时应保持内涵基本一致,做到不泛化、不乱用,以便不同学科能进行有效沟通和对话,方能促进本领域的进步,并为主流研究界所接纳。同时,用"族群关系"替代"民族关系"这一政治意味过浓的词语,也有利于研究的去政治化,更方便、深入地从学理、文化意义上探讨相关问题。

### (二)族群研究的一般理论

西方关于族群研究的一般理论主要集中在族群、族群认同(或族群意识)、族群关系等方面。20世纪50年代,Max Weber认为族群不同于血缘上的亲属,族群形成的关键是主观上对群体的认同,即族群是指因体质、习俗或对殖民化以及移民的记忆认同的相似而对共同的血统拥有主观信仰的群体,这种信仰对非亲属的共同关系具有非常重要的意义。1969年,Barth主编的《族群及其边界》(*Ethnic Group and Boundaries*)出版,认为族群是在生态性资源竞争中,通过强调自身特定文化特征来限定自我边界的人群。周大鸣在评述西方族群相关定义时认为《哈佛美国族群百科全书》中的界定较为完备,即"族群是超越了亲属、邻里和社区的,共享历史记忆、血统、语言、信仰的,由主观意识所维系的群体"[3]。有关族群内涵研究的文献汗牛充栋,但无外乎都强调以下几点:(1)族群具有一定共同的客观文化特征;(2)族群成员在主观上对本群体具有认同感,族群的文化认同是主观认同的基础,文化认同则来源于自己在体质、起源、文化等方面的一致;(3)族群和族群意识是在群体互动中产生和变化的,族群互动和族群边缘是理解族群本质的关键视角。

族群和族群认同理论主要分为两大流派:客观文化特征理论和主观认同理论。客观文化特征理论认为族群是一群具有共同体质、语言、文化、生活习惯的人群。但客观文化特征理论主要是以外部观察者的视角对族群进行分类和界定,忽视了族群成员的主观认同;另外,客观文化特征的分类标准难以有公认的界定,在面对族群认同变迁问题时更是束手无策。20世纪70至80年代,主观认同理论开始占上风,但该理论内部存在工具论(又称情景论)和根基论(又称原生论)之争。根基论者认为族群认同源自根基性的情感联系,强调主观文化因素和文化解释传承的重要性;工具论则将族群视为一种政治、社会或经济现象,用资源竞争说来解释族群形成、维持和变迁。现在,越来越多的学者倾向于将两种学说结合起来解释族群现象。

族群关系研究也是族群研究的一个重要议题,周大鸣(2001)对美国学术界的族群关系理论进行了较全面的综述,总结出了六大理论范式[8]。但美国各族群的形成过程和现有格局与中国的情况有极大差别,这些理论用于中国的族群关系存在一定障碍。马戎(2004)提出了影响族群关系的15类因素,包含体质、人口、社会制度、经济结构、族群分层、文化、心理、宗教、历史等方面。

### (三)民族旅游研究视野的族群研究议题

文化变迁和文化涵化是民族旅游研究中的重要议题,主客关系也是旅游人类学研究中的一个出现频率极高的关键词。旅游研究者在研究上述议题时已关注到族群问题,近几年,专门研究民族旅游中族群问题的研究数量逐渐增多。

徐新建(2000)提出了"旅游民族"的概念,指出民族旅游开发中存在着抽象、简化出能体现"民族身份"的"民族特征"以构建民族旅游产品的现象。杨慧(2003)比较系统地论述了云南民族旅游发展过程中族群认同、传统文化复兴及重建的问题,这篇文献对后来的影响较大,基本上后期国内的族群研究大多围绕着上述话题展开。朱健刚(2010)的研究表明旅游开发中资本与权力的介入,产生了新的建构性"秩序",这种新的秩序逐渐融入族群,产生出现的族群文化[9]。吴其付(2009,2011)对国内外民族旅游发展中文化认同进行了梳理分析,并以羌族为例,说明文化认同的根本动力来源于对经济利益的追求,是族群内、外力量共同作用的结果[10,11]。孙九霞(2009、2010)使用英国社会学家厄里的旅游凝视理论对中国的民俗村的族群文化移植和族群认同变化进行阐释[12],并对不同开发强度、主客接触深度的目的地居民的族群认同变化进行对比分析[13]。赵红梅(2008)在其博士论文中对丽江旅游开发过程中纳西族文化展演和族群认同进行了研究[14]。刘青梅(2010)在其硕士论文中对屯堡人在旅游开发中的族群身份情境转换和族群认同问题进行了研究[15]。

此外,田俊迁(2005)、杨文顺(2008)、陈斌(2008)对民族旅游发展中的民族关系进行了概论性分析,认为少数民族地区旅游业的发展对民族关系有正负两方面的影响。

民族问题也好,族群为题也罢,是多民族国家普遍存在的社会问题,也是我国社会问题中具有特殊性的重大问题之一[16]。旅游业在民族地区的蓬勃开展,使目的地的族群文化、族群认同、族群关系等出现了新变化和新问题。一方面,旅游促进了目的地的经济发展,提高了居民收入,改善了居民生活质量,提高了居民的文化自信力和认同感;民族传统文化同旅游产业结合后出现了创新和传承发展机制,也使族群认同的文化基础发生一定变化。另一方面,部分地区在旅游发展过程中民族文化变迁过于剧烈,也引发了族群认同危机问题;由于文化差异导致的东道主和游客关系紧张,因利益分配不公导致的族群内部、族群之间关系紧张乃至族群冲突等问题也时有发生。因此,本文对民族旅游发展过程中出现的这些族群问题进行系统的研究,以期促进民族关系的团结进步,构建和谐的民族关系。

## 二、研究点的基本情况

广西龙脊风景名胜区位于桂林市龙胜各族自治县和平乡东北部,距离桂林市区103公里,龙胜县城21公里,景区总面积66平方公里。龙脊景区的旅游发展始于20世纪80年代,2000年以后,主要内部交通问题解决后,龙脊的旅游业开始快速发展。目前已形成了以平安梯田和大寨梯田为两大核心景区的较为成熟的旅游发展格局,并被评为国家4A级旅游区。平安壮寨操北壮方言,"布也"土语,自称"布边",现有居民191户,800余人,95%的居民为廖姓壮族。平安的主要旅游产品为高山梯田景观(以七星伴月为代表)和白衣壮文化旅游产品。大寨瑶寨的居民近乎全部为红瑶,现有居民246户,1246人。大寨的主要旅游产品为高山梯田景观(以"西山韶乐"为代表)和红瑶文化文化景观。平安和大寨的旅游业构成了龙脊旅游发展的主体,其中平安的年接待量占总数的70%左右,大寨占30%左右。此外,黄洛瑶寨的旅游业也有一定规模,古壮寨、金竹壮寨等也有少量的游客接待量。

## 三、民族旅游发展中旅游文化的建构性与族群形象塑造

西方早期旅游人类学对第三世界和少数族裔的民族旅游现象带着一种主观、想象的批判色彩,人类学家的眼光大多是怀旧的、保护性的,饱含着所谓的"社区立场",认

为来自发达资本主义世界的游客像冲进瓷器店的斗牛一样冲击、破坏着目的地的传统文化,进而铺天盖地地对旅游负面影响进行批判。在中国,由于民族旅游研究领域中,西方的理论话语体系也十分流行和强势,人类学充分地发挥了自身的"文化批判"作用,交织着对现代性批判的一贯思路,对民族地区的旅游活动的反思和批判成了国内旅游人类学的一种惯常性风格,"文化商品化"、"传统文化消亡"、"文化断裂"、"舞台化的文化"、"文化冲击"、"过度的消费",仿佛"传统文化"在旅游这个"现代性"的生活方式作用下瞬间被消融了。传统文化是否真的因旅游而"变味"而令保守的文化保护主义者反了胃口?我们是否真的了解社区居民自身生存生活发展的需要并尊重他们作为文化主人对待社会文化变迁的态度?总之,我们并不否认旅游带来的上述的负面冲击,但在这些弥漫性的流行批判话语中,先入为主的批判性思维致使研究者忽略了民族旅游发展中旅游文化的创新和建构。在下文中,笔者将对龙脊旅游业发展过程中有关文化创新、建构与族群形象塑造、族群认同的一些问题和话题进行介绍和分析,以期抛砖引玉,供大家讨论。

### (一)异质性和族群形象建构

在民族旅游地的开发规划过程中,一般的规划、开发者都会强调旅游产品、形象塑造的差异性,也就是通常所说的"人无我有、人有我新"的策划思路。在2000年,由中山大学负责编制的《桂林市旅游发展总体规划》(下文称桂林旅游总规)文本当中,对桂林旅游市场的调查表明,游客对桂林的印象首先是山水甲天下,其次就是边远的少数民族地区。桂林市民族文化旅游资源和民族旅游形象元素最密集的地区就是龙胜各族自治县,尤以龙脊地区为代表。无论是2000年的桂林旅游总规还是2003年的《龙胜各族自治县旅游发展总体规划》(下文称龙胜旅游总规)都把民族文化旅游产品作为核心旅游产品进行策划和打造。对于以东部、汉族、城市居民为消费主体的旅游者,西部的少数民族往往被视为某种浪漫的、传统甚至原始的异质性形象。规划者往往以"市场导向"的理念进行产品包装策划,把"民族文化"以适当表现形式的"民族文化旅游产品"进行展演。由于对民族文化旅游产品、形象异质性的追求,族群形象被重塑并在旅游开发中发生变化。

#### 1. 旅游产品、形象策划与族群形象塑造

在传统的壮学研究当中,一般根据语言差异把壮族划分为南部壮族和北部壮族两大支系。20世纪90年代以后,在壮族精英知识分子、地方政府的积极推动下,南部壮族地区那坡县壮族传统文化保存相对较好的山地壮族被塑造起"黑衣壮"的形象,并在大众文化领域中频频出现,被视为壮族文化艺术的代言者[17]。这一思路似乎启发了龙胜地方政府和当时的旅游规划者,根据龙脊壮族服饰中以白色为主的特点,"白衣壮"的旅游形象被提出并开始传播,与"黑衣壮"南北遥相呼应,龙胜旅游总规中更直接提出了"南有黑衣壮、北有白衣壮"的策划思路。如果说那坡的民族旅游对"黑衣壮"族群形象的建构起了推波助澜的作用,那么龙脊"白衣壮"的形象则主要是在旅游发展中得以构建并强化。"白衣壮"这一"旅游称呼"的意义,不同于族群研究中一般

族群的“自称”或“他称”。这种“旅游称呼”只用于特定的旅游语境当中,而在当地族群之间则极少使用,在严谨的族群研究中也极少使用。

瑶族本身就支系众多,红瑶作为其中一个支系,主要分布在桂北地区。同充满旅游建构性的“白衣壮”不同,红瑶作为族群“他称”和族群研究对象由来已久。但在旅游者求新猎奇的消费追求下,红瑶的形象得以强化和广泛流传。通过申请长发之最的世界吉尼斯纪录,红瑶在旅游语境中被塑造成为“长发民族”;一年一度的“晒衣节”则是在旅游开发中对传统节日“沙阿叠”的创新和建构,各大网站,论坛和市、区报纸,电视台乃至 CCTV 的专题报道使红瑶形象得到广泛传播。

2. 市场竞争和产品差异化策略与族群差异

龙脊作为旅游地在进行市场推广时往往是作为“广西龙脊风景名胜区”进行整体包装宣传,但在龙脊地区内部,却相对独立存在着若干以村寨为单位进行划分的景区景点。龙脊景区的主要旅游产品和旅游形象是梯田景观和民族文化,但作为核心吸引力的梯田景观和民族文化广泛存在于各个村寨。在有限的地理空间中,景点密集且资源同质化严重,旅游市场竞争非常激烈。

为了切分有限的旅游市场,规划开发者特别强调各个村寨的差异性和独特性,挖空心思地塑造各个村寨的形象、产品差异。开发最早的金竹壮寨以较全面的壮族文化展示为主,平安壮寨梯田景观最美丽、最出名,黄洛瑶寨以瑶族歌舞为主。开发较晚的大寨瑶寨在规划时则被规划专家策划成一个全面展示红瑶文化和梯田文化的景点,以区别于黄洛。正在开发的古壮寨则被规划者规划成一个以展示“白衣壮”传统建筑、服饰、歌舞、饮食文化为主,梯田景观为辅的景区。而实际上,无论是金竹、平安、古壮寨之间还是大寨和黄洛之间,其族群文化在族群成员看来是毫无差异的,彼此之间也存在着亲密的血缘关系。

**(二)游客的眼光和自我的认同**

1. 旅游者感官偏好与族群文化展现的次序结构

民族旅游活动中的主客关系同一般的族际交往有很大的区别,社区居民往往以某种程度的舞台化方式展演自身文化,游客则是怀着求新求奇、追求放松、亲近自然生态的心态去观感当地文化,双方是展演——观看互动模式。族群文化包含社区生活的全部,旅游者在短短数日甚至数小时内走马观花式的观感根本不可能对其文化有深入的了解。族群文化的不同方面,因旅游者的感官偏好或旅游市场的需求特点而被有选择、有重点地恢复、重建、创新。

人们通常以“行、住、购、食、游、娱”六要素来概括旅游者活动内容,在旅游者活动中,人体感官体验存在一定秩序和差异。所谓“听风景不如看风景”,视觉在旅游活动的体验感受中起着首要作用,其次是听觉,然后是味觉、触觉、嗅觉等。对旅游者观感影响最大是视觉观感,在龙脊的民族文化展演过程中,作为当地生计方式核心的梯田稻作文化景观、干栏式建筑对游客的视觉冲击最为直接,其次是服饰。随着旅游活动的深入,族群语言通过听觉,饮食通过味觉和嗅觉,歌舞通过视觉和听觉开始影响游客观感。而族群历史、宗教信仰、社会结构等较隐性或难以展示的文化则通过变换方式得到一定程度的展演。古壮寨的开发规划中,有意挖掘壮族师公教信仰,计划把师公戏结合现代歌舞的形式进行表现;而民族始祖和英雄莫一大王则计划被塑造成巨大的偶像安置在景区入口广场中。此外,龙脊地区已趋消亡的宗族寨老制度则被利用形成社区旅游自我管理组织协调旅游发展中出现的问题。

2. 自我表述和旅游转述

在不同的语境下,民族旅游地的文化呈现出多种版本,这在龙脊地区也时有表现。关于当地文化,存在着居民的自我表述,政府、景区开发商和导游的转述,游客的认知结果等多种版本。

关于龙脊梯田地名的由来在三者之间的表述和转述是一个典型的例子。龙脊景区的得名源于境内的龙脊村①,旅游开发前,已有龙脊十三寨的说法,十三寨的片区有时被泛指为龙脊地区;旅游开发后,龙脊的名称逐渐扩大到整个龙脊风景名胜区,而龙脊村则被称为古壮寨。龙脊村的村名的由来非常简单:村寨地处的大山犹如一条龙脊,而龙脊村位于龙头附近。随着时间推移,地名的自我表述中添加了许多风水、传奇、浪漫的色彩。

在旅游宣传和导游讲解的语境中,为了迎合以汉族为主体的游客,结合东部汉族有关“龙的传人”等心理偏好和话语偏好,往往突出甚至附会龙脊所谓的“龙文化”,有关龙脊地名的传说被渲染了诸多神话色彩,而梯田景观也被牵强附会地虚构了“龙虎相斗”、“二龙戏珠”的说法和故事②。

似乎在外部表述的影响下,龙脊本地人也逐渐转向认同于外部表述,不少旅馆、餐馆乃至旅游商品的名称都选用带有“龙”字的名称。

龙的地名、龙的景点、龙的名称和有关龙的传说,这种旅游氛围的营造使游客很容易接受这种旅游转述,进而形成自己对龙脊和龙相关的叙述。游客对此的信任和认同促进了对此类文化符号的消费,进而影响到作为文化掮客的旅游社等旅游转述和居民的自我表述。由此,由旅游转述建构起的有关“龙”的版本便在居民、文化掮客、游客三者之间循环强化。其结果是,居民逐渐接受外部对其的表述和评价,增强自身作为“龙脊”上族群的认同,并为龙脊而感到骄傲和自豪。

### (三)文化涵化、文化变迁与族群意识的危机

文化变迁是由于族群自身社会的发展或者由于同外部族群接触而引起本族群文化的改变。在目的地的旅游开发过程中,由于游客和东道主社会互动接触而产生的文化涵化现象非常普遍。族群意识和族群认同存在于与其他族群的互动关系之中,文化认同是族群认同的基础,而文化涵化造成的文化变迁往往会造成一定的文化认同危机感。在族群自身认同更强烈、文化变迁更激烈的情况下,族群的文化认同危机感就会

---

① 龙脊村又名古壮寨,是壮寨迁入本地区最早的定居点,从某种意义上讲,这里可以称为新中国成立前龙脊地区地方自治行政中心。因为古壮寨曾经是龙脊地区十三寨的寨老议事的地点。

② 许多经典的“虚构”的旅游转述版本已出现在百度百科对龙脊景区的介绍内容之中,具体请参阅网络。

更强,族群认同的危机意识也会更大。

平安壮寨在多年的旅游高速发展之后,环境污染、文化环境的巨变导致的文化危机和旅游发展问题开始浮现,不论是社区精英还是更多的普通老百姓都开始对此担忧。虽然居民对旅游发展带来的经济收益和生活方式的改变感到很满意,但在享受现代性生活的同时,平安人对旅游开发中过分商业化、城镇化、民族文化消退现象感到忧心忡忡①。现有该领域研究结果表明,在绝大多数类型的民族旅游开发中,旅游开发会增加族群认同感[13],在族群认同增加的同时,因旅游发展带来的文化变迁而造成族群认同的危机感似乎也在悖论式地与日俱增。在全球化、市场化重组传统社会文化的中国社会"现代化"大背景下,旅游活动无疑加重了民族地区的这种危机进程。

## 四、民族旅游发展中的族群关系分析

民族旅游发展中涉及多种族群或群体②之间发生的经济、文化关系,以东道主为审视的中心,主要包括三个方面或层面的关系:

1. 本地族群关系

(1)白衣壮与红瑶之间的族群关系;

(2)白衣壮族群内部关系;

(3)红瑶族群内部关系。

2. 本地族群同外部利益相关群体的关系

(1)本地族群同政府的关系;

(2)本地族群同景区开发商的关系;

(3)本地族群同外来旅游经营者的关系。

3. 作为东道主的本地族群同游客的关系

### (一)利益和冲突:民族旅游地内部的族群关系

在上文中已经有所提及,在龙脊这样一个有限空间和资源同质化非常严重的旅游地内,旅游竞争非常激烈。这些稀缺的资源包括旅游资源、旅游品牌形象、旅游客源市场、旅游收益等。在这样一个多族群杂居的地区,族群之间、族群内部对资源的竞争关系及其对族群关系的影响是非常值得探讨的。

1. 本地族群内部关系分析

(1)同族群不同村寨之间的关系。

经过多年的发展,"龙脊梯田、天下一绝"的旅游形象在国内外已颇具知名度,作为最早开发梯田景观的平安寨当仁不让地成为龙脊梯田的代表性景区。平安梯田的游客量占龙脊景区游客总数的比例基本维持在70%左右,在一定程度上,平安梯田和龙脊梯田成了可以互换的同义词。但事实上,龙脊作为地理概念上的地名真正所指的

---

① 详细的调查数据在上次会议的论文中已有详细介绍,如有兴趣,请参阅。

② 注意,此处使用的是"群体"。

却是临近平安寨的古壮寨,但古壮寨长期以来缺乏系统开发,游客接待量寥寥可数,也未能从景区门票中分得一分钱。为此,古壮寨居民对平安寨有一定怨气。但两个村寨同根同源,平安寨是由古壮寨的廖家寨分出的支系,两个村寨的居民对此非常认同。两个村子并没有因为旅游竞争而出现表面化的矛盾,古壮寨有不少人在平安寨从事旅游经营,彼此都相安无事。这个案例表明,族源同源、血缘亲近和文化上的族群认同舒缓了同族群内因资源竞争而产生的矛盾。

(2)同村寨的族群成员关系。

村寨内族群成员之间的关系,特别是矛盾冲突,主要有两种情况,一种是从事旅游经营者和未从事旅游经营者之间的矛盾,另一种是从事旅游经营成员内部的矛盾。旅游经济具有极其明显的外部性,从事旅游经营的成员通过旅游获取收益,而未从事旅游经营的成员无旅游收益却承担着旅游发展带来的种种负面影响。在从事旅游经营的群体内部,由于对旅游客源等的争夺,关系也日趋紧张。

同村寨的族群成员关系在旅游开发后总体上趋于紧张,因村寨居民旅游参与方式和旅游收益的公平程度有所不同。平安壮寨旅游发展较早,居民参与旅游形式差异较大,少部分居民从事旅馆经营,收入很高,大部分居民通过住宿、餐饮、背包等收入相对一般,旅游收入悬殊导致的贫富差距较大。黄洛瑶寨居民旅游收入主要靠歌舞分成,收入相对公平、平均。大寨的情况较为居中。

2007年的居民旅游满意度调查表明,平安壮寨居民与本村旅游经营能人的关系满意度均值仅为3.54,邻里关系只有3.39,这说明旅游发展后,其族群内部关系较为紧张。

**表1　本地族群内部关系满意度情况**

| 村寨<br>满意度指标 | 平安 | 大寨 | 黄洛 |
|---|---|---|---|
| 村寨之间关系 | 3.3 | 3.6 | 3.58 |
| 邻里关系 | 3.39 | 3.68 | 3.71 |
| 与村寨旅游经营能人关系 | 3.54 | 3.76 | 3.66 |

2. 本地族群间关系分析

在面对旅游利益竞争时,平安壮寨和黄洛瑶寨之间的冲突就更加激烈和表面化。平安梯田开发早期,公路只修通至山下的黄洛瑶寨。黄洛瑶寨的居民抓住机会,从事背包、餐饮、住宿、导游、兜售工艺品等旅游经营活动,导致平安居民的旅游收益很少,两个村子结下怨仇。在平安的进寨公路修通后,黄洛的旅游经营情况下滑,不少红瑶到壮寨兜售旅游工艺品,平安居民进行了阻挠和驱赶。之后,愤怒的黄洛村民封闭了进入平安的进寨公路,双方剑拔弩张,矛盾空前激化。后来,在政府的强制调解下,双方矛盾才有所缓和。龙脊地区的壮、瑶关系在历史时期就充满了斗争和合作,旅游开发后所产生的新的资源竞合关系改变了两个族群的关系,使两个族群的边界更加清晰。

### (二)本地族群同外来利益相关群体关系分析

在旅游发展过程中,龙脊本地族群还同一些外来利益相关群体存在着明显的矛盾,这些利益群体主要包括当地政府、景区开发商、旅行社和外来旅游经营者等。其中居民同政府和开发商之间发生的利益冲突最为激烈。主要冲突原因为现有利益分配格局对本地族群不公[18]。

1. 平安壮寨

①平安居民与政府、景区公司冲突事件:因景区规划和旅游收益分配问题,2004年"五一"黄金周期间平安居民赶走景区工作人员,关闭景区,2005年3月居民再次封锁景区,这两次群体性事件影响十分恶劣,双方对立严重。该事件随后导致景区公司被迫增加居民的门票分成,公司股权结构也发生重大调整,外来公司桂林旅股于2006年放弃景区公司控股权;政府也反思了景区行政治理弊病,于2007年专门成立景区管理局全权负责景区事务。②龙脊景区居民带客逃票事件①:自从景区设立大门售票以后就不断有景区内的居民以各种方式带客逃票进入景区,这种现象愈演愈烈,终于在2006年演变成一系列的冲卡、殴打景区售票人员的冲突事件,这一事件也是促使政府和公司方面调整景区管理体制和利益分配格局的诱因之一。平安旅游经济发展水平最高,居民的旅游资源产权意识也很高,对现有利益分配格局不满,加之社区和政府、景区多次发生对立事件,造成关系紧张,居民对政府和景区开发商的满意度很低(见表2)。

2. 大寨瑶寨

景区公司进入大寨开发的初期,不少居民认为收益分成不公平。2005年,一些"意见领袖"鼓动居民,要求推翻上届村委会签订的进寨费协议,提高门票收入分成,并策划在黄金周期间阻碍游客进寨②,后经过政府沟通协调,矛盾没有激化。总体看,大寨瑶寨居民对政府、开发商的满意度也不高。

3. 黄洛瑶寨

黄洛瑶寨居民对政府、开发商的满意度相对最高。这是因为在2005年以后,村寨和桂林龙脊温泉旅游有限责任公司签订的协议开始实施,联合开发歌舞表演旅游项目,村民负责表演,公司负责营销,所得收入四六分(村寨60%,公司40%)。社区对收益的数额和公平性较为满意,这种分配格局理顺了景区公司同社区的利益关系。

此外,随着旅游业的发展,不少外面的旅游经营者也涌入村寨,从事旅馆、餐馆等的经营。平安壮寨的外来经营者最多,不少人从事高端旅馆经营,从本地旅馆业中掠

---

① 龙脊景区的平安、大寨、黄洛居民都有参与。

② 当时的开发商桂林龙脊温泉旅游开发有限责任公司的文件《龙脊景区10·1黄金周不稳定因素排查情况汇报》这样描述此事:"大寨村几个唯恐天下不乱的人可能挑唆群众……如达不到他们的要求可能会组织游客进入该景区游览。"

走的住宿收益较多①。对此,本地居民中有不少人反对外来者从事旅游经营(参见表2),外来群体的资源竞争局面也造成了群体区隔现象,外来经营者和本地人极少来往[19]。

**表2 本地族群对外部利益相关群体满意度情况**

| 满意度指标＼村寨 | 平安 | 大寨 | 黄洛 |
| --- | --- | --- | --- |
| 与当地政府关系 | 2.65 | 3.47 | 3.67 |
| 与开发商关系 | 2.58 | 2.98 | 3.42 |
| 赞同外来旅游经营者进入 | 55.6% | 69.4% | 75.8% |
| 与外来经营者关系 | 3.41 | 3.73 | 3.52 |

### (三)作为东道主的本地族群同游客的关系

1. 东道主视角的主客关系

在东道主眼中,一方面认为能从游客的到来中获得收益,另一方面,居民认为游客来村寨参观旅游是对其文化的一种赞赏和喜爱,这增强了居民对自身文化的自信心和认同感。就龙脊的情况来看,在所有的族群或群体关系中,居民和游客的关系最为融洽,所有村寨的居民都对游客关系较为满意。究其原因,是因为本地族群传统上都有殷勤好客的文化传统,在旅游开发初期的表现尤为明显,但随着旅游业的深入发展,居民市场意识的增强,这种文化意义上的好客逐渐演变成一种商业化的好客。

**表3 本地族群同外部利益相关群体满意度情况**

| 满意度指标＼村寨 | 平安 | 大寨 | 黄洛 |
| --- | --- | --- | --- |
| 与游客关系 | 4.28 | 4.48 | 4.27 |

2. 想象和真实:民族旅游中东道主与游客间的族群互动

以上的分析是从居民感知的角度进行两者关系的分析,接下来,本文将从游客感知的视角浅析东道主和游客的文化交往中存在的想象—真实问题。

美国人类学家 Louisa Schein 在研究中国贵州苗族时,用"内部东方主义"来形容民族旅游发展过程中汉族对苗族的形象认知、审美评价和互动关系。Charles Ettner 在研究福建的畲族时,也批判性地运用了"内部东方主义"的概念(转引自兰林有,2008)[20]。在这里,暂且不论上述西方学者引申使用萨义德的"东方主义"概念来形

① 一个例子是,外来人员在平安开办的里安山庄是平安最豪华的旅馆,充满了神秘色彩,饭店的经营从业者极少和村民来往,饭店的大门通常都是紧闭的,而它的客源往往也是通过旅行社或网上直接预订的。

容中国汉族和少数民族之间关系的恰当性。但这至少提供给我们一个审视中国民族旅游中族群关系的有益的视角。

一个普遍的事实是,在中国多数东部汉族人的眼中,地处边缘地带的西部少数民族往往会和一些特定的形象联系起来,如落后的(但资源富饶)、偏远的(但美丽的)、异质性的(和我们非常不同)、多姿多彩的服装和头饰(总之是非常美丽的)、能歌善舞(似乎人人都是好身手)、美丽年轻的女性、难以听懂的语言、美味的食品(但也有很多是看起来无法下咽的)……总之,由于历史传统文化等多种因素的交织作用,东部的汉族对西部少数民族充满着一种遥远的想象和刻板印象。而民族旅游的兴起,则为东部的汉族和西部少数民族族群提供了一个族际互动的现实平台。这种族群交往同族群研究中的一般研究对象有所不同,如珠三角地区外来务工大军中不同族群同本地族群广府人的互动,中文语境中的旅游人类学研究中时常以“主客关系”来描述这种特殊的族群互动。

在民族旅游活动过程中,东部汉族的旅游者在进行旅游目的地决策时会接触到大量的宣传性的旅游转述版本,如电视报纸的旅游广告、旅行社的推介等。这些转述版本往往为了迎合东部汉族对西部少数民族的惯常想象,进行一定“虚构”和片面的宣传。其结果是,旅游者往往强化了对少数民族和少数民族旅游地形象的想象。民族旅游地为了满足旅游者的这些想象,营造了“舞台性”的拟真实场景,如进行过立面改造内部为混凝土外部为木质的民族建筑,表演道具性的民族服饰,经过现代艺术加工过的民族歌舞,程序化的迎客敬酒仪式,经常性的“民族节庆”等。当旅游者满怀憧憬地来到民族旅游地时,他期待看到的是与自己想象一致或更神秘的所谓民族风情的东西。如果民族旅游地的文化产品策划、包装和展演达到了游客难以察觉的“舞台真实”效果,他会对自己的旅游体验感到满意,并强化对少数民族的印象或适度修正。如果体验失败,如旅游宣传严重夸大其词或目的地本身传统文化展演失真,就会造成旅游者想象的破灭,其少数民族的想象形象会遭到破坏并重新建构或进行自我安慰性解释,如认为是文化变迁、社会发展的结果,之前那个传统的、原始的少数民族形象只存在于过去历史当中。

在龙脊的旅游形象和旅游宣传当中,梯田景观、白衣壮和红瑶民族风情是其主体形象,对梯田赋予的神奇、壮观煽情式言语加大了游客对梯田景观的憧憬,白衣壮的宣传形象主要由服饰、建筑、饮食、耕作方式等元素构成,红瑶则是特征明显的长发、服饰和饮食、建筑等元素。在现实旅游场景中,平安白衣壮的服饰仅由部分中老年女性体现出来,而且越来越多的人不再穿着民族服饰,平安壮族建筑也发生了比较显著的变化,层数、体量变大,内部结构由传统的全木变为混凝土、木材混合,白衣壮的形象构建已显颓势。而黄洛和大寨的红瑶女性在头饰和服饰方面表现较好,红瑶的形象得以强化。游客对红瑶服饰和长发的欣赏,更加强化了红瑶对自身文化的认同,两者形成了良性互动。

## 五、对民族旅游中族群研究议题的一些讨论

民族旅游的发展带来一些新的族群问题，族群文化往往因游客和旅游市场的需求而被有选择地重新建构以展现出充分差异化的族群形象，在这一过程中，作为文化主人的社区居民自身话语缺失，经常性地被动地接受外部力量的引导。今后，如何加强居民在旅游发展过程中对自身文化重塑和延续的自主性是一个值得思考的问题。

族群文化因民族旅游而创新性发展、通过展演被游客欣赏从而使族群的文化自信心和文化认同感增强，但民族文化在旅游发展中的一些负面影响也使得族群自身的文化危机感增强。旅游发展对族群文化的这种影响也是民族文化现代性危机的一个侧面反映，我国西部一些民族省份近些年出现的民族问题就是伴随着经济和社会的不断发展而陆续浮现，传统文化在现代性面前所表现出的危机感和焦虑感往往加深了这些民族问题的复杂性[21]。为此，应充分尊重多样性的民族文化，加强对民族文化的保护并保持民族旅游开发与传统文化的协调。

目的地族群对旅游利益分配的竞争也导致族群内部、族群之间出现不同程度的冲突。必须通过发展的手段并在发展中解决这些问题。通过旅游经济发展大力提高民族地区的社会发展水平是促进民族团结的物质基础和保障；着力平衡民族地区的旅游收益分配格局是改善族群关系、利益冲突的重要手段；始终重视民族地区旅游发展过程中的社会文化保护传承问题是尊重少数民族，促进少数民族文化发展和民族文化交流的重要保障。只有解决好民族地区在旅游业发展过程中出现的这些族群问题，特别是族群关系问题，民族地区的经济繁荣、社会发展、民族团结才能得以实现，和谐社会的战略思想才能真正得以在民族地区落实。

### 参考文献

[1]黄仲盈. 从“民族”与“族群”之争看中国民族理论研究的价值取向——构建中国民族理论话语体系研究之三[J]. 广西民族研究，2010(4)：34-41.

[2]廖杨，覃卫国. 关于族群关系、民族关系与社会关系的关系[J]. 黑龙江民族丛刊，2006(3)：14-22.

[3]周大鸣. 关于中国族群研究的若干问题[J]. 广西民族大学学报(哲学社会科学版)，2009(2)：2-10.

[4]王明珂. 华夏边缘：历史记忆与族群认同[M]. 台北：允晨文化实业公司，1997.

[5]叶江. 民族概念三题[J]. 民族研究，2010(1)：1-9.

[6]郝时远. 中文语境中的“族群”及其应用泛化的检讨[J]. 思想战线. 2002，28(5)：60-70.

[7]徐杰舜. 论族群与民族[J]. 民族研究，2002(1)：12-18.

[8]周大鸣. 论族群与族群关系[J]. 广西民族学院学报(哲学社会科学版),2001(2):13-25.

[9]朱健刚. 旅游景区生产与族群文化的再造——对一个布依族村寨的旅游人类学研究[J]. 广西民族大学学报(哲学社会科学版),2010(6).

[10]吴其付. 民族旅游与文化认同:以羌族为个案[J]. 贵州民族研究,2009(1):132-140.

[11]吴其付. 民族旅游文献中的文化认同研究[J]. 广西民族研究,2011(1).

[12]孙九霞. 族群文化的移植:"旅游者凝视"视角下的解读[J]. 思想战线,2009(4).

[13]孙九霞. 旅游对目的地社区族群认同的影响——基于不同旅游作用的案例分析[J]. 中山大学学报(社会科学版),2010(1).

[14]赵红梅. 旅游情境下的文化展演与族群认同[D]. 厦门大学, 2008.

[15]刘青梅. 文化旅游背景下的族群认同研究[D]. 贵州民族学院, 2010.

[16]郝时远. 构建社会主义和谐社会与民族关系[J]. 民族研究,2005(3):1-13.

[17]海力波. "做"黑衣壮:认同历史与文化表征[D]. 中央民族大学, 2006.

[18]吴忠军,张瑾. 民族旅游开发中东道主间关系的人类学研究[J]. 贵州民族研究,2008(6):62-69.

[19]唐晓云,闵庆文,吴忠军. 社区型农业文化遗产旅游地居民感知及其影响——以广西桂林龙脊平安寨为例[J]. 资源科学,2010(6):1035-1041.

[20]兰林友. 小黄山畲族风情村:符号盗用、表述真实与文化消费[J]. 中央民族大学学报(哲学社会科学版),2008(6).

[21]汪晖. 东方主义,民族区域自治与尊严政治——关于"西藏问题"的一点思考[J]. 天涯,2008(4).

[22]国家社科基金课题组. 民族旅游村寨开发中居民满意度与和谐社会建设研究结题报告,2010.

# 民族村寨旅游地家庭旅馆同质化经营的形成机制与化解对策

陈志永　吴亚平
(贵州师范学院区域旅游研究所,贵州贵阳,550018)

【摘　要】民族村寨旅游地家庭旅馆同质化经营不仅影响到旅游业的可持续发展,对构建和谐稳定的村寨社区同样不利。本文在文献综述和实地调研的基础上,以典型民族村寨旅游地家庭旅馆为样本,对家庭旅馆同质化经营的现状、同质化竞争的形成机制、同质化竞争的结果展开分析,并寻找化解民族村寨旅游地家庭旅馆经营同质化竞争的对策。

【关键词】民族村寨旅游地;家庭旅馆;同质化经营;形成机制;化解对策

## 一、问题的提出与文献回顾

近年来,在蓬勃发展的民族村寨旅游热潮中,村寨居民利用其居住优势,开办家庭旅馆为来访游客提供食宿及相关服务。作为民族村寨旅游业的重要组成部分,家庭旅馆既能满足外来游客回归自然的心理需求,还能增加村寨居民收入,改善其生活条件,满足其致富愿望。更加重要的是,民族村寨旅游地通过发展食宿接待,还引发了村民生活方式向着更加文明、现代化的方向转化。然而,民族村寨旅游地家庭旅馆在日趋成熟和发展过程中,也存在着诸多亟待解决的问题。诸如季节性强、卫生安全状况不尽如人意、缺乏管理、同质化竞争等,其中家庭旅馆同质化竞争问题已经成为民族村寨旅游业的一个焦点问题,并引起国内众多学者关注[1-5]。但深入研究发现,已有文献对家庭旅馆同质化经营的关注大多以描述同质化竞争的事实为主,并以此为据提出家庭旅馆持续发展的策略或建议;而对于家庭旅馆同质化经营的形成机理并未做出系统、深入的分析。从理论研究和实践价值来看,如果只是停留在事实罗列或现象描述而不揭示其背后隐藏的机理,其后果不仅会损害家庭旅馆研究的深刻性和客观性,以脱离实际的话语来替代严谨的讨论,而且常常会误导决策者或家庭旅馆业主。有鉴于此,我们在文献研究和对多个典型民族村寨旅游地进行实地调研和深入访谈的基础

[作者简介]陈志永,男,云南曲靖人,1976年2月生,管理学硕士、教授。吴亚平(1969—　),湖南新晃人,讲师,主要研究方向:旅游景区管理、民族文化旅游。

上,从民族村寨旅游地家庭旅馆同质化经营的事实和现象入手,运用系统论的方法和原理,剖析家庭旅馆同质化经营的形成机理与消极后果,并以此为据提出同质化竞争的化解对策。

## 二、民族村寨旅游地家庭旅馆同质化经营的现状

1. 目标市场同质化

旅游市场竞争的加剧需要民族村寨旅游地家庭旅馆经营者进行市场细分,以便求得生存与发展的空间。然而,由于受自身素质等因素的影响,大多数家庭旅馆经营者几乎没有市场细分的意识和概念,缺乏对市场的细化分析,经营目标不明确。如贵州紫云格凸河国家风景名胜区境内的大河苗寨,寨内仅有三家人从事家庭旅馆经营,为进入景区的游客提供食宿服务,且各有优势与特色。其中一家区位优势明显,能够把家庭旅馆经营和农事休闲、乡村体验项目很好结合起来;另一家专门从事"土鸡"的烹饪;还有一家经营户的女户主曾长期担任村支书,方便利用其"体制精英"的优势接待各类政务型客人。但长期以来,为接待来访客人,三家人矛盾重重,直到我们深入该地进行实地调查,给三家人介绍市场细分的基本理念时,才恍然大悟,意识到市场细分的重要性。

2. 产品供给同质化

民族村寨旅游地家庭旅馆的主要功能是为游客提供住宿、餐饮等服务。从住宿来看,游客所能享受到的服务仅仅是"简单的睡眠"服务。餐饮服务本应是业主提供差异化服务的关键所在,但旅游需求的规模化导致众多家庭旅馆业主只能以产品的数量换取本应有的"绿色化、生态化、乡村化"的产品特色。

3. 服务质量同质化

除个别有固定客源、经营规模较大的家庭旅馆外,大部分村寨的家庭旅馆没有固定的服务员或管理者。从业者多以家庭为背景,或夫妻上阵,或父女经营,或全家男女老少忙里忙外,很少雇人参与经营。旅游旺季人手不够,他们多请亲戚或左邻右舍临时帮忙,或被迫临时从村中或村寨周边雇用农村剩余劳动力充实到家庭接待中来。被雇佣者大多学历低,没有接受过正规或专业的培训,能力、素质较低,连基本的服务标准都难于保证,更不用谈差异化经营的意识与能力。

4. 微观品牌缺乏

缺乏市场细分的战略规划,加之产品与服务质量同质化,这难免导致家庭旅馆经营的同质化。即使是个别著名的民族村寨旅游地的家庭旅馆已做成品牌并已形成一定的品牌效应,也只是整体包装意义上的品牌,也就是说这里成片的家庭旅馆已形成了一定的规模和影响力,但其内部各个家庭旅馆之间却同质化严重,游客选择的随意性很大,这就使单个的家庭旅馆难以具备核心竞争力和可持续发展的能力[4]。

## 三、民族村寨旅游地家庭旅馆同质化经营的形成机制

机制原指机器的构造和动作原理。阐明一种机制,意味着对它的认识从现象的描

述过渡到本质的剖析[6]。民族村寨旅游地家庭旅馆同质化经营的形成机制是驱动家庭旅馆经营者实行同质化经营的力量结构体系和运行规则,具有一定的稳定性和规律性。结合民族村寨旅游地家庭旅馆经营者及产品与服务特点,综合考虑政策环境及市场需求等因素,从两个方面来总结民族村寨家庭旅馆同质化经营的形成机制:内在动力机制和外在动力机制(见图1)。内在动力机制是一种自发的内在力量,表现为缺乏与游客有效沟通和对游客的深入了解,因有限的自我发展能力、产权缺失和产品不可专利性导致差异化经营的能力与动力不足,收益相对较高与家庭旅馆多样化功能导致业主不愿退出;外在动力机制主要来源于政府推动和游客需求偏好。内在动力机制和外在动力机制是相辅相成的,他们之间相互融合导致了民族村寨旅游地家庭旅馆同质化经营形成的动力机制。

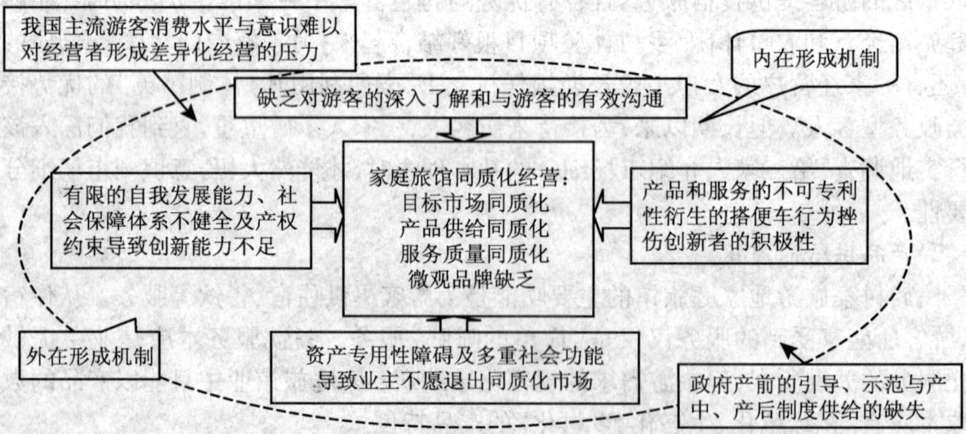


**图1　民族村寨旅游地家庭旅馆同质化经营的驱动机制图**

### (一)内部形成机制

1. 缺乏对游客的深入了解和与游客的有效沟通

对于许多世代生活在村落以内依托土地为生的村民,长期以来存在着"上下内外"四种交换方式[7]:(1)向下交换即农户与土地相交换。(2)对内交换即依靠亲情关系网络,通过礼尚往来方式进行物品与劳务的交换。(3)向上交换即村寨农民与政府的交换。取消农业税前缴纳皇粮在村民看来是"天经地义"的。(4)对外交换即与周围集市相交换。对于超出集市范围的交换,常常由中间商来承担。因此,对于习惯于传统交往方式的村民来说,旅游开发后短短数年便要他们对市场信号作出明确而有效的判断和反应,对外来游客的消费习惯与偏好作出全面把握与分析,这是有难度的,需要一个长期学习和适应过程。更何况旅游消费是一种跨区域的人际交往活动,具有明显的外向性或涉外性。由于客源地的社会制度、政治信仰、生活方式等与民族村寨旅游地存在差异,这决定了家庭旅馆业主对游客信息的了解必然不太全面。加之旅游消费具有动态性、主观性的特点,这进一步加剧了业主把握游客信息的难度。一些较为偏远的民族贫困地区,由于长期处于封闭状态,导致与外界交流存在语言上的障碍,更何况其他方面的交流与沟通。

2. 有限的自我发展能力、社会保障体系的不健全及产权约束导致创新能力不足

民族村寨大多位于欠发达、欠开发的区域,村民收入极为有限,自我发展能力较弱,经营扩展与创新在根本上受到个体所拥有的资源数量和个体自身能力的极限约束,使整个家庭旅馆经营活动只能围绕生计而展开,并以主体性生产的短缺和小生产者的分化赋予整个经济体系脆弱的基本特征,即便有个别农户意识到差异化经营的重要性,也因自我能力有限而无法实施。而农村社保体系的不健全,缺乏平抑或化解社会风险的机制,政策风险致使村寨居民实现差异化经营的决策时自我防范意识较强,难以在差异化经营的路径上取得根本性突破。从深层次原因来讲,民族村寨生产资料私有制的重建,虽然在个体层面上实现了劳动者与生产资料的直接结合,但这种"个体经济"并不具有产权制度层面上的存在意义,它主要以"经营方式"而获得存在意义。一个明显的事实是私有制成分在中国整体经济中日益增加的今天,村寨层面上的私有经济受到了村寨土地私有制的根本性制约[8]。农民拥有的土地承包经营权既不能作为抵押向银行申请贷款,农民又缺乏完善的社会保障,这就使得农民成为先天的风险规避者,熊彼特所谓的"企业家精神"的创新冲动受到削弱。相反,以现有"成功者"作为样板,追求稳定收入,厌恶风险等心理在民族村寨家庭旅馆经营上体现得尤为明显。

3. 家庭旅馆产品的外部性特征衍生的搭便车行为挫伤创新者的积极性

从经济性上来说,民族村寨家庭旅馆经营具有典型的外部性特征。家庭旅馆是依托民族村寨的自然资源和人文资源而展开的,具体表现为自然景观、建筑聚落、乡土文化、活动场景,等等。根据民族村寨旅游资源的系统结构及其引致的产权特征,家庭旅馆具有有限的竞争性与排他性,属于较为复杂的介于公共型和私人型之间的准公共产品,具有明显的"公共池塘资源"特征。这导致无法确保所有村寨居民都付出合理成本,也无法排除外部性、搭便车、集体行动逻辑以及利益分配不平等现象的广泛存在[3]。比如,一旦有经营者投入人力、物力或财力设计出某项差异化的产品后,模仿者往往随即跟上,与创新者展开竞争,使得后者常常不知所措,蒙受了经济和名誉上的损失。而如果这样的外部性难以消除,其结果将是个"智猪博弈",即大部分经营户将依仗部分有创新能力的经营户去做市场培育和各种新产品的研发,而自己却热衷于不花成本或花极少的成本搭便车、跟风、模仿甚至是非法或恶意"克隆",并最终导致创新者被淘汰出局,出现贺雪峰(2008)[9]所强调的"不怕饿死的不会饿死,怕饿死的就会饿死"的逻辑,而创新者在伤心之余,感慨"创新者斗不过模仿者",使本来就不很高的差异化经营的积极性频频受挫。

4. 资产专用性障碍及多重社会功能导致业主不愿退出同质化市场

民族村寨旅游地家庭旅馆经营初期,具有进入和退出壁垒低、投资少、风险低、利润率较高的特点,这与传统的"小农经济"思想是相吻合的,也极易为广大村寨居民所接受,加之早期较为成功的旅游经济精英的示范性影响,缺少市场竞争意识和综合分

析能力的村民纷纷进入该行业。随着市场竞争的加剧,利润率逐步降低,有部分家庭旅馆经营者逐步退出该行业。然而,市场竞争的加剧已迫使业主不断加大投入力度,并形成资产专用性障碍,很难改作其他用途,一旦退出将面临较高的沉没成本,这将削弱业主退出的积极性。此外,对当地业主而言,家庭旅馆不仅仅是他们在旅游发展环境下获益的重要工具,家庭旅馆还肩负着其他社会功能。诸如改善村民居住条件、生活水平;旅游旺季接待客人,淡季可用于接待村寨社会频繁往来的亲戚。在盛行面子观念的村落文化中,最能体现面子的莫过于住房的结构了,换言之,家庭旅馆是农村社会财富的象征,是业主个人价值的体现。因此,家庭旅馆市场竞争的加剧所导致的资产专用性障碍、家庭旅馆经济和社会功能的多重交织使得业主即使面临同质化竞争的恶果,也不会轻易退出。

### (二)外部形成机制

#### 1. 我国主流游客消费水平与意识难以对经营者形成差异化经营的压力

迈克尔·波特(2002)[10]曾指出:内行而挑剔的客户是本国产商追求高质量、完美产品造型和精致服务的压力来源。这说明挑剔型旅游消费者既能有助于维持业主的竞争优势,更是家庭旅馆业主创造竞争优势的动力。然而,从我国主流旅游消费市场来看,大多数旅游消费者并非不知晓低价旅游产品存在质量、服务上的问题,但他们由于收入水平的制约,宁愿选择价低质次的产品,因为毕竟质次产品与质量好的旅游产品具有某种替代性,足以满足其“有总比没有好”的目的,所以,他们的行为是理性的。一旦广大消费者富裕到对家庭旅馆的饮食质量、居住环境提出较高要求,并愿意为此支付费用,家庭旅馆经营者同样会在质量与环境方面进行投入,以此吸引游客。云南梅里雪山脚下的雨崩藏族村落至今未通公路,接待游客仅以背包客为主。近年来有部分来自欧美、日本、韩国、香港等发达国家或地区的游客,收入水平较高,对服务质量、标准要求较高。为满足游客需求,有村民“不惜血本”,采用传统的运输方式——马匹托运,按三星级标准修建家庭客栈。可见,受经济发展水平和可自由支配收入制约,我国主流游客对高价值的差异化产品难以形成主观偏好,这无疑减轻了家庭旅馆业主通过产品差异化经营创造竞争优势的压力。

#### 2. 政府产前的引导、示范与产中、产后制度供给的缺失

在我国社会经济发展中,政府作用显得异常复杂,以至于许多学者发出感叹:“对中国的过度经济来说,最难评价的是政府的作用”[11]。一方面,政府作为公共权力机关、公共利益的集中代表者,是公共资源的最大整合和调配者,在民族村寨旅游产品开发中发挥着旅游规划、市场推广、教育培训、信息服务等作用;而另一方面,公共选择学派相当犀利地指出,政府是由各级官员组成的,他们有着自己的私利,由政府出面对一个产业进行管制并非是一种免费的物品,他们可能通过“政治寻租”、“政治设租”等行为获得权力租金,追求经济利益和政治利益的最大化。政府角色的两面性常常因政府经济人角色的渗透产生对公共利益的偏离,同时其内部成员还可极其巧妙地内化成所谓的“公共利益”,政府角色与行为的二重性与隐蔽性特征在民族村寨旅游发展中广

泛存在,并导致民族村寨家庭旅馆差异化经营不足等公共问题长期得不到解决。

民族村寨旅游市场启动初期,地方政府常常会以发展地方经济、推动产业结构调整和帮助村民脱贫致富的名义,通过培育典型示范户或给予部分先行接待户帮助或支持,以带动其他村民参与旅游经营与接待。这样,示范户或先行接待户在既无竞争压力又有政府帮助和支持下,获益的可能性较大。受此影响,村民参与家庭旅馆经营的积极性高涨。然而,当家庭旅馆经营出现供过于求或同质化经营等问题时,政府应根据变化的市场竞争环境及时调整政策,提供相应的制度规则以规避市场竞争中存在的问题,或对行业内的经营者进行有效的引导,帮助他们退出该市场,寻找其他的致富途径。然而,在我国现行体制下,对任期短、转任快的县、乡级官员而言,其对民族村寨经营者的支持与引导的动力有很大一部分源自于为彰显政绩。当他们利用公共资源缩短民族村寨旅游发展周期并取得显著成效时,这样可以凸显其政绩,反过来加强了他们的政治影响力,还能得到上一级政府更多的信任甚至放权直至往上升迁。而当出现如家庭旅馆同质化经营等影响民族村寨旅游可持续发展等问题时,政府对此类问题往往反应迟钝或故意规避以免影响其政绩,这样,政府官员的“经济人”行为导致相关的制度供给缓慢,甚至缺失,于解决民族村寨旅游产品差异化经营不足的现实不利。

## 四、民族村寨旅游地家庭旅馆同质化经营的消极后果

### (一)家庭旅馆业主被迫降价竞争,削弱了与供应商讨价还价的能力

受上述各种因素的影响和制约,民族村寨旅游地家庭旅馆经营以趋同性较强的产品或服务投放市场。这实际上进入了均质产品市场,即典型的Bertrand竞争市场。在Bertrand竞争模式下,产品差异化程度较小,价格成为影响消费者购买行为的重要考量,农户间博弈的唯一稳定结果是选择将价格降至其可以维持的最低水平。有限的游客数量与旅游接待设施的不可移动性无疑使上述竞争行为发生的可能性大为增强。因此,常常可以看到家庭旅馆的业主们以较低的价格或给予导游一定的回扣来吸引游客。另外,尽管家庭旅馆主要以私有房产和家庭成员劳动为供给要素,但无论是客房还是餐饮服务都不可避免地依赖其他产品或服务的支持。战略管理理论表明:行业内产品同质化所引发的过度竞争可能引发供应商通过提高其出售给下游企业的产品的价格或降低其出售产品质量威胁企业的绩效,从而将高于正常水平的绩效转移到自己的手中[12]。我们对多个民族村寨家庭旅馆的调研发现,善于唱敬酒歌的表演人员常受到多个家庭旅馆经营者的青睐,而家庭旅馆业主为烘托接待气氛,被迫接受不断抬高的表演价格;不仅如此,在旅游旺季,表演者常常在就餐时间轮流到多个家庭旅馆表演,这不可避免地造成了表演时间与内容缩水。

### (二)造成资源的闲置与浪费,破坏当地生态环境

家庭旅馆同质化经营的无限扩张与有限的客源必然导致供过于求的状态,进而引发资源的闲置与浪费。贵州西江千户苗寨,除黄金周和重大节庆活动时,140余家家庭旅馆几乎能接待游客外,大部分时间仅“阿依苗家乐”等少数家庭旅馆有固定的客

源,到了旅游淡季,家庭旅馆转让的广告随处可见。民族贫困地区,家庭旅馆的蓬勃兴起曾吸引了无数外出务工人员返乡创业,在经历了短暂的辉煌后,如今惨淡的经营状况迫使许多经营户常以打麻将或打扑克等方式消磨时光,导致了人力、物力资源的闲置和浪费。不仅如此,民族村寨家庭旅馆分散经营、无序扩张还威胁到当地生态环境,直接影响到旅游业的可持续发展。在云南香格里拉核心区域的雨崩藏族社区,过多的家庭客栈等新建筑改变了原有景观,无序建筑的出现破坏了景观和谐。由于当地不具备污水处理能力,加之家庭经营分散化,游客涌入产生了大量的废水、固体废物。因为当地气温太低,垃圾自然降解的速度很慢,历年的生活垃圾一直堆积在雨崩坝子里,大量废水直接排入雨崩河。随着旅游者人数的增加,家庭旅馆给当地环境产生的影响越来越大。

(三)家庭旅馆同质化经营容易引发无序竞争,不利于培养回头客

按照市场竞争原理,民族村寨旅游地家庭旅馆经营者应通过提高服务和产品质量,努力实现差异化以求在竞争中获胜,同时也可对游客产生持久吸引力,培育潜在市场。然而,这一做法不仅需要一定的资本支持,而且会提高资产专用性投资的经营风险。这样,付出的成本及收益周期远远大于拉客等短期经营行为。因此,面对数量有限的游客,村民们宁愿采取拉客等短期获利行为,而不是从长期效益出发选择改善经营质量和水平。如果有村民选择拉客,其结果将导致大家都选择拉客,因为在其他村民都采取策略时,自己放弃这一策略,将意味着个人收益的损失。村民之间相互拉客不仅造成私下相互诋毁对方,引起社区不和谐,还会引起游客极度反感,影响其体验效果。贵阳花溪布依镇山村,村民们为了争夺有限的客源,常常派出家里身强力壮的男子到村寨门口等待游客,更有接待户骑着摩托车到村寨两公里以外的地方等待进入村寨的游客,然后强行拉入自己家中,引起游客极度反感[13]。如果家中缺乏强壮的劳动力,又无方便的交通工具,村民们便到景区入口处散布"村中有疯狗"的谣言,以恐吓来访的游客。

从村民与游客之间的博弈来看,两者的博弈是一种有行动先后顺序的动态博弈,在二者之间的博弈中村民行动策略在前,游客采取的策略在后,游客策略是在已知村民的行动策略之后而采取的反应策略。以下以村民的宰客行为以及游客以再次光临和不再光临为反应策略而形成的两阶段博弈来分析这一情况。图2是村民与游客动态博弈的扩展形式。

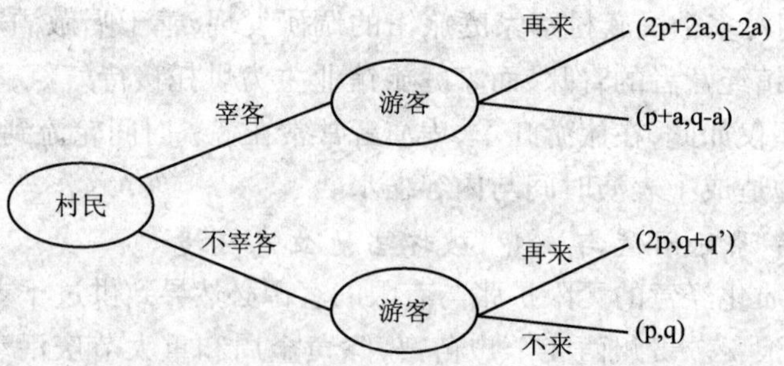


图2　村民与游客关于宰客与重游行为博弈的扩展形式

假定村民一次接待游客的正常收益为 p,由于宰客而获得的额外收益为 a,游客在旅游中获得的体验收益为 q,q′为在不宰客情况下游客再次来访的体验收益的增加。由图 2 可知,当村民采取宰客策略时,游客再来的收益为 q - 2a,而不来的收益为 q - a,因此理性的游客会选择下次不再光临,而出现(宰客,不来)的策略组合。当村民采取不宰客的策略时,游客再来的收益为 q + q′(q′≥0),即由于不宰客的诚信服务而使游客在故地重游时感受到更大体验收益,而游客不再光临的收益为 q,因此游客会有重游的意向与可能,从而出现(不宰客,再来)的策略组合。在这两个策略组合中,(不宰客,再来)显然比(宰客,不来)更为有利,能给村民与游客双方带来更多的收益,是更优的选择。但遗憾的是村民在个人理性的激励下,加之受村民们集体表现出来的拉客与宰客行为的整体氛围的影响,以及每次游客到来的不确定性,使得村民在缺乏正确引导与有效约束的情况下,倾向于将与游客的接触和交易视为一次性交易,而采取一次性收益最大的最有利可图的方式,其极端表现之一便是宰客行为[3]。如前述的镇山村,一盘本地出产的凉拌野菜,成本不到 1 元,粗糙加工后竟卖到 15 元,但味道却与普通餐馆出售的毫无区别甚至更差。面对村民的宰客行为,为了避免更大的收益损失,理性游客将采取望而却步的退避策略,最终导致游客量不断下降。

### (四)影响了社区的和谐与稳定,降低了社区与外来利益主体博弈的能力

有限的客源、同质化的产品市场及村民短期的个人理性使村民在村寨内陷入抢夺客源的"囚徒困境"中,并引发社区矛盾与冲突,对外则降低了与外来利益主体博弈的能力。

当民族村寨旅游业发展起来后,地方政府和外来资本常常随之跟进。然而,从实际情况来看,民族村寨旅游资源产权的缺失和我国"自上而下"的政治体制以及外来资本的强势地位,往往使村民处于无权状态。不仅如此,在很多情况下,外来利益主体往往高度地组织在一起,统一行动从而形成更强的合力。而社区居民不仅不具备拥有资源、机会和强力的实力,而且往往单独行动从而造成与政府实力不对等。面对权利被侵犯以后的无奈与挣扎,怎样的途径可能帮助他们解脱维权困境?顺利表达意愿?托克维尔在 19 世纪曾这样说过,"在民主国家,他们几乎不能单凭自己的力量去做一番事业,其中任何人也不能强迫别人帮助自己。因此,他们如不学会自动的互助,就会全体陷入无能为力的状态[14]"。由此可见,在一个高度组织化的现代社会里,个人的力量是微不足道的,人们通过建立自己的组织或者社团,才更有可能实现权利救济和利益保护[15]。然而,在一些民族村寨旅游地,虽已成立诸如农家乐协会等社区组织,但各经营户为争夺有限的客人不仅造成了成员之间矛盾重重,加剧了成员之间的相互不信任,还降低了社区组织的凝聚力以及和外来利益主体博弈的能力,使得社区组织本应有的作用和功能因为利益争夺而大打折扣。

## 五、民族村寨旅游地家庭旅馆同质化竞争的化解对策

### (一)以市场为导向,进行产品分流定位,实现接待产品的差异化

根据当前我国旅游市场消费多样化特点,结合民族村寨家庭旅馆发展不均衡的现

实,可将家庭旅馆的产品分为低端产品和高端产品,对应于较看重价格的低端市场和较看重质量的高端市场。(1)低端产品策略。如果家庭旅馆在低端产品上有成本优势,不妨以低价作为竞争手段,但同时要注意开拓新市场。虽然城市需求趋向于饱和,但城市中低收入阶层以及农村市场却极具潜力。因此低端产品生产尚可将市场营销的重点移到农村市场及城市中低收入阶层,利用他们较高的价格敏感性,施展价格优势。(2)高端产品策略。在实力和产品营销上有优势的家庭旅馆可采用高端产品策略,将目标聚集范围缩小,利用目标市场对质量比对价格更看重的心理,减弱竞争对手降价对自己的影响,并形成品牌优势。(3)灵活经营策略。与星级饭店相比,民族村寨家庭旅馆不需要制定严格的服务标准和服务程序,一切服务均根据自身的优势和特点,按照客人的需要灵活处理,这不但可以节约成本费用,而且服务内容和程序的设计都非常有针对性,可以说每一步都可以为游客直接量身定做,满足其越来越个性化的服务需求。最为关键的是只有当家庭旅馆成为游客旅游的一部分内容和旅游生活的体验,成为有新奇感的经历或者成为旅游地生活环境和风土人情的代表,成为地方文化的载体时,家庭旅馆才能具有生命力。

### (二)扩大社区参与旅游广度,努力实现产业链本地化

除了从纵向上进行产品分流定位,以实现差异化经营以外,尚未进入家庭旅馆行业或退出家庭旅馆行业的民族村寨居民还可考虑从横向上积极拓展,以达到横向差异化经营的目的。实际上,除了家庭旅馆经营外,果园经济、养殖经济、畜牧经济、农副产品加工等特色经济都可成为参与型旅游资源加以结合开发。通过横向差异化经营不仅能缓解家庭旅馆同质化经营的矛盾,还能丰富民族村寨旅游产品内容,延长游客停留时间,吸引潜在游客,并最终实现提高旅游经济体量的目的。与此同时,民族村寨家庭旅馆经营者也应和其他行业积极合作,努力实现“产业链本地化”[16]。即在满足游客吃、住、行、游、购、娱需求中,通过村民间合作,尽可能利用本地原材料和人力资源,以旅游业为龙头优化配置相关产业,在本地生产和销售产品,形成完整的产业链,实现最大限度地当地参与,有效安置当地居民的就业,使旅游收益最大限度地留在本地。可以说,“产业链本地化”是扩大社区参与旅游广度,带动村寨及村寨周边居民参与旅游,化解家庭旅馆同质化经营困境,缓和参与者与未参与者之间矛盾的一种较好方式。

### (三)加强农户间的合作,推动经营组织创新,实现股份合作制经营

民族村寨以家庭经营为主体的组织结构,在一定时期给农民带来了经济上的实惠,激发了其参与旅游的热情;但这样的组织结构形成了分散经营规模小、素质低、缺少发展后劲,被迫依靠市场滞后甚至是扭曲的价格信号调节生产经营的特点。也正是这一经营组织结构,导致了产品的低端同质化,进而引发资源闲置浪费、社区和谐失调等诸多问题。可见,要想依凭这一组织结构带动民族村寨旅游地家庭旅馆的进一步向前发展,带动整个村寨社会经济结构的根本变革,将会困难重重。因此,以追求经济利益的内在动力为基础,通过自愿选择和自主结合,推动家庭旅馆生产经营组织结构的创新,把分散的个体家庭经营转变为联合的企业性产品生产组织,以克服自身局限,实

现其生产经营与大市场的有机结合,尤为必要。现代企业理论认为,企业是市场机制的替代物,市场和企业是资源配置的两种可以相互替代的手段,企业运用内部的行政管理手段较之运用非人格化的价格机制运行交易费用更低。在面临较高的资产专用性和机会主义行为发生的可能性的情况下,企业倾向于将外购变为企业内部生产[17]。基于对企业理论的认识,在不可能签订完备的合约以限制民族村寨家庭旅馆资产专用性所造成的机会主义行为的情况下,通过并购作为交易对象的家庭旅馆可以将交易转入企业内部从而消除机会主义行为。另外,无限重复博弈带来的损害必然使村民认识到合并的必要性,加之民族村寨社区内部天然存在的地缘、亲缘关系等多种"非正式关系"的特殊纽带,紧密地联结着村寨居民之间的兴衰存亡,这更容易形成利益共同体。因此,加强经营者之间的合作,积极推动经营组织创新,实行股份合作制经营,使村寨内不同的业主在一个经济组织内部联合起来,相互之间的关联度大大提高,目标、利益趋同,有利于缓解、减少村寨居民之间的矛盾与摩擦,提高资源利用效率,降低农户间的交易成本。四川九寨沟景区内的树正寨的10户居民在20世纪90年代初期以床位入股的方式成立了树正联营公司,统一经营家庭旅馆和餐馆,开创了九寨沟旅游股份制经营的先例,避免了恶性竞争导致的旅游经营收入下降,邻里不和等问题[18]。

**(四)发挥民族村寨旅游地社区组织的自治作用,构建社区居民自主治理的规则**

奥斯特罗姆(2000)[19]的经验研究表明:人类社会中大量的"公共池塘资源"问题事实上不是依赖国家也不是通过市场来解决的,人类社会中的自我组织和自治,实际上是更为有效的管理公共事务的制度安排。在我国西部少数民族地区,至今仍有不少关于村寨管理和社会秩序控制的内容,包括民间组织、习惯法、民间宗教和各种禁忌,这些都是少数民族与农民交互的民族村寨旅游地解决村寨纠纷和处理社区矛盾不可替代的本土资源。因此,在解决民族村寨旅游地家庭旅馆同质化经营的过程中,必须高度重视村委会、旅游协会、传统组织的自主治理作用,赋予社区组织相应的自主治理权利,提高社区组织的治理效率,实现居民之间的相互监督,降低因居民不合作而导致的负的外部成本的增加。在家庭旅馆经营同质化的问题上,社区组织的作用和功能主要为:(1)服务的作用和功能。如西江苗寨于2009年1月13日成立的"西江景区苗家乐协会"利用组织优势,在当地政府的协助下,将协会内农家乐的具体位置、名称、到达路线、经营范围、联系电话等信息标注在景区入口处的旅游线路图及旅游宣传册上。通过这种方式一方面方便吸引游客进行有选择性的消费,另一方面有利于提升入会农家乐的知名度,为会员招徕游客,拓宽旅游市场。(2)自律、协调、监督的职能。在云南梅里雪山雨崩藏族社区,由34户基本社会单位和权力单位组成的"家长会议制"是历史上"村众会"民主化管理的现代版本,是雨崩民族村寨社会的权力基础,负责对村中的家庭轮流接伙①进行统一安排和监督,实现自我管理和自我服务[20]。(3)

① "伙"是对自发进山旅游者小团体的俗称,轮流接伙就是每户按顺序轮流接待进山的旅游者团体。

协助政府部门加强行业管理的职能,如参与制定各种标准,协助政府的旅游统计及信息发布工作。

(五)引入外界力量,提供制度保障和帮助

随着旅游规模的逐渐扩大,村寨居民的经营思路会愈加拓宽,竞争也将更加激烈,由于制度供给不足所引发的环境污染、社会矛盾等问题也将日益严重。依靠村民自发的由个人理性走向集体理性是不明智的,需要一个长期认知和博弈过程,而村寨赖以生存的公共资源是极其珍贵和脆弱的。因此,除了发挥社区组织的作用以外,有必要引入政府的力量并进行合理的制度设计以解决家庭旅馆经营中存在的诸多问题。

首先,由政府对家庭旅馆业主提供服务和帮助,依市场机制退出或转产。对业主自动退出或转行等主动行为,政府应给予贷款、税收等方面的优惠。在政府主导或企业主导的民族村寨旅游地,应尽可能地招收本地劳动力,让一些家庭旅馆业主能够在退出经营后顺利再就业。其次,加强教育培训或组织农民外出学习,使农民具备多样化从业技能,开阔农民视野,以便让业主从家庭旅馆经营中退出或转产后,降低退出成本,顺利进入相关行业。在发挥政府作用时,即使需要淘汰产能,也应以是否合法规范为依据,而不宜以家庭旅馆经营规模大小作为淘汰的决定因素,更不应草率地以调控政策代替市场直接进行资源配置或关闭某些家庭旅馆。在降低退出壁垒的同时,必须消除过度进入。一方面,应该提供必要的服务,降低行政成本,对家庭旅馆的接待标准进行严格的考察和审批,并进行动态跟踪管理,对不符合要求,不达标准的经营户进行摘牌并停止其营业,保证合乎规范的家庭旅馆处于合法、规范的经营体系中。另外,与个别家庭旅馆业主相比,政府对于行业内家庭旅馆的总数目、供需情况、产能利用率等总量信息具有信息优势,因而政府应定期、及时、详尽地收集和发布这些信息,提示产能过剩风险,缓解投资者因为信息不完全引发的投资偏误,更好地发挥市场资源配置的基础性作用[21]。除了关注家庭旅馆的进入、退出外,对行业内有创新精神的家庭旅馆或经营特色鲜明的业主应给予积极引导和帮助,延长旅游产业链,增加附加值。如西江苗寨景区管理局在农户中设置家庭博物馆,对家庭博物馆进行定期或不定期评定,这样既有利于形成特色明显的家庭博物馆,又有利于增加家庭旅馆的附加值,提高家庭旅馆经营的差异化程度。除此以外,可借鉴星级宾馆评定办法对现有家庭旅馆进行等级划分和综合评价,并正确处理标准化和地方特色的关系,以便游客有选择性地进行差异化消费。

## 六、结束语

我国民族村寨旅游地家庭旅馆经营同质化问题是一个错综复杂的现实问题,它是众多因素共同作用的结果。从系统论的思维角度出发,将促使民族村寨家庭旅馆经营同质化的要素划分为内在要素和外在要素。这些内外要素相互影响、互为因果、共同叠加并导致了我国民族村寨旅游地家庭旅馆经营同质化,并且给同质化问题的解决造成了诸多困难。因此,我国民族村寨旅游地家庭旅馆经营同质化问题的解决需要业主、政府、行业或社区组织乃至旅游消费者长时期的共同努力,不可能一蹴而就,不能希望一招制胜、一步到位。

## 参考文献

[1]刘旺,吴雪. 少数民族地区社区旅游参与的微观机制研究——以丹巴县甲居藏寨为例[J]. 四川师范大学学报(社会科学版),2008(2):140-144.

[2]吕宛青. 利益相关者共同参与的民族地区家庭旅馆经营与管理模式研究[J]. 思想战线,2007(5):35-42.

[3]余意峰. 社区主导型民族村寨旅游发展的博弈论——从个人理性到集体理性[J]. 经济地理,2008(3)519-522.

[4]曾建明. 略论我国乡村旅游产品开发的差异化战略——以农家乐为典型业态[J]. 改革与战略,2010(8):94-96.

[5]保继刚. 旅游规划的社区参与研究——以阳朔遇龙河风景旅游区为例[J]. 规划师,2003(7):32-38.

[6]李小建等. 农户地理论[M]. 北京:科学出版社,2009.

[7]曹锦清. 黄河边的中国[M]. 上海:上海科学出版社,2008.

[8]陈庆德,潘盛之. 中国民族村寨经济转型的特征与动力[J]. 民族研究,2004(4):28-37.

[9]贺雪峰. 什么农村 什么问题[M]. 北京:法律出版社,2008.

[10]迈克尔·波特. 国家竞争优势[M]. 北京:华夏出版社,2002.

[11]周业安. 中国制度变迁的演进论解释[J]. 经济研究,2000(5):3-11.

[12]杰恩·巴尼. 获得与保持竞争优势[M]. 北京:清华大学出版社.

[13]陈志永. 民族村寨旅游地衰落研究:以贵阳市镇山村为例[J]. 云南社会科学,2007(1):41-44.

[14]张时飞. 上海癌症自助组织研究:组员参与、社会支持和社会学习的增权效果(香港中文大学博士论文)[D]. 2001;转引自周林刚. 激发权能理论:一个文献的综述[J]. 深圳大学学报(人文社会科学版),2005(6):45-49.

[15]陈树强. 增权:社会工作理论与实践的新视角[J]. 社会学研究,2003(5):70-83.

[16]邹统钎. 北京市郊区旅游发展战略研究——经验、误区与对策[M]. 北京:旅游教育出版社,2004.

[17]梁国勇. 企业购并动机和购并行为研究[J]. 经济研究,1997(8):40-46.

[18]石璇. 保障保护地内居民受益的自然资源经营方式——以九寨沟股份制为例[J]. 旅游学刊,2007(3):12-17.

[19]埃莉诺·奥斯特罗姆.公共事务的治理之道[M].上海:上海三联书店,2000.

[20]陈志永,杨桂华.民族贫困地区旅游资源富集区社区主导旅游发展模式的路径选择——以云南梅里雪山雨崩藏族社区为个案研究[J].黑龙江民族丛刊,2009(2):52-63.

[21]林毅夫,巫和懋."潮涌现象"与产能过剩的形成机制[J].经济研究,2010(10):4-16.

# 民族地区乡村旅游可持续发展研究
## ——以广西恭城红岩新村为例

邓 敏
(桂林理工大学旅游学院,广西桂林,541004)

【摘 要】文章在探讨民族地区乡村旅游在经济、社会和环境方面进行可持续发展的意义的基础上,以广西恭城红岩新村为研究对象,分析其乡村旅游的发展现状和存在的问题,最后从开发乡村旅游产品、提高乡村旅游经济,保护开发当地民俗民族文化产品、构建和谐社会,加强政府领导,理顺管理模式,营销创新等方面为其乡村旅游可持续发展提出建议。

【关键词】民族地区;乡村旅游;可持续发展;红岩新村

我国是一个多民族的大国,56个民族共处一家,由于经济发展不平衡,少数民族地区发展水平相对东部发达地区有很大差距。但是少数民族地区却又是旅游资源异常丰富的地区,凭借着民族地区乡村风景、风俗,民族艺术、戏剧、中医药等独特的旅游资源,开发民族地区乡村旅游,意义深远,经济效益显著。过去民族地区乡村旅游最初均是由政府牵头组织发展旅游,随后慢慢地由村民自治组织及社区居民自主经营,但是随着旅游发展的深入,村中的能人和致富大户占据了绝对优势,社区居民及各方利益主体的利益被忽略,旅游发展缺乏后劲。同时,民族地区特色旅游资源的恢复、开发与保护工作滞后,降低了民族地区乡村旅游发展的吸引力,威胁乡村旅游的可持续发展。民族地区乡村旅游可持续发展成为关注的焦点。

## 一、民族地区乡村旅游可持续发展的意义

### (一)经济方面的意义

民族地区大部分都是“老、少、边、山、穷”的代言词,经济相对落后,但是旅游资源相对丰富。乡村旅游的可持续发展可以促进民族地区以旅游服务为主的第三产业的发展,与农业产业结构调整的需要相契合,有利于农业产业结构的优化和升级。有利于促进新农村的建设,并把当地农业和旅游业有机结合起来,扩大农业生产的经营范

---

[作者简介]邓敏,女(1979— ),广西桂林人,硕士研究生,桂林理工大学旅游学院讲师,研究方向:民族旅游,乡村旅游。

围,拉长农产品增值链,调整和优化农业产业结构,提高农产品的附加值,形成新型产业,改善农村产业结构,创造就业机会,增加村民收入。发达地区的商品流、人流、信息流、资金流,城镇居民把现代化城市的政治、经济、文化、意识等信息辐射到民族地区的乡村,促进了民族地区村民市场经济观念的觉醒和生活习俗的改变,激发村民改变现状和对富裕、文明生活的追求,并促使他们在此基础上加大对乡村旅游可持续发展的需求,从而促进农村经济的持续发展。

### (二)社会方面的意义

民族地区乡村旅游的可持续发展,促进了信息流通和城乡经济共融,推动了民族地区乡村的城镇化进程。同时,这对于提高村民的文化素质和文明素质,增强村民的文明意识和开放意识,培养村民文明的生活方式,促进乡村精神文明的建设,并对新农村经济社会全面进步起到积极的作用。同时也促进当地居民根据市场需求有意识地深度挖掘民族地区的民族文化内涵,加强保护,形成新的旅游吸引物,形成一个文化开发、保护、发展的良性循环。

### (三)环境方面的意义

民族地区乡村旅游的可持续发展,不仅通过旅游活动的发展唤醒当地村民对传统乡村景观、文化和环境以及新农村生态环境的保护意识,促进村民身体力行地参与到环境保护当中来,还能改善当地居民的生活质量,在注重乡村资源、经济、社会、文化、环境的协调发展的过程中,加强农村生态环境保护,实现民族地区乡村旅游的可持续发展。

## 二、广西恭城红岩新村乡村旅游发展现状及存在的问题

### (一)广西恭城红岩新村乡村旅游发展现状

红岩新村,位于广西桂林市恭城瑶族自治县莲花镇,距恭城县城14.7公里,距桂林市中心122.7公里。最高峰为红岩峰,平江河是红岩新村唯一的一条河流,从西南向东北流经红岩新村。红岩新村土壤呈弱酸性,适宜种植柑橘、月柿等果树。红岩新村共有农户103户,人口407人,其中85%以上的居民为明末清初从广州等地迁至莲花镇的朱姓后代,至今已繁衍至第24代,其余为壮族和汉族。村中居民彼此之间感情很深,团结甚紧。

从2003年开始,红岩新村已经建起61栋独立别墅,拥有客房300多间,餐馆50多家。自此,红岩新村每年的秋冬时节举办的月柿节和开发的乡村旅游产品吸引了众多游客。目前建成了瑶寨风雨桥、滚水坝梅花桩、观景台、月柿节主会场、停车场等旅游设施,修建了景区大门、柏油路和果园观光小道,开设了平江河水上乐园,建起了垂钓小区,开发了观花采果、民族风情表演等丰富多彩的旅游项目。同时,开设旅游咨询点、医疗救护点,建立旅游接待中心,形成了食、宿、行、娱、购、游相配套的服务体系。该村先后荣获“全区生态富民示范村”、“全国农业旅游示范点”、“2006年全国十大魅力乡村”、“全国生态文化村”等荣誉称号。集农业观光、生态旅游、民情表演、休闲度

假为一体的红岩新村,已成为大桂林旅游圈一道亮丽的风景线。2003年至今共接待游客70多万人次,旅游收入1800多万元,带动水果产品、特产和纪念品等销售收入860万元[1]。

### (二)广西红岩新村乡村旅游发展中存在的问题

1. 乡村旅游产品特色不鲜明,旅游经济发展缺乏长久生命力

一方面,红岩新村乡村旅游发展受思想观念的束缚,市场意识淡薄,造成了目前开发的多数乡村旅游产品停留于吃农家饭、采摘、钓鱼、喝茶、唱歌、打牌等常规活动,缺少创新;另一方面,农业生产受水、土、光、热等自然条件的影响和制约,也造成了农业旅游活动季节性强的特征,因此出现了果子成熟的季节、月柿节等时期的旅游红火季节,形成了一年火几次,一火一个月的短期开发行为。红岩新村对乡村旅游项目和产品缺少深层次的开发,制约了当地乡村旅游的发展,其乡村旅游产品在市场竞争中缺乏竞争力和长久的生命力。

2. 环境问题日益严重

经过实地观察,发现红岩新村旅游的污水、垃圾随意处理,遍布清溪田垅。平江河作为恭城红岩新村唯一的一条河流,却受上游滑石矿的开发者急功近利的影响,在其开矿污水没有处理干净的情况下,排放到了平江河,污染了水源。同时一些村民和游客不注意保护环境,认为在乡村随手丢垃圾是天经地义的事情,致使河流上经常漂浮着食品袋、垃圾袋等污染物,大大影响了水质。清澈的河水变得混浊了,江内悬浮物较多,看不到底。一位环保局的同志看后连声感慨,平江河水污染严重,治理工作迫在眉睫。现在就连当地村民都不敢吃河里打捞上来的鱼。红岩新村在旅游发展过程中面临着巨大的环境压力。在红岩新村,社区居民本身的生活就是宝贵的旅游资源,社区的资源状况及居民的态度对民族地区的吸引力有着重要的影响。但是由于居民受长期的生活习惯的影响,存在着一些不良的行为,或无意地破坏当地赖以生存的资源和环境,致使环境问题日趋严重。

3. 民族社会传统文化弱化及误解

随着红岩新村近年来发展旅游,当地的交通、通信、住宿接待、环境卫生等条件得到了很大的改善,但也使传统的瑶族文化、建筑、生活习俗等受到了一定的威胁。红岩新村90%以上人口为瑶族,但其民族文化却受到现代文明的迅速侵蚀,民族特色逐渐弱化直至消亡。现在很多瑶家孩子,已经不会唱瑶歌,堂前屋后听到的都是流行歌曲;青年男女的情歌对唱就更加少见,加上政府推广普通话,学生们讲瑶话的机会少了,久而久之,瑶族的孩子可能连瑶话也说不好。

瑶族歌舞表演、民族特色的服务接待等活动虽然对瑶族文化的保护和发扬起到了积极的作用,但是隐藏其中的文化商品化、乡村生活表演化、地方文化弱化等问题不容忽视。红岩新村的村民大部分人日常很少穿戴本民族服饰,瑶族服装也只有在农历十月十六日的“盘王节”或“月柿节”节庆活动才穿,瑶族人民平时多穿汉族的服装,即使穿了也是将传统的瑶族服饰和日常服饰搭配来穿。其中红岩新村建成的“生态富裕

家园”以西欧式的现代化小洋楼为主,缺少瑶族建筑的特色。平江河上的风雨桥也是在民族文化间偷梁换柱,本应考虑修建有瑶族特色的建筑,但是却将侗族的四大特色建筑之一“风雨桥”建于平江河上,这本身是对民族文化的误解。

4. 旅游接待服务设施有待改进

恭城红岩新村虽是按照较高标准建成的,但村里建造新屋的初衷是以自家居住为主,伴随着近几年旅游接待所取得的成果,家家户户尝到了开展乡村旅游的甜头,纷纷将自住的房屋改装成民间的乡村旅馆。但是受建设之初“高起点、高标准、高质量、高要求”的思路影响,2003 年 3 月的一期工程和 2004 年 3 月的二期工程所建设的房屋设计考虑的是如何打造“社会主义新农村”,满足当地村民的生活需要,均未考虑到旅游接待的发展需要。因此在设计的时候未考虑每个房间安装厕所和洗浴设备,使得在城市生活惯了的游客初到此地,不太习惯。2005 年 7 月动工的三期别墅已充分考虑到旅游接待的发展需要,在房间设计上已经向标准化的旅游住宿接待靠近。

5. 旅游管理体制不畅

红岩新村乡村旅游发展中暴露出其管理体制不畅,缺乏一定的宏观调控约束力。即缺乏有效的宏观调控政策、法律法规条例来引导红岩新村利用其地区优势、资源优势发展乡村旅游。恭城县政府下大力气帮助红岩新村的乡村旅游建设,红岩新村也成立了生态旅游管理协会,但是由于市场配置资源的基础性作用尚未充分显示出来,尽管红岩新村乡村旅游制定了引导旅游业发展的总体规划,但缺乏有力的管理制度和执行力度,来统一负责红岩新村乡村旅游业的政策、计划和产业结构调整、产业管理及综合协调等事宜,同时旅游管理协会没有真正发挥作用,导致红岩新村乡村旅游的发展具有很大的自发性和盲目性。

6. 旅游的宣传工作不到位

红岩新村成为全国农业旅游示范点后,新闻、报纸、网络陆续都有有关红岩新村乡村旅游和新农村建设的报道,同时辅以恭城“月柿节”的旅游节庆活动,大大地增加了红岩新村的知名度。但是从目前搜索到的新闻资料、报道信息来看,对红岩新村的宣传资料都还集中在 2007 年左右的信息,对于 2008 年后的宣传活动和节庆活动的宣传报道较为少见。可见关于红岩新村缺少高质量的宣传材料和促销载体,缺乏持续的宣传报道,旅游整体形象的树立与新农村建设的宣传缺乏有机结合,客源市场开发深度不够,对旅游者难以形成有效的吸引力。

## 三、广西红岩新村乡村旅游可持续发展对策

### (一)丰富乡村旅游产品,延长乡村旅游生命周期,提高民族地区乡村旅游经济效益

1. 加强设计参与型乡村旅游产品

旅游作为一种典型的“体验经济”,已从以观光旅游为主转向体验旅游为主。体验式旅游以旅游企业为舞台和道具,以游客参与互动为主要特征,以使游客得到各种

感官刺激和精神震撼为主要目标,是人性化、个性化的旅游消费[2]。乡村旅游的游乐项目就是要以其“乡土性”和“土味”吸引游客参与到农村的生活当中,体验当地农民的生活味道。红岩新村是以其优美的自然山水,清净的环境,新农村建设点成果等一系列吸引物吸引游客来此进行乡村旅游。对此红岩新村乡村旅游要适时地推出一些具有该地特殊乡村特点的旅游活动、娱乐活动、节庆活动来吸引更多的城里人,参与一些乡村的具体活动,体验乡村的具体劳动生活。首先要完善观赏性参观游览项目,诸如加强登山安全及果园参观和采摘安全教育;其次设计参与性的游乐项目,并通过多项活动弥补由于“柿”主题所带来的季节性的局限,将红岩新村对游客的吸引力扩大到一年四季。诸如可以将当地农事劳动中的采摘活动开发成让游人能够参与进来摘柿子、削柿子、做柿饼的活动,甚至可以开展摘红薯、芋头、果子等果蔬的活动,减弱采摘项目的季节性。

2. 开发主题节庆活动,增加游人的关注度

适当开发相应的节庆活动,提高乡村旅游的吸引力,增加乡村旅游经济效益。延长游客在红岩新村的停留时间,可以促进他们的消费,增加农户的收入。为此,针对红岩新村的情况开发设计符合当地情况的主题活动“春喝油茶,夏戏水,秋观瓜果,冬采摘”,并设计相应的节庆活动与之配套,共同发展。

**(二)加强民族文化的开发与保护,促进社会和谐和乡村旅游的可持续发展**

1. 挖掘民族文化,保护民族传统

随着红岩新村旅游的发展,急需重新挖掘红岩新村瑶族文化,并将其保存、延续,在开发中保护,在发展中保持当地的瑶族文化。首先要增强当地村民的民族文化保护意识,这项工作必须靠自觉培养和政府引导。当地村民保护民族文化的自觉意识可以通过在乡村旅游的发展中逐渐提高,当富含民族风情的旅游节目倍受游客欢迎,村民在民俗旅游中尝到了甜头,当地村民对民族文化的保护和传承的意识也将被唤起。

2. 成立红岩新村瑶族文化保护工作小组

要深度挖掘红岩新村的文化内涵,切实发挥红岩新村生态旅游管理协会的功效,就要成立文化保护工作小组。组长由协会的成员担当,明确工作组的工作职责——挖掘当地瑶族文化,恢复当地瑶族民间风俗、开发当地瑶族文化产品。在少数民族聚居的地方,长者和能人都有着绝对的权威。因此面对瑶族丰富的文化,要深度挖掘隐藏在其中的民间文学、民间舞蹈、民间工艺就要依靠群众的力量,需要从长者身上挖掘、恢复瑶族民间的文化活动,以弘扬当地的瑶族民间风俗。保护工作小组的成员通过对居住在此地的长者进行访谈、记录、整理等工作来挖掘、恢复、开发当地的瑶族文化。

3. 成立民族文化展览室

由于红岩新村规模较小,村里居民被汉化严重,即不具备成立保护和传承民族优秀文化的社会功能的民族生态博物馆的条件,应把文化遗产原状地、动态地保护和保存在其所属社区和环境中[3][4]。也没有具备成立民族文化旅游博物馆的条件,因此建议在此地成立民族文化展览室。它可以将社区的自然景观、建筑物、生产生活用品

等物质吸引物(有形文化遗产),结合所挖掘的当地瑶族社区的风俗习惯等非物质(无形文化遗产)吸引物以文字、图片、影音资料的形式陈列在展览室中,并辅以当地新农村建设成就的资料,必将成为红岩新村的一个亮点。

(三)加强环境保护,为乡村旅游可持续发展打下扎实基础

今天人们空前渴求返璞归真,亲近泥土,这是现代人追求生活质量的表现,更是一种生活时尚。红岩新村乡村旅游是以生态观光农业为背景和载体的,对生态环境的保护尤为重要,是其生存之本。红岩新村吸引游客的主要因素——清新的空气与绿色环境如果被污染,将失去魅力。因此红岩新村要保证环境质量,必将采取相应的保护措施,同时需要政府的规范和统一管理。一是修建多个垃圾箱,并建立严格的管理制度,采取集中处理垃圾(袋装拉走)的措施,及时清理垃圾,避免二次污染;二是在乡村旅游集中的地区安装地下管网排污和修建垃圾站;三是下令将平江河上游的石材厂迁走,消灭河水污染源等,在加大旅游基础设施建设的基础上提高红岩新村旅游的服务质量和水平,搞好软环境,使旅游者能在干净、优美、舒适的自然环境中尽享其乐,才能迎来乡村旅游的可持续发展。

(四)理顺乡村旅游管理模式,积极创新,走可持续发展道路

为了提高村里生态旅游管理协会的执行力度,保证红岩新村乡村旅游的发展后劲,在红岩新村的发展管理中,必须转变观念,理顺管理模式,走"政府+管理协会+村民"管理道路。这就需要当地政府和职能管理部门为广大游客的利益、当地经营户的利益、旅游地健康发展的长远利益积极引导,进行规范管理。政府当前最需要做的工作是建立健全有效的管理体系。各级政府职能部门要明确责任,制定出相关管理办法或条例,对乡村旅游的规划审批、经营管理、安全管理、环境卫生等方面进行规范与监督,引导其逐步走向行业协会自律管理。最后由村里的生态旅游管理协会主持地方旅游管理工作,充分发挥地方自治的优势,同时必须由政府主导发展方向,督促旅游管理协会制度的执行,并动员全村村民参与到旅游开发当中,督促旅游管理协会制度的落实。

(五)加强宣传,打造红岩新村乡村旅游品牌

乡村旅游要走产业化的道路,实现可持续发展,要将现有的蛋糕做大,必须在统一规划下进行改造。红岩新村要在当地政府的引导下,通过规划和品牌的营造,将乡村旅游推向产业化的健康道路。品牌的打造还须强化资源特色和文化的挖掘与包装。红岩新村旅游发展是立足于乡情,尤其是在宣传中提出的"品瑶乡月柿、喝恭城油茶、住生态家园、做快活神仙"宣传口号,体现其旅游资源特色。

(六)强调网络化营销和整合营销,扩大红岩新村知名度

影响旅游营销的技术因素,莫过于因特网[5]。因此需要组织专人对红岩新村的旅游资源相关信息进行归纳整理和网络营销,首先通过红岩新村和恭城政府网站等信息展示台,公布这些信息,展示红岩新村的村风村貌,民族风情及社会主义新农村建设的信息动态;同时借助网络传播的力量,将信息公布在网络上面,吸引更多的游客参与

红岩新村的旅游项目。同时注意将红岩新村丰富的农业产品和旅游产品进行整合营销宣传,村民在销售农产品的过程中,将旅游产品与农业产品捆绑进行广告宣传,首先让农产品的顾客了解其乡村旅游信息,再发挥人际传播的辐射作用,让更多的人了解红岩新村的旅游资源,吸引更多的游人参观。

## 参考文献

[1]黄新跃. 农家乐乐万家 看红岩新村如何打造生态旅游品牌——恭城瑶族自治县成立20周年成就报道之二. 2010. 9. 26. http://www. hinews. cn/news/system/2010/09/26/011185704. shtml.

[2]方小燕. 体验经济中旅游模式的转变[J]. 商场现代化,2006(6)(下旬刊):156.

[3]杜倩萍. 略论西部大开发中民族生态博物馆的建设[J]. 中央民族大学学报,2001(4):73-76.

[4]容小宁. 广西生态博物馆建设探索与规划[A]. 中国博物馆,贵州省生态博物馆群建成暨生态博物馆国际论坛专辑[C]:44-45.

[5]魏小安,张树民. 旅游业电子商务基本框架设想[J]. 旅游科学,1999(3).

# 民族旅游地居民对文化景观变迁的感知研究

## ——以龙胜平安寨为例

甘智文　杨主泉

(桂林理工大学旅游学院,广西桂林,541004)

**【摘　要】**民族旅游地开发及旅游者的涌入,对民族旅游地的文化发展产生了重大影响。本文以龙胜平安寨为例,运用方差分析法对民族旅游地居民的旅游文化景观变迁感知及感知差异形成的驱动因素进行了实证研究,提出了文化景观良性变迁的建议。

**【关键词】**民族旅游地;文化景观;居民感知;感知差异

我国有55个少数民族,各少数民族都有自己区别于其他少数民族的文化和地貌条件,这些不同的文化差异和地貌条件形成了丰富的旅游资源。在民族旅游中,文化景观的变迁对旅游地文化发展具有重大影响,但并没有受到旅游地管理部门的重视及学术界的广泛关注。尤其是国内研究,相关文献并不太多。具体来说,学者们从如下角度进行了探讨:民族旅游研究主要集中于旅游资源分析、旅游资源开发、旅游影响等方面,就民族旅游影响研究而言,主要探讨了旅游对民族地区经济、文化、环境等方面的影响等。然而,在影响文化景观的变迁方面,研究相对薄弱、滞后。而文化景观不同于文化,是人类为了满足某种需要,利用自然界提供的材料,在自然景观之上叠加人类活动的结果而形成的景观,区别于文化的概念,研究者很少关注民族旅游地文化景观的变迁。笔者通过对被访居民的旅游文化景观变迁感知进行问卷调查分析,归纳得出了年龄、受教育程度、本地居住时间、家庭旅游经营情况及意愿、家庭收入水平等影响因素,在此基础上,探讨民族旅游地居民对文化景观变迁的感知,并通过对不同个体特征的感知差异进行分析比较,揭示和检验不同个体特征对被访居民感知差异的影响,提出民族旅游地文化景观良性变迁的建议。

[作者简介]甘智文(1976—　),男,广西贺州人,桂林理工大学旅游学院在读硕士研究生,研究方向:区域经济。杨主泉(1976—　),男,福建连城人,桂林理工大学旅游学院硕士研究生导师,副教授,主研究方向:生态旅游、生态经济、民族生态学。

## 一、研究说明

### (一)研究对象说明

平安寨是龙脊梯田的核心景区,隶属于广西壮族自治区桂林市龙胜各族自治县和平乡,距桂林76公里,距县城12公里,与龙脊、平安毗邻。截至2011年,平安寨三条沟一共分为8个村民小组,191户,800人口,其中七星伴月附近的2条沟161户,713人,95%姓廖,全寨壮族。在未开发旅游之前,平安寨主要从事的是自给自足的农业和手工业。农业为梯田农业,手工业主要有造纸、打铁、木工、石工、酿酒、纺织等。梯田的灌溉靠的是茂密森林的山涧水和泉水。自20世纪70年代,就常有一些摄影家和游客慕名而来,当地一些群众在家中辟客房接待游客,1993年开发旅游,1993年,平安寨村民自发在寨南的风雨桥设卡向游客售卖门票,收费标准是:国内游客3元/人次,国外游客5元/人次,但受制于交通不便,当时到平安寨的游客寥寥无几。1994年实现旅游直接收入40万元,人均旅游收入500元,从而一举脱贫。1997年,来游览龙脊梯田的游客不过1.65万人次,2001年接待游客8.6万人次,实现旅游直接收入215万元,人均收入2730元。2006年达到了23.70万人次,营业收入1125万元,人均收入在4500元以上。广西平安寨地理环境相对封闭,是独特的民族旅游地类型,且处于旅游发展的初期阶段,以之为例进行居民旅游感知研究,具有一定的典型性和代表性。

### (二)问卷设计

问卷为自填式问卷,由两部分内容组成:第一部分是关于被调查的基本信息;第二部分是关于旅游开发后民族旅游地文化景观变迁因素调查,共分为自然、聚落建筑、梯田、服饰、制度精神、歌舞表演、影响程度七大类,共31个问项。要求被访居民对每个测量项目用从"1—无变化"到"5—变化很大"国际通用的Likert五级量分法来进行打分。分值越高则说明旅游对样本地文化景观变迁的影响程度越大。

### (三)数据分析

本调研于2010年10月在广西壮族自治区桂林市龙胜县和平乡平安寨进行。2010年12月调研采取实地问卷调查,现场填写、现场回收、现场访谈,对当地建筑工匠、旅游经营能手、村干部、寨老进行深度访谈。共发放问卷100份,回收100份,有效问卷率为96%。本文应用spss17.0中"分析—描述统计—频率"功能来实现样本的统计,样本的实测数据情况见表1。

**表1 调查对象基本情况**

| 统计变量 | 1.性别 | | 2.年龄 | | | | | |
|---|---|---|---|---|---|---|---|---|
| | 男 | 女 | 15以下 | 15~24 | 25~34 | 35~44 | 45~54 | 55以上 |
| 人数 | 45 | 51 | 4 | 16 | 19 | 11 | 24 | 15 |
| 百分比 | 28.8% | 32.7% | 2.6% | 10.3% | 14.1% | 10.3% | 10.3% | 16% |

续表

| 统计变量 | 3. 学历 | | | 4. 本地居住时间 | | | | |
|---|---|---|---|---|---|---|---|---|
| | 初中及以下 | 高中/中专技校 | 大专及以上 | 5年以下 | 5~10年 | 10~20年 | 20~30年 | 30年以上 |
| 人数 | 80 | 17 | 2 | 28 | 3 | 1 | 10 | 46 |
| 百分比 | 51.3% | 10.9% | 1.3% | 17.9% | 1.9% | 0.6% | 6.4% | 36.5% |
| 统计变量 | 5. 家庭旅游经营情况及意愿 | | | | | | | |
| | 已从事旅游经营活动 | | | 现在未从事,但打算未来从事旅游经营 | | | 未从事,且不打算在未来从事旅游经营 | |
| 人数 | 76 | | | 12 | | | 6 | |
| 百分比 | 48.7% | | | 7.7% | | | 3.8% | |
| 统计变量 | 6. 家庭主要收入来源 | | | | 7. 家庭年收入 | | | |
| | 务农 | 旅游 | 外出务工 | 其他 | 5000元以下 | 5001~10 000元 | 10 001~30 000元 | 30 001元以上 |
| 人数 | 39 | 52 | 7 | 2 | 39 | 29 | 13 | 15 |
| 百分比 | 21.8% | 33.3% | 4.5% | 1.3% | 25% | 18.6% | 8.3% | 9.6% |

表1存在的缺失值分别有:性别缺失值为4,年龄缺失值为1,学历缺失值为1,本地居住时间缺失值为1,家庭旅游经营情况及意愿缺失值为6,家庭主要收入来源缺失值为6,家庭年收入缺失值为5。

由表1可知,本次调研样本男女比例基本相当,分别为28.81%和32.7%。样本的年龄层次除了15岁以下的占2.6%外,在其他各年龄段都分布得比较平均,这也说明问卷发放的稳定性比较高。被访居民受教育程度以初中以下为最多,占51.3%,说明在平安壮寨教育水平依然不高。从家庭旅游经营情况及意愿来看,将近半数的被访居民已经从事旅游经营活动,也还有3.8%的居民并不打算经营旅游活动。被访居民家庭年收入大多集中在10 000元以下,所占比例为43.6%。从整体来看基本符合正态分布,因此本研究调研样本抽取比较合适。

导致被访居民感知差异的驱动因素主要包括外部因素和内部因素两个方面。外部因素是指旅游地地貌类型、旅游地经济、社会发展程度等;内部因素主要包括被调查者的社会学人口特征(如性别、年龄、受教育程度、家庭年收入、本地居住时间等)和旅游相关性特征(家庭主要收入来源、家庭旅游经营情况及意愿等)。本研究主要对内部因素进行分析,暂不考虑外部因素的影响。主要选择被访居民的性别、年龄、受教育程度、本地居住时间、家庭主要收入来源、家庭旅游经营情况及意愿、家庭年收入水平等7个因素来检验其对旅游感知差异的驱动作用。方差分析(ANOVA)是一种对组间均值差异的检验,可以用来检验多组相关样本之间的均值有无显著性差异。本研究在进行方差分析前,运用 Levene 检验法对研究样本进行了方差齐性检验,结果满足要求。由于性别只有男、女两组,因此采取独立样本T检验进行方差分析,其他则采用单因素方差分析。

1. 性别与文化景观变迁居民感知差异

统计分析结果显示(见表2),对于"植物覆盖率的变化"因子,在方差齐性检验中,P=0.013,P<0.05,在均值T检验中,P=0.001,P<0.05,可见性别对"植物覆盖率的变化"因子有影响。可知性别对文化景观变迁居民感知存在统计学意义上的显著性差异(P<0.05),说明性别是导致被访居民旅游文化景观变迁感知差异的驱动因素之一。而对于"衣服样式的变化"因子,在方差齐性检验中,P=0.020,P<0.05,在均值T检验中,P=0.121,P>0.05,可见性别对"衣服样式的变化"因子无影响,可知性别对文化景观变迁居民感知不存在统计学意义上的显著性差异(P>0.05),对于其他29个因子分析类似。说明性别不是导致被访居民旅游文化景观变迁感知差异的驱动因素。

**表2 性别对各因子的独立样本T检验**

| 因子 | | 方差齐性检验 F | Sig. | t | df | 均值T检验 Sig.(2-tailed) |
|---|---|---|---|---|---|---|
| 植物覆盖率的变化 | 齐次 | 6.410 | 0.013 | 3.464 | 92 | 0.001 |
| | 非齐次 | | | 3.429 | 83.469 | 0.001 |
| 衣服样式的变化 | 齐次 | 5.560 | 0.020 | 1.564 | 93 | 0.121 |
| | 非齐次 | | | 1.546 | 84.352 | 0.126 |

2. 年龄与旅游文化景观变迁居民感知差异

运用单因素方差分析比较不同年龄特征的被访居民的旅游文化景观变迁感知差异。结果显示(见表3):不同年龄阶段的被访居民对"植被覆盖率变化"、"房屋占地面积的变化"、"保水田面积的变化"、"语言结构的变化"、"生活垃圾对梯田的影响程度"、的感知上存在显著差异(P<0.05),对其他因子的认知不存在显著性差异(P>0.05)。

表3　年龄对各因子的组间方差分析表(ANOVA)

| 因　子 | | df | F | Sig. |
|---|---|---|---|---|
| 植被覆盖率的变化 | Between Groups | 5 | 3.088 | 0.013 |
| 房屋占地面积的变化 | Between Groups | 5 | 2.660 | 0.027 |
| 保水田面积的变化 | Between Groups | 5 | 3.043 | 0.014 |
| 语言结构的变化 | Between Groups | 5 | 2.419 | 0.042 |
| 生活垃圾对梯田的影响程度 | Between Groups | 5 | 2.591 | 0.031 |

根据表4年龄对"植被覆盖率的变化"因子影响的两两对比结果(表中仅列出P<0.05的数据),45~54岁的被访居民与15~24岁以及25~34岁年龄段被访居民感知两两存在的差异比较大;55岁以上的被访居民与25~34岁年龄段被访居民感知两两存在的差异比较大,其他年龄层两两比较存在的差异不大。可以看出,年龄差异较大在植被覆盖率的变化的感知上差异较大。这说明植被覆盖率的变化大概出现在20年前,这和调研的实际情况相符,故年纪较长者对其感知与年轻者存在差异。

表4　年龄对植被覆盖率的变化因子影响的两两对比结果(LSD)

| Dependent Variable | (I) 年龄 | (J) 年龄 | MeanDifference (I-J) | Sig. |
|---|---|---|---|---|
| 植被覆盖率变化 | 45~54岁 | 15~24岁 | -.93750* | .043 |
| | | 25~34岁 | -1.52500* | .001 |
| | 55岁以上 | 25~34岁 | -1.14000* | .004 |

根据表5,年龄对"房屋占地面积的变化"因子影响的两两对比结果(表中仅列出P<0.05的数据)表明,25~34岁的被访居民与15岁以下年龄段被访居民感知两两存在的差异比较大;55岁以上的被访居民与25~34岁年龄段、35~44岁年龄段、45~54岁年龄段被访居民感知两两存在的差异比较大,其他年龄层两两比较存在的差异不大。可以看出,青壮老年龄层次对房屋占地面积变化的感知差异较少年大。这说明房屋占地面积的变化大概出现在20年前,且一直在变,在近些年,政府出台了旅游区不准乱建的管理办法,使得房屋占地面积有效控制,使该区域可持续发展有了保证。这和调研的实际情况相符,故年纪较长者对其感知与年轻者存在差异。

表5　年龄对房屋占地面积的变化因子影响的两两对比结果(LSD)

| Dependent Variable | (I) 年龄 | (J) 年龄 | MeanDifference(I-J) | Sig. |
|---|---|---|---|---|
| 房屋占地面积的变化 | 25~34岁 | 15岁以下 | 1.59091* | .040 |
| | 55岁以上 | 25~34岁 | -1.29091* | .002 |
| | | 35~44岁 | -.95000* | .038 |
| | | 45~54岁 | -1.00000* | .032 |

根据表6,年龄对"保水田面积的变化"因子影响的两两对比结果(表中仅列出P<0.05的数据)表明,35~44岁的被访居民与55岁以上年龄段被访居民感知两两存在的差异比较大;55岁以上的被访居民与15~24岁年龄段、25~34岁年龄段、45~54岁年龄段被访居民感知两两存在的差异相比较更大。可以看出,青壮老年龄层次对保水田面积变化的感知差异大于少年。这说明保水田面积一直在变,大概有20年,在近些年由于农田水少、自然崩塌和人为抛荒原因,水田不断减少。这和调研的实际情况相符,故年纪较长者对其感知与年轻者存在差异,且较大。

表6　年龄对保水田面积的变化因子影响的两两对比结果(LSD)

| Dependent Variable | (I) 年龄 | (J) 年龄 | MeanDifference (I-J) | Sig |
|---|---|---|---|---|
| 保水田面积的变化 | 35~44岁 | 55岁以上 | 1.26087* | .005 |
| | 55岁以上 | 15~24岁 | -1.32337* | .003 |
| | | 25~34岁 | -.87992* | .030 |
| | | 45~54岁 | -1.32754* | .003 |

根据表7,年龄对"语言结构的变化"因子影响的两两对比结果(表中仅列出P<0.05的数据)表明,15~24岁的被访居民与15岁以下年龄段被访居民感知两两存在的差异比较大;25~34岁的被访居民与15~24岁年龄段被访居民感知两两存在的差异比较大,55岁以上的被访居民与15岁以下年龄段、25~34岁年龄段相比较更大。与其他年龄层两两比较存在的差异不大。可以看出,随着年龄层次递增,语言结构的变化的感知差异大于少年。这说明语言结构在老年人身上也发生了显著的变化,由于旅游的开发,外边的人进入,丰富和加大了语言结构,从以前的语言的单一性变为多语言结构,很多老人不再仅仅局限于说本地话,而且都会说普通话,有些还会简单外语,旅游的开发,对于整个村寨年龄层语言产生了深刻影响。相比其他年龄层次,年纪较长者感知更深,这和调研的实际情况相符,故年纪较长者对其感知与年轻者存在差异,且较大。

表7 年龄对语言结构的变化因子影响的两两对比结果(LSD)

| Dependent Variable | (I) 年龄 | (J) 年龄 | MeanDifference (I-J) | Sig |
|---|---|---|---|---|
| 语言结构的变化 | 15~24岁 | 15岁以下 | 1.75000* | .037 |
| | 25~34岁 | 15~24岁 | -.98810* | .047 |
| | 55岁以上 | 15岁以下 | 1.91667* | .019 |
| | | 25~34岁 | 1.15476* | .011 |

根据表8,年龄对“生活垃圾对梯田影响”因子影响的两两对比结果(表中仅列出P<0.05的数据)表明,45~54岁的被访居民与25~34岁的被访居民,与35~44岁年龄段被访居民感知两两存在的差异比较大,55岁以上的被访居民与25~34岁年龄段、与35~44岁年龄段相比较更大。与其他年龄层两两比较存在的差异不大。可以看出,年龄层次有一个规律,无论是45~54岁,还是55岁以上,都同样只对25~34岁年龄段与35~44岁感知差异较大。这说明生活垃圾对梯田存在显著影响,开始时间约为10年前。由于旅游的开发,外边的人进入,增加了垃圾构成,从以前的没有垃圾变为有外地垃圾,影响到了水和梯田 ,旅游的开发,对于整个村寨生态环境,梯田产生了深刻影响。与老人相比其他年龄层次感知更深,这和调研的实际情况相符,故分布较均匀的年纪较长者对生活垃圾对梯田影响的感知与年轻者存在差异且较大。

表8 年龄对生活垃圾对梯田的影响因子影响的两两对比结果(LSD)

| Dependent Variable | (I) 年龄 | (J) 年龄 | MeanDifference (I-J) | Sig |
|---|---|---|---|---|
| 生活垃圾对梯田的影响 | 45~54岁 | 25~34岁 | -1.07738* | .017 |
| | | 35~44岁 | -1.37500* | .005 |
| | 55岁以上 | 25~34岁 | -.82738* | .041 |
| | | 35~44岁 | -1.12500* | .011 |

3.受教育程度与旅游文化景观变迁居民感知差异

运用单因素方差分析比较接受教育程度特征不同的被访居民的旅游文化景观变迁感知差异。统计分析结果显示(见表9),受教育程度不同的被访居民对“衣服制作方式的变化”、“生活污水对梯田的影响程度”的感知存在显著差异(P<0.05)。

表9 受教育对各因子的组间方差分析表(ANOVA)

| 因 子 | | df | F | Sig |
|---|---|---|---|---|
| 衣服制作方式的变化 | Between Groups | 2 | 4.005 | .021 |
| 生活污水对梯田影响度 | Between Groups | 2 | 3.592 | .031 |

从表10可以看出,受教育程度对"衣服制作方式的变化"因子影响的两两对比结果(表中仅列出P<0.05的数据)表明,受教育程度为高中/中专的被访居民与初中及以下其他的被访居民对衣服制作方式的变化的感知两两存在的差异比较大;受教育程度为高中/中专的被访居民和其他对"衣服制作方式的变化"的感知明显高于初中及以下其他的本地居民,说明受受教育高低所影响,接受教育程度越高,对旅游文化景观变迁感知越显著。其他受教育程度两两比较存在的差异不大。说明受教育程度的不同是导致被访居民对衣服制作方式的变化的感知差异的驱动因素之一。

从表10可看出,受教育程度对"生活污水对梯田的影响程度"因子影响的两两对比结果(表中仅列出P<0.05的数据)表明,受教育程度为大专及以上的被访居民与初中及以下的被访居民对生活污水对梯田的影响程度感知两两存在的差异比较大;受教育程度为大专及以上的被访居民和其他对"生活污水对梯田的影响程度"的感知明显高于初中及以下其他的本地居民,说明受受教育高低所影响,接受教育程度越高,对旅游文化景观变迁感知越显著。其他受教育程度两两比较存在的差异不大。说明受教育程度的不同是导致被访居民对生活污水对梯田的影响程度的感知差异的驱动因素之一。从而得出,由于接受教育程度的不同,对旅游文化景观变迁感知也不同,随着受教育程度的不断提高,对旅游文化景观变迁感知不断提高,呈坡度正向递增。

**表10 受教育程度对因子影响的两两对比结果(LSD)**

| Dependent Variable | (I) 学历 | (J) 学历 | MeanDifference (I-J) | Sig. |
|---|---|---|---|---|
| 衣服制作方式的变化 | 高中/中专 | 初中及以下 | .74088* | 0.034 |
| 生活污水对梯田的影响程度 | 大专及以上 | 初中及以下 | 2.53165* | 0.016 |

4.家庭旅游经营情况及意愿与旅游文化景观变迁感知差异

运用单因素方差分析比较不同年龄特征的被访居民的旅游文化景观变迁感知差异。统计分析结果显示(见表11):对于"梯田抛荒面积的变化"因子,在单因素方差分析中,P=0.046,P<0.05,可见家庭旅游经营情况及意愿对"梯田抛荒面积的变化"因子有影响。对于"歌舞表演的主要内容"因子,在单因素方差分析中,P=0.021,P<0.05,可见家庭旅游经营情况及意愿对"歌舞表演的主要内容"因子有影响。家庭旅游经营情况及意愿对旅游文化景观变迁因子的单因素方差分析中,均为P<0.05,其分析结果表明家庭旅游经营情况及意愿对文化景观变迁居民感知存在统计学意义上的显著性差异(P<0.05),说明家庭旅游经营情况及意愿并不是导致被访居民旅游文化景观变迁感知差异的驱动因素。其他因子分析方法类似,均为P>0.05,其分析结果表明家庭旅游经营情况及意愿对文化景观变迁居民感知不存在统计学意义上的显著性差异。

**表 11　家庭旅游经营情况及意愿对各因子的组间方差分析(ANOVA)**

| 因　子 | | df | F | Sig |
|---|---|---|---|---|
| 梯田抛荒面积的变化 | Between Groups | 2 | 3.191 | .046 |
| 歌舞表演的主要内容 | Between Groups | 2 | 4.039 | .021 |

从表 12 可以看出,家庭旅游经营情况及意愿对"梯田抛荒面积的变化"因子影响的两两对比结果(表中仅列出 $P<0.05$ 的数据)表明,现在未从事,但打算未来从事旅游经营被访居民与已从事旅游经营活动及其他的被访居民对梯田抛荒面积的变化感知两两存在的差异比较大;已从事旅游经营活动的被访居民和其他对"梯田抛荒面积的变化"的感知明显高于现在未从事,但打算未来从事旅游经营的本地居民,说明已从事旅游经营活动的被访居民深刻地认识到梯田农作物收成的经济效益相比搞旅游来说挣得少,因此搞旅游带来经济效益同时,也产生了负面的影响,在外界作用下,由于搞旅游者没时间种田抛荒梯田,相对于现在未从事,但打算未来从事旅游经营被访居民,对旅游文化景观变迁感知更加显著。也正是这样,才让更多的人想通过旅游来增加经济收入,从而忽略梯田抛荒面积的变化。而对于其他家庭旅游经营情况及意愿两两比较存在的差异不大。这说明家庭旅游经营情况及意愿是导致被访居民对梯田抛荒面积的变化的感知差异的驱动因素之一。

从表 12 还可以看出,已从事旅游经营活动的被访居民和其他对"歌舞表演的主要内容"的感知明显高于现在未从事,但打算未来从事旅游经营的本地居民,说明已从事旅游经营活动被访居民深刻地认识到歌舞表演的主要内容要以游客的爱好为导向,要改变老祖宗留下来的东西,不是一成不变,只有适应游客需求,才会有市场,在外界作用下,歌舞表演的主要内容要变,适应时代要求,相对于现在未从事,但打算未来从事旅游经营的被访居民,对旅游文化景观变迁感知更加显著。这和我们调查的实际情况是一致的。村里歌舞表演的主要内容或多或少已发生了变化,有了时代的烙印。也正是这样,才让更多的人想通过旅游来增加经济收入,从而忽略传统歌舞表演的主要内容变化。而对于其他家庭旅游经营情况及意愿两两比较存在的差异不大。这说明家庭旅游经营情况及意愿是导致被访居民对歌舞表演的主要内容变化的感知差异的驱动因素之一。

表12　家庭旅游经营情况及意愿对因子影响的两两对比结果(LSD)

| Dependent Variable | (I) 家庭旅游经营情况及意愿 | (J) 家庭旅游经营情况及意愿 | MeanDifference (I-J) | Sig |
|---|---|---|---|---|
| 梯田抛荒面积的变化 | 现在未从事,但打算未来从事旅游经营 | 已从事旅游经营活动 | -1.13158* | .013 |
| 歌舞表演的主要内容 | 现在未从事,但打算未来从事旅游经营 | 已从事旅游经营活动 | .99550* | .026 |

5. 家庭主要收入来源与旅游文化景观变迁感知差异

运用单因素方差分析比较不同家庭主要收入来源特征的被访居民的旅游文化景观变迁感知差异。统计分析结果显示(见表13),家庭主要收入来源不同的被访居民对“建房相关仪式的变化”、“服饰功能的变化”的感知存在显著差异($P<0.05$)。

表13　家庭主要收入来源对各因子的组间方差分析(ANOVA)

| 因　子 | | df | F | Sig |
|---|---|---|---|---|
| 建房相关仪式的变化 | Between Groups | 3 | 3.506 | .019 |
| 服饰功能的变化 | Between Groups | 3 | 3.713 | .014 |

从表14可以看出,家庭主要收入来源对“建房相关仪式的变化”因子影响的两两对比结果(表中仅列出$P<0.05$的数据)表明,务农的居民与外出务工及其他的被访居民对建房相关仪式的变化感知两两存在的差异比较大;务农的被访居民和其他对“建房相关仪式的变化”的感知明显高于外出务工的本地居民,说明长年累月在家务农村民关注到了在外界的影响下,建房相关仪式受到了外界的影响而淡化,和以前传统不同。而外出务工者受到了外界思想的教化,已不以为然。很明显在家务农的本地居民比外出务工者对旅游文化景观变迁感知更加显著。其他的因子对建房相关仪式的变化两两比较存在的差异不大。说明家庭主要收入来源是导致被访居民对建房相关仪式的变化的感知差异的驱动因素之一。

从表14还可以看出,家庭主要收入来源对“建房相关仪式的变化”因子影响的两两对比结果(表中仅列出$P<0.05$的数据)表明,旅游的游客与外出务工及其他的被访居民对建房相关仪式的变化感知两两存在的差异比较大;旅游的游客和其他人对“建房相关仪式的变化”的感知明显高于外出务工的本地居民,同样外出务工本地居民和外边进来旅游的游客都有一个外字,也带来了外边的思想和文化,可他们二者的思考和观察角度是不同的。外边的游客是猎奇,找寻传统文化与现代的不同来思考和观察得到旅游体验的满足。而外出务工的本地居民却是以外边的思想和文化来处理建房相关仪式的变化,放弃旧俗,已不以为然。很明显旅游的游客比外出务工者对旅

游文化景观变迁感知更加显著。其他的因子对建房相关仪式的变化两两比较存在的差异不大。说明家庭主要收入来源是导致被访居民对建房相关仪式的变化的感知差异的驱动因素之一。其中外边的游客细致入微地关注到了在外界的影响下,建房相关仪式受到了外界的影响而淡化,和以前传统不同,而外出务工者受到了外界思想的教化。

**表14　家庭主要收入来源对因子影响的两两对比结果(LSD)**

| Dependent Variable | (I) 家庭主要收入来源 | (J) 家庭主要收入来源 | Mean Difference (I-J) | Sig |
|---|---|---|---|---|
| 建房相关仪式的变化 | 外出务工 | 务农 | 1.66807* | .002 |
| | | 旅游 | 1.32571* | .010 |
| 服饰功能的变化 | 外出务工 | 务农 | 1.06061* | .026 |
| | | 旅游 | 1.34615* | .004 |

与其第2项分析类似,在"服饰功能的变化"的分析中,从表14可以看出,家庭主要收入来源对"服饰功能的变化"因子影响的两两对比结果(表中仅列出 $P<0.05$ 的数据)表明,务农的居民与外出务工者及其他的被访居民对服饰功能的变化感知两两存在的差异比较大;务农的被访居民和其他对"服饰功能的变化"的感知明显高于外出务工的本地居民,说明长年累月在家务农村民关注到了在外界的影响下,服饰功能的变化受到了外界的影响,和以前传统不同。而外出务工者受到了外界思想的教化,已不以为然。很明显在家务农的本地居民比外出务工者对旅游文化景观变迁感知更加显著。其他的因子对服饰功能的变化两两比较存在的差异不大。说明家庭主要收入来源是导致被访居民对服饰功能的变化的感知差异的驱动因素之一。

从表14还可以看出,家庭主要收入来源对"服饰功能的变化"因子影响的两两对比结果(表中仅列出 $P<0.05$ 的数据)表明,旅游的游客与外出务工者及其他的被访居民对服饰功能的变化的感知两两存在的差异比较大;旅游的游客和其他人对"服饰功能的变化"的感知明显高于外出务工的本地居民。很明显旅游的游客比外出务工者对旅游文化景观变迁感知更加显著。其他的因子对服饰功能的变化两两比较存在的差异不大。其中外边的游客细致入微地关注到了在外界的影响下,服饰功能的变化受到了外界的影响,和以前传统不同。而外出务工的本地居民受到了外界思想的教化,说明家庭主要收入来源是导致被访居民对服饰功能的变化的感知差异的驱动因素之一。

6. 家庭年收入水平与旅游文化景观变迁感知差异

运用单因素方差分析比较不同家庭年收入水平的被访居民的旅游文化景观变迁感知差异。统计分析结果显示(见表15),家庭年收入水平不同的被访居民对"房屋功能用途的变化"的感知存在显著差异($P<0.05$)。

表15 家庭年收入水平对各因子的组间方差分析表(ANOVA)

| 因 子 | | df | F | Sig |
|---|---|---|---|---|
| 房屋功能用途的变化 | Between Groups | 3 | 2.930 | .038 |

从表16可以看出,家庭主要收入来源对“房屋功能用途的变化”因子影响的两两对比结果(表中仅列出 $P<0.05$ 的数据)表明,家庭年收入中3万元以上的被访居民与5000元以下的被访居民对房屋功能用途的变化感知两两存在的差异比较大。这说明收入较高的被访居民较之收入低的被访居民对“房屋功能用途的变化”的感知更加显著,对旅游文化景观变迁感知更加显著。其他家庭年收入水平间两两比较存在的差异不大。说明家庭年收入水平是导致被访居民对房屋功能用途的变化的感知差异的驱动因素。

表16 家庭年收入水平对因子影响的两两对比结果(LSD)

| Dependent Variable | (I) 家庭年收入 | (J) 家庭年收入 | MeanDifference(I-J) | Sig |
|---|---|---|---|---|
| 房屋功能用途的变化 | 3万元以上 | 5000元以下 | 1.42481* | .004 |

## 三、结论

居民旅游文化景观感知差异方差分析的结果显示,性别因素对居民旅游感知不存在显著性差异,作用并不明显。而年龄、受教育程度、本地居住时间、家庭旅游经营情况及意愿、家庭收入水平等因素对居民旅游感知具有显著性差异,是导致旅游感知差异的主要驱动因素。可以根据上述结论,采取相应的对策促进民族旅游地区文化景观变迁良性化。

## 四、启示

旅游开发对民族旅游地区具有双重性。一方面促进了当地经济的发展,同时保留了传统民族文化;另一面,使民族文化商品化,舞台化,同质化。通过了解居民对民族旅游地区文化景观变迁的感知,民族旅游地区政府和景区管理者可以建立良好的感知环境,充分调动村民在民族旅游地区文化变迁中保护旅游资源的主观能动性,从而使民族旅游地区文化景观变迁良性化。民族旅游地区不是一个脱节的社会单元,而是整个社会构成的一个活体细胞。在政府和景区管理者与民族旅游地居民的利益关系上,更多的是一种双赢的关系,只有这样,才能真正起到传承和保护当地文化的作用。政府和景区管理者要制定相应的规章制度,制定行业管理法规并通过各种手段监督实施,使管理工作公开化、透明化、科学化,协调好利益相关者的关系,取得当地居民的充分信任,才能使民族文化得到良好的保护和传承,促进民族地区旅游可持续发展。

## 参考文献

[1]俞孔坚.论景观概念及其研究的发展[J].北京林业大学学报,1987(4):433-439.

[2]肖笃宁,李秀珍.当代景观生态学的进展和展望[J].地理科学,1997(4):356-363.

[3]黄海珠.民族旅游村寨建设研究.北京:中国经济出版社,2009.

[4]杨慧.旅游·人类学与中国社会.昆明:云南大学出版社,2001.

[5]孙九霞,马涛.旅游对目的地社会文化影响研究新进展与框架[J].求索,2009(6).

[6]宗晓莲.旅游开发与文化变迁——以云南省丽江纳西族自治县纳西族文化为例[D].中山大学,2005.

[7]孙九霞,保继刚.社区参与的旅游人类学研究——阳朔遇龙河案例.广西民族学院学报(哲学社会科学版),2005(1):86-92.

[8]杨俭波.旅游地社会文化环境变迁机制研究[J].旅游学刊,2001(6).

[9]李富强.现代背景下的乡土重构——龙脊平安寨经济与社会变迁研究.北京:科学出版社,2009.

[10]吴忠军,周密.壮族旅游村寨干栏式民居建筑变化定量研究——以龙胜平安壮寨为例.旅游文化研究,2008(12).

[11]罗永常.民族村寨旅游发展问题与对策研究[J].贵州民族研究,2003(2).

[12]杨兴柱,陆林.城市旅游地居民感知差异及其影响因素系统分析——以中山市为例[J].城市问题,2005(2):44-50.

[13]黄洁,吴赞科.目的地居民对旅游影响的认知态度研究——以浙江省兰溪市诸葛、长乐村为例.旅游学刊,2003(6):54-89.

[14]吴忠军.民族社区旅游利益分配与居民参与有效性探讨——以桂林龙胜龙脊梯田景区平安寨为例[J].广西经济管理干部学院学报,2005(3).

[15]张琴.韩国游客重游影响因素的方差分析——以张家界为例[J].商业经济,2009(4).

[16]陈东芝.民族旅游地居民对文化景观变迁的感知研究[J].湖州师范学院学报,2011(2):103-108.

# 民族旅游与民族团结进步浅论

罗树杰

(广西大学公共管理学院,广西南宁,530004)

【摘　要】充分利用少数民族地区的自然条件、传统文化发展旅游产业,可以使少数民族转变生计,促进少数民族地区的经济发展,使少数民族脱贫致富,提高生活水平,夯实民族团结的经济基础,并促进少数民族的文化自觉;增进各民族之间的相互了解,并增加相互交流的机会;从生活、就业等各个方面使各民族之间的联系更加紧密,从而促进民族团结进步和融合。但是,如果民族旅游搞得不好,也容易出现偏差影响民族团结。这些偏差主要是:少数民族符号被盗用,少数民族的知识产权被侵害,少数民族文化被歪曲,少数民族利益被忽视以及民族内部关系的协调不当等。可见,大力发展民族旅游产业,不仅是发展地区经济,也是增进民族团结的重要途径以及构建和谐社会的重要内容之一。在发展民族旅游中必须尊重少数民族的文化,关注少数民族的利益,民族旅游才能健康发展。

【关键词】民族旅游;民族团结进步;民族权益

当今世界,民族文化已经成为最主要的旅游资源之一。近年来我国许多地区的政府也极力"打造"自己的民族文化品牌,把发展民族旅游作为当地经济发展的重要战略,使民族旅游产业蓬勃发展。应该说,一方面,民族旅游产业的发展对于少数民族地区经济社会发展发挥了重要作用;另一方面,在利用民族文化资源发展旅游产业的过程中也出现了一些不利于民族团结进步事业的现象。因此,认真探讨如何正确利用民族文化资源引导民族旅游健康发展,对于国民经济持续、快速、健康、稳定的发展,促进民族团结进步、社会和谐具有重要意义。

## 一、民族旅游对民族团结进步的促进作用

### (一)促进少数民族地区经济发展,夯实民族团结的经济基础

现阶段,中国的民族问题,比较集中地表现在少数民族和民族地区社会经济文化发展比较滞后,广大人民群众迫切要求加快经济文化的发展,摆脱贫困落后状态,缩小

---

[作者简介] 罗树杰(1966—　),男,壮族,广西象州人,教授,博士,硕士生导师,研究方向:民族社会学、民族理论和民族政策、南方民族历史文化、少数民族地区发展。

与发达地区的差距。因此,1992年1月14日江泽民同志在中央民族工作会议上就指出:“现阶段,我国的民族问题,比较集中地表现在少数民族和民族地区迫切要求加快经济文化的发展”。[①] 以胡锦涛为核心的新一代领导集体,总结和提炼了中国共产党在长期的实践中积累的处理民族问题的丰富经验,在2005年中央民族工作会议上明确指出新时期新阶段搞好民族工作必须遵循的“五个坚持”,其中一个就是坚持把加快少数民族和民族地区经济社会发展作为解决我国民族问题的根本途径。

多姿多彩的民族文化,神奇的山光水色、森林草原、奇石异洞、荒漠戈壁等自然生态、丰富的历史文化资源是民族地区发展旅游业的三大优势资源。从旅游资源禀赋来看,民族地区旅游业是一个优势产业;从环保的角度来看,民族旅游业是一个相对绿色的产业;从国家的政策层面来看,民族地区旅游业是被历届政府和国家领导人支持的产业。在国家旅游产业政策的扶持带动下,云南、广西等少数民族地区率先提出把旅游业作为国民经济产业体系的重要支柱产业来培育和发展,以“生态为衣、文化为魂、民族为体”的旅游业摆在了支柱产业或主导产业的战略发展位置,旅游业成为当地新的经济增长点,呈现出强劲的发展势头,对促进地区经济社会发展、带动群众增收发挥了重要作用。改革开放以来,民族地区旅游业保持了旅游人数和旅游收入“双高”发展,其发展速度普遍位于10% ~30%的增长区间,少数地区甚至出现了几何级数的“跳跃式”发展,远远高于民族地区国民经济的发展速度,甚至高于全国其他大部分省份的旅游发展速度。民族地区旅游产业要素的扩展速度以及产业固定资产和规模扩张的速度也远远好于其他行业。旅游业的发展成为促进民族地区实现跨越式发展、带动少数民族民众脱贫致富的重要推动力之一。如,重庆彭水苗族土家族自治县大力实施“旅游兴县”战略,使彭水旅游从无到有、从弱到强,迸发出引人入胜的无限魅力,并逐渐成为全县经济的重要增长点之一。确立了“旅游兴县”战略,以自然生态、历史文化、民族风情为特质,按照“一年打基础、两年寻突破、三年见成效、四年成精品”的目标,稳步实施“一线三点”旅游产业布局,彭水旅游产业迈出了坚实步伐,先后被评为“中国最佳文化休闲旅游县”、“中国特色旅游休闲度假胜地”、“重庆最具魅力旅游区县”和“重庆十强宜游区县”。“十一五”期间,彭水接待游客300万人次,实现旅游收入5亿元。旅游业的发展,带来了空前的人流、物流和资金流,极大地催生了彭水特色农业和新型工业的迅猛发展,推动全县经济社会步入了科学发展、全面发展、快速发展的轨道。“十一五”期间,全县生产总值由29.2亿元增至68亿元,年均增长17.6%。人均GDP由5400元增至12800元,年均增长16.4%[②],促进了少数民族地区民众生活水平的提高。

### (二)促进各民族经济上的整合使各民族之间的联系更加紧密

旅游业是一个结构复杂的复合体,包含吃、住、行、游、娱、购六大要素,有很强的聚

① 江泽民.加强各民族大团结,为建设有中国特色的社会主义携手前进//国家民族事务委员会.中国共产党关于民族问题的基本观点和政策.北京:民族出版社,2002:282、284.

② 李晓东.打造生态旅游集散地促进少数民族地区经济发展.中国民族报,2011-03-29.

集效应。发展旅游业已经成为一种现代化的重要手段,它能够直接刺激和带动交通运输、餐饮住宿、金融服务、邮电通信、信息中介、文化娱乐等第三产业的发展,而且能在各产业间的相互协调上起到推动作用,对各民族社会生产各部门的产品和劳务进行包装整合,推进产业结构升级与优化。可以说,旅游业的发展过程,就是一个地区经济社会全面发展的过程:资本快速积累;交通、通信、电力等基础设施和城市化迅速发展;饮食服务、宾馆服务、商业服务、文化娱乐等第三产业迅速发展;人流、信息流、观念流、文明流急剧增加;自然生态、民族文化和历史文化的开发与保护互动的过程。因此,开发旅游,发展旅游产业,是经济和产业结构不断调整和优化重组以及逐步把各民族纳入市场体系的过程,大量的各民族被吸引到这个行业的各个领域里就业,也给了少数民族和汉族相互学习、相互交流、和谐共处的机会。旅游开发使得不少原本经济发展水平较低和因交通不便而造成比较封闭状态的少数民族地区的经济发展速度加快,人民生活水平提升,并导致当地居民被全球化、标准化的生活方式所逐步统一,从而与周围族群间的族群边界日益模糊。

### (三)促进各民族文化的交流与融合

在旅游发展以前,许多民族之间缺少深入和频繁的接触,加之生活习惯、宗教信仰等方面存在着较大的差距,因而不可避免地造成民族之间的隔阂和误解。旅游业作为一种民族交往的手段,少数民族地区独特的自然风光和生态人文风情,吸引大批的国内外游客前来旅游,人流、信息流、观念流、文明流急剧增加。尤其是给居住偏僻的少数民族人民增加了更多接触外界并相互交流的机会,给各民族的相互和谐共处创造了机会,对少数民族的思想观念、生产生活方式产生了很大的影响,少数民族通过和游客的接触,外来主流文化逐渐融入少数民族自身的文化,人们的思想观念也更加以市场为导向。同时,少数民族的优秀文化艺术不仅使更多的世人得以了解,而且通过旅游业促进了少数民族传统文化特别是日常用品产业化,少数民族的优秀文化也得以在更大范围内传播。各民族相互学习,相互影响,为民族文化逐步走向融合创造条件。例如,云南通过旅游业使少数民族手工艺融入市场,从过去零星生产变成大规模的生产,新华银器、锡工艺品、瓷陶、剑川木雕、周城扎染、蜡染、大理石工艺品、凤羽笔砚四类手工艺品的年产值达数亿元左右,既成为当地老百姓重要的致富门路,也是少数民族优秀的传统文化得以发扬光大和文化输出的重要方式。在多民族杂居的地方,一些头脑灵活的商人,往往雇用多个民族的员工,不少人还在频繁的接触、共同的工作或者合作经营活动中形成了良好的关系,为各民族提供了一种相互了解的途径、交流和合作的平台,使得各民族逐步做到互相理解、互相包容、和谐共生,关系更加紧密。

## 二、当前民族旅游不利于民族团结进步的一些现象

旅游业作为一种产业,是以营利为目的的。既然有利益的存在,就可能存在利益

的冲突。民族利益的冲突是造成民族问题的根本原因①。

发展旅游业由利益冲突造成民族不和谐、影响民族团结进步的情形主要分为以下几种：

### (一)社区居民与利益相关主体的冲突

社区群众根本利益是旅游开发中回避不了的敏感问题,而且旅游开发利益主体呈现出多元化特征,一般而言旅游利益相关主体包括规划部门、管理部门、其他利益主体、旅游公司、经济团体、旅游经营团体、旅游者等,其利益关系较为错综复杂,只要其中一方面处理不当就极易引发矛盾纠纷、冲突,影响社会稳定和民族团结。而且在过去的一段时间里,社区居民的利益往往被放在比较次要的位置,对于他们祖祖辈辈生活的地方的旅游开发,规划部门、管理部门、投资方等利益主体大多没有意识到当地社区居民在旅游开发中的重要地位,他们在旅游发展中的参与权、知情权和选择权极度缺失。许多矛盾和冲突由此而起。

**案例1　卡瓦格博雪山景区**

卡瓦格博雪山(媒体称梅里雪山)是驰名中外的大雪山,是藏区八大神山之一。雪山山腰处面积最大的明永冰川,是中国冰舌前端海拔最低的冰川。1999年,明永村的村民在入山的空地上兴建各种旅馆、食品店和小卖部。后来,县旅游部门将这片并不开阔的场地规划设计为停车场、冰川公园大门和其他旅游设施用地,而村民自建的旅游基础设施被作为不合格建筑被迫停工。在整个规划中,政府控制的项目占了大部分,而村民能否建设旅游设施没有明确的说法。村民们质疑:"为什么旅游部门可以建设旅游设施,而村民不能建设?"②

**案例2　云南香格里拉县都湖景区**

云南香格里拉县的藏民泽仁平措向记者描述了他在本县属都湖景区了解的情况:"这个景区内的草坝原是藏民们的牛场,属都湖是大中甸公社的养鱼场。1985年,政府和一些公司来这里开会,说开发草坝不能影响农民的生活。但后来养鱼场承包给公司,之后又变成了旅游景点。村民不知道是怎么回事,一切都是上边的命令,村民没问过,也不敢问。原来村民还可以在湖边的草坝上放牛,他们放牧的房子都建在湖边,但公司到了这里搞旅游后,一点儿一点儿地将他们的房子挤走。村民们不能在这里放牛了,只能在景区大门外的草场上放牛。门票收入他们没有份儿,而且在景区里提供牵马服务需要交给公司保险费。即便冬天下雪没有游客,也要交保险费,这样村民不仅赚不到钱,还要倒贴。现在村民就是给公司打工,没有任何权利。"③

**案例3　云南迪庆州千湖山景区项目**

2005年5月云南某旅游开发公司开发迪庆州千湖山景区项目,与当地社区居民

---

① 罗树杰.民族利益:民族问题产生的根本原因.黑龙江民族丛刊,2006(3):23-29(中国人民大学复印报刊资料《民族问题研究》2006年第10期转载)。

② 吴东俊.旅游开发别撇开当地农民.http://news.163.com/07/0112/05/34K3SGO6000120GU.html.

③ 吴东俊.旅游开发别撇开当地农民.http://news.163.com/07/0112/05/34K3SGO6000120GU.html.

就经济补偿问题发生冲突。此事引发了多家国内媒体报道,并受到了中央关注,最后,千湖山旅游开发项目至今被无限期搁置。①

这种冲突并不是极个别的,而是比较普遍的,在少数民族地区的旅游开发中都不同程度地存在。尽管这些冲突大部分后来都通过协商或法律手段得到较为妥善解决,但是冲突却造成了恶劣的社会影响,有的冲突造成的隐患和后遗症至今没有完全消除。

**(二)不尊重当地民族文化传统造成冲突**

少数民族传统文化是发展旅游业的重要卖点,但是在如何对待少数民族传统文化的问题上,规划部门、管理部门、投资方和文化的所有者的立场往往不同,由此而导致矛盾和冲突。

**案例4　四川稻城县亚丁景区**

2007年5月11日四川稻城县旅游文化局、亚丁景区管理局发出一则通告,告知各大旅行社、各位游客,通告称:"根据亚丁景区目前基础设施建设实施情况,为进一步加快建设项目工程进度,提高建设质量,同时加强景区内自然生态环境保护,确保游客安全。按照2007年5月9日县委常委扩大会议安排,自2007年5月11日始,亚丁景区内冲古寺至洛绒牛场段实行全封闭施工,禁止游客进入。"但是,据说主要起因是景区管理处计划在洛绒牛场修建索道、宾馆,在藏民认为的神山上砍了很多的树。这些举动遭到了这里的藏民的极力反对。神山在藏民心目中无比神圣,千百年来藏民对山上的一草一木都不舍得随意伤害,连一根手指头粗的树木都不愿砍,而现在为了能够修建索道、宾馆,竟然砍掉了那么多树木,还使得原来山上的獐子等一些动物也看不见了,神山的冰雪覆盖率也不断下降。为此,藏民和管理处的人发生了很严重的争执,企图阻止大规模的施工,还曾动用了警力,以保管理处的安全。因此,当地政府决定,亚丁风景区无限期封闭,暂不接待游客,至于什么时间开放,等候通知。②

**(三)少数民族文化符号的盗用**

正因为少数民族文化是发展旅游业的一个卖点,因而一些不是少数民族的地方也盗用少数民族的文化符号,打着少数民族的旗号来招揽游客,谋取利益,引起少数民族的不满。

**案例5　浙江小黄山畲族风情村**

浙江省武义县柳城镇境内、距离城区48公里的小黄山畲族风情村,村里并没有真正的畲族。投资主体是外来人,风情村里的管理人员、售票员、导游,都是本地汉族或外来的汉族。没有固定的真实的畲族人在那里打造工艺品,或进行其他劳作活动,没有体现畲族自然村落的生活方式。为畲族提供的就业机会非常有限,只有参加婚俗展

① 张文凌. 开发商村民各有各的理儿千湖山旅游. 中国青年报,2005-06-08. http://zqb.cyol.com/gb/zqb/2005-06/08/content_15496.htm.

② 关于亚丁景区冲古寺至洛绒牛场段实行全封闭施工的通告. http://www.lotour.com/member/travel/9908/bulletin9544.html.

演的才是畲族,从事的是临时的、低报酬的表演而已,所以只有少部分旅游收益进入畲族同胞的口袋。但是,在促销旅游语言中,不仅几乎用尽“原始的畲族古村落,畲族是个古老而神秘的民族,多情善舞的畲族姑娘/多情温婉的畲乡妹子”等猎奇性、煽情性词汇,而且随意编造有关畲族的其他文化事象,将子虚乌有的东西附会在畲族身上,作为文化诱饵吸引游客。游客与畲族成员没有接触,所以开展旅游对地方畲族自然村落可以说几乎毫无影响。因此,畲族学者认为:“小黄山畲族风情村盗用了畲族族群符号而没有给畲族带来实质利益。”①

### (四)社区居民内部旅游竞争导致的冲突

旅游开发引来大量游客和资金的进入,带来了经济效益,一方面使当地社区居民的生活水平有了提高,另一方面也可能因为争夺利益导致社区居民内部的矛盾加剧,甚至发生冲突,从而导致本来融洽、和谐的少数民族民众家庭成员之间和邻里之间产生种种明争暗斗甚至是公开冲突。

**案例6　云南西双版纳傣族园**

2002年8月,为了争夺游客客源,西双版纳傣族园内两个村寨的傣族村民围堵景区大门,妇女之间互相辱骂,因此结下了较深的积怨。此外,傣族园村民还因“傣家乐”竹楼选址问题,即自家竹楼是否靠近游路而产生矛盾(“傣家乐”竹楼靠近游路则更具区位优势,易取得较高的经济收入和更多到傣族园公司工作的机会)。这种社区居民内部旅游竞争关系如果协调不好,则容易上升为村民邻里之间甚至社区内部的矛盾与冲突②。

一般来讲,民族内部社区居民之间即便发生了冲突,由于内部要求解决冲突的主动性较强,具有较强的协调解决冲突的能力,因此矛盾升级为对抗性冲突的概率较小,但是也会造成一定隔阂。

可见,发展民族旅游,如果利益关系处理不当,可能就会影响民族团结进步和社会稳定。

## 三、发展民族旅游促进民族团结进步必须注意的问题

如果发展民族旅游导致民族关系不和谐,不利于民族团结进步,这肯定不是参与各方的初衷,但是这样的事情却的的确确或多或少地发生了,这是大家都不愿意看到的。为了尽可能地避免此类事件发生,使民族旅游健康快速发展,笔者以为必须注意以下三点:

### (一)尊重民族文化

民族传统文化是一个民族在历史实践活动中创造和积淀的文明成果,是该民族共

① 兰林友.小黄山畲族风情村:符号盗用、表述真实与文化消费.中央民族大学学报(哲学社会科学版),2008(6).

② 罗平,和少英.旅游开发进程中民族文化的保护与传承——以西双版纳傣族园为例.云南民族大学学报(哲学社会科学版),2006(1).

同体生存和发展的重要条件。民族传统文化包括民族风俗习惯是一个民族世世代代积累的文明成果,是民族主要的外部特征,是维护民族生存的根基以及一个民族不断发展的源泉。民族传统文化可以强化一个民族的自尊心、自信心。联合国教科文组织在2001年9月通过的《文化多样性宣言》中指出,文化权利是人权的一个组成部分,它们是一致的、不可分割的和相互依存的。捍卫文化多样性是伦理方面的迫切需要,与尊重人的尊严是密不可分的。它要求人们必须尊重人权和基本自由,特别是尊重少数人群体和土著人民的各种权利。任何人不得以文化多样性为由,损害受国际法保护的人权或限制其范围。自由使用本民族文化的权利是民族平等、保障人权的重要表现。民族文化,是一个国家、一个民族的标志,正如费孝通指出的:"一个民族总是要强调一些有别于其他民族的风俗习惯、生活方式上的特点,赋予强烈的感情,把它升华为代表本民族的标志。"①在现实生活中,民族文化在国家关系、民族关系中,是一个敏感的因素。一个国家或民族往往把自己的传统文化受到尊重看成是对整个民族的尊重,把自己的传统文化受到歧视、干涉、破坏看成是对整个国家或民族的侮辱与损害,严重的会伤害民族自尊心和民族情感,影响民族的信任、团结,甚至发生民族纠纷、冲突,进而影响社会的稳定。

因此,在发展民族旅游过程中,必须尊重民族文化,这是保证民族旅游健康发展的重要前提和基础。尊重民族文化,首先要以文化相对论的态度对待当地少数民族的文化,不能以本民族的标准和价值观去评判当地的少数民族文化,更不能以此标准强迫当地少数民族改变文化传统;其次,要尊重当地少数民族对自己文化的解释,不能随意解释,更不能戴着有色眼镜去看少数民族文化,甚至制造一些"伪民俗"或者盗用少数民族的文化符号、侵犯当地少数民族的知识产权来招揽和取悦游客;再次,不能因为旅游开发而破坏少数民族文化发展的自然环境。一方土地造就一方文化,一方文化养护着一方的生态环境。各民族必须相互尊重、相互学习,发挥各自的潜能。这不仅是文明发展的产物,也是社会文明发展的需要。② 最后,民族旅游开发的规划方案要邀请少数民族代表参加,在比较广的范围内让当地少数民族民众知晓和对方案进行评论、提出修改意见,并最终决定选择哪一种开发模式。

### (二)关注当地少数民族民众的利益

利用当地少数民族资源发展旅游,如果忽视当地少数民族民众的利益,必然会引发矛盾和冲突,因此必须关注当地少数民族民众的利益。关注当地少数民族民众的利益,我以为要做到以下几点:首先,让当地少数民族分享到发展的成果,使其生活水平提高,发展机遇更多,而不能因为旅游的发展使当地少数民族生产发展受到限制,生活质量下降。也不能因为发展旅游只有其中一部分当地民众受益,导致族群之间经济地位的差异拉大,贫富分化加剧,也容易引发低收入族群的不满,使得单纯的劳资矛盾被

---

① 费孝通.关于民族识别问题.中国社会科学,1980(1).

② 李红杰.尊重民族文化多样性与维护自然生态平衡的辩证关系.中南民族大学学报(人文社会科学版),2003(2).

提升到族群矛盾。其次,要尊重少数民族的知识产权。我国少数民族拥有十分丰富的知识、技术、诀窍等传统知识。这些传统知识是少数民族在其漫长的历史过程中所创造的智力劳动成果,含有难以计量的知识产权利益,包括衍生知识产权利益、消极知识产权利益和积极知识产权利益。在开发旅游业过程中要对少数民族传统知识给予恰当的保护,实现少数民族对其传统知识的知识产权利益①。

### (三)尊重少数民族的知情权和参与权

在少数民族地区发展旅游业,与少数民族地区民众的切身利益息息相关,如果不尊重少数民族地区民众的知情权和参与权,没有少数民族地区民众的积极参与和支持,这项事业必然会失败。因此,规划部门、建设单位、投资方等要注意克服那种脱离群众的做法,也不能把几个村干部的意见当作广大民众的意见,应该多采用参与式方法,充分调动和保持广大民众的参与热情,广泛征求和尊重绝大多数民众的意愿,而不是把自己当作"救世主"而命令式强迫当地居民接受自己的观点。旅游点的规划、实施各个环节都应让广大民众知晓,听取民众的意见,让当地民众贡献智慧。这必然会极大地促进其关心社区旅游发展,调动其主观能动性,从而避免社会冲突,实现旅游的和谐发展。

① 严永和.论我国少数民族传统知识产权保护战略与制度框架——以少数民族传统医药知识为例.民族研究,2006(2).

# 基于体验的民族村寨旅游产品设计
## ——以贵州黔东南少数民族村寨为例

罗永常
(凯里学院旅游与经济发展学院,贵州凯里,556000)

**【摘　要】** 体验经济背景下,民族村寨日益成为文化体验旅游的理想目的地。如何围绕体验需求进行产品设计是目前民族村寨旅游开发面临的共同问题。文章基于黔东南少数民族村寨的资源特点和游客体验需求,提出了民族村寨旅游产品设计的一般方法。文章指出,民族村寨旅游产品开发设计应该通过"主题提炼—形象塑造—场景设计—氛围营造—项目安排—意象设计—宣传营销"等步骤,建立民族村寨旅游产品的品牌形象,从而帮助游客实现"意象建立—购买冲动—参与互动—深刻体验—达到预期"的过程,不断提高民族村寨旅游产品的市场吸引力和旅游效益。

**【关键词】** 体验;民族村寨;旅游产品设计;黔东南

## 一、民族旅游村寨——文化体验旅游的理想目的地

有学者提出旅游的本质属性就在于差异化体验中的精神享受,"旅游就是在时间和地域的跨越中,从对那种与自己习惯的文化和环境存在着差异的另样文化和环境的体验中寻求审美或愉悦等精神享受的活动。"旅游业为人带来的就是以精神愉悦为主要特征的心理满足,是体验经济的大舞台。

作为一类特殊的旅游目的地,少数民族村寨因地理或历史的原因,较少受现代化的影响,自然生态和民族文化都有其相对的独特性,不论是乡村自然风光、景观建筑、民俗风情(民族歌舞、节庆、民俗体育活动等)、风情特产、历史传统,还是生产生活形态等方面都以相对古老的、原始和传统的状态保存了下来。民族村寨民风独特而淳朴,加上原始的自然生态和秀丽的田园风光,对于生活于现代城市的居民来说,无疑有着巨大的文化和环境的反差。不论是出于娱乐、教育体验的动机,还是出于遁世、审美体验的目的,民族村寨丰富多样的旅游资源,淳朴、友善、好客、恬静的人文环境与生态

[基金项目] 凯里学院"旅游管理重点学科"建设项目,贵州省教育厅2008年人文社会科学规划项目——原生态民族文化旅游项目策划与产品设计(08GH039)。

[作者简介] 罗永常(1963—　),贵州黎平人,贵州原生态民族文化研究中心研究员、凯里学院旅游与经济发展学院教授。研究方向:民族地区旅游开发与规划。

环境(都是不可多得的体验载体和基质),完全能够提供多种娱乐性、知识性、愉悦性、审美性、刺激性的体验性产品,满足游客追寻成就感、解脱感、归属感、荣耀感等多种深度体验需求。因此,民族村寨旅游是体验差异化文化和环境,寻求精神享受的最佳方式。

黔东南苗族侗族自治州是典型的少数民族地区,有 33 个少数民族。由于历史和地理的原因,黔东南少数民族民族文化不仅保存完整,而且绚丽多彩、古朴厚重,有"贵州民族文化旅游的旗舰"之称。以西江千户苗寨、郎德民族建筑博物馆为代表的苗族村寨群和以肇兴、小黄、三宝等为代表的侗族村寨群近年来已成为国内外游客体验民族文化的必选景点。但从目前的开发状况看,黔东南民族村寨旅游开发大多停留在浅层次的观光旅游层面上,参与性、体验性产品较少,没有真正开发成让游客深度体验的项目和产品。因此,民族村寨旅游必须强调深度开发,而深度开发的前提就是进行体验化产品的设计。

## 二、民族村寨的旅游资源——体验载体与基质

民族村寨旅游资源十分丰富,既包括其外化、物化的有形物体,又包括可以展示、参与的过程和事件,还包括内在的无形的思想认识、习俗观念,这些都是可开发利用的旅游资源。

### (一)自然生态与田园风光

自然生态与田园风光指的是特定民族社区周围地理环境中具有旅游吸引力的自然事物和因素。不同的民族都会给其所处地理环境打下不同的民族烙印。不同地理环境下的民族社区都可能有着不同种类的自然生态与田园风光。一些少数民族地区常常由于地域偏僻,千百年来和大自然和谐相处,许多村寨周围环境往往保持着原始的自然生态、地质、地貌、气象、水文,尤其是生物等多种类型的具有旅游价值的资源得以保存下来,不仅具有科考、探险、修学的价值,同时也具有观赏、休闲、娱乐、健身的功能。此外,一些人工自然景观(如梯田、果园、农作物)、优美的田园风光,甚至清新的空气,对游客(尤其是城里人)都有很强的吸引力,是开展散步、徒步、远足、登山、划船、森林探秘、溶洞探险、研究动植物及生态学、观赏自然景观等生态旅游活动的对象。

### (二)有形民族文化

有形民族文化看得见、摸得着,最先为人们所认识和熟知,但往往受到视野限制,导致认识和开发利用不全面。有形的民族文化旅游资源包括民族建筑、民族服装、民族饰品和工艺品、民族餐饮食品、民族特有的生产工具和生活用品等。其中,民族村寨可供旅游开发和利用的,包括风格特征各不相同的各民族村寨的地址选择、自然环境、村容寨貌、内外交通、内部结构和布局、主要功能区划等内容(包括其所体现的内在含义和其形成的历史渊源等无形文化);民族建筑包括民居和民族代表性建筑,民居主要是形式、风格特征及功能结构和有代表性与特色的组成部分及建筑构件、技术、工艺;民族代表性建筑主要是鼓楼、风雨桥、寨门、戏台、踩鼓堂等;民族服装包括各少数

民族的日常服装和节日盛装及其主要组成部分;民族饰品和工艺品则种类繁多,从功能来说,饰品分头饰(帽子、头巾、发饰、耳环)、颈项饰品、手足饰品、腰饰、胸背饰品等,工艺品则包括银饰、乐器、编织、印染、刺绣等;民族特色食品也很多,包括酸汤系列、香型系列、腌行系列、茶汤系列和珍奇系列等,分别以酸汤鱼、香猪、腌鱼、油茶、久香虫为代表。有形民族文化是黔东南开展文化体验旅游的物质基础。

### (三)过程性、事件性民族文化

过程性、事件性民族文化最具特色,也最吸引人,因而也较早地受到关注。它主要包括民族文艺表演、民族娱乐、民族体育健身活动、民族节庆活动、民族生产和生活习俗等几大类型。黔东南过程性、事件性的民族文化尤为丰富。最典型的民族文艺是民族歌舞、戏曲、绘画;民族娱乐有斗牛、斗鸡、斗鸟等习俗;民族体育健身活动有赛马、打陀螺、摔跤、抢花炮等;民族节庆有苗年节、鼓藏节、芦笙节、鼓楼节、姊妹节、萨玛节、茅人节等;民族生产和生活习俗有开秧门、游方、行歌坐月、吃鼓藏、吃满月酒等。过程性、事件性民族文化是黔东南开展文化体验旅游不可多得的载体。

### (四)无形民族文化

无形民族文化是指通过人的活动所形成和体现出来的思想意识和习俗观念。无形民族文化包括少数民族的历史传说、神话故事、民族意识、乡风民风、思想、哲学等,由于它的无形性因此常常易被忽略,但它又是民族文化体验旅游不可或缺的基质,不仅是民族文化旅游的重要组成部分,并且对增强有形文化和过程性、事件性文化的特色、深度与吸引力,都有非常直接的作用。黔东南各民族都有自己的历史传说、神话故事,如苗族的迁徙发展历史、侗族女英雄萨玛的故事传说、珠郎娘美的爱情故事等。

## 三、民族村寨旅游体验化产品设计的一般方法

所谓民族村寨旅游体验化产品设计,是指为了满足游客的各种体验需求而将民族村寨的各种体验载体和基质加以组合、更新,提炼出合适的体验主题,并构建出具备特殊意象的体验场景和活动项目,从而实现各项体验因素的载体化和物质化,形成体验型旅游产品系列。民族村寨体验化产品设计的目的就是要让旅游者在民族村寨差异化的文化体验中实现身心的愉悦,同时获得难以忘怀的经历和记忆,留下良好的口碑,不断提高民族村寨旅游产品的市场吸引力和旅游综合经济效益。为实现这一目标,民族村寨旅游体验化产品设计应遵循如下方法和步骤。

### (一)主题提炼与形象塑造

这里的主题是指某一村寨具体的体验主题。一般而言,一个值得进行旅游开发的民族村寨,都有一个或几个具有核心竞争力的(最具特色的)资源要素,并据此而形成该村寨的旅游主题形象。该主题形象能否成为该村寨的体验主题,与该主题的可体验性、可参与性有关,与是否有利于体验活动的开展,是否能满足游客的各种或某种体验需求有关。体验主题的提炼就是从村寨的若干体验载体中筛选出最具特色又富于体验性的一个或若干个体验主题,并围绕该主题发掘体验的线索。一般而言,一个村寨

应该形成一个鲜明的体验主题,以区别于其他相邻村寨。一个村寨群就会形成若干个差异化的体验主题,避免同质性竞争。以黔东南巴拉河苗族村寨群为例,南花、郎德、季刀、怀恩堡、南猛、猫猫河等七个村寨都属于同一支系的苗族,民族文化几乎相同,要开发这一村寨群,首要任务就是要找出各个村寨的资源差异,明确各个村寨的体验主题和开发形象定位。

### (二)场景设计与氛围营造

明确了各个村寨的体验主题后还需进行场景设计和氛围营造。体验主题需要场景来表现并通过各种文化氛围的营造才能转化为可体验的产品。场景设计就是围绕体验主题,充分利用村寨的体验载体搭建体验的场景或"舞台",为旅游者提供一个体验的真实环境。场景设计不仅要从游客对该村寨体验主题的各种体验需求(包括娱乐、教育、审美、刺激、愉悦等)出发,更要充分利用一切可以利用的体验载体,设计出食、住、行、游、娱、购等方面的体验场景和体验项目,例如在侗族村寨"当一回侗家人"的体验主题中,可以充分利用民居、鼓楼、花桥、禾仓、禾晾、稻田等活动场景。同时,在每一个场景中还要充分利用各种资源要素展现和营造有利于突出主题的氛围。如民居住宿体验场景的设计,不仅要重新设计、修饰,室内外的布局,装饰风格,各种生产生活用具的展示、布置都要有利于营造和突出主题氛围。饮食体验场景的设计,除强调环境布置、特色食品外,饮食服务中的特色饮食文化展示(如唱歌敬酒、敬菜习俗等一系列特色民俗事象),则更能突出体验主题,营造良好的氛围。

### (三)项目策划与产品设计

一个民族村寨的主题需要有一个或多个具体的体验项目来支撑。因此项目策划是体验化产品设计的核心,它是在具体的体验场景和"舞台"设计基础上,根据主题线索设计体验"剧情",即策划各种体验活动的项目,游客通过参与各种项目的活动获得种种深度的体验经历。

例如对民族服饰艺术的体验,就可设计出众多的体验项目。除游客自己亲自穿戴与购买外,还可以就服饰的制作工艺推出若干体验项目:棉、麻采集与初加工,纺织,织布,染布,织锦,刺绣,成衣制作等各个环节都可单独设计成体验项目。又如居民生活方式体验,传统农耕文化体验、传统渔猎文化体验、歌舞体验、婚俗体验、传统体育活动体验等,都是非常好的体验项目。项目策划中要充分考虑游客的文化背景和接受能力,使之易于进入角色,不同的对象因为年龄、性别、经历等不同对同样的产品会有不同的体验,各自也有不同的体验需求,女性钟情于服饰,青年喜好恋爱、婚俗体验项目。同时又要强调"剧情"的得体,内蕴深刻,比如婚俗体验设计就必须注重度的把握和文化内涵,切不可恣意歪曲民族文化,走上猎奇媚俗的庸俗化道路。很多体验主题都可以采取竞赛式的体验参与方式,比如让游客充分参与侗族的许多传统性技能的比赛(纺纱比赛、织布比赛、捉鱼比赛、打糍粑比赛、学唱民歌比赛等),使游客真正深入当地人的生产、生活,体验和感受少数民族村寨浓浓的乡情和独特的民族文化。

### (四)体验意象设计与宣传

意象是主题在体验活动中的折射或具体化,是更加直接、更加具体的一种活动概括和图景描绘,更具有现实性、直观性和宣传效果。它是刺激和激发消费者旅游期望和购买心理的直接动因。任何一个体验主题,只有经过适当的包装,赋予体验活动以形神兼备的意象,才能激发消费者的购买欲望,并引导消费者在体验过程中形成具体的体验意象并达到旅游期望。体验意象设计,就是在体验主题之下提炼出该主题的核心体验要素和体验价值。例如黔东南少数民族婚俗体验就可形成“自然和谐中的浪漫”的意象,而“走进苗乡侗寨”则可推出“返璞归真、回归自然的田园生活”、“栖疲惫心灵,感远古浪漫”等具体的体验产品意象。

(五)体验化产品设计应注意的其他问题

民族村寨旅游资源的多样性决定了旅游产品的多样化,不仅包括作为核心产品的体验项目,还涉及设施、服务、旅游商品等其他要素。这些要素也直接影响到一个民族村寨的综合体验效果。因此,体验化产品设计还应注意以下几方面的问题:

1. 围绕主题进行旅游环境建设

令人难忘的体验经历不仅需要主题和意象的引导、高度享受的活动参与,而且还需要外围环境的和谐衬托。因此,民族村寨旅游产品的设计既要有鲜明的主题与可参与的体验项目,也不能出现破坏民族村寨那种“天人合一、人地和谐”的古朴恬静氛围的任何败笔(不土不洋的建筑、过于喧闹的商业气氛、流行文化符号等负面因素),而要通过现代技术设计和人为管理来带给人宁静、自然、古朴的环境印象。除主体建筑风格和材料要尽量遵循传统外,其他辅助设施、用具、步道以及在旅游环境整治中都应突出材料的当地化、木(竹)质化、意境的本土化。

2. 精心设计纪念品,强化游客的体验经历

成功的体验过程无疑能给游客一个难以忘怀的、充满愉悦的经历,如果这种体验和经历还伴以富有当地特色、文化内涵和艺术形式的旅游纪念品,无疑更会增强游客对这段经历的印象,尤其是日后对纪念品的品评、观赏和使用还会多次勾起游客对这些体验经历的美好回忆。因此,设计和制作富有当地民族特色和文化内涵的旅游纪念品,不仅是民族村寨旅游创汇的大好商机,还是加深游客体验,强化客人印象的有效手段。许多少数民族都有与其原生民族文化相对应的原创的旅游商品体系,像苗族的芦笙、刺绣品,侗族的鼓楼、花桥模型、革家的蜡染制品,都是十分值得开发的旅游纪念品。

3. 充分利用资源

整合“食住行购”复合型产品,给游客视觉、听觉、嗅觉、味觉和触觉的全方位冲击,使他们在差异文化和环境的体验中留下难忘的印象。民族村寨不同层面的文化要素和自然要素能够满足游客的多种感官刺激需求。如侗族村寨的文化体验中,鼓楼、风雨桥等建筑艺术瑰宝,多彩的侗族服饰能刺激视觉,侗族大歌的“天籁之音”能刺激听觉,腌肉、腌鱼、羊瘪、牛瘪、油茶等独特的侗家饮食系列食品能刺激味觉,而山间的泉水叮咚声、田野的蛙叫虫鸣,寨内的袅袅囱烟、飞禽走兽,无不给游客以多感官的刺激和享受。

## 四、结语

体验经济背景下,文化体验旅游已经成为一种大众旅游方式,少数民族村寨在日益成为文化体验旅游热点的同时,也面临着体验性产品开发不足的问题。少数民族村寨独特的自然、人文生态环境赋予了其独特的旅游资源,有着丰富的体验载体和基质。只有将这些载体和基质转化为游客可以体验的项目和产品,帮助游客实现"意象建立—购买冲动—参与互动—深刻体验—达到预期"的过程,才能提高民族村寨旅游产品的市场吸引力和旅游综合经济效益。

# 社区参与旅游发展的困境与对策研究

刘宏芳　明庆忠

(云南师范大学旅游与地理科学学院,云南昆明,650031)

【摘　要】社区参与作为旅游发展的重要方式之一在我国已有较长历史,然而在实践过程中收效却不尽如人意。文章对社区参与旅游发展研究做了整体回顾与分析,认为社区参与旅游发展的三大困境是居民实际参与困难、共同利益机制难构建及各利益相关者利益难协调、社区传统与游客体验需求难融合。通过从社区内外部及其保障机制三方面的原因进行探析,建议在提升社区整体建设效能基础上加强社区居民参与能力建设、搭建共同利益与个人利益相结合的平台,以及社区建设注重传统与现代化兼容并蓄、游客主动适应社区传统等路径,依靠居民、企业、政府等内外部力量来实现社区参与旅游发展的良性互动。

【关键词】社区参与;旅游发展;困境;对策

社区参与,最早在墨菲(Murphy)的《旅游——一种社区方法》一书中作为旅游规划的一种思路和方法提出,主张将社区居民的意见纳入规划重点考虑内容[1]。1997年颁发的《关于旅游业的21世纪议程》明确提出将社区居民作为关怀对象、社区参与作为旅游发展过程中的一项重要内容和不可缺少的环节[2]。国内对社区参与旅游发展的研究已有近10年的历史。国内学者对社区参与旅游发展的研究表现出了极大的热情,开始了从理论层面到其与社区旅游、生态旅游、乡村旅游发展、民族村寨旅游发展、少数民族地区旅游等具体旅游形式结合的实证研究[3-10]。一方面试图将社区参与这种西方先进的理念移植于中国多样化的旅游形式当中,以实现旅游的可持续发展;另一方面希望根据某一类型旅游活动的特有属性构建起与之相适应的开发理念模式,如潘秋玲、李九全提出的社区参与和旅游社区一体化理念[11],王丽华等提出的旅游产品开发的"IPDC"模式[12]等。保继刚、孙九霞则对社区参与旅游发展的中西差异的深层原因做了剖析[13-14],张波对旅游目的地社区参与的三种典型模式做了梳理,并

[基金项目]国家社科基金(2007XYJ030)和旅游产业发展云南省研究基地,云南省校合作项目,云师大人文社科重大项目资助。

[作者简介]刘宏芳(1987—　),女,四川乐山人,云南师范大学旅游与地理科学学院2009级旅游管理专业研究生,研究方向为城乡休闲旅游;明庆忠(1963—　),男,湖北黄冈人,云南师范大学旅游与地理科学学院教授、博士生导师,主要从事区域研究与旅游规划的教学与科研工作,通讯作者。

分析其优势劣势[15]。陈志永、李乐京则对国内社区参与旅游发展研究分别就问题、原因和对策做了整体性的回顾与总结[16]。

文章试图在前人研究的基础上对社区参与旅游发展的困境进行系统分析,并针对困境产生的内外部原因进行剖析,并以此为依据提出各困境相应的解决对策,以实现社区与旅游的共同发展、和谐双赢的目标。

## 一、社区参与旅游发展的困境

自墨菲(Murphy)将社区参与作为一种旅游规划的方法提出以后,社区参与旅游发展的重要性已为业内普遍认同。克莱尔·A. 冈恩(Clare A. Gunn)在《旅游规划理论与案例》(*Tourism Planning:Basics,Concepts,Cases*)一书中将社区整合与提高游客满意度、改善企业状况、资源的可持续利用作为旅游发展的目标和规划的立足点[17]。明庆忠将"社区法与门槛分析法"作为旅游地开发规划的思想方法之一[18]。邱云美认为,社区参与有着实现少数民族地区脱贫致富、提高旅游产品质量、利于资源和环境的保护以及旅游业的可持续发展的意义[8]。孙九霞认为,旅游业离农村更近,与农民的生活联系更紧密,农民有着更大的参与空间,对于提高农民收入、推进农村城市化、推进乡村社会转型有着积极意义[9]。无论从旅游规划层面还是具体的实践运用,学者都肯定了社区参与的重要意义。然而这种植根于西方民主制度社会的思想理念和方法在我国却由于思想意识差异、经济基础不同和社会制度有别等各种内外部因素在实践和运用当中并不如预期理想。旅游活动被视作有别于工业的一种产业形态,更易在偏远地区或贫困地区开展,进而实现旅游扶贫的目标,因此对社区参与旅游发展的研究更多地集中在乡村旅游、民族村寨、生态旅游等旅游形态上,但其社区参与旅游发展所呈现出的困境却具有极强的相似性,主要表现在以下几个方面:

### (一)社区居民实际参与困难

社区居民实际参与困难主要表现在其参与程度普遍较低[6]、参与宽度欠广、参与程度不深、参与角色不成熟[7]、参与能力差[16]等方面。即便是规划者反复强调尊重社区居民意见及其项目发展意愿,而受知识水平、经济实力、合理诉求的表达能力等多方面的限制,加之对旅游认识的有限,社区居民往往无法表达合理的诉求、提出良好的建议从而真正参与到旅游活动中来。社区居民除了能参与部分的开发经营活动外,在决策参与、规划参与、管理参与这些相对较高层面的参与往往很难真正实现。如贵州黎平县肇兴侗寨虽为全国最大的侗寨,并且被国务院授予国家重点风景名胜区之殊荣,但当地村民几乎不参与村寨旅游的管理事宜,而只是从事小商品贩卖,开办旅社、餐馆等简单的商业活动。同样的情况还存在于广西龙胜各族自治县平安壮寨[19]。又如广西龙胜各族自治县的大寨瑶寨和黄落瑶寨虽然成立了景区管理局,并聘请了几名村民参与景区管理工作,但多数村民仍然从事歌舞表演、提供生活服务等方面的工作[19]。

### (二)共同利益机制难构建,各利益相关者之间的利益难协调

政府更多关注的是社会效益,而企业更多关注的是经济效益,居民在关注经济效

益的同时也希望生活环境得到改善，生态环境得到保护，然而经济利益的追求与生态环境的保护是发展过程中一个难以解决的矛盾。各参与方索求的利益不同就形成了很多复杂的利益关系、相悖的追求和理念。如何形成一个共同利益的互动机制，搭建共同发展的平台从而形成各利益均衡的基础也是旅游社区参与的难题之一。社区旅游的发展关乎社区居民、周边社区居民、投资者、游客、中间商、政府等多个主体利益[5]。而这些利益主体之间如何在共赢的前提下实现利益的合理分配却是实际工作中的难题。譬如存在不同社区居民之间抢夺客源、投资者与当地居民的利益协调、政府介入与居民自由参与诉求等矛盾。如西双版纳的傣族园景区就存在旅游经营公司与村民、社区村民和周边村民以及村民内部等多个利益主体由于利益分配的不均而矛盾重重的问题。广西阳朔遇龙河景区政府在以规范管理为初衷的协调过程中遇到了诸如合法经营者对非法经营者不满、部门配合不够、乡镇协调难、政府信任度下降等一些尴尬和难题[5]。而广西龙胜县的平安壮寨也出现了随着外地投资者的进入，利益主体增多，矛盾激化以致发生冲突的事件[19]。

（三）社区传统与游客体验需求难融合

社区旅游是展示社区物质文化、精神文化、制度文化等多层面传统文化的重要载体和形式，游客既有着“神圣旅程”的期望，即探寻异于世俗的旅行体验和经历，又有着对现代舒适生活的追求[20]。瓦伦·L. 史密斯（Valene L. Smith）根据游客的旅游方式和他们对当地的适应程度由高到低将游客分为探索旅游者、精英旅游者、不落俗套的旅游者、特殊旅游者、初期大众旅游者、大众旅游者、租赁游客七大类型。不同类型的旅游者对社区的期望不同。大众旅游者适应能力相对较差，往往希望社区既是世外桃源，又要有与现代融通的设施。于是形成了“在原始状态过着现代生活”的期望，既希望旅游目的地风景优美，与世隔绝，但过惯了现代舒适生活的他们又希望社区也能有现代化的居住条件。一方面社区居民本身具有实现现代化发展的需求，如西双版纳的傣族居民的第四代竹楼保留了原始傣家竹楼的外形，但采用的是较为现代的钢筋加砖混的建筑结构，相较最原始的竹楼要坚固许多；另一方面为了迎合大众旅游者追求舒适的现代生活条件的需求，政府也会鼓励社区居民改进生活设施。而在建筑和设施与游客生活环境趋同以及大众游客所带来的文化干涉的情况下，传统文化会逐渐被商业化、舞台化，甚至重塑和虚构，久而久之，游客又会因其失去自身的特质和原真性而心生厌倦，从而降低对社区形象的评价。香格里拉的藏民家访由最初作为一种家庭式体验项目逐渐演变为演艺活动，游客从中获得快乐的同时也在抱怨人多嘈杂，与他们预期的真实的家访不一致。同样的问题也存在于西双版纳的傣族村寨，抢新娘、沙金嫁妆之说均与商业活动结合起来，文化的虚构和重塑伤害了当地居民的感情，其真实性也遭到了游客的质疑。

## 二、社区参与旅游发展困境的生成原因探析

系统地分析社区参与旅游发展困境的生成原因，从社区自身与外部因素及其连接

体来看,社区参与的困境主要是由内部因素、外部因素以及起到连接和保障作用的社区旅游运行机制三方面共同作用的结果。

### (一)内部因素

1. 社区居民参与能力不足

社区旅游开展的地区多为边远山区,其享受到的教育资源、教育设施也相对较为欠缺,社区个别精英虽较多参与但不能代表社区整体利益和各阶层的利益。社区居民的素质很难适应社区深度参与的要求,其经济实力、政治素养均由此受限。即使在政府主导的情况下倡导社区参与,他们往往也只能从事简单的经营活动、娱乐表演、环境维护或被动地穿上民族服装、作为社区形象展示的一部分而无法参与到更高层次的规划、管理、决策层面中。而部分学者提倡的培训也只能单纯地解决操作性问题,能力的提高并非一时的培训可以解决。此外,自我学习也是提高自身修养和能力的一种重要方式,然而偏远地区教育资源的匮乏也限制了这种可能。这也限制了社区居民参与能力的培养和提高。

2. 内部争利矛盾突出,影响整体质量

孙九霞指出,社区参与过程中矛盾普遍存在[5]。即使作为整体的社区内部仍然存在抢夺客源、划地为界的矛盾。广西阳朔遇龙河景区就曾出现同村同族人为争抢游客导致的人际关系冷漠、漂流河段分割、各自划地为界的现象,导致游客体验和景观质量的下降[5]。有学者提出社区参与和社区旅游一体化的构想,以实现经济、社会文化、生态环境和旅游业协调、持续、健康的发展[11]。但在促进旅游发展的同时实现利益平等共享本身就近似于一个公平和效率的悖论。

3. 经济基础薄弱

经济基础薄弱是制约社区发展的重要内部因素之一。经济能力往往在一定程度上影响着社区居民的参与能力,如是否有良好的基础设施、是否有用于旅游投资的可支配收入等。但经济状况也不完全会成为旅游发展的制约因素,经济欠发达地区往往有着更传统淳朴的民风和天然的自然风光,是探索旅游者、精英旅游者和不落俗套旅游者以及探求有别于世俗生活的"神圣旅程"的重要目标。这里我们主要分析社区居民参与受限的内部问题,对其便不再展开叙述。虽然经济学上将资金、土地、劳动、技术等视为生产要素,但在社区参与旅游发展的实践中土地多数是以固定的租金形式返还社区居民,而并未作为投资内容参与分红。这限制了社区居民将资源转化为资本的可能。

### (二)外部因素

1. 来自文化、经济与外部环境的干扰

干扰是引起系统变化的外来力量,是改变系统结构、功能的因素,也是促进系统产生动态变化的驱动力[21]。在开放的系统中干扰可以理解为来自外界的"熵"(即混乱度),是引起系统打破原有平衡状态向另一形式转变的力量[22]。干扰有隐性和显性之分,也有正负之分,即积极和消极之分。从辩证法的角度来看,任何事物都有其两面性,外部的“熵”作为引起系统向新形式转变的重要驱动力,往往很难判定其性质究竟为积极还是消极。譬如外界的现代文化以隐性干扰的形式进入社区内部,一方面为社区文化模式和要素的选择提供了新的参考,另一方面随之而来的拜金主义、唯利是图等与社区传统相悖的一些观念也随之而来扰乱原本平静安定的秩序。

2. 其他利益相关者介入使得利益分配更加复杂

发展旅游的社区经济水平落后,因此独立于社区以外的政府、投资商、NGO(非政府组织)、NPO(非营利组织)往往会带着不同的目的介入其中。政府希望促进当地经济、文化、社会的全面发展,投资商则更加关注经济效益,NGO、NPO 更多是希望看到社区良性持续的发展。而游客作为进入社区的外部人员,主要是希望从中获得一种美好、愉快或有别于日常生活的经历和体验。而当地居民在看到游客带去经济收入后一方面对其表现出极大的热情,另一方面由此带来的环境污染也会是其心生抱怨的重要因素。如何在这多个主体之间寻求各自利益的平衡点是社区参与要解决的难题之一。

### (三)保障与制度机制的缺失

1. 法律平台的缺失

我国大众旅游起步较晚,但发展迅猛,而旅游立法工作进展缓慢,明显滞后于我国旅游业的发展和实践已是我国旅游发展进程中的重要制约因素之一[23]。我国的旅游立法以行政管理法规和部门规章、地方性法规居多。旅游各主体之间的利益关系调节多数是采用其他普通法律,而缺乏根据旅游特点专门制定的旅游法。在这样的背景之下,加之旅游形式众多,内容广泛,社区参与旅游发展这一新兴形式就更难找到法律依据和实施标准。

2. 监管机制的缺位

由于法制平台的缺失,监管机制就更显得苍白无力。有学者试图借助 NGO、NPO 等第三方中介力量来形成监督和扶助功能[5],然而非政府组织这种起源于西方、存在于政府与民众之间的特殊组织形式在我国的执行情况往往由于文化差异、政治体制等方面原因有所不同,在社区也难以形成有力的制衡因素。其他监督力量就更为薄弱。旅游社区所在地政府也因行政权限不足不能较好地履行监督职能,或因介入旅游经营活动而无法保证监督的客观公正,地方语言障碍、宗教信仰和其他风俗惯例等因素也左右或限制其监督职能。

3. 保障体系的缺乏

保障体系的缺乏主要体现在社区居民参与旅游发展的资金、技术、设施、人才等保障性因素的匮乏。一些地区行政部门要求社区居民统一着民族服装或进行洗浴设施、卫生设施等服务设施的改进,然而补助资金却不足或不能统一到位。道路作为连接旅游客源地和旅游社区的重要通道,其条件的改善往往也需要经济支持,然而本身就相对贫穷的社区往往不具备改善其交通状况的财力物力,因此需要政府牵头提供相应的资金支持,一来可以改善社区状况,二来可以健全其旅游发展的保障体系。总的说来,社区旅游发展很大程度上需要政府提供一系列的保障措施和制度安排来构建社区旅游发展的基础,搭建公平有序的竞争平台。

## 三、实现社区参与旅游发展良性互动的对策建议

针对社区参与旅游发展的一系列问题,诸多学者从不同角度提出了不同的建议。如孙九霞提出了政府有限主导、社区能力建设、合同制约与法制规范、第三方力量介入四种提高社区参与度的路径选择,并构建了"政府主导+社区主体+企业经营+第三方力量介入+法制规范"的社区参与旅游开发模式[5]。刘纬华则强调要理顺管理体制、加强政府主导、提高管理人员素质和取得居民的理解和支持[3]。其他学者的建议主要集中在加强政府主导和法制建设、构建公平的利益分配制度、通过培训提高居民参与能力及实现管理自治等方面[3,6,7,9]。但这些措施更大程度上是依赖外界的力量,如政府、非政府组织、法律制约等,而如何使社区自我完善提升,从而形成开发自治、管理自治、监督自治等方面的内在驱动力的措施则相对缺乏。因此文章希望依据社区参与旅游发展的三种突出困境及其产生机理分别从社区内部、外部介入力量和保障机制三方面全方位地构建一个由内而外的实现良性的社区参与旅游发展的措施体系。

### (一)加强社区居民参与能力建设,形成社区持续发展的内生动力

居民参与能力建设不只是对旅游知识、技能的培训和普及,而应该是涵盖居民谋生、经济发展以及教育、医疗、卫生、管理等方方面面知识和能力的提升。不是单纯地为旅游而储备旅游知识,而是要树立以旅游发展促进社区发展,社区进步推动旅游进步的观念,最终目的是要实现社区发展和旅游发展的良性互动,而不是单纯为旅游重塑社区。政府在行使主导权力时要使社区居民各项素质全面进步从而为社区持续发展提供保障,而非局限于迎合旅游发展的需要。在此基础上再拓宽参与渠道、深化参与程度才有意义。具体要政府发挥牵引作用,并利用社区内部精英的力量带动社区形成主动学习的氛围,在社会鼓励大学生以报考村官的形式进入乡村社区的同时还可组织知识下乡、人才下乡等活动,为社区发展注入动力,让偏远的传统社区能与现代文明对接,自主转变观念,转变认识,从而形成社区持续发展的内生动因,进而使管理、规划、决策等层次相对较高的参与成为可能。

### (二)搭建共同利益与个人利益相结合的平台,并合理分配旅游收益

各利益主体矛盾纠纷不断,一是收益分配不合理,二是没有形成明确的共同利益将众多利益相关者的利益紧密联系在一起。这要求居民自身要树立整体观念,一荣俱荣,一损俱损,如果由于内部矛盾纷争给游客留下不好印象而影响社区整体形象,从而阻碍社区的旅游发展,这样的负面结果最终也是自己承担。此外,社区旅游企业若要实现长期稳定发展在很大程度上要以社区的稳定发展为前提,获得当地民众支持也尤为重要。因此外部投资者要具有高度的社会责任感,并担当起相应的社会责任,为社区的发展做出应有的贡献。对此有两点建议:一是实行资金、土地、劳动等多种生产要素入股,尽量让社区每个居民都成为企业的主人,从而自觉维护企业和社区形象,并获得持续分红收益,但企业应保证收入的公开和透明,并落实收益分配制度;二是企业收

益要拿出一定比例用于社区建设,如改善当地交通状况、居民住房条件、教育设施和医疗卫生条件等,并帮助社区居民争取政府政策支持和资金支持。只有社区中各主体利益紧密联系在一起,才能向着共同目标迈进。当然矛盾冲突不会因此消失,但可通过居民内部的相互协调、企业与居民真诚有效的沟通、政府的法制和监管三方面的共同努力来解决或弱化矛盾。尤其是政府要担当裁判角色,制定游戏规则但不参与争利,实施参与过程的有效监督,树立并赢得公信,并且履行各类协议公证人的角色。

**(三)社区建设要秉承传统与现代化兼容并蓄的理念,游客应主动适应社区传统与环境**

在旅游发展的过程当中,社区在不断地与外界交往接触,从文化发展交融的历程来看,偏远地区的居民自身也有着融入现代化的需求。但苦于财力不足,缺乏正确的引导或较好的规划,社区在建设的过程中的一些工程往往会盲目复制外界而缺乏本地特色,或因缺乏规划而使整体环境显得杂乱无章。这也是我国乡村旅游品位低的重要原因之一。而从游客角度来说,一方面他们希望社区保留异于自身惯常生活环境的古老文化和传统,另一方面又希望当地具备先进的设施以得到良好舒适的体验。这样本身就近似矛盾的需求易产生隐性冲突,并使作为东道主的社区难以把握。

社区建设要秉承传统与现代化兼容并蓄的理念,是指社区居民在融入现代化的进程中要因地制宜地突出自身的特色,要巧妙运用社区天成的自然环境,深度挖掘文化传统,寻找既符合社区特点又能突出社区特质的现代化途径。这要求政府在此过程中要起到引领作用,牵头做好规划工作,既不能为了给游客保留原始的体验而限制居民的现代化诉求,也不能为了迎合游客的现代舒适体验的需求而盲目生搬硬套某种现代化模式,而应该整体谋划设计并探寻出既与社区传统相符,又能给游客提供舒适体验同时还能实现社区居民现代化诉求的模式。总之,社区应该在这个包罗万象的现代化进程中有甄别地借鉴并创造出自己特有的模式,循序渐进地与外界融合。

而游客对于经济基础薄弱、财力不足以提供先进服务设施的社区要具备包容之心,既然是自主选择其作为旅游目的地,就要能坦然接受社区异于自身惯常生活环境的一切,包括他们的生活方式、习俗、文化差异,等等。社区居民世代在社区生活,作为一个外界进入者也要入乡随俗,切忌凌驾于社区居民之上,伤害当地居民的感情。抛开既有生活方式的成见才能真正置身异质文化氛围中,更好地体验其原生淳朴的真实形态。

## 参考文献

[1]Murphy, Peter E. Tourism: A Community Approach[M]. New York and London: Melhuen,1985.

[2]张广瑞.关于旅游业的21世纪议程(二)——实现与环境相适应的可持续发展[J].旅游学刊,1998(3):52-56.

[3]刘纬华.关于社区参与旅游发展的若干理论思考[J].旅游学刊,2000(1):47-52.

[4]胡志毅,张兆干.社区参与和旅游业可持续发展[J].人文地理,2002(2):38-41.

[5]孙九霞.旅游人类学的社区旅游与社区参与[M].北京:商务印书馆,2009:3,73-80,175-188,254,171-179,299-305,328-334.

[6]黄娅,严兴.乡村旅游社区参与主体培育研究[J].农业经济,2009(8):29-30.

[7]李广宏.社区参与民族村寨旅游开发的探讨[J].黑龙江民族丛刊,2007(4):46-50.

[8]陈飙,钟洁,杨桂华.云南香格里拉藏族社区参与旅游发展过程的限制性因素研究[J].西南民族大学学报,2007(8):165-169.

[9]邱云美,封建林.少数民族地区社区参与旅游的影响因素与措施[J].黑龙江民族丛刊,2005(6):48-51.

[10]孙九霞,保继刚.社区参与的旅游人类学研究——阳朔遇龙河案例[J].广西民族学院学报,2005(1):85-92.

[11]潘秋玲,李九全.社区参与和旅游社区一体化研究[J].人文地理,2002(4):37-41.

[12]王丽华,张宏胜.社区参与型旅游产品开发的"IDPC"模式研究[J].财经问题研究,2004(6):60-64.

[13]保继刚,孙九霞.社区参与旅游发展的中西差异[J].地理学报,2006(4):401-413.

[14]孙九霞,保继刚.从缺失到凸显:社区参与旅游发展研究脉络[J].旅游学刊,2006(7):63-68.

[15]张波.旅游目的地"社区参与"的三种典型模式比较研究[J].旅游学刊,2006(7):69-74.

[16]陈志永,李乐京.国内社区参与旅游发展研究述评——问题、原因与对策[J].生态经济,2007(10):98-102.

[17]Gunn, C. A. Tourism Planning: Basics, Concepts, Cases.旅游规划理论与案例,吴必虎,译.[M].大连:东北财经大学出版社,2005:11-17.

[18]明庆忠.旅游地规划[M].北京:科学出版社,2003:40-42.

[19]民族村寨开发中的居民满意度与和谐社会建设研究课题组.民族村寨开发中的居民满意度与和谐社会建设研究——以桂黔湘边区为例[R].2007年度国家社科基金课题研究报告,2009:47,57,68,91-104,295.

[20] Valene L. Simth. Hosts and Guests The Anthropology of Tourism. 张晓萍,何昌邑,译. 东道主与游客——旅游人类学研究[M]. 昆明:云南大学出版社,2007:10-15,19-34.

[21]邱脤扬,袁霜凌. 社区生态旅游研究新论[M]. 昆明:云南科技出版社,2009:19-23.

[22]张镇寰. 自然辩证法概论[M]. 昆明:云南大学出版社,2010:62-68.

[23]符继红. 旅游法概论[M]. 北京:科学出版社,2006:1,4-17.

# 关于生态博物馆乡村旅游可持续发展的思考
## ——以贵州镇山村为例

盘晓愚
(贵州大学,贵州贵阳,550025)

【摘　要】国情决定了我国的生态博物馆承担着社区经济发展和文化遗产保护的双重重任,不少学者认为,通过以生态博物馆的乡村文化景观为核心吸引力开展乡村旅游这一方式,能承担起这双重重任。现实地看,确实有一些成功案例。但随着乡村旅游的开展,却出现了发展后劲不足的情况,影响了旅游的可持续发展,贵州贵阳市的镇山村就是这样一个典型。通过分析镇山村旅游业存在的问题,并提出发展的途径,试图为破解生态博物馆乡村旅游如何实现可持续发展这一难题提供一种思路。

【关键词】生态博物馆乡村旅游;可持续发展;镇山村;问题与发展途径

生态博物馆是一种特殊的文化遗产保护形式,我国的生态博物馆基本分布在西部少数民族省区的乡村,以保护那里丰富独特、民族风情浓郁的乡村文化景观。这些生态博物馆多处于社会经济发展水平低、居民生活贫困的落后地区,生态博物馆的建设无疑承担着社区发展和文化遗产保护的双重重任,因此利用生态博物馆所具有的动态的和静态的乡村文化景观及生态博物馆这一金字招牌,开展乡村旅游成为当地发展经济、脱贫致富的重要手段。一些生态博物馆所在的村寨通过开展乡村旅游,在促进村民增收、优化当地产业结构、改善基础设施、保护传统文化和生态环境上确实取得了不俗的成就,使这些村寨的社会经济发展水平超过了本地的其他村寨,如贵州贵阳的镇山村。但随着乡村旅游的开展,却出现了发展后劲不足,停止不前,甚至倒退的局面。是什么原因造成这一情况的发生,如何应对才能避免停滞和倒退,使乡村旅游得以可持续发展,是一个应该深入探讨的问题。本文以贵州贵阳的镇山村为例,通过分析其旅游业存在的问题,并提出发展的途径,试图为破解生态博物馆乡村旅游如何可持续发展提供一种思路。

## 一、乡村旅游发展历程与现状

### (一)镇山村发展乡村旅游的条件

镇山村是一个典型的布依族村寨,具有四百多年历史。1993 年 8 月,贵州省政府

---

[作者简介] 盘晓愚(1966—　),女,汉族,副教授,主要研究方向:旅游管理。

批准镇山为贵州省民族文化保护村;1994年11月建立露天民俗博物馆;1995年7月,被列为省级文物保护单位;1998年10月,镇山又被列为中挪文化合作项目的贵州生态博物馆群之一;1999年12月9日,贵州省人民政府批准建立贵州花溪镇山布依族生态博物馆,2002年7月博物馆正式挂牌成立。镇山发展乡村旅游具有以下有利条件:

资源条件:镇山一面靠山,三面环水,形如半岛,自然景色优美,气候宜人,是夏天避暑纳凉的胜地。同时镇山作为布依族生态博物馆,村寨的建筑和村民的生活本身就形成了有形和无形的文化资源。而山中的野菜,湖中的水产,布依族的特色饮食和家常菜,如米酒、魔芋、腊肉、香肠、野菜、糯米花、血豆腐、熏豆腐干、折耳根、地米星、老南瓜、泡萝卜、酸辣椒、小豆酸汤、荫辣椒、油炸黑糯米饭等,也成为镇山旅游重要的吸引因素。建于村旁的生态博物馆资料信息中心,有贵州最全的布依族文化陈列。镇山旅游资源具有复合型特点。

区位优势:位于贵阳市的旅游区花溪区,是离贵阳市区较近的乡村旅游目的地,拥有庞大的稳定的基础客源市场;紧靠天河潭景区,离青岩古镇不远,易于进行线路组合。

### (二)旅游发展历程和现状

1993年镇山成为贵州省民族文化保护村后,陆续有游客到来,镇山旅游开始起步,之后逐步发展成为贵阳市周末休闲度假地,在省内特别是贵阳市知名度很高。2002年7月镇山布依族生态博物馆成立,同年在贵阳市举办镇山布依族文化旅游专场推介会,镇山旅游人数逐年走高,旅游收入不断增加,2005年达到最高峰。但随即从2006年开始经营越来越困难,回头客减少,创收能力下降,现在即使在黄金周也很难见到以前人头攒动的热闹景象,昔日辉煌已难再现,不少农户选择退出市场。

## 二、旅游业存在的问题

### (一)管理体制缺陷

一方面,政府管理不够到位。

第一是公共资源维护和公共事务管理方面力度不够。总体规划不完善且执行差,形象定位、宣传促销、产品总体把握、线路组合、文物保护、村容寨貌维护、新村建设等应由政府承担的职责完成得不好。

第二是旅游行业管理在两方面不够。一是规制不够,目前镇山在经营秩序、卫生标准、服务质量、价格等方面仍存在不足,政府至今没有寻找到合理、有效的手段进行管理,往往是不管很乱,一管就死。二是对村民的教育培训、对人才的培养不够,政府的重视、扶持养成了村民的惰性,村民不愿意为公众利益出钱出力,也缺乏市场开拓、产品建设的能力和主动性。在落后地区,政府有责任帮助村民进行能力建设,包括帮助建立符合实际的经营组织。政府在这方面作用的缺失不能不说是镇山旅游业经过十几年发展却仍未壮大的重要因素。

第三是政府部门不协调。建设、文化、旅游、环保、海事、卫生等部门各自为政,项目经费分散使用,规划、标准各家不同,投资出力不少,见效相对不大。

另一方面,村民自治组织软弱无力。

发展旅游业直接的核心领导是村委会,但镇山村委会在发展旅游业的十几年中只起到执行上级政府指示的作用,没有大的作为。尽管村民对旅游业普遍持积极态度,但囿于自身素质与经济能力也很难产生"领头羊",因而镇山旅游基本属于被动发展。

### (二)经营组织缺陷

镇山旅游业由最初政府指定的10家接待户发展而来,但至今餐饮仍为一家一户小规模分散经营,没有成立相关的行业协会。游船尽管成立了股份合作制性质的游船协会,但与其他旅游项目基本不发生联系。小吃经营和时鲜农副产品的出售更是散兵游勇。而这种经营状态使村委会作用难以发挥。经营管理组织存在的明显缺陷导致了镇山旅游业发展缓慢,主要表现如下:

第一,在产品创新,提高服务质量,提升旅游业品质上难有作为。因为这只能依靠经营管理组织才能做到,所以镇山的旅游产品十几年来基本没有变化和发展,服务质量和服务水平始终没有大的提高。

第二,产业初级,经济体量小,没有形成旅游产业链,离规模经营尚有相当距离,旅游对整个乡村经济的关联带动作用非常有限。

第三,未形成应对市场变化的能力。面对从2006年开始的旅游收入下滑局面,在经营策略、产品调整上基本没有采取任何措施,一些接待户和游船经营户只能选择退出市场。

### (三)传统文化保护的矛盾

扩张的压力和保护的压力无法协调。核心区是镇山作为生态博物馆的精华所在,同时也是最佳观景地,因此旅游扩张的压力和村寨保护的压力成为核心区难以调和的矛盾。相当长一段时期,村民为了扩大经营场所和改善居住条件,大兴土木扩建、加高自己原来的住宅,村庄风貌遭到了较大破坏,现在的村子和十几年前相比已面目全非。村民也深知保护的重要性,认识到古村落风貌和传统文化是镇山旅游赖以发展的基础,但无法处理个人利益和公共利益、眼前利益和长远利益的矛盾,我保护的是大家的利益,而我破坏则使我得到个人利益,造成公地悲剧。

强势文化的影响。镇山作为贵阳市郊的布依族村寨,长期以来不断受到外来强势文化的影响,文化传统难以保存。

以上两方面的结果是危害核心吸引力,导致文化吸引力弱化。目前已遭到较大破坏的村落布局和建筑,并不突出的布依族民族风情,对于作为主要客源市场的贵阳普通市民已很难形成吸引力,"生态博物馆"更多起的是"招牌"作用,村子几乎沦为与遍及贵阳周边的普通"农家乐"一模一样的周末休闲度假地。

### (四)村民利益分配的纠纷

餐饮是镇山旅游经济效益最好的创收点,餐饮接待户与非接待户旅游收入分别占家庭总收入的70%和30%左右,差距有一倍多,也就是说相当比例的旅游收入为目前39家接待户所获,其他102户获利不多,甚至无利可获。对于能否成为接待户,村里没有设置任何经营门槛,只要家里的经营场所和卫生条件达到相关要求,村民就可以到工商部门办理手续成为旅游接待户。这种做法表面上看很公平,但实际上存在着不公平。因为只有那些面水、视野好的人家才具备成为接待户的前提条件,所以接待户基本都在靠近水体的地方。但镇山吸引游客的核心因素是包括自然风光、村落建筑和格局、居民生活方式在内的整体风貌,镇山是所有村民的镇山,因此每个镇山人都有从旅游业获利的权利而不仅仅是旅游接待户。目前修建违章建筑、破坏村寨风貌的恰恰也是从旅游业获利最多的接待户,而那些位置不好、不具备经营条件的家庭反而使传统建筑保存了下来,成为维护古村寨风貌的功臣。

接待户和非接待户之间由于旅游收入的悬殊以及实际上存在的利益分配不平等,已经引发了矛盾,如非接待户故意不维护村寨的卫生,对接待户在维护村寨的环境卫生方面没有承担更多责任有意见等。但由于70%的村民为同门宗室,出于社会交往的心理需要,这些矛盾没有表面化,没有形成激烈的冲突。但如果发展旅游业所带来的利益分配不公平的问题得不到解决,无疑将会阻碍镇山旅游业的进一步发展。

## 三、实现乡村旅游可持续发展的途径

上述问题的存在使镇山旅游业逐渐失去发展后劲,陷入了困境。如何摆脱困境,实现乡村旅游的可持续发展,需要大的变革,凤凰涅槃,浴火重生。

### (一)政府职能转型

西部落后地区开展乡村旅游的初始阶段,由于村委会和村民在对外界和信息的了解、资金、经营手段、市场经验、管理能力上存在的先天不足,因此政府在基础设施、宣传促销、经营的具体帮助、税收扶持等方面提供支持是必要的,但当经营主体积累了一定的经验,具备了一定自我发展能力之后,政府职能应该转型。

镇山旅游业经过十几年的发展,已经形成了较好的基础和经济实力,并且由于地处市郊,社会经济整体发展水平较高,村民相对见多识广,个人素质较好,政府管理能力也较强,因此镇山旅游业要获得进一步发展,应该建立一个符合社会经济发展状况的管理体制。从政府的角度而言,应从原来大包大揽的角色转入对以下问题的关注:

第一,进行宏观管理。具体而言,完善总体规划并监督执行;加大公共资源维护和公共事务管理力度;相关各部门各司其职,但应建立一个由旅游部门牵头的协调机制,避免多头管理和真空管理的状况(这与东部发达地区不一样,东部常态管理即可达到,但西部必须有一个在一定时期起特别作用的机制)。

第二,仍要采取相关扶持政策和措施。尽管镇山旅游业具备了一定的经济实力和自我发展能力,但整体仍然很弱小,抵御风险的能力仍然很差,因而政府依然要在如基础设施建设上采取倾斜政策,在税收上继续让利于民,采取低定额税即实际上的减免税措施,为镇山旅游业的发展壮大保驾护航。

各部门要在各自主管的领域采取一些必要措施,不仅仅是检查执法,还要具体指导帮助解决实际困难。如卫生部门,除了对接待户的食品卫生是否达标、环境卫生是否合格、从业人员是否做健康体检等做常规检查外,还应指导接待户如何在原料的采购、储存、加工等环节中保证食品达到卫生标准,辅导建立台账以保证食品安全等。旅游部门和文化部门应加强对村民的各种培训。

第三,营销上发挥作用。要把对镇山的旅游宣传和营销纳入区域营销的内容。

**(二)切实加强村委会的能力建设**

村委会作为最基层的组织,应具备对村民自治体和社区履行管理职责的能力,不能把一切责任推给政府。

首先,应在维护公共资源,提供公共产品上发挥切实有效的作用。目前镇山在这方面最为欠缺。文物保护、村貌维护、卫生管理等理应由村委会负责的具体事务却由上级政府越位承担;在公共设施(如水、电)建设及维护和公共服务(如信息、牌示系统)提供上也没什么作为。这应是镇山村委会能力建设的重要内容。

其次,针对目前镇山旅游业分散经营,不利于发展壮大的局面,村委会应有能力牵头成立一个产业组织,并有能力针对目前存在的村民旅游利益分配不公平的状况,从代表全体村民利益的角度出发,制定相关政策措施,保障村民均等的参与机会与利益的公平分配。

**(三)建立适合的产业组织**

镇山目前松散的产业组织已存在明显弊端,建立新的、适合的产业组织势在必行。所谓适合的产业组织是指与镇山经济水平、社会结构、文化传统、旅游业发展状况相适应的产业组织。

不同的乡村地区,其经济发展水平、离客源地远近不同,居民的文化知识水平、了解掌握外界信息的能力不同,商品意识、对市场反映的灵敏度不同;而同一地区的乡村旅游,发展的阶段不同,特点也不同。这些都是一个地方发展乡村旅游在确立产业组织结构时应考虑的重要因素。

尽管镇山乡村旅游从总体上看呈现出向前发展趋势,但以散户经营为主的松散产业模式造成的发展后劲不足的弊病也日益显现,因此镇山只有建立一个新的集体性质的产业组织才能谋求进一步的发展。

根据镇山目前的社会经济发展水平,西部都市近郊的区位特点,旅游业开发十几年没有公司进入,一直是散户经营、产业组织化程度低、村委会作用有限的发展现状,我们认为由村委会牵头建立股份合作制企业或行业协会可能是镇山最适合的产业组织,原因如下:

第一,能有效保障乡村社区居民真正成为当地旅游开发的主人,他们作为产业组织的成员,直接参与乡村旅游的开发决策、生产经营活动和利益分配。而目前镇山的社会经济发展水平和旅游业基础,使村民有能力、有资金、有资源进行股份合作制经营。

第二,能较有效地克服目前散户经营存在的没有主体进行旅游形象、旅游产品的宣传营销,而个体的能力和作用又极其有限的缺陷;克服村里在经营秩序维持,公共资源(如环境卫生、村容村貌等)维护等方面存在的管理缺失。

对于现在倍受人们赞誉的公司整体经营的“天龙模式”,也许对镇山来说并不适合。天龙是贵州省安顺市平坝县一个明代遗存的典型古村落,天龙旅游开发投资经营有限责任公司与镇政府、村委会达成协议,公司获得村寨旅游总体经营权。镇山乡村旅游则起步于散户的餐饮接待,十几年的发展历程表明镇山缺乏产生本土公司的土壤,而引入外来公司,将遭遇以下困难并难以解决:首先,把镇山作为一个封闭式的景区进行经营和管理,吸引力显然不够,即便通过丰富产品内容,使其具备成为景区的条件,公司对于已形成相当规模的经营散户也很难进行有效管理。其次,村民得利多,公司无利可图,公司将难以生存;反之,公司获利多,容易形成抽血机制,乡村旅游将难以可持续发展,实现双赢。因此公司与社区共同发展的平衡点很难找到。

### (四)提升旅游产品

建立产品体系。应针对不同的细分市场,打造多种类型产品组成产品体系。第一,文化体验。集中展示古村风貌、传统民俗、农事活动、工艺制作;丰富信息资料中心内容,使其发挥旅游吸引物的作用,而不仅仅是一种装饰。总之要把镇山整体打造为布依族文化深度体验类产品。第二,山水游憩。自然风光一直是镇山重要的吸引要素,但秀美的自然风光在镇山旅游中更多体现为背景价值,产品化不够,在今后的发展中应强化其产品作用,特别要利用“一线天”设计户外活动内容,还可增加农业观光内容。第三,避暑度假。目前已有少量游客到镇山避暑度假,下一步应利用贵阳避暑之都的形象宣传,完善避暑度假产品。针对银发市场,特别是双退休人员开发具有养老性质的产品;针对工薪族完善周末休闲度假产品;针对青少年开发暑期度假产品等。

线路组合。加强区域内旅游合作,组合成内涵更丰富、体量足够大、吸引力更强的旅游线路,如与天河潭的组合,与青岩古镇的组合。

### (五)完善公共服务

解说系统。包括网络、牌示系统的制作,出版物的制作出版,任用地道本地人员为导游员和解说员,这既改善了经营环境,也强化了文化特色,增强了旅游吸引力。

信息资料中心的陈列,要有更加本地化,反映当地村民真实生活的内容,这既是公共服务,又是旅游产品。

开拓市场也是公共服务,是经营户无法完成的。布依族是贵州世居民族,全国超过97%的布依族人口都分布在贵州,从这一角度而言布依族是最具贵州特色的少数民族。目前苗侗风情已成为贵州少数民族在全国的名片,在海外也有一定影响,而较成熟的布依族文化旅游产品不多,全国知名的还没有。镇山是贵州唯一的布依族生态博物馆和省布依族文化保护村,这一身份和优势使镇山不适宜,也不应该仅仅开发为实际上已形成的城郊农家乐型的旅游地,不能只盯着周末休闲市场、短程游客,而应该把周边省、市,甚至长三角、珠三角、环渤海纳入目标市场范围,关注海外的特殊兴趣市场,并把镇山作为布依族文化深度体验产品的旅游形象纳入政府宣传促销的内容,切实搞好市场营销。

(六)传承文化

文化的保护和传承是镇山旅游业进一步发展的前提,是可持续发展的条件,文化的异化或消融意味着失去了发展动力。

要贯彻生态博物馆理念。生态博物馆是一种由全新的博物馆理念带来的全新的博物馆形态。生态博物馆注重保存地方知识,本土记忆,要求生态博物馆社区在原来的文化生态下,沿着原来的轨迹发展,保留文化的特质,保持自己的文化个性。生态博物馆进入中国,必然要受到中国化的改造,与它在发源地欧洲是有所差别的。

在西方世界,建立生态博物馆的社区已经比较发达,人们是在物质需求已经得到满足或基本满足的前提下产生的一种文化的自觉,社区的居民,真正地热爱、关怀自己文化的过去和未来,他们不指望利用生态博物馆这种形式来实现经济目的,虽然生态博物馆也能带来经济收益。而且,由于受教育程度高,基层社会自治制度、组织完善,生态博物馆都是以社区自我管理为主,成为所在地居民真正的精神家园。而在中国所有生态博物馆都建立在落后社区,甚至是极端贫困的社区,这样的国情决定了生态博物馆不仅有文化保护和传承的责任,而且也承担着促进社区经济发展的使命,忽视生态博物馆的经济使命在中国太脱离实际。因此生态博物馆当然可以开发旅游;旅游当然可以利用生态博物馆,但要珍惜它,同时寻找更合适的可持续发展的民族文化旅游开发方式。民族文化的旅游开发与保护是一个世界性的难题,也是无法回避的难题。我们认为一方面要通过文化产品化,用文化产品促进文化保护;另一方面要通过对村落格局、特色民居、传统生产生活方式的保护从而将文化整体出售,达到旅游开发的目的。这是目前解决开发与保护这对矛盾较好的一种方式,当然也是镇山贯彻生态博物馆理念,促进乡村旅游业发展的较好方式。

(七)新区建设释放发展的压力

镇山村村民为了扩大接待规模和改善居住条件,修建了大量违章建筑,村寨风貌严重改变,成为镇山旅游可持续发展的最大障碍,因此通过新区建设释放保护和发展压力势在必行。政府要把新区建设纳入镇山旅游业发展的范围,并严格按照新区为商业区,核心区为游览区的功能区分建设。要下决心协调好新区规划用地与原有土地使用者之间存在的矛盾,使新区建设规划得以顺利实施。在此基础上制定切实可行的优惠政策鼓励餐饮、住宿、娱乐向新区转移,同时限制核心区的商业行为,使其逐步向游览区功能转化。

# 民族文化主题酒店：民族文化传承与休闲旅游发展互动的新载体

## ——以云南民族文化主题酒店为例

程　程　邓小威　明庆忠

(云南师范大学旅游与地理科学学院,云南昆明,650092)

**【摘　要】** 文章首先简要定义了主题酒店,进而界定了民族文化主题酒店;认为民族文化主题酒店是伴随着旅游酒店业的发展而兴起,由主题酒店的特性所决定,能将文化元素渗透到旅游过程中的每一环节,是发掘民族文化与休闲旅游互动发展的新契合点;简要概括了我国主题酒店发展的现状和云南民族文化主题酒店的发展状况,分析了民族文化主题酒店发展的优势,包括文化和旅游的内在关系、多元的民族文化;其发展潜力由广阔的市场空间、消费的拉动以及文化旅游和休闲旅游发展的需求决定。提出了发展民族文化主题酒店的总体思路和发展途径:包括民族文化主题的选择,酒店外观风格设计以及内部民族文化性主题装饰物选择,酒店内各功能区的文化功能设计,与其他主题酒店集群发展等。

**【关键词】** 主题酒店;本土文化;民族文化;休闲旅游;互动发展

主题酒店(Theme Hotel)是舶来品。在国外,主题酒店仅仅是独特概念酒店(Unique Concept Hotel)中的一种。主题酒店是以某一特定的主题,来体现建筑风格和装饰艺术,以及特定的文化氛围,让顾客获得有个性的文化感受;同时将服务项目融入主题,以个性化的服务取代一般化的服务,让顾客获得欢乐、知识和刺激。历史、文化、城市、自然、神话童话故事等都可成为酒店借以发挥的主题。在国内,许多学者对主题酒店的概念进行了多方位的阐述及界定。魏小安(2005)认为,主题酒店是以文化为主题,以酒店为载体,以客人的体验为本质,这些构成了主题酒店的基本定义,而酒店主题可以体现在其各个功能层次上以及营造的个性化的文化氛围中,再也不是原有的刻板的模式化服务,顾客可从酒店的主题文化中获得富有个性化的心理感受,享受知识且获得回味无穷的快乐。李原(2005)认为,主题酒店是指以酒店所在地最有影

[作者简介] 程程(1988—　),女,云南昆明人,云南师范大学旅游与地理科学学院硕士研究生;邓小威(1984—　),女,湖北荆门人,云南师范大学旅游与地理科学学院硕士研究生;明庆忠(1963—　),男,湖北黄冈人,云南师范大学旅游与地理科学学院教授、博士生导师,主要从事区域研究与旅游规划的教学与科研工作。

响力的地域特征、文化特质为素材,来设计、建造、装饰、生产和提供服务的酒店。主题酒店一定是特色酒店,而特色酒店不一定是主题酒店。在主题酒店与文化融合发展研究方面,欧荔(2003)提出在特定的经济模式和城市的定位背景下,融合中西经典文化,把握“本土化”尺度,构建中国式主题酒店。李原(2007)认为主题酒店是体验旅游发展的需要,是文化产业发展的需要。景曦(2010)认为当今酒店业的竞争由规模竞争转向文化竞争,主题酒店的文化定位及建设成为主题酒店发展成功与否的关键。

因此,民族文化主题酒店是指融合本土民族文化,在酒店的外观设计、内部装潢以及各功能区的设置上都以本土民族文化作为核心,与其他文化产业和文化旅游产品相结合,深入挖掘文化内涵,为顾客提供除物质享受外更高层次的精神感受的特色酒店。

## 一、我国主题酒店发展的现状

伴随着旅游业的快速发展,旅游深入到人们的休闲生活,我国旅游业正值从传统的观光型旅游向观光、度假旅游并重逐步过渡的新阶段,人们不再只追求旅游中单纯的观光和游览,反而更注重一种休闲度假式、体验性更强的旅游过程。为了迎合这一旅游发展的新契机,我国酒店行业在建设星级宾馆和饭店的同时,更加注重推出一系列与中国本土文化相结合的主题酒店。我国第一家真正意义上的主题酒店是2002年5月在深圳开业的威尼斯酒店。近年来,主题酒店主要在山东省和四川省尝试发展,随后在北京、陕西等历史文化底蕴深厚的省市批量兴建,沿海发达地区如广州、深圳等利用区位和经济优势吸引大量外资也建设起大批以异域文化为主题的酒店。我国69.4%的主题酒店分布在大城市,另外一些历史悠久、文化底蕴深厚的二、三线城市也利用自身优势推出以陶瓷、京剧、民族、茶为主题的主题酒店。虽然主题酒店在我国还是新生物,但随着我国旅游业的转型升级和酒店业发展的不断拓展,主题酒店将是我国酒店业未来发展的方向之一,也是促进中国传统文化与现代休闲旅游互动的新载体,将以一种新业态形式促进现代旅游业的发展。

云南主题酒店的发展起步较晚,与国内其他经济发达地区相比,酒店在外观设计和内部服务设施方面都较为落后,更重要的问题是酒店在挖掘云南民族文化内涵上不够深入,与酒店内各项服务结合不足,难以深刻地反映出云南传统的民族文化。尽管如此,以民族文化为主题的酒店在云南的发展潜力大,发展趋势较活跃,有广阔的发展前景。目前,云南已有以昭通文化为主题的兴昭酒店,以茶文化为主题的云茶大酒店,以东巴文化为主题的丽江国际主题酒店,以藏文化为主题的建塘宾馆(香格里拉),以傣文化为主题的新傣园大酒店(西双版纳),以藏文化温泉为主题的天生桥温泉度假山庄(香格里拉),以纳西文化为主题的古城岁月驿站(丽江),以彝文化为主题的彝人古镇大酒店(楚雄),以摩梭文化为主题的女儿国风情园(泸沽湖),以纳西文化为主题的庭院式酒店——涵三阁大酒店(丽江)。

## 二、民族文化主题酒店发展的优势与潜力

### (一)发展的优势

1. 文化与旅游的关系

文化是旅游的灵魂,是旅游产品的核心竞争力;旅游是文化的载体和传播渠道,是文化产品走向市场,实现产业化发展的重要载体和途径。旅游具有很强的文化属性,这是由旅游的本质属性、旅游主体的文化要求、旅游客体的文化含量决定的。文化具有很强的旅游功能,符合现代人旅游审美、求知、休闲等精神文化体验需要。二者相互依存,相互促进的内在联系,决定了文化产业与旅游产业必须紧密结合、互动发展,才能神形兼备、与时俱进、互利共赢。因此民族文化主题酒店是文化与旅游深度结合的创造性载体。

2. 多元的民族文化

我国少数民族众多,不同地区、不同民族之间的文化差异较大,不同的生产方式、不同的生活习惯、不同的婚嫁习俗、不同的饮食文化、不同的服饰文化构筑了中国多样性、独特性的少数民族文化系统。有别于其他主题酒店,民族文化主题酒店最大的优势在于它是一个地区、一个民族文化的象征、精神的追求,具有极高的文化传承性和艺术审美价值。

### (二)发展潜力

1. 广阔的市场空间

目前,我国的主题酒店主要集中在北京、上海、深圳以及沿海一些发达地区,中西部地区还较少,尤其是民族文化主题酒店更是屈指可数。现有的民族文化主题酒店普遍存在文化内涵挖掘不够、配套设施不够齐全、酒店内民族文化功能区不全面等问题,因此,无论是从旅游酒店业发展市场,还是从民族文化主题酒店本身的提升完善来看,民族文化主题酒店都是具有很大市场发展空间和经济价值的。

2. 消费拉动

随着人均收入的增加,消费水平的提高,人们开始追求更高品质的生活。虽然主题酒店属于旅游酒店业中的高端消费品,但在旅游过程中,比起传统、单一的经济型连锁酒店,越来越多的人更倾向于选择具有优质入住环境、高品质服务、深度文化内涵的民族文化主题酒店。

3. 文化旅游、度假旅游发展的需要

旅游业正在从传统的观光迈向观光、休闲兼备的阶段,旅游不再是“走马观花”的“快餐”,而是更注重文化体验、精神享受的“盛宴”。一个好的入住环境,是提升旅游质量,加深旅游感知的主要因素。民族文化主题酒店不单是给人以优质环境、高品质服务、齐全配套设施等方面的物质享受,更是让游客认知深度文化旅游和感受高端度假旅游的场所。

## 三、民族文化主题酒店:民族文化与休闲旅游互动发展新载体

1. 旅游酒店业的发展

旅游业作为第三产业中的新兴产业,它的发展态势积极,发展前景乐观,已逐步渗透到其他各个领域的服务性行业中。旅游酒店就是这个发展形势下的产物。与传统的酒店不同,旅游酒店在配套设施和服务等主要方面极力彰显着“旅游精神”。主题酒店作为旅游酒店最重要的一种形式,伴随着文化旅游的不断发展而广泛兴起,其反映的主题内容也日益加深拓宽,尤其是以本土民族文化为元素的主题酒店越来越受到广大群众特别是外地游客的喜爱。

2. 由主题酒店的特性所决定

主题酒店是集独特性、文化性和体验性于一体的酒店。而现代休闲旅游强调的是游客在旅游过程中的体验性、互动性和参与性的环节,注重挖掘旅游的文化内涵。主题酒店又是休闲旅游过程中的一个体验环节。正是因为主题酒店和休闲旅游之间的内在联系,所以主题酒店能发挥出文化与旅游互动发展的优势。

3. 将文化元素渗透到旅游过程中的每一环节

发展旅游,不仅仅要在旅游产品的设计和开发上重视文化旅游资源的利用,而且应当在旅游业发展的各个环节都要突出文化元素,旅游服务更要体现独特的当地民族文化。“吃、住、行、游、购、娱”是旅游过程中最主要的六个环节。一般地,旅游仅在饮食、游览、购物等方面下文化功夫,往往忽略了旅游是一个整体的、综合的体验过程,任何一个环节都可能影响到对旅游的感受。因此,只注重对旅游过程中某些环节文化内涵的发掘是远远不够的。真正要提升旅游的文化内涵,应该把当地各类型的文化因素贯穿于整个旅游过程中。民族文化主题酒店的建设符合这一旅游发展趋势,将文化的传承延伸到旅游业发展的各个方面。

4. 发掘民族文化与休闲旅游互动发展的新契合点

近年来,随着民族文化与休闲旅游不断的深度结合,旅游业发展对文化内涵的要求越来越高,主题酒店成为二者互动发展的新载体、新桥梁。与现有的二者互动发展的结合点相比,民族文化性的主题酒店更具时代感,它的兴起是民族文化与休闲旅游互动发展中人文关怀性的体现,为二者进一步的融合发展提供了平台,反之,民族文化与休闲旅游的互动发展对主题酒店的建设有着积极的推动作用。

## 四、民族文化主题酒店发展的总体思路

通过主题酒店内对某种民族文化的展示,反映出某个地区文化旅游资源的情况、旅游发展的现状、旅游产品的类型,增强了旅游吸引力:(1)民族文化主题酒店的建设可以根据不同少数民族的文化进行创意;(2)主题酒店在当前休闲旅游和文化旅游发展的重要阶段,对二者的推动作用不可小觑。主题酒店不仅为游客提供了一个旅游奔波过后得以休息的舒适环境,更重要的是通过具有民族文化特征的酒店外观建筑风

格、内部装饰艺术和承载于酒店中的文化旅游产品向游客在不经意间展示了民族文化。一方面满足了游客在休闲旅游过程中放松身体的要求，使其获得了物质层面的享受，另一方面给游客带来一种在旅游过程中更高层次的精神上的文化洗礼。(3)住宿条件的好坏是决定旅游品质高低的一个方面。以民族文化为内涵的主题酒店，在保留某种民族文化独特性的同时，运用新型装饰材料，通过现代装修艺术手法，营造出一个别具一格、具有浓厚民族风情的入住环境。同时配以现代化的休息设施和细致入微的人性化服务，使民族文化的古朴性、自然性与服务设施的现代性、舒适性形成强烈对比，通过反差显示出独有的民族文化旅游特色，让游客对民族文化记忆深刻而难忘。既宣传了民族文化旅游，又提升了休闲度假旅游的档次。

## 五、民族文化主题酒店的发展途径

1. 民族文化主题的选择

民族文化主题酒店是民族传统文化与旅游产业深度结合的载体，是文化产业与旅游产业互动发展的实物表现，是文化旅游发展在其他行业内的衍生品。少数民族数量多，民族文化内容庞杂，因此在主题的选择上应考虑是突出某一个民族在生产生活等方面的文化，还是多个民族的文化融合，是集中展现少数民族的某种文化，还是多种民族文化交错展示。

2. 酒店外观风格设计以及内部民族文化性主题装饰物

以民族文化为元素的主题酒店在外观上要彰显出某个少数民族建筑风格的特点，让主题酒店从外观上成为民族旅游中一道亮丽的风景线，成为民族文化与休闲旅游互动发展的标志性建筑。

员工工服是主题氛围的重要表现之一，因为员工是流动的主题符号。因此，让每个员工都穿上云南各个少数民族的传统服饰，使他们成为酒店内一道道移动的文化风景线。此外，在大堂、楼道、卫生间、娱乐场所、康体中心等酒店内的每个角落都应装饰上具有民族文化特色的工艺品。在酒店的墙上可以绘制展现有关生活、生产、风俗习惯、节庆活动等方面民族文化的图画，形成民族文化墙。游客通过壁画可以进一步了解民族文化，对民族文化旅游有更深的感受。

3. 酒店内各功能区的文化功能设计

在客房的设计方面，应反映出某个民族的生活环境和生活习惯等文化特色，或者融入某个具有浓厚民族文化特色旅游小镇的建设风格。在餐厅方面，酒店应重点制作并推出具有民族特色的小吃和宴席，以满足游客在旅游中对异域美食的追求。在酒店内的娱乐场所，让游客体验一下少数民族在日常生活中的传统娱乐项目，如山歌对唱，竹竿舞等；模拟少数民族抢亲等风俗展开游戏互动，游客可以参与其中，感受一下抢亲的刺激和疯狂；现场还有专人对民族服饰的缝制过程进行展示，如果喜欢，游客可以亲自动手尝试一下。在演艺中心，游客可以欣赏到展现少数民族文化的专题文艺演出，从视觉和听觉上感受民族文化的魅力。在表演中心，游客可以观看到反映少数民族生产生活、节庆狂欢、传统习俗等内容的大型情景剧,游客还会被邀请到舞台上进行一系列的互动活动。在电影院,可以轮播少数民族文化的宣传介绍影片。在康体养生中心,推出以傣药、藏药、南药为主的温泉 SPA,用少数民族传统服饰作为浴袍,使游客在体验保健功能的同时,了解少数民族的药文化和服饰文化。在酒店内还可设置一个专门展示民族民间手工艺的展示厅,通过一件件精美的工艺品反映出少数民族人民的勤劳和智慧。

4. 与其他主题酒店的集群发展

文化是主题酒店设计开发理念的核心。休闲旅游的发展不是单靠民族文化类型的主题酒店就足够的。一方面,兴建不同类型、不同文化主题的主题酒店,并形成一个以云南各色文化为内涵的主题酒店集群,使之成为旅游经济增长的一个新亮点;另一方面,主题酒店应与其他文化产业、文化旅游产品全方面、多角度融合发展,逐步形成一个涉及门类多、覆盖范围广、本土文化得到充分展示的文化旅游产业集群,发挥集群优势,扩大集群效应,实现文化旅游产业链的横向拓展和纵向延伸,从而进一步推动民族文化与休闲旅游的互动发展。

## 参考文献

[1]魏小安. 主题酒店[M]. 广州:广东旅游出版社,2005.
[2]李原. 主题酒店的定义及基本规定性[N]. 中国旅游报,2004-12-08.
[3]欧荔. 中国主题酒店文化融合的思考[J]. 旅游科学,2003(3).
[4]李原. 主题酒店应运而生[J]. 中国旅游报,2004-12-15.
[5]景曦. 主题酒店的文化定位和建设问题探析[J]. 中国商贸,2010(28).
[6]2011—2015 年中国主题酒店行业投资分析及前景预测[R]. 中投顾问,2011.
[7]关于促进文化产业与旅游产业互动发展的指导意见(内部资料).
[8]张广瑞. 关于旅游业发展几个问题的思考[J]. 大旅游,2011(15):35.

# 少数民族地区“农家乐”乡村旅游的可持续发展研究
## ——以宁夏为例

许丽君
(宁夏大学人文学院,宁夏银川,750021)

【摘　要】近年来,少数民族地区以“农家乐”为代表的乡村旅游迅速发展,成为民族地区旅游收入的重要来源之一。宁夏是中国最大的回族聚居区,其“农家乐”乡村旅游产业的发展呈现一定的特殊性。本文以宁夏“农家乐”为例,总结了宁夏“农家乐”乡村旅游的基本类型,分析了该地区“农家乐”的发展现状,指出该产业在发展中存在的问题,最后论证了宁夏“农家乐”乡村旅游可持续发展的具体思路。

【关键词】少数民族地区;农家乐;可持续发展

## 一、前言

少数民族地区是指以少数民族人民为主聚居生活的地区。少数民族地区具有自然景观、民族文化、民俗风情、田园风光等资源禀赋优势,近年来,以“农家乐”为代表的乡村旅游产业迅速发展,不但成为民族地区旅游收入的重要来源之一,也满足了都市居民休闲观光、回归自然的需求。但与此同时,“农家乐”乡村旅游产业的发展过程中出现的诸多问题,又极大地制约了该产业的可持续发展。“农家乐”作为民族地区乡村旅游的一种重要形式,应该通过维护乡土特色、优化旅游环境、发展循环经济、全方位旅游扶贫等途径来实现可持续发展[1],更加关注资源的开发、规划、利用与管理。

宁夏是中国最大的回族聚居区,其“农家乐”乡村旅游产业的发展呈现一定的特殊性。本文以宁夏“农家乐”为例,总结了宁夏“农家乐”乡村旅游的基本类型,分析了该地区“农家乐”的发展现状,指出该产业在发展中存在的问题,最后,论证了宁夏“农家乐”乡村旅游可持续发展的具体思路。

## 二、宁夏“农家乐”乡村旅游的基本类型

“农家乐”应体现农业、生态、休闲等基本特征。目前,宁夏“农家乐”大都具有餐饮、住宿和垂钓等基本功能;此外,由于回族人口占宁夏全部人口的三分之一,因此,几

---

[作者简介] 许丽君(1974—　),女,博士,副教授,研究领域:服务质量评价与控制,旅游管理等。

乎所有“农家乐”都提供以清真为主的饮食及服务。基于资源,宁夏地区“农家乐”大致可以分为以下几种类型(见表1):

表1 农家乐类型

| 资源类型 | 代表性“农家乐” |
|---|---|
| 高科技生态农业型 | 昆仑生态园 |
| 生态林业型 | 森淼生态度假中心、贺兰山沿线“农家乐” |
| 山景式原生态休闲型 | 滚钟口松涛山庄、苏峪口山上人家 |
| 湖泊生态型 | 阅海二斗渔村、宝湖度假村 |
| 农事体验型(田地认领等) | 田园聚集餐饮垂钓中心、兰一山庄、都市农园 |
| 田园风光型 | 高家大院、万家乐农庄 |
| 综合性休闲度假型 | 宏坤度假村、五渡桥农庄、孔雀湖乡村俱乐部 |
| 依托旅游资源型 | 泾源县胭脂峡景区“农家乐” |
| 民族民俗风情型 | 吴忠市“回族家访”、泾源冶家村“农家乐” |
| 花卉采摘休闲型 | 兴庆区沿银古路两侧的“花家乐”、掌政乡明卉花家乐 |
| 果园采摘休闲型 | 灵武长枣庄园、中卫枸杞生态园、永宁董洋休闲观光园 |
| 垂钓休闲型 | 银川市阅海公园附近、兴庆区银横路和孔司路两侧“农家乐” |
| 特色餐饮型 | 杨老大农家乐、姜二特色驴肉馆、十里香特色驴肉馆 |

## 三、宁夏“农家乐”乡村旅游的发展现状

截至2010年底,宁夏境内已形成一定规模的“农家乐”150余家,银川市兴庆区、金凤区、西夏区、永宁县、吴忠市、中卫市、石嘴山市、固原市等以农业资源为依托的“农家乐”发展迅速,已在宁夏周边形成了一条农业环城休憩带。“农家乐”充分结合资源优势,类型丰富多样。农事体验、垂钓休闲、果园采摘等形式的“农家乐”,综合性休闲乡村度假区等已经形成一定规模。“农家乐”的发展不但是帮助农民脱贫致富、促进资源优势向产业优势和经济优势转化的过程,也带动了宁夏经济社会的快速发展。

目前,宁夏经营“农家乐”的从业人员大致可以划分为两种类型。一是“农家乐”的业主是农民,通过自家的田地、果园、鱼塘、牧场等所呈现的农村风貌、农业生产过程和农民生活场景来吸引旅游者,餐饮住宿等接待设施完全利用自家生活设施改建或改善而成。由于“农家乐”的经营主体大多是当地农民,他们在经营中既管理又服务,因此服务质量难以控制。二是其他主体投资经营“农家乐”,他们租用农民的土地,修建相对大型的旅游餐饮接待设施、游乐设施等。但总的来说,专业的管理人员相对较少,

从业人员大多缺乏系统有效的培训。

## 四、宁夏“农家乐”乡村旅游产业发展中的主要问题

宁夏“农家乐”乡村旅游休闲产业快速发展的同时，也暴露出一些问题，主要表现为以下几点：

首先，缺乏科学规划与管理。许多“农家乐”的开发存在较大的盲目性，只考虑眼前利益而忽视长远发展，缺乏市场调研和规划设计。甚至有的“农家乐”与所处环境格格不入，偏离“农”的本质，造成对生态环境和旅游资源的破坏。其次，服务质量参差不齐。由于“农家乐”的经营主体大多是当地农民，他们以家庭为单位自主经营，家庭成员既是管理者又是服务员，而且大多数经营者也不知道服务质量应该达到的具体标准，因此造成产品和服务质量难以保证的局面。此外，宁夏“农家乐”还存在整体接待水平偏低，配套设施不完善等现象。再次，从业人员素质偏低，观念落后。在实际的市场调查中发现，“农家乐”的专业经营管理人员相对较少，从业人员缺乏系统有效的培训，素质偏低，信息闭塞，观念落后，缺乏知识、技巧和营销意识，也不能很好地在经营中利用和传播当地的民族特色和文化内涵，使低素质从业人员和“农家乐”的可持续发展之间形成一对矛盾。再次，产品类型单一，缺乏特色与文化内涵。目前，宁夏“农家乐”乡村旅游大多集中在开发休闲农业和观光农业等旅游产品上，而对乡村文化传统和民风民俗资源的开发与利用重视不够，“农家乐”乡村旅游产品市场急待发展。最后，在经营管理、产品开发等方面普遍缺乏品牌意识也是制约宁夏“农家乐”乡村旅游产业可持续发展的原因之一。

## 五、宁夏“农家乐”休闲产业的可持续发展策略

### （一）培养产业簇群带

产业簇群是指某个领域内大量产业关联密切的企业与相关机构在空间上集聚的现象[2]，是基于地缘关系、同业交往等关系，在竞争与合作中共同获得竞争优势的产业群体[3]。“农家乐”乡村旅游是旅游产业链的构成要素之一，它应该通过自身经营，将多样的旅游资源、旅游产品、地域文化因素和交通业、金融业、保险业、通信业、农业等其他产业联结到旅游产业链中。

宁夏“农家乐”旅游自身布局分散，难以形成产业规模化，也难以形成强大的竞争优势。发展“农家乐”乡村旅游要在科学调查研究的基础上，结合区域旅游的总值，培养产业簇群带。通过鼓励扶持成立“农家乐”协会，发挥协会作用，推动与相邻区域的“农家乐”经营户之间的相互联系，并与关联度高的其他企业紧密联系，实现资源共享，产生规模效应，促进“农家乐”产业的簇群式发展，实现“农家乐”乡村休闲旅游业竞争力的整体提升。

### （二）服务质量标准化

“农家乐”乡村旅游存在着产业转型和升级的问题，提高服务质量显得尤为重要。

为了进一步规范和管理“农家乐”旅游的经营服务水平,2008 年,自治区制定了《宁夏回族自治区“农家乐”旅游管理办法》、《宁夏回族自治区“农家乐”旅游服务质量等级评定标准》,对“农家乐”进行星级评定,从经营场地、服务设施、环保安全、服务项目等方面提出了明确要求。同时,政府也启动了《宁夏旅游村星级评定标准》和《宁夏旅游示范县创建标准》的编制工作。这些举措会为宁夏“农家乐”乡村旅游服务质量的标准化提供依据。

(三)从业人员专业化

“农家乐”乡村旅游产业的规范发展离不开从业人员的专业化经营、管理和服务。实际上,对“农家乐”从业人员的专业培训已经引起宁夏旅游业界的重视。例如,2009 年 4 月,银川市旅游局委托银川龙凤职业技能培训学校对全市“农家乐”从业人员实施服务技能培训,对餐厅管理、服务员基本素质、服务礼仪、操作技能、安全防范等内容进行专业培训。而石嘴山市 2008 年还针对“农家乐”餐饮业卫生法规、星级标准和开发与经营管理等方面的知识进行了较高层次的培训。这些专业的培训,不但激发了广大“农家乐”经营者和其他相关各界人士的创业热情,也有利于打造城市乡村旅游品牌和树立城市乡村旅游的良好形象。

(四)彰显民族特色,突出文化内涵

突出民族特色是民族地区实现“农家乐”可持续发展的根本。目前,宁夏大多数“农家乐”对民族文化、乡土文化、乡村民俗等文化内涵开发和利用不够,极大地制约了该产业的可持续发展。

宁夏人口总数的三分之一是回族人口,在泾源、永宁、吴忠等主要的回民聚居区,“农家乐”的经营、服务、旅游产品等都要在依托当地自然资源的基础上突出回族特色。例如,在泾源冶家村的“农家乐”,旅游者不仅可以饱览雄浑壮丽的六盘胜景,还可以品尝到回族特色的农家饭菜,欣赏到回乡民俗踏脚舞等表演。近几年来,随着泾源县文化产业的发展,泾源十大民间传说、西部歌王王洛宾在泾源的经历、花儿的传播等,都可以让旅游者在田园风光中体验无穷的回乡风情和乡土文化。

此外,吴忠市的“回族家访”也因其浓郁的民族特色而成为“农家乐”经营的一个典范。由于回族饮食、回族花儿、回族服饰、回族医药等已入选国家非物质文化遗产名录,成为我国历史文化遗产的重要构成要素,吴忠市充分利用了伊斯兰宗教文化和回族传统文化,同时规划把沿黄河一带的众多回民村落打造成民俗文化旅游区,其中,“回族家访”就是独具回族特色的“农家乐”。在这些“农家乐”里,有头戴盖头的回族妇女围坐在炕头上剪纸、刺绣、粘“掐丝画”……旅游者不但可以亲眼目睹回族人民的民俗文化,还可以亲身体验回族人家的家居生活。

(五)实现经营品牌化

品牌是一种无形资产,向市场传递了一个经济实体信誉、产品、质量、文化、潜力等重要信息,同时也能够增强企业甚至产业的竞争力。宁夏“农家乐”乡村旅游市场发育初期,由于其经营主体大多是个体农户,受知识、经验和理念等因素的限制,经营者普遍缺乏品牌意识,各种类型的度假区及其旅游产品缺乏知名度。

宁夏"农家乐"的可持续发展必须高度重视品牌建设。"农家乐"品牌首先要以诚信经营为基础,在保证产品质量和服务质量的基础上打造特色产品,培育旅游消费者的信誉认知度。其次,要在取得政府各部门的政策支持下,充分利用各种媒体宣传资源,扩大"农家乐"在群众中的影响力,吸引更多的消费者。目前,银川市"农家乐"成立了产业协会,创建了"农家乐"休闲旅游网站,通过吸引大批"农家乐"经营者的加盟,及时公布预定、介绍、优惠政策等信息,增强了银川市"农家乐"乡村旅游的整体宣传营销能力。此外,宁夏境内"农家乐"还应该组织各类的宣传和营销活动,加大品牌推广力度,进一步扩大知名度。

### (六)加强旅游产品开发

旅游商品收入在旅游业总收入中所占的比重是衡量一个国家旅游业发展程度的重要标志。据统计,香港地区旅游商品收入占其旅游业总收入的60%以上,而我国民族地区旅游商品收入在旅游业总收入中的比重还不到10%。旅游商品的开发与销售对于民族地区旅游业的发展具有十分重要的意义。宁夏"农家乐"乡村旅游产品的开发还处于较低层次上。一是缺乏合适的旅游产品;二是现有的旅游产品缺乏地方特色、民族特色和文化内涵;三是当地农民生产的旅游产品因质量差、档次低而缺乏收藏性。这样的旅游产品市场不但难以满足旅游者购物需求,也直接影响了宁夏旅游业的整体效益。

宁夏"农家乐"旅游产品的开发应注意以下几个方面:首先,开发要充分依托当地资源。例如,泾源县的蕨菜、刺五加等野生植物独具特色,中卫的枸杞已经具有一定品牌效应,灵武的长枣也有相当的市场占有率等。有独特资源的地区在旅游产品的开发上要注意广度和深度,不仅让这些特产成为"农家乐"的餐饮特色,还能够成为刺激旅游者产生强烈的购买欲望的旅游纪念品。其次,旅游产品的开发要突出"绿色"。这是因为"农家乐"作为乡村旅游的一种形式,满足了城市人口回归自然的需求,"绿色"的旅游产品,诸如各种加工的野菜、果蔬、树雕、石刻等,能够满足并且延伸城市旅游者这种需求。当然,这些产品一定要精致和环保。最后,民族地区旅游产品的开发要注意突出民族特色和民族文化内涵。例如,神农岛休闲度假村是吴忠市最大的乡村旅游区,这里的旅游产品的开发应更加突出回族特色,可以逐步开发回族饮食、回族医药、回族服饰、回族乐器等。

总之,民族地区旅游产品的开发,不但能够丰富"农家乐"的旅游内容,增添旅游休闲的趣味性,也能够促进民族地区旅游经济的发展。

## 六、小结

少数民族地区以"农家乐"旅游形式为代表的乡村旅游近年来迅速发展,成为民族地区旅游收入的重要来源之一。宁夏是中国最大的回族聚居区,其"农家乐"乡村旅游产业的发展呈现一定特殊性。本文以宁夏"农家乐"为例,总结了宁夏"农家乐"

乡村旅游的基本类型,分析了该地区"农家乐"的发展现状,指出该产业在发展中存在的问题,最后,论证了宁夏"农家乐"乡村旅游可持续发展的具体思路。

## 参考文献

[1]郑文俊,周志翔. 可持续乡村旅游的基本特征及其实现途径[J]. 生态经济,2007(9):127-130.

[2]迈克尔·波特. 竞争战略[M]. 陈小锐,译. 北京:华夏出版社,2005.

[3]鲁兴启,王琴. 高新技术产业开发区产业簇群发展研究[J]. 科学研究,2003(12):128-131.

[4]宁夏旅游网,http://www.nxtour.com.cn.

[5]银川农家乐休闲网,http://ycnjl.com/index.asp.

# “点—轴系统”理论在环青海湖旅游圈开发中的应用

赵丽华
(青海交通职业技术学院,青海西宁,810003)

【摘　要】“点—轴系统”理论反映了社会经济空间组织的客观规律,是区域开发的基础性理论,已经在我国国土开发和区域发展中广泛应用并产生了深远的影响。对于区域旅游开发同样具有非常重要的理论价值和现实指导意义。本文在分析环青海湖圈旅游资源空间分布的基础上,提出以“点—轴系统”理论为指导,构建环青海湖圈分布有序的旅游“点—轴”开发结构,力求优化旅游空间结构,实现旅游业健康、持续发展。

【关键词】“点—轴系统”理论;旅游学价值;青海湖旅游圈;旅游开发

## 一、“点—轴系统”理论

完整提出“点—轴系统”理论的是我国著名经济地理学家陆大道先生。他以克里斯泰勒(W. Cristaller)的中心地理论、赫格尔斯德兰(T. Haegerstrand)的空间扩散理论、佩鲁克斯(F. Perrroux)的增长极理论为理论基础,通过对宏观区域发展战略的深入研究,在1984年首次提出“点—轴系统”理论模型。1995年出版专著《区域发展及其空间结构》,系统阐述了“点—轴”空间结构的形成过程,“发展轴”的结构和类型,从“点—轴渐进式扩散”,“点—轴—聚集区”等问题,分析了不同社会经济发展阶段空间结构的基本特征[1],标志着“点—轴系统”理论体系的形成。陆大道先生认为社会经济客体在区域或空间的范畴总是处于相互作用之中。在国家或区域发展过程中,大部分社会经济要素在“点”上积聚,并由线状基础设施联系在一起形成“轴”。这里的“点”是指各级居民点和中心城市,是人口和各种职能集中的地方,是区域内重点发展的对象。“轴”指由交通、通信干线和能源通道连接起来的基础设施束,对附近区域有很强的经济吸引力和凝聚力。而轴线上集中的社会经济设施通过物质流和信息流对附近区域有扩散作用。扩散的物质要素和非物质要素作用于附近区域,与区域生产力要素相结合,形成新的生产力,推动社会经济的发展。

---

[作者简介]赵丽华(1975—　),女,青海西宁人,管理学硕士,副教授。

环湖旅游圈旅游资源丰富,但旅游业发展程度不高、旅游开发的空间结构还不完整。通过运用“点—轴系统”理论,其节点吸引积聚、极轴扩散、网络延伸的基本特征符合本理论的运用要求,是典型的交通要素发展带来区域经济多重要素的积聚与扩散。

## 二、“点—轴系统”理论的旅游学价值

“点—轴系统”理论反映了社会经济空间组织的客观规律,是区域开发的基础性理论[2]。已经在我国国土开发和区域发展中广泛应用并产生了深远的影响,对于区域旅游开发同样具有非常重要的理论价值和现实指导意义。

### (一)发挥城镇对区域旅游的辐射带动作用

“点—轴”开发可以顺应社会经济发展及其客体必须在空间上集聚成点,然后产生集聚和扩散效应的客观要求。城市不仅是重要的旅游目的地、客源地,还是联系旅游主体(旅游者)和旅游客体(旅游吸引物),使旅游活动得以顺利完成的重要的媒介与条件[3]。有些大城市是国际游客在我国的出入境口岸,同时,它们也是重要的国内或区内交通枢纽,行使国内游客集散地的功能。现代旅游离不开城市,因为它不仅是市场经济的产物,而且是城市化的产物,没有现代化的城市就没有现代化的旅游。要实现区域旅游的全面发展,必须在各种不同地域范围内,把各级中心城市作为不同等级的开发重点,来确定合理的工业、农业、第三产业结构及使经济活动与区域性基础设施之间有机结合,以便产生巨大的空间集聚效果,从而充分发挥各级中心城市对区域旅游的辐射带动作用。

### (二)提高区域旅游的可达性

区域可达性是关系到区域旅游兴衰的重要因素。提高区域可达性是改善区域旅游开发条件的重要目标,也是区域旅游进一步发展的前提条件。改善区域可达性有多种途径,如提高联结区域中心与其他区域中心的道路等级、提高交通工具的速度、开展直达运输以减少中转时间等。然而,这些措施仅针对某个城市或某个确定的小区域有作用,对于提高一个区域总体的可达性却显得无能为力。“点—轴系统”理论提供了提高区域可达性的有效途径,即在区域内建立“点—轴”空间结构系统。在具备完善的“点—轴”空间结构系统的情况下,要想进入本区域,可以利用干线直接到达区域的中心,然后在合理衔接过程中实现一次或多次中转,从而使整个区域可达性最大。同时,也有利于城市之间、区域之间、城乡之间便捷的联系。在客观上有利于实现地区间、城市间的专业化与协作,形成有机的地域经济网络。在信息化和知识经济社会里,这种网络对促进区域经济发展的作用越来越强。

### (三)实现区域旅游的最佳发展

“点—轴系统”反映了社会经济空间组织的客观规律,按照“点—轴系统”开发模式组织区域旅游开发,可以科学地处理好集中与分散、公平与效益、从不平衡发展到较为平衡发展之间的关系。一个地区在旅游开发初期,旅游发展水平是不平衡的,随着开发进程的延伸(轴线和“点”的延伸),“点”和轴线的等级差异变小,相对均衡的状

态开始形成,即由"点"到"线"到"面"的空间开发和发展状态的形成。可实现生产布局与线状基础设施之间最佳的空间结合,即可使各级范围内重点的交通干线、能源、水源建设线路与重点建设的城镇、工矿区取得必须的一致,从而实现区域旅游的最佳发展。这也有利于提高基本建设的投资效果和管理组织水平。

针对环青海湖旅游圈在旅游开发过程中没有突出大区域、大旅游、大市场的整体观,各地区、行政管理部门经常各自为政,重复建设和无序竞争现象严重,使整个地区的旅游开发未能形成"合力"和整体优势,造成区域的"内耗"较大,同时区域旅游空间结构建设落后,未能形成快捷畅通的现代立体交通网络,优质的资源和落后的效益同时存在等这些问题,必须优化旅游开发的空间结构,对旅游开发进行合理布局,促进区域旅游资源的全面开发,使其产生最大的经济效益、社会效益和生态效益。

而"点—轴开发"系统最适用于环湖旅游圈这种旅游资源丰富、旅游业有所发展但发展程度不高、旅游开发的空间结构还不完整的地区。通过运用,实现旅游开发与旅游资源、环境的保护相结合,从而实现旅游业的永续发展。

## 三、"点—轴系统"理论在环青海湖旅游圈中的应用

### (一)重点旅游开发轴线和旅游发展点的选择

交通运输干线以及相应的综合运输通道是城市、发展中心、增长极的连接线路,对于促进区域发展具有重要意义[4]。港口比较密集的沿海地带、主要通航河流的沿河地带、主要铁路和高等级公路是轴线的重点选择对象。因环湖旅游圈深居内陆,主要铁路和公路是仅有的选择。

青藏铁路西格段与315国道并驾齐驱途经西宁、海晏县、西海镇、刚察县、德令哈等县市。环青海湖公路是青海省重点旅游公路,是环湖旅游圈的重要交通通道。它由南北两岸的109国道、315国道和东西两岸的环湖东路、环湖西路4条公路组成,线路全长351公里。环湖南路全长88.16公里,属109国道穿越青海湖区的一部分,2000年已全部贯通。国道109线(北京—拉萨),全长4590公里。其中青海境内段起自民和享堂桥,经乐都、平安、西宁、湟源、倒淌河、茶卡、都兰、格尔木至唐古拉山口出省,全长1484公里。沿途集中了日月山、倒淌河、151基地、二郎剑、油菜花基地等景点。北路129.53公里,属315国道的一部分。国道315线起自青海省西宁市,经湟源、海晏、刚察、天峻、察汗诺、乌兰、德令哈、大柴旦、鱼卡、一里坪、黄瓜梁、花土沟、茫崖石棉矿(省界),终点至新疆的喀什,全长3011公里。其中青海境内长1281公里,公路穿越东部农业区、草原牧业区、戈壁荒漠区、风蚀残丘区(雅丹地貌)、盐渍土地区,串连了金银滩、原子城、沙岛、达赖泉、祭海台等环湖圈的重要景点。环湖东路起点位于109线K2087+138处,终点为西海镇,途经日月山、塔尔寺、金银滩、原子城等重要景点。环湖西路起点位于109线黑马河乡,终点为刚察县切泉沟。途经著名的青海湖鸟岛、三块石等景点[5]。国道214线起于青海省西宁市,经湟源、倒淌河、共和县、恰卜恰、河卡、温泉、花石峡、黄河沿、清水河、歇武、结古、囊谦、多普玛(省界),进入西藏昌都,最

终到达云南省景洪县,全长3184公里,其中青海境内长1111公里。1954年前,西宁至结古段称青藏公路,后西宁至格尔木至拉萨公路(青藏公路)修通后,改称为青康公路,是青海省第二条进藏通道。青康公路在青海境内走向和沿线所经站点,与“唐蕃古道”大体一致,自古以来就是汉藏经济文化交流的通道,流传着许多公主和亲、甥舅会盟、茶马互市等动人故事。这里荟萃了环湖旅游圈旅游资源的精华,理所当然地成为环湖旅游圈旅游资源和旅游线路开发的主轴,并以此为依托,对于环湖旅游圈那些资源特色鲜明、开发条件较为优越的各级增长点进行有步骤地统筹开发建设,从而带动整个旅游圈的发展。

**表1 环湖旅游圈旅游开发的点—轴系统**

| 发展轴线 | 经过的增长点 | |
|---|---|---|
| | 一级 | 二级 |
| 青藏铁路(315国道) | 西宁 | 湟源、海晏、刚察 |
| 109国道及支线 | 西宁 | 共和 |
| 214国道 | 西宁 | 湟中、共和 |

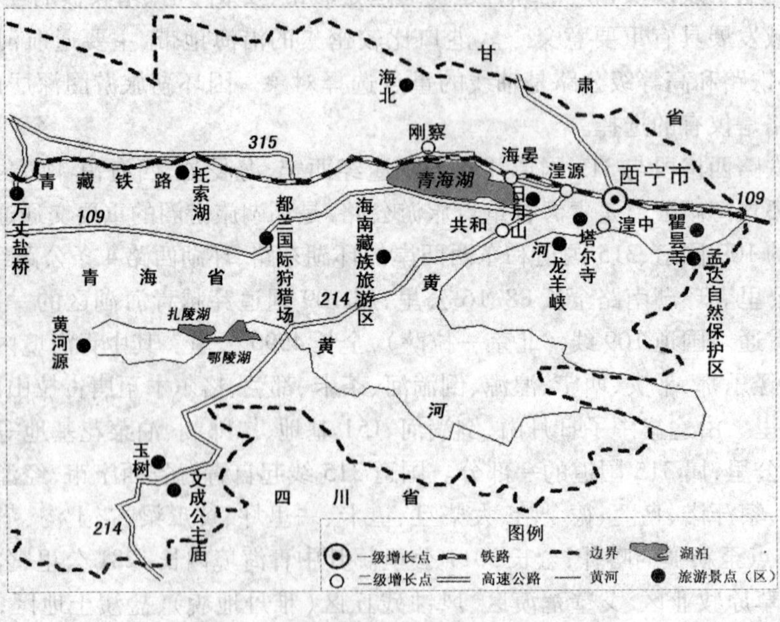


**图1 环青海湖旅游圈点轴开发图**

## (二)重点旅游开发轴线和旅游发展点的分析

1.重点旅游开发轴线分析

青藏铁路全线贯通,开通了北京至拉萨、上海至拉萨、广州至拉萨、重庆(成都)至拉萨、西宁至拉萨的列车,促使铁路沿线的环湖旅游圈旅游半径增大,扩大了客源地空间分布结构;同时315国道(青新公路)、109国道(青藏公路)、214国道(青康公路)沿途的民族风情、高山冰雪和沙漠科考探险、民俗文化等均是潜力极大的旅游开发市场,符合正在兴起的探险、体育、健身、生态环境等特色旅游的要求。加强以轴线为基础,以各级增长点为辐射基地的旅游合作,必将带动环湖旅游圈跨越式的发展。

2. 重点旅游发展点分析

环湖旅游圈面积广阔,历史悠久,山川秀丽,胜迹众多,人文荟萃,物华天宝,源远流长的历史孕育了丰富的文化底蕴,高原风光蕴含着无数大自然的杰作。环青海湖旅游圈在其独特的自然景观衬托下,形成了特有的民族风情和宗教文化艺术,如塔尔寺、西海郡古城等都是国家级重点文物保护单位,日月山、倒淌河更是汉藏文化交融、和睦相处的历史见证。该地区不仅有丰富的人文旅游资源,而且有独具特色的自然旅游资源,尤其是以"中国最美五大湖"之首的梦幻天海青海湖,神奇的鸟岛为代表。

根据国家《风景名胜区规划规范》,旅游资源共分为八大类,74个基本类型,环青海湖旅游圈有其中的六个大类,24个基本类型,基本类型占比为32%。按照旅游资源质量评价体系的标准,环湖旅游圈有特级景观资源3处,一级景观资源7处,二级景观资源18处,三级景观资源60处(见表2)。

**表2　环青海湖旅游圈旅游资料分类统计**

| 主类县域 | A | B | C | D | E | F | G | H | 合计 |
|---|---|---|---|---|---|---|---|---|---|
| 刚　察 | 9 | 10 | 21 | 1 | 18 | 30 | 8 | 11 | 108 |
| 海　晏 | 23 | 23 | 43 | | 9 | 40 | 4 | 18 | 160 |
| 共　和 | 12 | 20 | 33 | | 46 | 59 | 5 | 12 | 187 |
| 湟　源 | 41 | 15 | 39 | 7 | 23 | 28 | | 6 | 159 |
| 湟　中 | 40 | 20 | 39 | 8 | 11 | 72 | 23 | 37 | 250 |
| 合　计 | 125 | 88 | 175 | 16 | 107 | 229 | 40 | 84 | 864 |

(A:地文景观;B:水域风光;C:生物景观;D:自然景象;E:遗址遗物;F:建筑与设施;G:旅游商品;H:人文活动。)

资料来源:青海省发改委:环西宁地区旅游发展总体规划。

环湖旅游圈旅游发展过程中,各级市、县是旅游合作的重点,它们综合实力的差异及由此而形成的等级层次为区域旅游合作发展的空间组织提供了一个基本轮廓。从目前的发展基础看,它们具有比较齐全的旅游服务设施和服务功能、相对便利的交通条件,环青海湖旅游圈合作开发的关键就是要依托城镇重点开发、逐渐推进,整体提高,以增强这些县、市的辐射力、吸引力和服务功能,使之成为环湖旅游圈旅游开发的主要增长点。

## 参考文献

[1]陆大道.区域发展及其空间结构[M].北京:科学出版社,1995:165-170.

[2]陆玉麒.论点—轴系统理论的科学内涵[J].地理科学,2002(2):136-140.

[3]刘锋.中国西部旅游发展战略研究[M].北京:中国旅游出版社,2001:163-169.

[4]崔功豪,等.区域分析与规划[M].北京:高等教育出版社,2000:235-240.

[5]童永生.青海交通大事记.西宁:青海人民出版社,2006.

[6]石培基,李国柱.点—轴系统理论在我国西北地区旅游开发中的应用[J].地理与地理信息科学,2003(9):91-95.

[7]陆大道.关于"点—轴"空间结构系统的形成机理分析[J].地理科学,2002(1):1-5.

[8]帐功豪,魏清泉,陈宗兴.区域分析与规划[M].北京:高等教育出版社,2000:235-240.

# 民族旅游原真性与创新性发展

周作明
(武夷学院旅游系,福建武夷山,354300)

【摘　要】民族旅游的原真性事关民族旅游的可持续发展。在30年民族旅游发展中,民族旅游发展的成功与失败、经验与教训,启迪了民族智慧,使民族旅游回归民族的原真性。21世纪中国民族旅游面临着传统经济与现代经济、原真传承与创新传承、文化保护与经济发展、迎合市场与引导市场等诸多方面的选择,维系民族旅游原真性可以不变应万变。在民族旅游发展中,需要追求在原真性观念下的民族旅游创新发展,拒绝毁坏民族的旅游发展。民族旅游发展最终挑战的是民族文化的原真性。民族旅游创新,需要在生态旅游、低碳旅游等理念的基础上,接受大旅游、科技创新的旅游发展规划,使民族旅游以更大的气魄走向世界,为人们提供更震撼人心的民族旅游体验。

【关键词】民族旅游;原真性;创新发展

在民族旅游的研究中,人们越来越关注旅游的原真性或称真实性。旅游原真性之所以重要,是因为在民族旅游的发展中,传统文化的消退、民族文化资源遭破坏、民族文化在旅游中的"误读"等,都涉及民族旅游的原真性。民族旅游的原真性事关民族旅游的可持续发展,值得深入探讨。

## 一、民族旅游发展30年追忆

拙文所论之民族旅游主要是指少数民族旅游。我国少数民族旅游开始于20世纪80年代末90年代初,几乎与改革开放同步。30年民族旅游发展,从无到有,从小到大,从弱到强,已形成一个民族旅游产业,值得回顾,值得反思。

### (一)在"以贫求富"中起步

我国少数民族聚居区往往是"老、少、边、穷"地区,或者称"欠发达、欠开发"地区。由于历史的原因,少数民族长期在低生产力水平下从事劳作,自给自足,经济总量小,基础设施落后,生活贫困。发展民族旅游,几乎是全国各个少数民族地区从20世纪90年代开始选择的摆脱民族贫困的主要路径。

---

[作者简介] 周作明(1955—　),男,湖南嘉禾人,武夷学院旅游系教授,研究方向为旅游规划与民俗旅游。

"发展旅游,脱贫致富"是政府的方针,也是百姓的愿望。在摆脱贫困的观念下,我国的民族地区开始了民族旅游的艰苦创业。落后的经济使民族地区在发展民族旅游时变得十分被动。常常可以看到,在最初的"以贫求富"的民族旅游发展中,往往简单地出卖民族旅游资源和出卖土地,以换取旅游发展资金和旅游开发商的进入。

"旅游扶贫"一直是政府的乡村发展战略。然而,在民族旅游发展的初期,不管是民族"以贫求富"的旅游发展,还是政府"旅游扶贫"的乡村发展战略,都毕竟是在经济不足的条件下进行的产业发展。于是,旅游基础设施的投入就完全依靠招商引资。为赚钱而来的旅游开发商,自然是市场经济利益第一,这就导致了旅游环境的破坏,民族文化的张冠李戴,穿着苗族服装跳土家族舞蹈①,毁损了民族旅游形象。

进入21世纪,政府的"旅游扶贫"的乡村发展战略,改变了以招商引资来发展民族旅游的做法,由政府直接下拨旅游扶贫资金,推动民族旅游的发展。例如,目前我国贫困人口最多的省份贵州,少数民族人口近40%。民族地区贫困现象集中连片,贫困问题与民族地区的发展问题相互交织。为了增加少数民族贫困地区农民收入,从2011年起,贵州省每年将投入不少于一个亿的资金助力乡村旅游扶贫,计划到2015年,全省乡村旅游扶贫总投入将达20亿元。再如,优先在民族地区开展乡村旅游扶贫试点,突出红色旅游、民族文化旅游、生态旅游三大主题,按各自特色进行规划、实施,促进民族地区旅游资源深度开发,实现贫困群众持续增收。又如,重庆市在2011年向武陵山区和秦巴山区两大贫困带投入5000万元资金,将30个贫困村打造成为旅游目的地,以旅游业为龙头,带动当地农民脱贫致富。②

政府下拨的旅游扶贫资金,直接用于民族旅游基础设施建设和民族旅游环境改善,使民族旅游摆脱完全依靠招商引资发展的被动局面,进入到民族地区自主自资的发展阶段。随着旅游发展进入自主自资发展阶段,在民族地区"以贫求富"的旅游发展初期,由于急躁、浮躁而出现的种种事与愿违的民族旅游开发行为将得到纠正,转变为讲求民族文化内涵的旅游发展,讲究民族旅游的文化生态环境保护的旅游发展,进入到良性发展的民族旅游新阶段。

**(二)经济市场中的悲欢**

民族与旅游有共生与冲突的关系。实践已经证明,民族地区的脱贫致富,发展民族旅游是条最便捷和效益最大的道路。发展民族旅游,促成了城市经济和富裕地区的经济向民族地区流动,改变了民族地区经济的结构,带来了民族地区经济的发展。

然而,在旅游大潮前,少数民族经济与文化处于弱势。在传统小生产经济下形成的民族文化,瞬间成为现代经济背景下民族旅游商品,显得彷徨和不安。在民族旅游中,如果完全去迎合市场,迎合游客的"猎奇"兴趣,民族文化中的最优秀部分和最忌讳部分,都有可能成为人们所想知的吸引物。然而,挖掘民族旅游文化资源,发展一个

① 孙九霞.节日符号在民族旅游开发中的运用及问题[J].中南民族大学学报(人文社会科学版),2003(6).

② 李松.重庆打造30个乡村旅游目的地加快扶贫开发[EB/OL].新华网,2011-06-12.

民族旅游产业,应选择最优秀的正面的民族文化。但在民族旅游发展中常常不是如此。例如,“花房”和“情人房”本是撒尼青年男女恋爱幽会的场所,属个人隐私和民族禁忌,竟然有人将之作为旅游项目展示和开发,①违背了民族意愿。

相对处于落后经济下的少数民族,为了赢得民族经济的发展,不得不被动地将没有获得新时代发展的传统文化和传统生活作为旅游资源,投入到旅游产业的开发之中。在此种状况下,民族文化有两种前途。第一种前途是在旅游开发中,民族文化获得新的整理、新的传承和新的发展;另一种前途就有可能是民族文化被同化、异化和退化。

民族旅游经济属于市场经济范畴。民族文化的市场化,必然是市场的商品化。民族文化商品化必须按经济市场需求原则进行开发规划,就有可能偏离民族文化的原真性。民族文化走进旅游市场,在依据市场原则,进行市场包装和市场买卖时,不可避免地要出现民族文化的舞台化和民族生活的表演化,甚至有可能因为“市场需要”,篡改民族文化,将民族文化弄得似是而非。

民族地区在被动地适应旅游市场,或者在被动迎合旅游市场中,酿成了民族旅游发展中的悲哀。教训在于关注经济市场,利用经济市场发展民族旅游时,没有认识到民族文化是发展旅游的根本,忽略了民族文化的原真性,放弃了民族文化的原真性,不仅损坏了民族旅游形象,也使游客在旅游中只看到若隐若现的民族文化的影子,损害了游客的利益。

### (三)从“边缘”到“中心”的困惑

少数民族由古到今,都聚居在边疆、边地、山区、山地,文化也处在边缘,都被主流文化所排斥或作为主流文化的辅助。就今日发展民族旅游而言,正是民族地域的边缘性、民族经济的边缘性、民族社会的边缘性,使民族文化在旅游市场中具有了诱惑性,具有了民族旅游的吸引力。

生存在现代文明的边缘地区,远离现代文明的“中心”的“边缘民族”,所创造的民族文化在带有明显的文化原生性的同时,也存在相对的落后性。民族地区的贫困和民族文化的落后性不是民族的本意。少数民族本应在以往的岁月里获得经济与文化的发展,但由于种种原因使少数民族丧失了发展的机会。少数民族需要通过民族旅游融入现代经济,进入主流社会文化的框架中,吸收新时代的新经济和新文化要素,推动民族发展。

少数民族因聚居的边缘性,形成了民族区域经济与文化的相对封闭系统。民族区域经济与文化的封闭系统具有排他性和脆弱性。民族区域经济与文化的封闭系统的排他性稳固了民族生活与民俗文化的独立体系,保存了传之百年乃至千年的民族文化的原真性,但同时又封闭了与外界深入交流的信息渠道。民族区域经济与文化的封闭

① 王国祥. 民族旅游地区保护与开发互动机制探索——云南省邱北县仙人洞彝族文化生态村个案研究[J]. 云南社会科学,2003(2).

系统的脆弱性主要关键在交通的阻隔。落后的交通,阻隔了民族地区与经济文化发达区域。一旦改善交通条件,民族地区与经济文化发达区域的阻隔就会被消除,民族区域经济与文化的封闭系统就会被打破,民族区域经济与文化就会从"边缘"走向"中心",融入"中心"体系,成为"中心"的组成部分。

由于发展民族旅游,民族地区不良的交通状况得到了前所未有的改善,民族开始从"边缘"走向"中心",进入人们的旅游体验的全方位的视域空间,包括民族生产、民族生活、民族信仰、民族文化,几乎都被改变成一种可供他人体验的"旅游项目",被观赏、照相、录像等。在人们旅游体验的空间中,民族文化的原真性在接受磨炼,民族的心灵与情感也在接受磨炼。

### (四)在民族旅游发展中的觉醒

应该承认,我国民族经济与文化的发展曾经有过断裂,甚至有过丢失,遭到过毁坏。发展旅游经济,给予了民族整理、恢复、传承、发展民族文化的机会。所以,在强调采用发展民族旅游的方式来发展民族经济时,前提必须是有利于民族,而不是毁损民族。

几乎所有相关领域的学者(民族学、人类学、旅游学、社会学学者)都在关注民族及其文化在民族旅游发展中的消退问题。民族地区在社会转型和经济转型的发展中,旅游开发似乎成了处在小生产经济下的民族的必然选择。民族不可能拒绝民族旅游,放弃借用经济市场来发展民族的机遇,也需要借此将民族从封闭的传统的经济文化壁垒中解放出来。

在民族旅游发展的初期,在所谓"新""奇""特"旅游开发观念与原则的左右下,民族旅游被引入了一个误区,民族旅游成了人们猎奇的旅游,成了人们寻求刺激的旅游。追求民族旅游的"新"、"奇"、"特",导致了伪民俗旅游、假民俗旅游的泛滥,极大地伤害了民族的尊严。例如,在云南省邱北县仙人洞彝族文化生态村,竟然有人无视村民的意愿和项目专家组的意见,把村民祖祖辈辈视为"生死崇拜圣地"而不许外人窥视的老仙人洞辟为旅游点,开洞凿口,用水泥填平洞基,用油漆在崖壁涂抹仿古岩画或摹写彝文,不仅严重破坏了彝族传统文化,而且伤害了民族感情。①

作为一个民族,不可能敞开生活,让他人一览无遗。进入21世纪,追求"新""奇""特"的民族旅游阶段应该结束,民族旅游需要去掉浮躁心态,进入到追求和体验民族文化"真""善""美"的民族旅游发展新阶段。民族地区可以凭借优美的山川环境,恬静的民族乡村生活,提供优质的观光、休闲、度假、体验旅游。

在民族旅游发展中,应将民族旅游与民族生活区别开来。民族旅游根植于民族生活的土壤,但不等同于民族生活,应是民族生活的抽象。在民族旅游的产品和项目的规划中,只要不背离民族文化的根本属性,不违背民族文化的核心理念,就可以让策划

① 王国祥.民族旅游地区保护与开发互动机制探索——云南省邱北县仙人洞彝族文化生态村个案研究[J].云南社会科学,2003(2).

者去大胆地创意和想象,使民族旅游获得更大的旅游发展空间。

在民族旅游活动中,民族民间艺人与民族文化的表演者,实际上是肩负着两种不同的历史使命。民族民间艺人是民族原生文化的传承者,他们的才艺展示有严格的传统范式,代表民族文化形象。如丽江纳西古乐演奏的老者所传承的纳西古乐。民族文化的表演者则是民族文化后天的舞者或歌者,是应民族旅游市场需要而产生的,他们不必遵照民族文化表演的传统范式,可以对民族文化进行现代音乐舞蹈艺术的创意提升,即所谓"源于生活,高于生活"。如由著名舞蹈家杨丽萍出任总编导和艺术总监并领衔主演的大型原生态民族歌舞集《云南映象》,就是将民族文化进行现代音乐舞蹈艺术演绎的民族文化旅游产品的成功之作,至今已在国内演出近千场,场场爆满,获得中国舞蹈最高奖"荷花奖"。民族文化的真实性与旅游市场的需求性二者在这部作品里得到了很好的结合。[①] 由此可见,民族旅游需要民族民间艺人,同样也需要民族文化的表演者;需要传统文化的原真性展示,也需要舞台化的艺术创新性表演。

太久的经济发展压抑,长期被社会发展边缘化的民族地区,还来不及准备,就卷入了旅游经济的浪潮之中。在民族旅游发展的初期,民族生活与民族文化的丢失或局部的被改变,都是暂时的,也是必然的。一旦经过民族旅游发展的实践,成功与失败,经验与教训,就会启迪民族智慧,使民族性回归,使民族生活与民族文化回归,因为毕竟民族旅游的"原真",才是永远的经济市场和民族利益所在。

中国民族旅游从"以贫求富"开始,经过30年实践,民族在慢慢地学会做旅游,在逐渐体会民族文化对于民族旅游的价值,也在一步步地趋利避害,走向正确的发展道路。

## 二、21世纪民族旅游面临的抉择

21世纪中国和世界的旅游发展,在山川名胜观光旅游基础上,正在显露文化体验旅游、休闲度假旅游和生态养生旅游的发展趋势。民族旅游发展需要适应这一旅游发展趋势,慎重地进行传统经济与现代经济、"原真"传承与创新传承、文化保护与经济发展、迎合市场与引导市场等诸多方面的选择。

### (一)传统经济与现代经济

民族地区的传统经济是一种自给自足的自然经济,也是一种小生产的封闭经济。相对经济发达的地区和城市居民而言,民族地区在传统经济上所保存的小生产经济的生产、生活和风俗是他们不熟悉或久违的,也是他们感兴趣的。于是,民族地区因所保留的传统经济便令人意想不到地与现代经济联系在一起。然而,在世界经济与文化交往和开发的潮流下,随着现代农业的发展,构建在小生产经济上的生产与生活最终是要放弃的,不可能设想用某种封闭的形式,或以生态博物馆的形式,将一个民族聚居村

① 高芳.民族旅游开发中的文化商品化与文化真实性关系辨析———以《云南映象》为例[J].保山师专学报,2008(3).

落作为“整个社区鲜活的整体文化,包括静态的文化和动态的文化”固定下来,实现“对生物多样性的保护和文化多样性的保护”。[①] 其实,一旦将民族生活与民族文化作为旅游资源投入旅游开发时,民族的传统经济就已经被现代经济打破。而且,民族是变化发展的,民族地区有发展现代经济和现代文化的权利,有共享世界现代文明科学进步成果的权利。

民族地区发展旅游需要接受现代经济,在参与现代旅游经济的建设中获得民族旅游的发展。21 世纪,我国民族乡村旅游已经出现了新的景色,出现了开放的现代农业经济,正在形成以现代农业产业观光园为主题的民族乡村旅游。

(二)“原真”传承与创新传承

从历史走来的我国各少数民族,文化源远流长,优秀而丰富的传统文化铸就了今日的民族旅游业。在民族旅游中,民族文化给了人们一幅纯洁、原真、恬静、美丽和古朴而奇异的画卷。然而,如同万事万物都在变化一样,这一幅美丽而奇异画卷在变化,甚至褪色。要使这一幅美丽而奇异画卷不褪色,民族文化传承迫在眉睫。

民族文化的传承来自民族的自觉,来自民族的自身造血。民族文化传承的危机不是来自民族旅游,也不是来自市场经济,而是来自民族自身。来自民族的年轻一代对传统民族歌舞、乐器、服饰的兴趣越来越淡漠,来自民族文化保护和传承“后继乏人”。民族文化传承需要 21 世纪文化传承与振兴计划。民族文化的传承不仅仅是为了民族旅游,更是为了拯救民族,使之免于消亡。

民族文化传承不能脱离民族母体,民族母体是民族文化的源泉。民族文化的传承首先是民族文化母体原真传承。民族文化原真性来源于民族的本质性区别,具有不可替代的地域性和民族性,脱离民族文化地域性和民族性,就脱离民族原真性。以脱离民族原真性的文化去论民族文化的传承,就会混淆民族的集体记忆,民族文化传承就会失去价值与意义。

民族旅游的原真性与民族生活的原真性、民族文化的原真性是直接相连的,与民族文化的独特性、民族旅游吸引价值也直接相连。然而,民族生活的原真性和民族文化的原真性是在相对封闭环境和缺乏与外界交流状态下形成的,随着封闭环境的逐渐打开和与外界交往加大,我们民族生活的原真性和民族文化的原真性保持受到了挑战。特别是在开放性的民族旅游发展中,民族文化的原真性还能保持多久,原真性的民族旅游还能走多远,已经成为一个严峻问题摆在我们的面前。

因此,民族需要从民族文化原真传承走向民族文化创新传承。民族文化创新传承重要的是学习新的理念、新的文化、新的智慧,并将之融入民族文化之中,作为传承文化的组成部分。在开放的环境和与外界的交往中,增强传承和创新民族文化的能力,追求在现代民族旅游经济与现代文化交融中,既传承民族文化的原真性,又推动民族文化在新时代的发展,最终延续民族旅游的原真性,保持民族文化的独特性,提升民族

① 汪毛毛. 生态博物馆模式在我国民族旅游开发中的应用[J]. 科技促进发展,2008(12).

旅游的吸引价值。

### (三)文化保护与经济发展

有研究认为,由于新科学、新文化发展时代的到来,民族地区在进入旅游发展阶段时,一体化的民族文化裂变分成两部分,一部分文化是族人群体内部要遵循的文化,另一部分是用来给游客表演的文化。启示人们要关注民族旅游发展中的民族文化作用与功能的变化,观察民族文化形式、内涵与传承的变化。

在我国民族发展的历史上,每一次社会经济变革都会触及民族经济与民族文化,但是由于长期以来民族文化的自给自足的小农经济基础没有改变,基本没有触动民族文化的原真性,民族文化都在原状态下延续。然而,当民族地区处在旅游新经济和社会新文化背景下时,旅游经济以前所未有的诱惑力,从外到内全面触动了平静的民族文化,激起了民族文化的波澜。

我国各民族在发展旅游时,心理十分矛盾,既要接纳陌生的旅游,求取经济与生活的改善,又惧怕旅游,因为旅游将改变他们的观念、品性、文化、生产和生活方式。在急于摆脱贫困的心态下,必然是过多地强调民族旅游经济利益的索取,而忽略在发展旅游时对民族文化的内涵与价值的保护。于是,由于民族旅游规划者或策划者的臆造,加上外来旅游者的影响,旅游带来了民族生活的变异和民族文化的变异。

在民族旅游发展的初期,民族、开发商、政府都在追求经济利益。面对旅游经济对民族文化的损坏,政府和开发商都不可能进行有效的保护,最根本的保护者就是民族。民族要从自发到自觉,从自觉到创新,保护民族文化,发展民族文化。没有民族的觉醒,政府将无能为力。没有民族的觉醒,政府对于旅游开发商对民族文化的不端行为也将无能为力。因为,民族文化的根本是民族属性,需要民族在发展旅游经济中,坚守民族文化根本的民族属性,学会在发展民族旅游经济中,吸收新经济与新文化养分来壮大和发展民族文化。

民族旅游的发展越来越证明,民族文化对于民族旅游的价值与重要性。民族靠文化存在,民族旅游也是靠民族文化存在。然而,民族经济的发展,最终都将触及民族文化,或推动民族文化发展,或毁损民族文化。面对民族旅游的来临,是主动,还是被动,关系到民族文化的发展与毁损。主动对待民族旅游发展,民族文化就得到自觉保护,就会获得发展。被动进入旅游业,民族文化仓促应对,民族文化就容易受到毁损。在20世纪八九十年代,我国各少数民族地区几乎都是茫然进入民族旅游的大潮之中,没有心理准备,也没有理论准备,往往只认识旅游促进经济发展的一面,对旅游有伤民族文化的一面缺乏认识。实践证明,民族文化保护和民族旅游发展是辩证统一的,良好的民族文化保护,就会带来民族旅游经济的发展,反之则滞缓民族旅游的发展。太多民族文化因旅游损坏的惨痛教训,使我们更坚信这一点。正视旅游经济对民族文化的双重作用,推动民族经济与民族文化走向和谐发展的道路。

### (四)迎合市场与引导市场

民族进行民族旅游产业发展,跟随而来的必然是民族文化的市场化。面对旅游市场,有两种不同的市场策略和市场原则,一是迎合旅游市场,二是引导旅游市场。在以往30年的民族旅游发展中,我国民族地区的民族旅游发展所遵循的市场策略和市场原则,基本是迎合市场,因而出现了种种为人们所痛恶的造作的伪民俗和假民俗。如在云南邱北县仙人洞社区建设中,有人主张把云南省内甚至省外其他地方的彝族文化都集中到仙人洞村来,建筑从古至今的各式各样的彝族民居,以"丰富"仙人洞的文化,甚至主张把文山州的其他民族的文化都集中到仙人洞村来,在附近建立壮族民俗村、苗族民俗村、瑶族民俗村,以增加景点。在村头竖撒尼人没有的图腾柱,柱高7米、直径0.64米,用白海棠石雕成。柱上的图像取自外省。这些主张和做法遭到专家和村民的抵制,认为如此一来,必然使撒尼文化变异成一种"怪文化"。①

在市场原则下,民族的一切都有可能被设想为旅游产品,民族聚居的环境、民居、饮食以及文化都有可能被出售。民族进入旅游产业发展,就必然走上旅游市场发展之路,必须要遵守市场经济规律,将民族自身及其文化作为旅游资源进行商品化处理,而且要做到适应旅游市场发展变化的需要。于是,一系列商品经济与生俱来的问题就必然会带给民族,如民族文化的商品化、舞台化、雷同化、格式化、庸俗化,民族也将在发展商品经济中,由淳朴可掬变得斤斤计较。

面对旅游市场,面对游客,民族不应是被动的,民族需要认识旅游市场规律,学会利用和控制旅游市场,不要被旅游市场所左右,成为旅游市场的附庸。同时,民族要认识自己,认识自己的文化,控制自己的文化。在旅游市场与民族文化关系上,重要的是要认识到,民族文化的认同首先是民族认同,把民族认同策划为游客认同,而不能相反,把游客认同变为民族认同。不是旅游市场和游客造就民族,而是民族引发旅游市场需求。

引导旅游市场,就是发挥民俗文化的旅游吸引力,引导市场去欣赏民族文化,体验民族文化。科学利用市场的经济原理,既收获市场效益,又收获民族的进步与发展。

民族地区在发展民族旅游产业中,要面对从传统经济向现代经济的转变,在进行民族文化的原真传承与创新传承、民族文化保护与民族经济发展、迎合旅游市场与引导旅游市场等诸多方面的选择中,归结到一点就是民族旅游原真性的维系,保证了民族旅游的原真性,就可"以不变应万变"。

## 三、在原真性观念下的民族旅游创新发展

维系民族旅游的原真性是相对而言的,因为每时每刻万事万物都在变,或微变,或大变,或量变,或质变,不变是不存在的。在民族旅游发展中,我们追求的是围绕民族根本性向前发展的变化,拒绝改变民族根本性的变化;追求在原真性观念下的民族旅游创新发展,拒绝毁坏民族的民族旅游发展。民族旅游发展最终是挑战民族文化的原真性。

---

① 王国祥.民族旅游地区保护与开发互动机制探索——云南省邱北县仙人洞彝族文化生态村个案研究[J].云南社会科学,2003(2).

(一)慎重对待民族文化"重构"

进入一个新的社会发展阶段,特别是当民族启动了旅游产业,民族在毫无准备的状况下,面对了素未谋面的新经济,却只是到了所发展的民族旅游新经济造成民族文化改变和毁损时,才引起人们的警觉。于是,有所谓的民族文化"重构"说。

"重构"总是意味着对原结构的打破和调整,意味着重新组合,即构建新民族文化或民族新文化。对于由民族旅游引发的民族文化"重构",是需要慎重考虑的。站在民族的立场上,民族文化"重构"不能偏离和混淆所属民族文化范畴和属性。取悦游客的民族文化"重构"所形成的旅游市场是暂时的和短暂的,最终都将被逐渐成熟的民族文化旅游市场所取代。

民族文化发展要回归到民族本身来思考。民族文化是民族存在和发展的根本。民族有自身的文化体系,对外来新文化有符合民族利益的取舍原则。实际上,民族在每一个新时代的发展中,都在吸取新文化要素来补充到民族文化的体系之中,跟随着时代的发展。面对强势的旅游经济带来的文化,也不必过多地担忧,更不必急于去做民族文化"重构"。民族一旦由自然走向自觉,就会斟酌民族文化,就会吐故纳新,有鉴别地吸收现代新文化,实现民族文化的推陈出新。

在民族旅游发展中,除了慎重对待民族文化"重构",还须小心民族文化"整合"。因为,"整合"有忽视原民族文化基础的可能性,有可能改变民族文化主体,改变民族文化基础。"整合"的目的是为了增进游客与市场买卖交易,会加进迎合游客主观感受的取悦成分,有可能背离民族精神。

(二)警惕民族变成"旅游民族"

发展民族旅游,使民族地区百姓从第一产业转向了第三产业,从小生产型经济转向服务型经济,相应地,民族也将从耕作型民族转变成服务型民族。在民族旅游中,民族群体和个体有三种不同的地位与劳作处境,第一种是民族旅游活动的组织者和导游者,第二种是民族旅游商品(土特产、工艺品、住宿、餐饮)经营者,第三种是民族民俗文化的展现者和表演者。因此,随着民族经济形态的改变和劳作形式的改变,需要警惕民族变成"旅游民族"。

思考民族旅游是否在将民族改造成"旅游民族"的问题并非杞人忧天,有事实说明,在民族旅游活动中,可以看到两种现象,一是有些民族个人只有在表演和展示民族文化时,才穿着民族服饰变成"民族"。[①] 二是在民族群体中,已经有部分成员在逐渐形成专门为旅游表演才成为民族的"旅游民族"。在民族旅游活动中,民族变成了"旅游民族"或"旅游表演民族",似乎是旅游毁灭了民族。

民族变成"旅游民族"祸害不在于民族旅游,关键在于民族与民族文化的整体性的稳固程度。稳固的民族与民族文化的整体性是民族性不变的根本。一旦民族脱离

① 徐新建.开发中国:"民族旅游"与"旅游民族"的形成与影响——以"穿青人"、"银水寨"和"藏羌村"为案例的评述[J].西南民族学院学报(哲学社会科学版),2000(7).

了民族文化,或者民族文化脱离了民族群体,民族都将成为一种符号,成为一种概念。民族在开放性发展的时代中,任何新经济或新文化都有可能松动或分离民族与民族文化的整体性。新文化是一种社会的共性文化,民族文化是一种个性文化,如果民族在接受了社会共性文化时,放弃了民族个性文化,民族不仅会变成"旅游民族",还可以变成其他职业"民族"。

一个民族在发展中,自觉或不自觉去掉或放弃代表着民族个性特征的文化,不能理解为"民族融合",因为"民族融合"是民族的进步和发展。而去掉或放弃代表着民族个性特征的文化的民族,已经成为不可以具象的民族,或者已成为消失在历史长河中的民族。

在民族发展的历史上,民族与民族文化从来就是一个整体。民族文化是民族生活的组成部分,民族与文化不可分离。显然,在发展民族旅游产业中,要避免民族变成"旅游民族",根本在巩固民族与民族文化的整体性,让民族文化回归民族生活。民族文化回归了民族生活,"旅游民族"就回归了民族性,民族旅游活动中的民族文化表演,就如同民族的日常劳作一样,只是一种新的劳作而已。

在民族旅游的创新发展中,追求民族旅游的可持续发展,就是追求民族与民族文化的整体性,追求民族文化个性的回归,"旅游民族"或"旅游表演民族"民族本性的回归。

### (三)着力于民族文化"传承"

民族文化传承应是民族发展的理念和方案,包括传统文化的继承和推陈出新。"传承"不仅基于原民族文化基础,与民族传统文化一脉相承,还需进行吐故纳新和扬弃。民族文化传承的着眼点是民族集体的认同,不受市场交易原则的束缚。民族文化传承需要对民族群体文化进行传习和教育。

强调民族文化传承,并不意味着保守传统与落后,或甘居落后,而是使民族求得在新时代的新发展。在民族旅游发展的实践中,人们已经获得经验,正是那份厚重的,难以一下识读的民族文化的传承,带给了民族旅游强大的旅游市场吸引力和旅游市场效益。民族文化传承多少带有点与众不同,或原始,或纯真,或生动,正是这与众不同的原始、纯真和生动,传承了民族旅游的原真性,是民族旅游的陈年老酒,是民族旅游发展的根基。

要着力于民族文化传承,我国各少数民族需要从习惯的传统的自给自足的小生产经济,发展到现代的大生产的经济上来。民族文化传承需要适应大社会、大经济、大科学、大文化、大旅游发展的需要,自觉破除自古以来建立在小生产经济基础上的狭隘意识,以大生产和大经济观念,接纳新科学、新技术,接纳大旅游理念,发展民族大旅游。

民族文化不一定是在封闭状态下获得自塑性发展,在开放的社会背景下,民族文化也能在传承优秀民族文化传统的基础上,从吸纳多元的新经济新文化养分中获得发展。

(四)严守民族文化"原真"

一个民族区别于其他民族,根本在于核心文化的区别,换句话说,一个民族总是能在核心文化上与其他民族区别开来。核心文化的本质就在于民族文化的"原真"性。民族旅游与民族文化原真性的关系,就是在旅游背景下的民族文化原真性,在民族文化原真性原则下的民族旅游。

民族旅游所具有的市场价值与竞争力来源于原真的民族文化。民族文化的原真性又源于传统的耕作、放牧、渔猎等多类型的民族生产生活,展现的是中国传统社会经济与文化下的民族文化的形态。在民族旅游发展中,强调民族文化的原真性,并不意味着直白地展现传统社会经济与文化下民族生活的原始性,更不能以所谓的"民族文化原真性"的原始与落后,来满足游客的好奇心,也更不能为了取悦游客而任意混淆民族文化间的区别。

由于旅游形象认知远距离认同的模糊特性,就使得简单的民族文化雷同可以取悦远道而来的游客,便给民族旅游的开发者、规划者、经营者造成错觉,以为可以不必严守民族文化的原真本质。民族旅游的危机正来源于民族原真性的日益丧失,以及由于民族原真性丧失所引发的民族道德背离和民族文化背离。市场经济的残酷性就在于,当民族失掉了原真性,"当一个村寨变得太现代化,村民们变得太商业化,旅游者就会失去对该村的兴趣,旅游开发商就不得不把生意转移到更边远的民族村寨去。"①

在民族旅游中,游客对民族文化的感知,可以分为原真性感知和原真放大性感知。原真放大性感知不同于原真性感知。原真放大性感知体验来自于对民族文化的舞台化放大,给游客一种民族文化放大后的震撼性感悟。原真放大性感知的舞台化放大,需要大量资金投入,需要在大艺术家策划下才能获得好的文化提升和旅游市场效果。

民族地区至今所保留的传统民族文化,分为物质文化和精神文化两大范畴,包括民族生产、民居、民族精神、民族品格、音乐、绘画、书法、舞蹈以及民居建筑艺术、园林艺术、风俗习惯等诸多方面。在民族旅游中,严守民族文化"原真",就是要正确理解和解读民族文化中的民族性、艺术特征和深邃的哲理。如民族的古典绘画、古典音乐、古代书法、古典建筑等民族文化中,不仅包含了民族特有的审美观念、审美表现意识,而且包含了对自然的理解、对人生的理解、处理人与自然的方案等思想与智慧,对今天的民族与社会具有不朽价值。

严守民族文化"原真",不等于抱残守缺,更不等于故步自封,封闭民族,将民族隔离于现代文明之外。民族地区在发展民族旅游事业中,需要传承优秀的民族传统文化,但不等于排斥吸收现代文化,而且要吸收世界各民族优秀的文化精华。民族地区通过发展民族旅游业,不仅要获得民族旅游的发展,还要传承民族历史的辉煌,创造民族未来的辉煌。

(五)致力于民族旅游"创新"

进入"十二五",民族旅游需要规避前30年的弊端,需要提升发展,需要通过创新

① 方世敏.略论民族旅游中的跨文化传播[J].湘潭大学社会科学学报,2001(6).

来实现民族旅游业的辉煌发展。

民族文化求真是民族旅游市场各方所追求的,也是民族旅游创新发展的追求。民族旅游求真是民族旅游创新的前提,就是确保旅游市场中的民族文化的原真性。传统民族文化的原真性,主要包括民族文化生存的原真环境和原真的劳作与生活方式。当今社会经济在现代文化与科学技术的推动下,民族地区的生产与生活方式在发生新的变化,这种变化在形成新时代的民族文化生存的原真环境和原真的劳作与生活方式。因此,民族旅游产品中的原真性,既有传统民族文化的原真性,又有现代社会民族文化的原真性,以原真性为要求的民族旅游规划,需要进行现代民族文化旅游项目与产品的创新。

民族旅游是可以策划的,可以对纳入旅游产品策划的民族文化进行选择,可以将隐性的民族文化进行形象化或符号化,通过旅游策划,让游客感知民族所特有的原真文化。民族一定要始终拥有创新意识和创新精神,在市场的大潮中,创新民族文化,创新民族旅游,使民族获得新发展。民族旅游创新应基于民族文化的原真性,进行民族文化原生文化的凝练。民族旅游创新不能违背民族文化的原真性,如果违背了民族文化的原真性,民族旅游的创新就与伪民族文化、假民族文化别无二致。

民族旅游的创新,是对传统民族文化品质的合理提升,是传统民族民俗文化要素的合理扩展,任何表现形式创新和展现手法创新都需要为此服务。由此出发,在民族旅游活动中,任何旅游观赏与游玩的方式都是可以尝试的。民族文化的舞台化也是适应人们对文化观赏需求的一种形式,也是民族文化演绎的一种形式,我国曲艺和戏剧的形成就是民间文化舞台化表演的成果。我国旅游活动中的舞台类旅游项目,已经突破小舞台、剧场、室内的局限,正在朝着大型、露天、山水实景的方向发展,而且具有很好的旅游市场效益。因此,在民族旅游"创新"中,不能拒绝将民族生活与民族文化进行舞台化的升华。当然,任何民族旅游项目与产品的创新,都必须不脱离民族文化本质,民族文化本质是民族旅游创新的限阈。

民族旅游创新,需要在生态旅游、低碳旅游等理念的基础上,接受大旅游、科技创新的旅游发展规划,使民族旅游以更大的气魄走向世界,以最新的科学技术提供震撼人心的民族旅游体验。

在"十二五"期间,民族旅游发展,如何做到既保护和传承民族文化,又不失在现代文化与科学技术的背景下获得民族文化的创新发展,如何做到民族旅游的传统文化原真性与民族旅游创新性和谐发展,又不失现代旅游的情趣,需要做更多更新的模式与途径的探讨。

## 参考文献

[1]李旭东.民族旅游的真实性探析[J].桂林旅游高等专科学校学报,2008(1).

[2]高芳.民族旅游开发中的文化商品化与文化真实性关系辨析——以《云南映

象》为例[J]. 保山师专学报,2008(3).

[3]刘丽华,何军."真实性"与辽宁满族民族旅游发展——一种游客的视角[J]. 沈阳师范大学学报(社会科学版),2009(5).

[4] 龚锐. 断裂与重建——民族旅游开发与民族文化的再构建[J]. 贵州民族学院学报(哲学社会科学版),2007(5).

[5]杨慧. 民族旅游与族群认同、传统文化复兴及重建——云南民族旅游开发中的"族群"及其应用泛化的检讨[J]. 思想战线,2003(1).

[6]贺德红,方世敏,刘静江. 旅游对民族旅游地文化影响探析[J]. 安顺师范高等专科学校学报,2005(2).

[7]王国祥. 民族旅游地区保护与开发互动机制探索——云南省邱北县仙人洞彝族文化生态村个案研究[J]. 云南社会科学,2003(2).

[8]徐新建. 开发中国:"民族旅游"与"旅游民族"的形成与影响——以"穿青人"、"银水寨"和"藏羌村"为案例的评述[J]. 西南民族学院学报(哲学社会科学版),2000(7).

[9]付保红,徐旌. 曼春满村寨民族旅游中村民社会角色变化调查研究[J]. 云南地理环境研究,2002(1).

[10]马岚. 民族旅游的徘徊:保留根基还是贩卖文化——从 Gudeman 的经济人类学看中国少数民族旅游[J]. 广西民族研究,2008(1).

[11]马翀炜. 旅游与民族旅游的政治—经济分析[J]. 广西民族大学学报(哲学社会科学版) ,2007(6).

[12] 吴忠军,张瑾. 民族旅游开发中东道主间关系的人类学研究[J]. 贵州民族研究,2008(6).

[13]吴其付. 民族旅游与文化认同:以羌族为个案[J]. 贵州民族研究,2009(1).

[14]唐瑞. 民族旅游中的民俗文化变迁——以泸沽湖的摩梭文化为例[J]. 新西部,2008(8).

[15]李罗映. 云南民族旅游经济与保护传统舞蹈的矛盾关系及其对策[J]. 民族艺术研究,2001(5).

[16]李应军. 基于旅游人类学视野透视民族旅游工艺品的开发与创新[J]. 企业家天地,2007(9).

[17]吴晓美. 民族旅游中性别歧视现象的人类学透析[J]. 青海民族研究,2007(4).

[18]汪毛毛. 生态博物馆模式在我国民族旅游开发中的应用[J]. 科技促进发展,2008(12).

[19]黎森. 生态博物馆理念在广西民族旅游开发中的应用研究[J]. 理论探讨,2009(4).

[20]马晓京. 西部地区民族旅游开发与民族文化保护[J]. 旅游学刊,2000(5).

[21]黄萍.西部民族旅游可持续评价体系构建研究[J].中华文化论坛,2006(4).

[22]冯学钢,王晓云,杨日升.西南民族旅游目的地发展潜力研究[J].旅游论坛,2009(1).

[23]晋玉芬.加快推进滇西北地区民族旅游文化建设[J].中共云南省委党校学报,2009(4).

[24]罗林,陆廷梅.坚持科学发展观推进贵州民族旅游文化的开发和利用[J].黔南民族师范学院学报,2007(2).

[25]于艳邱,王莉.中西方文化对民族旅游性格的影响探析[J].湖北经济学院学报(人文社会科学版),2008(9).

# 旅游时代:一座苗族村寨的演变史

## ——以千户苗寨西江为例

余达忠　陆　燕

(三明学院生态文化研究中心,福建三明,365001)

【摘　要】旅游时代,是全球化时代的生活现实。西江苗寨以有1258户,5326人而号称天下第一苗寨。在旅游时代,西江由传统的苗族村寨,逐渐演变成了黔东南的一个重要符号,贵州的一个重要符号,苗族的一个重要符号。2008年在西江召开的贵州省旅游产业大会,将西江作为一个著名旅游景点打造出来了。旅游时代的西江模式,是中国特有体制下政府倾力营造的一个现代神话。

【关键词】旅游时代;西江苗寨;演变

现代旅游的发展与全球化是紧密联系在一起的。旅游的发展促进了人类全球化的进程,全球化的进程进一步推动旅游越来越成为一种时尚。在地球日益缩小为一座村庄的时代,已经没有旅行者不可能到达的地方,没有置身于全球化之外的地方。旅游不仅改变现代人的生活,让现代人成为旅行者,旅游也影响和改变了一个个的地方,无论是在现代的中心还是边缘区域,都在旅游磁场的强力辐射之内。旅游时代,是全球化时代的生活现实。

## 一、传统苗寨西江

西江坐落在苗岭主峰雷公山东北麓的谷坡上,林木蓊郁、神秘奇险的雷公坪成为村寨的巨大背景,清澈见底的白水河在谷底蜿蜒穿寨而过。谷地两侧山地并不对称,相对高度达数百米。西南侧山高坡陡,宛若一道高大的屏风,护卫着千户苗寨千百年来宁静的田园生活;东北侧的山地则舒缓从容,鳞次栉比的干栏式吊脚楼依山而建,顺着地势的起伏呈现出多样的变化,并呈梯状逐级向上抬升,成为山区坡地房屋建筑的杰作。苗寨东南侧,是白水河长期侵蚀塑造成的一个山间盆地,是西江苗家世代耕作、

[基金项目]教育部人文社科规划基金项目《原生态文化:资源价值与旅游开发——以黔东南为例》成果(编号:07JA850008)。

[作者简介]余达忠(1963—　),男,侗族,贵州黎平人,三明学院生态文化研究中心主任、教授,研究方向文化人类学、旅游人类学。陆燕(1965—　),女,贵州都匀人,高级教师,从事语言学研究。

赖以为生的田亩,为种植水稻的水田,北面山地已被开垦为梯田和旱地,构成典型的山地农耕文化景观。村寨四周的山地上,森林植被保存较好,尤其是西南部的山坡上,尚保留着大片的乔木林,苗寨内的也东、羊排、南贵等自然村寨内零星分布着小片的枫树林,呈现出人与自然和谐共处的景象。相对封闭的地形条件、和谐安宁的苗寨、清澈诱人的白水河、茂盛的植被覆盖、成片的梯田景观,构成了一幅优美的苗岭山水田园风光,极具旅游美学和开发价值。

西江由平寨、东引、也通、羊排、也薅、南贵、乌嘎等自然村寨组成,全寨计有1258户,5326人,苗族人口占99%,世居姓氏有侯、李、唐、宋、董、蒋、陈、毛、龙、陆、杨、梁、吴、金、顾等,语言为苗语中部方言北部土语。

西江寨内的苗家,都属于苗族著名氏族西氏族的后裔,600多年前,由始祖构寅(Chet Jangl)、构卯(Chet mol)兄弟率族建寨。苗族历史上进行过多次大迁徙,都是以氏族为单位西迁,氏族内,有血缘关系的宗族组成一个鼓社,苗语称"姜略"(jangd niel),即有共同血缘的宗族,西迁时,每个宗支置一面鼓,以鼓认宗,击鼓前进。氏族壮大后,进行分鼓。构寅(Chet Jangl)、构卯(Chet mol)兄弟在今榕江、剑河交界地带与苗族大部队分鼓后,率族人翻越著名的雷公山,先落脚在雷公坪,后顺白水河而下,在白水河畔的这片沼泽地上安居下来。由于构寅、构卯属于苗族"Dlib(西)"氏族,其他地方的苗族就将这一片地方称为"Dlib jiangl",即西氏族的田坝,早先意译为"鸡讲",20世纪40年代更名为"西江",一直沿用至今。整个西江的苗家,都同属于一个鼓社,有一个鼓藏头。自古以来,西江都是按鼓社制进行管理,是一个传统的苗族社区。构寅构卯兄弟最早建寨于羊排村,西江的农业生产和宗教文化活动,都由羊排村的活路头和鼓藏头负责管理,世世代代实行世袭制,活路头是老大,传大不传小,鼓藏头是老幺,传小不传大。在西江,"鼓社"的领袖就叫"鼓主",即鼓藏头,其中各个家族的领袖相当于"族长"。"鼓主"和"族长"及其助手们的职责是带领族人遵循古训,对宗族内部进行管理。"西江苗寨'鼓社'领导的范围也有三个层次:全宗族—各家族—家庭。由于西江苗寨的地缘性和血缘性基本是重叠的,因此二者的组织也基本上合二为一。'方老'、'寨老'等也就是'鼓主'、'族长'等,他们既是宗族的领袖,也是地方的行政长官。而在宗族管理方面,血缘组织是靠宗族领袖的神性地位来管理,其特点是具有'权威性'。他管理的事情是祖宗规定下来的,他的任务就是要率领大家遵从祖训,无条件地服从和执行。"[1]西江各个自然村寨间,遵循着复杂的婚姻规则。早先,西江这个大鼓内不能婚配,姑娘们都要远嫁他乡,带来诸多不便,后来有一位寨老提出"分支开亲"(裂变),但是羊排的寨老不同意,于是大家就决定请示天意,请示的结果是西江可以分支开亲,羊排的寨老很生气,觉得弟弟们都不再维护传统了。由此以后,西江其他各自然村和羊排仍然不通婚,南贵和也薅、也通两村也不通婚,但其他村子之间则开始通婚了。几百年来,西江一直按照鼓社制的组织方式对社区内部进行管理,婚姻上也一以贯之遵循这一规则。

也正是因为西江几百年来坚持下来的鼓社制,西江苗寨才能将苗族传统文化很好地保存下来,成为黔东南苗族地区传统文化保存最好的社区之一。西江人有浓厚的自然崇拜、祖先崇拜情结,村寨周边的枫树被看成是村寨的守护神,经常祭祀,古树、巨石等也是西江人的崇拜物。西江人尤其崇拜祖先,无论何时何地,只要有好酒好菜,必然不忘祭祖,泼点饭菜鱼肉和滴几滴酒在地下,邀请祖宗先吃,自己才动碗筷;节日喜庆,则都必须先祭祖;凡有重要事情,也要禀告祖宗先知;逢喜事,感谢祖宗赐福;灾祸缠身,祈求祖宗保佑。他们相信,只有按照祖宗的训诫办事,自己才能平安,子孙才有幸福;如果违背了祖宗的训导,灾难会随时降临。西江最隆重的祭祀大典就是十三年一次的鼓藏节。作为一个传统农业社区,在农业生产上,活路头发挥着重要作用。每年在过大年后的第一个辛丑日(牛场天),启动新一年的生产劳动。活路头在丑时抬一挑粪,拿二三根茅草、一根竹子以及带一些油、盐、辣椒等到田土里去,先点香祭祀祖先,象征性地挖土,将粪倒在田或土里,撒上油、盐、辣椒等,插上茅草和竹子,表示田土像油盐那样肥沃有味、庄稼像茅草和竹子那样茂盛。然后念"祭祀生产劳动词":"今天是好天吉天……"然后头也不回地返家。回到家里杀一只公鸡,祭祀祖宗,告诉他们今天已经"启动活路",请祖宗保佑一年里取得好收成等。做完这些,就表示新的一年开始了,其他人家也就可以开始做农活。

节日是传统农耕社会最重要的文化活动。西江的节日事象丰富,既有整个西江共同的节日,如敬桥节(二月二)、招龙节、播种节、吃新节、苗年、鼓藏节等,也有各个村寨自己的节日,每个节日都按照传统方式进行,都要祭祀祖先、跳芦笙、宴请、唱酒歌等。节日里,人们都会穿上传统的苗族服饰,会聚在寨脚的芦笙坪里,跳芦笙、唱苗歌,尤其是妇女们,都会穿上盛装,戴上银饰,涂上粉彩,尽情地展示自己的风采与华丽。西江苗族妇女的节日盛装是一代一代传承下来的古装,称为"乌摆(Ud baid)",是节日和婚嫁时必穿的,每个西江妇女都有一套盛装。"乌摆"有两层,内层为家机染青布,外层为紫色、蓝色绸缎,衣袖、衣边及背上均用挑、绉等绣法绣成龙、虎、羊、蝴蝶等动物图案,颜色为红、兰、绿、黄等色,沿托肩镶长方形花草图案,袖口宽大,为无扣交叉圆领衣,并饰缀打造为各种图案的银花片;下身着青色家机布长绉裙,外罩24条红底绣有花鸟虫鱼等图案的花飘带;头上戴银角帽,银角高高翘起,缀饰各种图案的银花片;颈系压领、项圈,再饰以银头花、银梳银泡、银插针、银手镯、银锁、银耳环、银戒子等。脚穿绣花圆口鞋。全身上下均饰以白银,光亮闪闪、雍容华贵、神采飞扬、美轮美奂。节日时,上千着盛装的妇女会聚芦笙场上,汇成一幅银光闪亮的美丽图景,让人恍若坠入仙境中。没有什么民族的服饰比苗族妇女服饰更华丽的了。

西江在村落格局、建筑特色、宗教信仰、社会组织、农耕文化、语言交际、节日习俗、服饰装饰等方面,都很好地保存了传统,是一座典型的苗族村寨,一个传统的社区。

## 二、西江苗寨的开发史

西江苗寨的开发,最早可以追溯到清雍正七年(公元1729年),云贵总督鄂尔泰奏议开辟苗疆。此前,西江一直属于统治者所谓"生苗"区域,即不在中央王朝统辖下的化外地区,就是史书上说的"管外苗族地区",苗语中的"讲方(自然地方)"。开辟苗疆行动历时六年,雷公山和月亮山的广大苗疆区域,才终于纳入中央政府的行政管辖之中,成立了新疆六厅,即古州厅(榕江)、都江厅(三都)、八寨厅(丹寨)、丹江厅(雷山)、台拱厅(台江)、清江厅(剑河)。西江由丹江厅辖,设鸡讲司,这是西江历史上第一次有了行政建制。

咸同年间,黔东南苗族地区爆发民族大起义,西江是起义的重要根据地,起义被镇压后,西江的社会经济发展受到很大影响,人口增长缓慢。光绪元年(公元1875年)西江设立义学一所,第二年开设鸡窗书院,民国九年(公元1920年)西江开设私塾,民国十八年(1929年)开设高初两级小学。民国三十一年,受"黔东事变"影响,发生"西江暴动",失败后,许多西江人士遭受迫害,被迫流亡他乡。1945年,整个西江寨人口为1000余人;1949年,西江寨人口约3100人;1952年,西江进行土地改革,全寨人口为3300人。1954年第一次人口普查,西江寨人口为3400人;1964年第二次人口普查,西江寨人口为3800人;1982年,第三次人口普查,西江寨为1040户,5326人(西江镇);1990年第四次人口普查,西江寨为1227户,5858人(西江镇);1997年12月统计,西江寨有1115户,4616人;2008年,西江寨有1258户,5326人。

自古以来,西江就一直是一个传统的农耕社区,自耕自食、自给自足,各业分工不发达,尚未完成第二次社会大分工,经济结构主要有农业(含种植、养殖、采集)、银饰加工、挑花刺绣、木竹器加工等,与社区之外很少有其他交易,就是在西江社区,除了必需的生活用品交易和节日饰品交易外,也很少有其他交易活动,1980年以前,西江寨没有卖蔬菜、水果、饮食等的商贩,人们的商品经济观念十分淡薄,生活水平也只是停留在勉强维持温饱的状态,每年有近三分之一的农户欠3—6个月的口粮。

自苗疆开辟以来,西江就以其众多的户数、人口、集中的居住格局而赫赫有名于千里苗疆,但西江作为千户苗寨而闻名于其他地区,则是在1982年以后。1982年,贵州省选定一些民族村寨作为民族风情开放区,有选择性向外国人开放,接待经过批准的外国游客,西江被列为贵州省首批乙类旅游开放点,开始接待境外游客。从此,西江的对外开放拉开了序幕,西江的旅游时代,在遮遮掩掩中到来了。随着政府的重视,游客的到来,媒体的宣传,西江的知名度和影响力扩大开来,成为整个黔东南,整个贵州省,整个苗族地区的千户苗寨。西江1987年被列为全省东线民族风情旅游点,1992年被列为首批贵州省历史文化名镇,1999年、2002年相继被列为全省20个重点保护与建设民族村镇之一,2005年被列为中国民族博物馆西江千户苗寨馆。西江拥有丰富的苗族文化遗产,2006年国务院公布的第一批国家级非物质文化遗产名录中,西江苗族鼓藏节、吊脚楼营造技艺、银饰锻造技艺、苗族刺绣四项榜上有名,2007年被列为中国第三批历史文化名镇。同年,雷山县的苗年、铜鼓舞、芦笙舞、苗族飞歌、嘎百福、吃新节、织锦、三月坡、招龙、扫寨、苗族医药等被贵州省政府审批并公布为第二批省级非物质文化遗产,其中八项被评为国家级非物质文化遗产。

西江虽然以千户苗寨而闻名,虽然开始进入了属于西江的旅游时代,但在2002年以前,到西江的游客是很少的。2001年,笔者第一次到西江采风的时候,看到到西江的游客很少,旅游团更是没有看到,除了笔者和与笔者随行的几个采风的朋友,没有在西江过夜的游客。人类学家、贵州大学教授王良范,在1999年9月至2000年7月,曾在西江进行几近一年的人类学考察,他说:"到西江的旅游团队仍然少得可怜,我在西江住的这一年中没有看到一个旅游团队到西江来。不过,零散客还是不少的,几乎每个星期都有一些散客来旅游。有法国的、美国的、意大利的、芬兰的。国内的旅游者中大多数是学生,或者一些艺术爱好者或人类学者。"[2] 2000年,西江全年游客0.75万人,其中国外游客200人。这个时候的西江,完全是以本色的形象呈现于游客眼前,无论是其建筑、服饰、风情,还是其生活形态,都很好地呈现出一种原生态本色,是没有经过旅游打造过的本色的村寨。

西江旅游时代的第一个大变化发生在2002年。为了加大对雷山的旅游宣传,雷山县政府举全县之力举办盛况空前的"2000·神州世纪游·中国·贵州·雷山苗年节"活动,在海内外产生极大影响,2002年,县政府将每年一度的"苗年文化周"的主会场设在西江,扩建了西江的芦笙坪,西江一下子聚集了上万游客,吸引了众多的新闻媒体,影响扩大开来,成为许多游客的首选地。之后,西江的进入条件得到极大改善。2003年以前,西江至雷山的公路,是西江与外界联系的唯一通道,游客到西江,必须先由州府凯里至雷山,有50余公里路程,再由雷山县城至西江,有30余公里路程,是沙土路,乘车要走近2个小时。2004年,修通排洛至西江公路,大大缩短了由凯里至西江的行程,西江的可进入性得到很大改善。

2007年,由国家旅游局和贵州省人民政府主办,黔东南州人民政府承办的第一届凯里原生态民族文化艺术节在州府凯里举行,艺术节的一项活动就是"著名学者余秋雨对话黔东南",西江人用苗家十二道拦门酒欢迎余秋雨,在西江申报世界文化遗产万人签名现场,余秋雨发表了"用美丽回答一切"的演讲,表达了对西江的热爱与赞赏。黔东南州以此为契机,进一步加大对西江的宣传,及时推出"余秋雨线路"黄金旅游线,使西江旅游再次上一个新台阶。

西江旅游时代的真正到来,是起于2008年的贵州省旅游产业大会,这次大会后,西江作为一个著名旅游景点被打造出来,进入了属于西江的旅游时代。

## 三、贵州旅游产业大会与西江的旅游时代

为加快贵州旅游产业的发展,贵州省决定从2006年开始,每年召开一次规模盛大的贵州旅游产业大会。第一届旅游产业大会在著名景区黄果树景区举行,第二届产业大会在贵州世界自然遗产地荔波举行,第三届产业大会在黔东南西江苗寨举行。这是黔东南旅游发展史上最盛大的活动,更是西江发展史上千载难逢的机遇。这次产业大会的成果和影响是多方面的,但最直接的、立竿见影的成果就是打造出了旅游胜地西江,使西江全面进入旅游时代。

在申办产业大会的陈述提纲里,黔东南州强调,旅游产业大会在黔东南举行,有利于推动原生态民族文化的保护与传承,有利于推动原生态民族文化资源向原生态民族文化价值的转变,有利于把黔东南州打造成最具魅力的原生态民族文化世界旅游目的地。在产业大会的新闻发布会上,大会组委会强调,将主会场设在西江,主要因为西江千户苗寨是世界上最大、最为集中的苗族村寨,是黔东南苗侗文化的典型代表之一,是世界原生态民族文化乡村旅游发展的成功范例,其目的就是通过产业大会,打造国际乡村旅游品牌,将一个民族风情浓郁、自然景色美丽、建筑风格独特、充满神秘色彩的西江千户苗寨展现在世人面前。在旅游产业发展大会召开的同时,举办第一届"多彩贵州·中国·原生态国际摄影大展"和"第二届中国·贵州·凯里原生态民族文化艺术节"(简称一会一展一节)。

为办好一会一展一节,由省、州、县各级政府投入近3亿元改善西江和雷山的硬件、软件环境。主要包括:(1)建设郎利至西江旅游公路,使凯里至西江里程由80公里缩短至36公里,行车时间由150分钟减少至40分钟;(2)投资680万元建设西江主会场,工程总占地面积为13000$m^2$(其中表演区占地7200$m^2$,看台区占地5800$m^2$),建筑面积2760$m^2$,可以同时容纳3000人演出;(3)对整个西江寨进行包装打造,使西江面貌焕然一新;(4)投资340万元,建设西江苗族博物馆;(5)完善"一山两寨一线一中心"(雷公山、西江寨、郎德上下寨、巴拉河沿岸、县城旅游服务中心)服务功能,实施民族特色包装改造工程;(6)建设西江旅游环线公路、风雨桥、观景台、旅游停车场、夜景观光灯等;(7)实施白水河西江寨段河段改造、绿化及古街花坛建设等工程。同时,在一会一展一节举办之前,还举办一系列的活动来宣传西江,开设西江苗寨网站,组织42批次专门人员到重庆、上海、广州等进行旅游促销,在央视等重要媒体加大宣传力度,举办苗年文化周活动,游天下西江、品雷公山茶品茗会,上海世博西江公众论坛等。总之,为办好一会一展一节,打造西江旅游品牌,各级政府调动了一切可以调动的资源,在硬件和软件环境上,对西江的投入都是空前的,是任何企业、公司和旅游开发组织所不能做到的,创造了中国特色的"西江神话"。

2008年9月26日,一会一展一节在千户苗寨西江隆重举行,整个活动达到预期目标,取得巨大成功,西江的旅游时代,通过政府包办的模式,全面到来了。

第三届旅游产业发展大会的成功举办产生的巨大影响,在大会还没有宣布结束就凸显了,游客很快纷至沓来,西江一度人满为患,朗西公路多次出现堵车现象。旅游部门统计显示,截至10月5日下午,西江千户苗寨共接待了游客23万人(次),旅游综合收入达到了4725.96万元,旅游人数同比增长了数百倍。旅发大会前的2008年,西江日均接待游客316人次,旅发大会后至2009年10月20日,西江日均接待游客2902人次,增加2586人次,增长9.2倍,旅游综合收入2.53亿元,同比增长9.3倍。2009年,西江景区接待游客78.35万人次,旅游收入达1.4亿元,财税收入达300万元,农民人均纯收入由2008年的1600元上升到3800元。2010年第一季度,西江"千户苗寨"接待游客12.8万人次,实现旅游总收入4029万元。

以旅发大会为分界线,西江景区"农家乐"接待户从旅发大会之前的40户发展到现在的138户,增长2.45倍;民族工艺品店从28家发展到75家,增加1.68倍;宾馆客栈从3家发展到8家(其中二星级宾馆1家),增加2.7倍;餐饮店从8家发展到18家,增加1.25倍;从事银饰、服装、摄影、出租苗衣等农户272户;茶楼酒吧从无到有,现有茶楼酒吧5家;歌舞表演人员从20人发展到近300人,增加14倍;服务从业人员从260余人发展到800余人,增加3.08倍。据统计,现有农户1330户,原住居民5414人的西江苗寨目前直接参与旅游的农户已达516户2100余人。

旅发大会进一步扩大了西江的知名度和影响力,其客源市场不断扩大,客源地由9个扩大到31个省市;游客结构逐步优化,省内游客比例由82%下降为52%,省外游客由15%上升至40%,入境游客由3%上升到8%;签约旅行社达59家,2009年到西江的旅游团队共4429个。

一业兴带来百业旺,西江旅游业的发展带动了雷山县及周边县市第三产业的发展,据统计,凯里市宾馆酒店借助西江旅游业的发展入住率提高了30%。雷公山、郎德等景区旅游产业也随之升温,带动了开觉卧龙坪原生态旅游观光风景区的开发和麻料银饰品加工等民族工艺品加工业的发展。西江周边大龙、脚尧、干荣、营上、连城等村寨的茶叶、蔬菜、养鱼产业等规模也不断扩大。

## 四、关于"西江神话"的思考

旅发大会之后,西江的品牌效应显现出来了,到西江的游客数直线上升,对此,雷山县政府决定从2009年4月1日起拦起寨门,向游客收取每人100元的门票(试收阶段,每人60元,至2010年4月1日起每人100元)。李恒作为雷山地方官员,要经过一番交涉才能带笔者一行进寨。进了寨门,从改造一新的观景台望过去,一个全新的西江呈现在眼前。几面谷坡上依山就势而立的近千幢干栏式吊脚楼,让笔者感觉到,这里仍然是笔者原来多次到过的那座千户苗寨。西江寨坐落于莽莽苍苍的山野间,像挂在大自然绿色背景上的一幅巨大的赭黄色的画,清一色杉木建造,建筑风格各异、朝向各异、高低错落的干栏式木楼,从白水河畔,顺着山势,层层叠叠、逐势而上,直达山顶,确实能够给初到苗寨的游客一种震撼力,村寨四周的风水树,坡塄上翠绿的菜地,远处的梯田,起伏的山势,蜿蜒的白水河,让人深深体会到人与自然和谐相处的宁静、质朴……但细致地分辨发现,西江已然不是原来那座朴素、本色的苗寨了,确实是被打造成了一个景区,一个满足游客需要和商业需要的景区。西江有了城市的林荫道,有了西式的草坪,有了各种各样的广告、招牌,有了仿古商业街,有了自由市场,有了林荫道上驰来驶去的电瓶车……在与朋友杨村的通信中说:"越过横在白水河上的苗家风雨桥,就走进西江大寨了,但我却一时间恍惚起来,仿佛不是走进我曾经无数次进入的苗寨,而是走进了一个开放的市集,或者一条仿古的街道之中,感觉我不是走在宁静古朴的苗寨村巷里,而是走在阳朔的西街上,走在上海的城隍庙里,走在北京的胡同里。西江、西江,那个与阡陌紧紧相连的西江到哪里去了呢?那个路上堆着柴草、楼廊上挂着浆染的蓝色、黑色亮布的西江到哪里去了呢？那个时常有牛悠悠走过、有狗在互相追逐的西江到哪里去了呢?”

西江是中国特有体制下政府倾力营造的一个现代神话。

从打造一个旅游品牌来看,政府对西江品牌的打造是成功的,从当下效应来看,也是显著的,基本上实现了预期目标。西江俨然成了黔东南的一个重要符号,成了贵州的一个重要符号,成了苗族的一个重要符号。但在西江一片繁荣的表象下,我们要保持必要的警醒,充分思考欣欣向荣背后潜隐的危机。

第一,西江神话是不可再造的,或者是没有推广价值的。对于黔东南,西江神话很可能就是一个绝版。从经济学上,政府的这种不计成本,不求回报的投资,是违反经济规律的,是与市场机制相违背的。从政治学上,对西江一个村寨的这种超常规的政府投入,是有违公平的,为什么其他像西江一样的村寨没有得到政府的资助呢？从文化学上,对西江文化资源的这种热捧热炒,是否是西江所能承受之重呢？是苗族文化所能承受之重呢?

第二,将一座原生态的苗族村落打造成商业化的旅游景区,这种过度的开发会不会导致民族文化传承的断裂？虽然在西江改造中,各级政府都一直强调保护优先,但在具体的实践中,经济利益又总是摆在更重要的位置上。过度商业化和民族原生态文化之间,需要有一个平衡,在当下的浮躁状态下,要实现这个平衡显然是困难的。现在,西江的文艺表演都由专业文艺队承担,演员是固定的,节目是程式化的,西江之外的人也可以进入表演队,这种专业化的模式,显然会影响群众的参与。

第三,政府的利益与村民的利益常常会发生冲突,解决这种冲突是西江旅游发展中长期面临的问题。自古以来,西江就是一个充分自治的苗族“自然地方”,形成了“鼓藏头、活路头—寨老—族长”的内部管理机制,进入旅游时代之后,代表政府的景区开发公司是一个强势集团,削弱了村民的自治性,这种矛盾,在西江的旅游发展进程中将长期存在。

第四,旅游开发将打破西江寨内的平衡,导致西江社会出现新的分层。在西江,每一幢房屋,每一户家庭,每一条村巷,每一级台阶,都是西江资源的一部分,共同构成了西江独特的景观,但住在山顶的与住在山脚的,面对的机遇是不一样的,山脚的可以利用房屋开门面、开农家乐等,而山顶的则只能下山务工,造成一种寨内不平衡。现在在西江开店的,有近三分之一不是西江人,这也容易造成西江人感觉上的一种不公平等,这些都是西江发展中要面对的。

旅游是现代性的产物,旅游是一把双刃剑。对于古老的原生态文化,旅游是正在面临的新事物,是正在经历的严峻考验。我们不能因为有风险就关上已经敞开的大门,但也不能因为眼前的既得利益而牺牲我们几千年来赖以生存的文化。重要的不是旅游,而是我们建立的对于旅游的观念。

## 参考文献

[1]张晓. 西江苗寨传统文化的内在结构. 中央民族大学学报(哲学社会科学版),2008(2).

[2]王良范. 千家苗寨的故事. 北京:中国文联出版社,2002.

# 基于社区参与的民族特色民居型“农家乐”发展研究

## ——以雷山西江千户苗寨为例

钟　珺

(桂林市七颗星旅游规划设计有限公司,广西桂林,541004)

**【摘　要】**本文基于社区参与视角,从“农家乐”经营户的角度出发,以贵州雷山西江千户苗寨为例,通过问卷调查对民族特色民居型“农家乐”的经营现状进行调查,并结合实地深入访谈法分析了农家乐经营者对社区参与的感知度,提出民族特色民居型“农家乐”的社区参与策略。

**【关键词】**农家乐;社区参与;民族特色民居型

我国少数民族地区虽然自然资源比较丰富,但受地理位置、思想文化、基础设施的限制,经济发展相对困难。少数民族地区发展特色“农家乐”有利于缩小城乡差别,减小各民族间经济差异以及构建和谐社会。本文借鉴了国内学者的分类体系,以旅游资源和地理区位为分类的标准,把“农家乐”划分为以下五种形式:田园风光型“农家乐”;民俗文化、聚群和特色民居型“农家乐”;观光农业型“农家乐”;城市近郊休闲娱乐型“农家乐”;景区周边食宿接待型“农家乐”等。本文涉及的“农家乐”研究对象的类型为民俗文化、聚群和特色民居型,亦称民族特色民居型“农家乐”。

## 一、西江千户苗寨旅游业背景

西江千户苗寨位处贵州省黔东南州凯里市雷山县,被誉为“世界上最大的民族博物馆”、“人类疲惫心灵的最后家园”、“人类保存的最古老的歌谣”,是世界乡土文化保护基金会授予称号的全球18个生态文化保护圈之一,是联合国教科文组织推荐的世界十大“返璞归真,回归自然”旅游目的地之一。1987年5月,黔东南州正式把西江千户苗寨确定为首批旅游开发重点之一,1998年,西江被列为全省重点历史文化名镇,2000年,西江又被列为全省13个重点保护开发的村镇之一,2007年西江被命名为“全国历史文化名镇”,2010年荣获“2010年度贵州十佳旅游营销奖”。西江现有住户1575户(其中村寨1244户,居委会331户),3593人,其中苗族人口占99.5%,故有“千户苗寨”之称。20世纪90年代西江苗寨社区居民依托资源优势,自发从事旅游接

---

[作者简介] 钟珺(1985—　),女,广西贺州人,瑶族,硕士,研究方向:民族旅游、旅游规划、旅游企业管理。

待与经营,2007年贵州省第三届旅游产业发展大会作为西江旅游飞跃发展的新契机将西江苗寨作为重点发展对象,在旅游规划、基础设施建设、资源开发、市场宣传、人员培训等方面积极介入,从2007年开始,西江旅游业得到了"井喷式"的发展,游客量由2005年的1.16万人次递增到2009年的64.65万人次,年均增长率为611.21%,旅游接待总收入从2005年的27.53万元增至2009年1.4亿,年均增长率为275.82%。(详见表1)村民人均年收入由2003年的1390元提高到2009年的3300元。

表1 2005—2010年上半年西江旅游接待情况

| 年　份 | 旅游营业总收入(万元) | 环比增长(%) | 接待国内游客(人次) | 环比增长(%) |
|---|---|---|---|---|
| 2005年 | 27.53 | — | 11 620 | — |
| 2006年 | 33.24 | 20.74 | 13 520 | 16.35 |
| 2007年 | 575.73 | 1632.04 | 115 000 | 750.60 |
| 2008年 | 3164.16 | 449.60 | 452 000 | 293.04 |
| 2009年 | 14 000 | 342.46 | 646 495 | 43.03 |
| 2010年上半年 | 8739.88 | — | 334 163 | — |

## 二、西江"农家乐"发展优势

### (一)政府主导发展模式为农家乐经营提供专业引导和经济支撑

自2007年贵州省第三届旅游产业发展大会后,政府将西江苗寨作为重点发展和扶持对象,西江苗寨旅游业得到了飞速的发展。农家乐的经营户数从2003年的27户发展到2010年的157户(其中整改合格39户);标准床位从2003年的127个发展到2010年的930个;民族歌舞表演队从无到现在的2个队,共表演一千余场,观众达30万人(次);民族工艺品店从2003年的6个发展到现在的28个;小吃餐饮店现有29户;民族服饰出租现有26户;从事旅游服务行业人员从2003年的60余人发展到现在的2100余人。"农家乐"旅游接待已逐渐成为西江村民们重要的经济来源。(详见表2)同时,政府在经济上给予了不同程度的支持。由政府给予景区主干道居民每月300~500元的补贴。雷山县政府联合西江千户馆对家庭博物馆进行等级评定,对等级优良的家庭给予800~2000元的奖励。为了调动村民保护苗族建筑群真实性和整体性的积极性,西江景区管理局根据建筑年代、房屋结构、消防安全等指标对村民居住的吊脚楼进行年度评分,每年从门票中提取150万元用于奖励在民族文化保护工作中成绩突出的村民户。西江全民热情高涨投入其中的社区参与,虽然经济获益尽显其间,但它与以往社区参与的利益性质有着很大的不同:西江村民的社区参与不属于商业性质,而是在政府完全主导下,没有商业机构介入的村民单方获益的福利行为。

表2　西江2007年前后居民参与旅游接待情况对比

| 参与经营项目 | 2007年前,村民自发开展情况 | 2007年后,政府主导后的情况 |
| --- | --- | --- |
| 农家乐 | 2002年仅有8户,2003年上升至27户,2004年50户。 | 近几年,村民大兴土木,修建房屋,2010年农家乐增加至157户(其中整改合格39户)。 |
| 旅馆住宿 | 2003年有床位137个。 | 2010年有床位930个。 |
| 参与歌舞表演 | 也东寨自己组建的业余表演队,300元/场。 | 2010年,3个表演队,其中1个专业(文化广场,800元/场),2个业余(观景台芦笙场、也东芦笙场,500元左右/场,散客每人5~10元,村民自发组织)。 |
| 民族手工艺能手表演 | 织布、纺纱、刺绣仅供村民自用。 | 通过比赛挑选出3名织布纺纱能手,8名刺绣能手提供表演,淡季20元/人天,旺季40~50元/人天,手工艺品可以出售。 |
| 民族服饰出租 | 文化广场附近5家。 | 2010年已有26家。 |
| 小吃餐饮店 | 仅在赶场时摆摊,出售米豆腐。 | 现在主要有打糍粑、米豆腐、米粉、包子豆浆等,2010年已有29家。 |
| 米酒生产出售点 | 村民米酒仅供自己饮用。 | 现在已有10余家米酒生产出售点,5~8元/斤。 |
| 参拜鼓藏头 | 无 | 游客烧香祭鼓10元/柱。 |
| 学苗歌、苗语点 | 无 | 芦笙场旁,20元左右一首歌。 |

### (二)"农家乐"注入苗族风俗体验,提升了旅游价值

西江农家乐经营主要将田园风光、苗寨特色干栏式民居与民族风情体验融为一体,形成苗族西氏支系的建筑博物馆和民俗博物馆。西江景区管委会的材料显示,随着西江的知名度和美誉度的提升,逐渐开始吸引商家的眼球,前来西江洽谈旅游投资项目的客商络绎不绝,报名洽商项目的达80余家,意向性招商17个、资金1.3亿元,以酒店、休闲和旅游商品等项目开发为主。游方场、纺织刺绣点、打粑粑点、品茶点、寨内12道拦门酒等体验苗族文化风俗的旅游项目逐渐被开发。

### (三)"天下西江"品牌形象定位,凸显苗族文化特色

近几年,西江景区管理局大力推进了西江千户苗寨旅游宣传营销工作,以"天下西江"为整体形象,科学准确定位,先后在央视第四频道、新浪、腾讯、网易、《中国旅游博览》等主流媒体上加大西江千户苗寨旅游形象宣传,以重大节庆、会议活动为切入

点,强化旅游宣传的针对性。景区成功举办了“游天下西江、品雷公山茶”品茗会、2010中国雷山苗年节暨西江鼓藏节等节事活动;协办了上海世博会·西江公众论坛、贵州省风景名胜区2010年工作会议等大型会议;参与了贵州旅游“大篷车”宣传促销活动,飞赴台湾参加了“锦绣中华海峡两岸风景名胜区展”。这些有效提升了西江千户苗寨景区知名度和影响力,西江千户苗寨景区客源结构日趋优化,旅游宣传促销效果显著,旅游综合效益明显提升。

## 三、西江“农家乐”社区参与情况调查分析

笔者于2010年11月12日西江鼓藏节暨苗年节期间对西江“农家乐”接待户进行了问卷调查和深入访谈,通过对回收完成的109份问卷进行有效检验,去掉9份无效问卷,共完成有效问卷100份,有效率为91.75%。在调查结束之后,我们采用SPSS数据分析软件对问卷收集的数据进行了分类对比,归纳得出西江“农家乐”经营户的背景情况、参与旅游接待情况、经营投入情况、接待收益情况等,总结分析如下:

### (一)“农家乐”经营户背景分析

如表3所示,被调查对象主要是西江农家乐经营户员工、经营户老板、身兼经营户老板和员工者,他们中有过半数来自西江本村寨。调查中发现19%的店铺老板来自外地,11%来自雷山本地。说明逐渐有外地人开始进驻西江抢占旅游市场。

在性别方面,女性经营户较男性经营户的数量稍少,二者分别占样本总量的46%和54%。

年龄方面,以40岁以下的中青年居多,占样本总量的79%,40~60岁年龄层的占20%,老年人由于体力和健康原因参与到旅游接待当中的较少,仅占1%。

学历方面,文化程度普遍较低,中学学历的农户数量最多,占64%,其次是小学以下学历,占23%,文化程度是大专以上的仅占13%。

表3 西江农家乐经营户背景分析

| | | | |
|---|---|---|---|
| 户籍 | 西江人(占比70%) | 雷山县(占比11%) | 外地人(占比19%) |
| 性别 | 男(占比54%) | | 女(占比46%) |
| 年龄 | 60岁以上(占比1%) | 40至60岁(占比20%) | 40岁以下(占比79%) |
| 学历 | 小学(占比23%) | 中学(占比64%) | 大专以上(占比13%) |

### (二)参与旅游接待情况分析

从表4可以看出,西江的居民家庭劳动力是较为充足的,丰富的劳动力资源为农家乐经营提供了人力资源。家庭总人口以4~6人为主,占73%;其中主要劳动力为1~2人,占45%,3~4人占43%,家庭中非劳动力人口仍然占有较大比重;而有效地将剩余劳动力转移到旅游接待中的较少,82%的接待户是只有1~2人参与到旅游接待中。

表4　社区居民参与旅游接待情况

| | | | |
|---|---|---|---|
| 家庭总人口 | 3人及以下,占16% | 4至6人,占73% | 6人以上,占11% |
| 劳动力人数 | 1或2人,占45% | 3或4人,占43% | 4人以上,占12% |
| 从事旅游接待人数 | 1或2人,占82% | | 3或4人,占18% |

### (三)投入与经营现状分析

西江农家乐的前期投入资金匮乏,41%接待户资金投入在10万元以下,47%的接待户在10万~30万元之间,极少部分农家乐的投入资金超过30万元,占12%。虽然政府对经营户根据吊脚楼评分、家庭博物馆等级、是否沿路等有不同程度的补贴,但仍然不能解决大部分居民在农家乐经营中的基础设施落后、环境卫生条件差、接待人员不足等问题。11%的接待户是在2005年开始经营,28%的接待户是2005—2008年间开始经营,近两年不断有村民大兴土木,新建房屋,开始做农家乐旅游接待,2008年以后开始经营的农家乐比例为61%。

68%的农家乐都有聘用其他村民参与接待,但人数大多不固定,一般只在旺季聘用临时工,因此也导致旅游接待的服务质量不稳定。住宿和饮食是农家乐经营的主要项目,有的会附带卖土特产或手工艺品,还有的专卖土特产和民族工艺品(详见表5)。

表5　农家乐投入及经营情况

| | | | |
|---|---|---|---|
| 资金投入 | 10万以下,占41% | 10万至30万元,占47% | 30万元以上,占12% |
| 经营时间 | 2005年以前,占11% | 2005至2008年,占28% | 2008年以后,占61% |
| 是否聘用员工 | 是,占68% | 3人以下,共58户 | 3人以上,共10户 |
| | 否,占32% | | |
| 经营项目 | 住宿(81户) | 床位30个以下,共44户 | 床位30个以上,共37户 |
| | 饮食(80户) | 接待人数100人以下,共45户 | 接待人数100人以上,共35户 |
| | 卖土特产(20户) | | |
| | 手工艺品(20户) | | |
| | 其他(5户) | | |

### (四)经营获利情况分析

由于微观区位的差异,住在后山上的村民鲜有机会经营农家乐等商业活动,致使住在山上和山下以及路边村民的收入差距逐年扩大。这直接影响到村民对游客的态度。而旅游户之间,具有一定资金、善于经营者逐渐脱颖而出,逐渐朝规模化方向发展。令当地农户们痛心的是,出于经济利益的驱动,邻居亲戚间争着拉客人——商业竞争,使得人情味逐渐开始淡薄。调查结果显示,西江居民在参与旅游接待工作中获得的收益占家庭总收入比重较大,以50% ~90%的居多,占63%。但从接待户总体的收入情况来看,旅游收入并不理想,大部分居民经营农家乐的年旅游收入在5万元以下,占61%,5万~10万元的占29%,仅有10%是获利在10万元以上的(详见表6)。

**表6 农家乐经营获利情况分析**

| 旅游收入 | 5万以下,占61% | 5万至10万元,占29% | 10万元以上,占10% |
|---|---|---|---|
| 占总收入比例 | 50%以下,占27% | 50%至90%,占63% | 90%以上,占10% |

### (五)社区居民对参与农家乐的感知分析

对于"你对目前的西江的农家乐接待情况是否满意"的问题,49%的人表示满意,21%表示不满意,30%表示说不清。通过调研分析可知,资金的不足、人力物力的缺乏严重影响了西江的农家乐旅游接待的发展。(详见表7)

在对西江开发模式的选择上,人们普遍认为应由政府引导西江人自主开发与管理,认同这一观点的占总调查人数的60%。可以看出,当地人对于西江的开发充满了热情,并积极参与,他们的开发热情反映出他们对西江旅游业发展的渴望。认同由公司与当地居民合作开发和投资公司来开发管理两种方式的共占了26%。由此看出,西江居民也比较认同投资公司开发,因为投资公司的资金充足,开发速度快,信用度比较高,同时反映出西江居民对于旅游开发的迫切心情。而认同由政府开发与管理的只占14%,说明当地居民对政府工作有些怀疑,不愿意将西江的开发完全交给政府。(详见表7)

在调查中也发现,对政府运行方式了解得越多的村民,对收入分配的反应越温和。35%的居民认为西江的接待制度和收入分配是公平合理的,28%居民认为不公平,另外37%没有明确表态。此外,由旅游接待制度不够完善以及大多数被调查人员都没有参加过培训可以看出,西江旅游业的发展有待完善。当地政府针对西江旅游开发的问题能够听取群众的意见,在一定程度上体现了当地政府能够发扬民主,集思广益,密切联系群众,依靠群众的良好作风,这也使得绝大多数的居民愿意支持旅游活动,愿意无偿为旅游业做贡献。(详见表7)

**表7 社区居民对参与农家乐的感知度**

| 对农家乐接待工作的满意程度 | 满意,占49% | 不满意,占21% | 说不清,占30% | |
|---|---|---|---|---|
| 居民对西江总体开发模式的选择 | 政府引导西江人自主开发与管理,占60% | 公司与当地居民合作开发,占18% | 投资公司来开发管理,占8% | 由政府开发管理,占14% |
| 西江接待制度或收益分配是否公平 | 公平,占35% | 不公平,占28% | 说不清,占37% | |

## 四、对西江"农家乐"发展的建议

(1)保护居民关心旅游开发的积极性,充分尊重居民的意见,重新规划居民满意的新区,多渠道筹集资金和力量,加快居民搬迁和旅游的开发。

(2)促进西江居民的参与。只有尽快提高西江居民的参与能力,扩大参与面,全方位拓展参与途径才是村民长久获益的最根本措施。除了必要的教育培训外,有关部门和旅游专家要为西江居民设计因地制宜的参与项目和参与途径,并通过监督、评价、奖惩机制提高参与的有效性和持续性。

(3)从"吃、住、行、游、购、娱"等方面加快旅游基础设施和服务设施建设,深度开发西江文化旅游产品。目前旅游开发的突出问题是基础设施和旅游服务设施薄弱,旅游项目少,旅游综合效益低。应借鉴国内外旅游开发的成功经验,从"吃、住、行、游、购、娱"多方面策划高水平的旅游项目,挖掘更多的旅游文化产品,想方设法吸引和留住游客,从而提高西江旅游的综合效益。

(4)引入政府引导、公司运作、居民参与的股份制开发模式。股份制是采取政府、公司、集体和村民合作的方式,把土地旅游资源、设施、资本、技术、民族文化禀赋等量化为股本入股参与以企业来运作的旅游开发模式。同时,股份合作制的建立必须以明晰旅游资源产权和科学公正的资产评估为前提。当然,合理的收益分配还应体现社区公平,对不能直接从旅游获益却为西江的环境、文化、景观营造等做出贡献的村民进行合理补偿。

(5)开展旅游开发方面的教育培训,加大旅游人才培养力度。由于居民的文化素质不高,旅游开发必须建立在相关参与者具备一定的文化素质的基础之上,并最终以居民能力、素质的提高和西江发展为目的,因此必须强化教育培训。要重点抓好旅游观念、民族文化传承和保护意识、服务意识、参与意识、相关基础知识以及参与需要的各种技能的培训,这也是促进村民参与的技术保障。尤其要充分引导不同类型的居民发挥各自的技能和特长,通过不同层面的参与,各尽其能,各取所得。

### 参考文献

[1]钟瑞添.培育新型农民是新农村建设的关键[J].梧州学院学报,2006(10):1-5.

[2]田艳平,胡传龙."农家乐"发展的问题与应对策略[J].现代营销(经营版),2008(11).

[3]孙九霞,保继刚.中国社区参与旅游发展的模式建构——以云南、广西的案例分析为基础[J].中国旅游研究,2006(6):1-2.

[4]张晓.关于西江苗寨文化传承保护和旅游开发的思考[J].贵州民族研究,2007(3):47-52.

[5]费广玉,陈志永.民族村寨社区政府主导旅游开发模式研究——以西江千户苗寨为例[J].贵州教育学院学报(自然科学),2009(6).

[6]陈志永,杨桂华.民族贫困地区旅游资源富集区社区主导旅游发展模式的路径选择[J].黑龙江民族丛刊,2009(2):52-63.

# 蒙古族非物质文化遗产旅游开发探讨

郭利峰
(内蒙古财经学院旅游管理学院,内蒙古呼和浩特市,010000)

【摘　要】蒙古族非物质文化遗产在数量上居少数民族前列,是蒙古族宝贵的财富,对其进行旅游开发具有重要的意义。文中从保护和社会效益的角度提出了蒙古族非物质文化遗产的旅游开发的原则和开发的设想。

【关键词】蒙古族;非物质文化遗产;旅游开发

辽阔草原孕育出的蒙古族文化,历史积淀深厚,内涵丰富,涉及生产、生活、风俗习惯和宗教信仰等各个方面,形成许多重要的文化遗产。这些非物质的文化遗产既是蒙古民族的宝贵财富,也是重要的旅游资源,对其进行开发不论是对蒙古民族还是对旅游业都具有非常重要的意义。

## 一、蒙古族非物质文化遗产概况

### (一)中国非物质文化遗产发展概况

联合国教科文组织于2003年通过了《保护非物质文化遗产公约》。《公约》对非物质文化遗产做了定义,认为非物质文化遗产是被各群体、团体,有时是个人视为其文化遗产的各种实践、表演表现形式、知识和技能及其有关的工具、实物、工艺品和文化场所。主要涉及以下五项内容:(1)口头传说和表达,包括作为非物质文化遗产媒介的语言;(2)表演艺术;(3)社会风俗、礼仪、节庆;(4)有关自然界和宇宙的知识和实践;(5)传统的手工艺品。

2002年文化部启动“中国口头和非物质遗产的认证、抢救、保护、开发和利用工程”。2004年,中国文化部、财政部联合发出《关于实施中国民族民间文化保护工程的通知》。2005年,国务院办公厅下发了《关于加强我国非物质文化遗产保护工作的意见》,并出台《国家级非物质文化遗产代表作申报评定暂行办法》。2006年,国务院下发《国务院关于公布第一批国家级非物质文化遗产名录的通知》,并公布了“第一批国家级非物质文化遗产名录”(共计518项)。2008年,国务院公布“第二批国家级非物质文化遗产名录”(共计510项)。2011年,国务院日前批准文化部确定的第三批国家

[作者简介]郭利峰,女,(1976—　),内蒙古大学蒙古学院在读博士,主要研究方向:民族旅游。

级非物质文化遗产名录(共计191项)和国家级非物质文化遗产名录扩展项目名录(共计164项),并对外公布。另外还有大量的省级、市级、县级甚至散落民间的非物质文化遗产,文化部和财政部启动了保护国家级非物质文化遗产专项经费。

## (二)蒙古族非物质文化遗产简介

现在全世界的蒙古族人口大约有1000万,主要集中分布在中国、蒙古国、俄罗斯三个国家境内。中国境内的蒙古族人约有580多万,主要分布在内蒙古自治区及辽宁、吉林、黑龙江、新疆、甘肃、青海的九个蒙古族自治州(县),也有少部分散居于河南、河北、四川、贵州、北京和云南等地。蒙古族主要居住在蒙古高原上,辽阔的草原和长期的游牧生活,孕育了蒙古族非常独特的民族文化,主要包括口头文学、民间音乐、民间舞蹈、民间戏剧、民间曲艺、民间杂技、民间美术、民间手工技艺、人生礼俗、岁时节令、民间信仰等,都体现出非常浓厚的草原民族文化特色。它依托蒙古民族和游牧经济而存在,以声音、形象和技艺为表现手段,并以身口相传作为文化链而得以延续,是其他人群、民族难以模仿的,这也是蒙古族非物质文化遗产的魅力所在,是蒙古民族的独特记忆。在我国两次颁布的"国家级非物质文化遗产名录"中,以蒙古族民族特色为特征的非物质文化遗产项目共有近30项,在数量上居少数民族前列,其中蒙古长调民歌被列入世界遗产名录。

**表1　国家级蒙古族非物质文化遗产列表**

| 类　别 | 序号编号 | 内　容 | 申报地区或单位 |
|---|---|---|---|
| 民间文学 | 26　Ⅰ-26 | 江格尔 | 新疆维吾尔自治区和布克赛尔蒙古自治县、博尔塔拉蒙古自治州、巴音郭楞蒙古自治州、新疆维吾尔自治区文联民间文艺家协会 |
| | 538　Ⅰ-51 | 巴拉根仓的故事 | 内蒙古自治区通辽市 |
| | 546　Ⅰ-59 | 嘎达梅林 | 内蒙古自治区科尔沁左翼中旗 |
| | 1058　Ⅰ-114 | 祝赞词 | 内蒙古自治区东乌珠穆沁旗,新疆维吾尔自治区博湖县、和布克赛尔蒙古自治县 |
| | 547　Ⅰ-60 | 科尔沁潮尔史诗 | 内蒙古自治区 |
| 民间音乐 | 034　Ⅱ-3 | 蒙古族长调民歌 | 内蒙古自治区 |
| | 035　Ⅱ-4 | 蒙古族呼麦 | 内蒙古自治区 |
| | 066　Ⅱ-35 | 蒙古族马头琴音乐 | 内蒙古自治区 |
| | 067　Ⅱ-36 | 蒙古族四胡音乐 | 内蒙古自治区通辽市 |
| | 604　Ⅱ-105 | 蒙古族叙事民歌短调民歌 | 内蒙古自治区通辽市、鄂尔多斯 |

续表

| 类　别 | 序号编号 | 内　容 | 申报地区或单位 |
|---|---|---|---|
| 民间音乐 | 061　Ⅱ-30 | 多声部民歌<br>潮尔道—蒙古族合声演唱 | 内蒙古自治区锡林浩特市 |
| | 633　Ⅱ-134 | 蒙古族绰尔 | 新疆维吾尔自治区阿勒泰 |
| | 604　Ⅱ-105 | 蒙古族民歌(乌拉特民歌) | 内蒙古自治区乌拉特前旗 |
| 民间舞蹈 | 132　Ⅲ—29 | 蒙古族安代舞 | 内蒙古自治区库伦旗 |
| | 691　Ⅲ-94 | 蒙古族萨吾尔登 | 新疆维吾尔自治区和静县 |
| 曲　艺 | 276　Ⅴ-40 | 乌力格尔 | 内蒙古自治区扎鲁特旗、科尔沁右翼中旗 |
| | 788　Ⅴ-95 | 好来宝 | 内蒙古自治区科尔沁左翼后旗 |
| 杂技与竞技 | 298　Ⅵ-16 | 蒙古族搏克 | 内蒙古自治区 |
| | 792　Ⅵ-20 | 蒙古族象棋 | 内蒙古自治区阿拉善盟 |
| 传统手工技艺 | 396　Ⅷ-46 | 蒙古族勒勒车制作技艺 | 内蒙古自治区东乌珠穆沁旗 |
| | 951　Ⅷ-168 | 烤全羊技艺 | 内蒙古自治区阿拉善盟 |
| | 906　Ⅷ-123 | 蒙古族马具制作技艺 | 内蒙古自治区科尔沁左翼后旗 |
| | 964　Ⅷ-181 | 蒙古包营造技艺 | 内蒙古自治区文学艺术界联合会、西乌珠穆沁旗、陈巴尔虎旗 |
| | 907　Ⅷ-124 | 民族乐器制作技艺(蒙古族拉弦乐器制作技艺、马头琴制作技艺) | 内蒙古自治区科尔沁右翼中旗,吉林省前郭尔罗斯蒙古族自治县 |
| 传统医药 | 972　Ⅸ-12 | 蒙医药(赞巴拉道尔吉温针、火针疗法) | 内蒙古自治区 |
| | 972　Ⅸ-12 | 蒙医药(蒙医传统正骨术、蒙医正骨疗法、血衰症疗法) | 内蒙古自治区中蒙医医院、科尔沁左翼后旗,辽宁省阜新蒙古族自治县 |
| 传统美术 | 857　Ⅶ-81 | 蒙古族刺绣 | 新疆维吾尔自治区博湖县 |
| 民　俗 | 482　Ⅸ-34 | 成吉思汗祭典 | 内蒙古自治区鄂尔多斯市 |
| | 488　Ⅸ-40 | 祭敖包 | 内蒙古自治区锡林郭勒盟 |
| | 496　Ⅸ-48 | 那达慕 | 内蒙古自治区锡林郭勒盟 |
| | 503　Ⅸ-55 | 鄂尔多斯婚礼 | 内蒙古自治区鄂尔多斯市 |
| | 999　Ⅹ-92 | 蒙古族养驼习俗 | 内蒙古自治区阿拉善盟 |
| | 1015　Ⅹ-108 | 蒙古族服饰 | 内蒙古自治区 |

## 二、蒙古族非物质文化遗产旅游开发的意义

非物质文化遗产要生存和发展必须形成一定的规模。蒙古族非物质文化遗产要想长久存在并发扬光大就必须与市场接轨,形成规模产业,因此旅游开发对非物质文化遗产就有着非比寻常的意义。

### (一)使蒙古族非物质文化遗产潜在经济价值变为现实经济价值

蒙古族有历史作用的非物质文化遗产中深深蕴藏着草原民族的文化基因与精神特质,其历史传承价值与科学认识价值是蒙古民族的价值观念、群体意识、心理结构、气质情感等民族文化的本质和核心。蒙古族非物质文化遗产具有很高的审美艺术价值及潜在的经济价值,有许多天才的艺术创造和无与伦比的艺术技巧,这些珍贵的文化遗产是蒙古民族数百年集体智慧的结晶,在这些非物质的文化艺术深深打动人类心灵、触动人类情感的同时,往往也蕴藏着巨大的商机。例如呼麦和马头琴表演艺术,蒙古族饮食、服饰民俗等都有着独特技艺和草原文化气息,为人们所喜爱。旅游开发是当前发掘非物质文化遗产潜在经济价值的主要形式之一。

### (二)有效保护蒙古族非物质文化遗产的传承的重要手段

随着环境和时代的变化,特别是自然资源的大量开发,使文化依托的物质环境和民族主体心理发生了较大变化,部分蒙古族非物质文化遗产逐渐失去功能而被搁置起来,或在现代文化冲击下变异甚至被替代,例如,蒙古族的呼麦艺术和传统曲艺就曾一度衰落。保护工程投入巨大,而经济产出甚微,数量众多的非物质文化遗产保护全靠政府投入将难以为继。因此,要有效保护非物质文化遗产的传承链就必须使该文化形式具有一定的规模,就如同许多野生动物必须达到一定的种群数量,才能在自然环境下存续一样。面临工业化与城市化的过程对传统草原文化的挤压,蒙古族非物质文化遗产再不形成规模,仅靠政府或社会的保护性救济,最终将难逃“自我灭亡”的命运。而产业化追求规模经济的动机与非物质文化遗产得以存续和发展的规模前提是可以有机契合的,走产业化道路,将零散学习,私相授受的传承方式转变为按照市场运作的经济形式,并统一规范、整合资源、形成规模、产生利润。只有这样,蒙古族非物质文化遗产才能顺应新的历史潮流,并找到自我图强、自我发展的道路。只有更多的人对蒙古族非物质文化遗产感兴趣,掌握与传承民间技艺的传承人才能有生存的空间。资金是非物质文化遗产健康发展的润滑剂。蒙古族非物质文化遗产的旅游开发不仅能使其关注度提高,利于文化的保护,而且旅游开发也为其保护提供必要的资金。

### (三)蒙古族非物质文化遗产重要的展示和推广平台

文化的价值在于得到继承传播并对一定人群的社会心理产生影响,所以文化的展示对于文化价值的实现就尤为重要。蒙古族非物质文化遗产传承是需要载体和传播空间的。旅游活动的开放性和流动性会为蒙古族文化发展提供非常重要的展示舞台。内蒙古旅游业的发展能够促进多地区多领域的交流,蒙古族文化是内蒙古旅游业增强吸引力的有利招牌。旅游活动中举办的各种直接或间接以蒙古族文化为主题的展示

活动,既有音乐歌舞技艺方面的文化,也有饮食服饰生产方面的文化。内蒙古旅游业越发展,文化的展示就越充分。旅游活动已成为了蒙古族文化非常重要的展示舞台。

## 三、蒙古族非物质文化遗产旅游开发遵循的原则

由于旅游文化的双向性,蒙古族人民传统的文化不仅会对旅游者产生一定的震撼,同时外来文化也会对旅游目的地的蒙古族人民传统的生产生活方式有一定的冲击,逐渐改变其性质,从而也失去了蒙古族非物质文化遗产原有的赖以产生的物质基础。与此同时,随着旅游开发的扩大,多种复杂的文化成分冲击着蒙古族传统文化艺术;在西方文化艺术的冲击下,青少年对本民族传统文化艺术技艺的兴趣逐渐降低,这些都使蒙古族非物质文化遗产面临着生存与发展的严峻挑战。因此,不能无原则和无尺度地开发,必须遵循一定的原则有理有度地合理开发,才能使蒙古族的传统文化绽放光彩。具体开发中应遵循以下几点原则:

### (一)保护为主,合理开发的原则

旅游开发给蒙古族非物质文化遗产提供市场与资金并使之形成规模化发展的同时,也会因其追求利润的本性而忽视了蒙古族非物质文化保护的长远性与文化的整体性。在追求非物质文化遗产开发的短期经济效益的驱动下,开发商往往对非物质文化遗产的认识不深,热衷于追求短期经济效益,而忽略了非物质文化遗产的稀缺性和不可再生性特征。不少地方在开发非物质文化遗产资源与产业化的过程中引发了许多有违保护初衷的新问题。例如,一些牧区,由于旅游开发,批量生产蒙古族服饰、首饰、工艺品,完全流水线生产民族传统的手工文化产品;还有一些旅游景区为了迎合某些游客的心理,把蒙古族婚礼习俗庸俗化表演,导致非物质文化遗产过度商品化,失去文化传统的内涵和魅力。蒙古族非物质文化遗产由于其自身的特殊性,在产业开发的过程中,要想实现开发和保护的双赢,必须尊重其特殊性,坚持保护为主、合理利用的原则。在开发过程中,科学处理开发与保护的关系,反对为保护而保护,也不主张为经济利益盲目开发,开发的目的是为了实现更好的保护。

### (二)社会效益第一,兼顾经济效益的原则

经济效益是实现社会效益的保障,社会效益是达到经济效益的前提。蒙古族非物质文化遗产是蒙古民族特有的文化财富,不仅有巨大的经济潜力,而且还有健康的社会文化教育功能和民族凝聚功能,同时也是中国优秀文化的重要组成部分。地方政府和商家不仅要看到蒙古族非物质文化遗产背后的经济价值,而且要从传承和发展濒危文化遗产的角度出发,挖掘蒙古族非物质文化遗产的内涵,为蒙古族非物质文化遗产的发扬光大创造有利条件。要积极推动非物质文化遗产的宣传推广和人才培养工作,让更多人认识、喜爱、了解非物质文化遗产,使蒙古民族传统的文化和技艺得以继续传承,蒙古民族的民族特性得以保留。在旅游开发中坚决杜绝任意编造、添加、歪曲文化遗产内容的现象。我们既要重视蒙古族非物质文化产品的经济效益,又要强调其产品的社会效益,两者不可偏废。若社会效益与经济效益发生矛盾时,应坚持社会效益第

一的原则,使非物质文化产品始终保持健康向上的格调,使其更好地发挥社会功能。

(三)继承为主,不断创新的原则

文化是动态的和发展的,是随着载体的变化而不断继承发展的。所以,在进行蒙古族非物质文化旅游开发的过程中,要处理好继承和创新的关系。继承不是一成不变的复制,而是在把握蒙古民族的民族精神和思想的基础上,与时俱进地发展性地继承,不断地在表现形式上变化,才能更好地被较多的人接受,实现其社会价值和经济价值。例如,在蒙古族婚礼展示中,没必要全程照搬,可以只展现最精彩最吸引游客的部分,搭建蒙古包也可以相对简化,让游客了解基本构造即可。

## 四、蒙古族非物质文化遗产旅游产品开发设想

蒙古族非物质文化遗产是蒙古民族的宝贵文化财富,要想使之良性发展,必须走产业化道路,进行合理有序有度的开发。蒙古族非物质文化遗产是一种独特的旅游资源,对其进行旅游开发是产业化的有效途径。

(一)举办各种以蒙古族非物质文化遗产为主题的节庆活动

会展活动是文化非常重要的展示舞台,会展活动因其广泛的关联性和强有力的凝聚性成为蒙古族非物质文化推广的良好平台。会展活动与新闻机构、餐饮、旅游、娱乐、物流等具有非常广泛宣传效应的行业有着密切关系,会展活动中的文化元素会自然通过这些行业向外传播;同时会展业能汇聚巨大的人流,参加会展活动的人既是文化的载体又是文化的传播体,集中的人流无疑会对蒙古族非物质文化的推广和传播起到很好的促进作用。可以举办各种直接或间接以蒙古族非物质文化为主题的会展节庆活动,如蒙古族非物质文化遗产展示节、蒙古族音乐舞蹈节、蒙古族民俗文化节等。

(二)修建专门的蒙古族非物质文化遗产参观场馆

修建专门的蒙古族非物质文化遗产场馆,如博物馆、展览馆、纪念馆等,场馆要充分运用现代高科技光影技术,先进的技术设备能更好地表现蒙古族非物质文化产品,通过科技含量提升蒙古族非物质文化产品的市场吸引力。场馆以静态展示为主、动态表演以及互动体验相结合的方式展示蒙古族地区的非物质文化旅游产品。场馆从外形设计到人员服饰等各个方面都要体现出浓厚的蒙古族风情,场馆最好聘用蒙汉兼通的蒙古族讲解员。

(三)开发蒙古族非物质文化展示的民族旅游区

在牧民居住比较集中且草原生态环境保护良好的地区建蒙古族非物质文化民族旅游区,旅游区经营管理中部分收益给牧民,牧民才会安居乐业,蒙古族非物质文化才能不丧失土壤。政府必须严格监管,加强司法监管,同时也要很好地发挥媒体的监督作用。旅游团体在旅游区步行游览参观,严禁烟火,不可以携带白色污染物。在旅游区内牧民进行动态表演,以歌舞、曲艺、竞技等形式将非物质文化展示给游客,同时让游客参与文化展示舞台的表演,使游客更为直接、深刻地了解其非物质文化。

(四)制作与蒙古族非物质文化相关的影视和实景演出旅游产品

影视作品和实景演出具有强烈的感染力,也是许多旅游区成功的宣传和展示方

式,《乔家大院》、《似水年华》、《非诚勿扰》等影视剧都着实地让拍摄地游客大增,使当地风土人情得以很好地传播,印象刘三姐、印象西湖等实景演出更是文化推广的成功案例。因此,将影视产品生产与蒙古族非物质文化资源相结合,可为影视产品提供不竭之源,也可更好地展示蒙古族非物质文化。通过对有关非物质文化的电视、电影、演出的创作,使之具有生动鲜活的表现力,既可向人们输送文艺精品,也可借此全面、立体地传扬蒙古族传统文化,同时还能带来可观的经济效益。

### (五)增加体验性的蒙古族非物质文化遗产的旅游产品

同参观性的项目相比,参与体验性的旅游项目对游客更具有吸引力。在草原旅游的产品中增加围绕蒙古族非物质文化的参与性的旅游项目,例如,在旅游活动项目中增加穿蒙古袍的比赛,让游客亲自烤全羊,民间艺人教游客唱蒙古民歌跳安代舞,教游客演奏马头琴、四胡技艺,教游客搭建蒙古包,参加那达慕的比赛项目等。这样既可以传播文化同时也可以增加游趣。

## 五、结语

蒙古族非物质文化遗产的旅游开发既利于蒙古族非物质文化的传播,又利于草原旅游经济的进一步发展。在兼顾保护和社会效益的前提下,进行适度的蒙古族非物质文化遗产的旅游开发是蒙古民族文化常青的有效途径。

## 参考文献

[1]中华人民共和国政府网 http://www.gov.cn/zwgk/2006-06/02/content_297946.htm[R].2006,2008.

[2]中国新闻网 http://www.chinanews.com/cul/2011/06-10/3104186.shtml[R].2011.

[3]王文章.非物质文化遗产概论[M].北京:文化艺术出版社,2006.

[4]吴团英,马永真,包双龙.《文化内蒙古》卷二、卷三[M].呼和浩特:内蒙古教育出版社,2006.

[5]王松华,廖嵘.产业化视角下的非物质文化遗产保护[J].同济大学学报,2008(1).

[6]陈建宪.非物质文化遗产与创意产业[J].文化遗产,2007(1).

[7]闫新新.论蒙古族非物质文化遗产的特色产业化发展道路[J].前沿,2011,(1).

[8]杨锐.非物质文化遗产保护性旅游开发研究——以秀山花灯为例[D].重庆:重庆师范大学,2009.

[9]张春丽.非物质文化遗产旅游开发探讨——以湖北长阳土家族自治县为例[D].武汉:华中师范大学,2008.

# 科学发展兴旅游:长阳的经验与启示

李忠斌　文晓国

(中南民族大学经济学院,湖北武汉,430074)

【摘　要】长阳县依托旅游产业发展优势,以科学发展观为指导,走大旅游发展之路,通过旅游带动全县其他产业协调发展,财政收入从2000年的5000万元上升到2009年的4个亿,走出了一条依托资源、政府主导、企业主体、市场运作的科学发展模式,对其他民族地区的旅游经济发展有重要的借鉴价值。

【关键词】民族经济;旅游产业;科学发展

长阳土家族自治县(下称长阳县、长阳)坚持科学发展兴旅游的理念,以提升"清江画廊"旅游品牌为核心,以深入开发旅游资源为重点,完善旅游服务设施,强化旅游宣传促销与市场的对接,积极发挥旅游业综合带动功能,走出了一条特色明显、效果显著的发展之路。

## 一、长阳旅游发展的优势

### (一)具有唯一性的历史人文资源

1."长阳人"的诞生地

1956年在大堰乡钟家湾发掘的两件古人类化石,经中国科学院古脊椎动物研究所贾兰坡教授认定并定名为"长阳人"。"长阳人"的考古发现,有力地向世人证明了长江流域也是华夏古文明的发祥地。后经碳十四测定,其绝对年代为距今19.5万年。长阳人与北京周口店人、云南元谋人一起,被写进了中学历史教科书。

2.古代巴国的历史

《后汉书·南蛮西南夷列传》记载了巴人起源于武落钟离山的传说,以及4000多年前在历史上存在了数百年之久的巴国史事。当时,巴部落在中国南方是一个强悍的民族,与北方匈奴并称为"北有匈奴、南有巴蛮"。公元前221年,秦国大将司马错灭

[基金项目]中南民族大学"信息化与民族地区农业发展"学术团队资助项目,编号:XTS09007。

[作者简介]李忠斌,博士,教授,中南民族大学经济学院,中科院国家民委农业信息技术研究与开发联合实验室主任,武汉,430074,主要研究民族经济学。文晓国(1980—　),讲师,中科院国家民委农业信息技术研究与开发联合实验室,主要研究方向:民族经济学,武汉430074。

了川西的蜀国后挥师剑门关,直取长江中游的巴国,一夜之间巴国突然无声地消失,在浩如烟海的史卷中没有记载,在惊世连连的考古中也找不到答案,这一段史事到现在为止还是一个旷世之谜。

3. 土家族的发祥地

4000年前的巴国虽然早就消失了,但是巴人的后裔千百年来依然生活在这片土地上,虽与汉族及其他少数民族不断融合,但它还是作为一个独立的民族繁衍至今。1984年7月,经国务院批准,设立长阳土家族自治县。因这一系列无可争议的历史史事,武落钟离山被确定为土家族的发祥地,长阳被称为中国土家族的摇篮。在今天全国已有土家族人口802万,在少数民族中排列第五位,而且土家族也是唯一位于我国中部地区的覆盖面最广、人口最多的一个少数民族。

**(二)具有独特性的巴土文化资源**

了解中国古代文化的人,没有不知道"下里巴人"、"阳春白雪"这两句成语的,其中"下里巴人"就是巴人创作的歌曲。千百年来,勤劳智慧的土家人在生产生活中创造了丰富多彩的民间文化,长阳素有歌舞之乡的美誉。以"歌舞祭祀亡灵"的撒叶儿荷,是最具特色的土家原生态文化,现已被国务院批准为国家非物质遗产保护项目,并正在向联合国申报,还有以"哭泣庆贺婚嫁"的哭嫁歌、高亢激昂的山歌、曲雅隽秀的南曲、欢快炽热的吹打乐、婀娜秀美的花鼓子等,以其浓郁的民族民间特色,充分展现了巴文化的风韵和魅力。根据跳丧等改编的群众健身舞蹈长阳巴山舞,被国家体育总局指定为全民健身广场舞,现已普及到大江南北,甚至走出了国门。"山歌、南曲、巴山舞"被誉为长阳文化三件宝。在20世纪90年代,长阳的文化产业与时俱进,又孕育出了"奇石、根艺、盆景"新文化三宝。1998年长阳被授予"全国民族文化先进县"称号。①

**(三)具有优越性的生态环境资源**

长阳旅游资源丰富,秀美的山川、美丽的清江,构成了长阳具有绝对优越性的生态环境资源。全县有各类植物1400多种,动物300多种,森林覆盖率达73%以上。其中珍稀植物百合花、珍稀野生动物金钱豹,均被联合国教科文组织认定为模式产地。在《中国旅游资源普查规范》所列的6类74种基本类型中,长阳有6类45种,与长江三峡、武当山、神农架并列为湖北省四大甲级旅游资源区,是经省人民政府命名的省级风景名胜区和省级旅游度假区。1996年,国家林业部批准建立清江国家森林公园,目前正在申报国家地质公园。随着20世纪90年代开始的清江水利资源综合开发,在长阳境内形成了"一坝两库"的新的人文景观,长阳的整体面貌和生态环境也随之发生了根本性的变化,八百里清江上最美丽、最有特色、最具旅游开发价值的一段,全部浓缩在长阳的这三百里范围内,因而就有了"八百里清江美如画、三百里画廊在长阳"

① 王功平. 长阳县情概览[M]. 北京:中国文史出版社,2006.

之说。①

## 二、科学决策，高起点发展旅游业

### （一）注重用办"大旅游"思路营造和谐氛围

旅游是一个关联性极强的产业，几乎可以涵盖社会的各个方面。发展旅游业不仅推动地方经济的繁荣兴旺，也能促进社会的文明和和谐。② 在这样一种思想的指导下，长阳在旅游业发展的道路上，始终坚持走办"大旅游"的发展之路。长阳县委、县政府在谋划社会经济发展中，统筹规划，科学制定了建设生态文化旅游名县、打造都市后花园的发展战略，出台了促进全县旅游经济发展的意见等具体措施。县委、县政府高度重视旅游工作，经常深入景区调研，及时破解发展中的难题。全县上下、各级各部门中形成了支持旅游、服务旅游的良好氛围。

### （二）注重旅游项目建设培育发展后劲

长阳旅游业曾经跌入低谷的原因之一是县域财力紧缺，旅游投入严重不足，缺乏发展后劲。2005 年以来，通过转变工作思路，积极拓展招商引资渠道，吸收各种社会资本进入长阳投资旅游业，取得了较大成效。到目前为止，已成功引资达千万元以上的旅游项目有六个：愚人岛生态旅游度假区、中华巴土圣山、清江古城、清江画廊度假村、柏园岛旅游度假区、大溪谷风景区等。这些项目均已完成规划评审，部分已经开工。随着这些旅游项目的建成，长阳将迎来崭新的面貌。

### （三）注重旅游要素体系建设与旅游行业软件建设

近几年来，长阳在财力允许的范围内，加大了旅游公共设施的建设力度。如在县城建清江亲水平台，改造土家风情街，完善城区公共交通体系等。同时，积极鼓励支持旅游配套设施的建设，在推动现有三家三星级宾馆提档升级的基础上，又引资开工建设了一家四星级酒店。县旅游行业主管部门通过组织各种培训、执法监管等措施，加强行业管理工作，全方位提升旅游从业人员的素质，使全县旅游行业的软件建设能不断适应时代的需要。

### （四）科学的规划

长阳旅游资源丰富，而如何引资开发建设，如何使建成的项目能有好的市场前景？长阳的做法主要是通过落实科学发展观的要求，增强超前意识，高规格地编制项目规划。20 世纪 90 年代初长阳编制了县域整体旅游规划《长阳清江旅游规划（1996—2010）》，为该县旅游业的稳定、快速发展奠定了坚实基础。

## 三、主要做法及经验

### （一）资源优势整合：生态、文化、山水资源

长阳有着富集程度高的旅游资源，在《中国旅游资源普查规范》所列的 6 类 74 种

---

① 郭熙保. 长阳经济发展战略研究[M]. 武汉：武汉大学出版社，2010.

② 邓光奇. 民族地区旅游业与生态环境协调发展研究[M]. 北京：中央民族大学出版社，2006.

基本类型中,长阳有6类45种。然而,旅游资源较为分散也一直是制约该县旅游业发展的客观因素。为了改变旅游资源分散状况,自2004年以来,长阳充分利用其独特的生态资源优势,按照“整合旅游资源、加快提档升级”的思路,大力培育壮大旅游产业。

文化是旅游的灵魂,而旅游是文化发展、兴旺的最有效载体和平台。① 长阳县委县政府尤其注重整合本县的文化资源,利用长阳深厚的文化底蕴,把文化和旅游整合为一个产业来抓,成为长阳在探索旅游业发展策略上采取的一个重要举措。例如,把撒叶儿荷、山歌、吹打乐、南曲、花鼓子等组合成游客喜爱的表演形式,融入旅游服务的各个环节之中,有效提升了长阳旅游产品的品位和质量;2005年5月,曾在武汉举办了土家文化周推广活动,成功推出了《梦幻土家》大型演出,县城有随时可以为游客提供表演的民俗文化村等土家原生态文化演出机构;“梦幻土家文化之旅”,成了长阳旅游最具吸引力的特色旅游产品;通过展示以“长阳文化三件宝”为代表的巴土特色文化,实现了“文化搭台,旅游唱戏”。

正如“桂林山水甲天下,长阳山水甲桂林”所描述的,长阳有着能与桂林相媲美的独特而优美的山、水自然资源。为了充分挖掘山、水等自然资源的潜在旅游价值,长阳从2004年开始对该县的山水资源进行全面整合,将隔河岩大坝以上至水布垭盐池温泉沿清江一线的所有旅游景观及景区景点进行整合,并将景区名由原来的百岛湖风景区正式更名为清江画廊风景区。目前,盐池温泉、天柱山、“长阳人”遗址、兰草谷、大溪、比兹卡民俗文化村等区域的资源整合正在进行当中。

### (二)旅游景点整合:“清江画廊一票制”

为规范清江旅游事业的发展,2005年3月,按照“整合旅游资源,加快提档升级、建设生态文化旅游名县”的思路,整体包装并成功推出了清江画廊旅游度假风景区,实行了“统一建设、统一经营、统一管理、统一促销、分点核算”的一票制管理和营运。

长阳自治县人民政府于2006年发文成立了清江画廊旅游度假区管理局,明确了管理局的工作职责和工作任务,并从县旅游、公安、工商、交通、海事等部门抽调人员组建了综合执法专班。2006年9月,通过市场手段引进大连汇点投资公司,与长阳汇丰和投资公司共同合资组建了长阳汇点清江画廊旅游开发有限公司,实现了景区日常经营及景点开发的企业化运作。公司斥资1000多万元,建设了门楼、游客中心、风雨长廊,改造了停车场、土家风情街、星级厕所,包装了时空隧洞。在对原清江旅游客运公司进行了整体收购的基础上,打造了具有土家民俗风格的三艘豪华游船,全面理顺和规范了清江游船经营管理体制。

为了全面完善“清江画廊一票制”,2007年底清江画廊管理局开始着手整合清江旅游船舶资源,理顺游船经营管理体制。主要以清江画廊公司为主体,采取“分步实施、逐船收购、全面规范”的办法,对原清江旅游客运船舶公司实行整体收购。现已全

① 李忠斌.试论民族文化的当代价值:以土家族为例[J].边疆经济与文化,2005(12).

面完成了收购工作,正在筹备成立清江画廊游船分公司及相关法人变更工作。通过这一举措,清江画廊“门票加船票”的一票制运行将指日可待,清江旅游将更加规范、畅通、有序。清江画廊风景区运行三年多来的实践证明,其充分起到和发挥了全县旅游经济的龙头带动作用。

(三)宣传推介:塑造旅游形象

围绕县委、县政府制定的“建设生态文化旅游名县”的战略思路,长阳县旅游、文化等相关部门开展了一系列以品牌建设为核心的营销活动。注重用大活动培育旅游品牌,强化旅游宣传营销工作,全面拓展长阳县旅游市场。

长阳注重用大活动培育品牌,强化宣传营销。通过成功举办一系列的旅游宣传推介活动,来提升长阳对外的知名度和美誉度。自2005年以来,长阳主要采取了以下推介形式:

首先,利用文化体育活动为旅游搭台。例如,清江画廊旅游度假区,是长阳的核心景区,自2005年12月起已连续举办五次全国性游泳赛事,包括全国冬泳邀请赛、全国公开水域游泳公开赛、三次张健横渡队清江画廊挑战赛;举办了“土家歌王”擂台赛;2007年10月12日,与中央电视台合作举办了《新视听》特别节目“山歌好比清江水”大型歌会,在全国产生了重大影响力;2008年北京奥运火炬传递《宜昌·九歌》大型钢琴音乐会外景在清江画廊拍摄,世界著名钢琴家马克西姆在清江画廊倾情演奏,进一步提升了清江旅游的品牌形象和知名度。

其次,积极组织和参加各类旅游节庆活动。做好本地媒体的宣传报道,常年固定办好《三峡商报·清江画廊》专版,三峡长阳网、长阳政务网旅游专栏及清江画廊网站。① 县委宣传部出台了《全县旅游宣传奖励办法》,通过一定的激励机制,积极调动和激发各方力量,充分保证了市、县主要媒体常年不间断的宣传,基本保证了每天至少有一条旅游信息刊(播)发。例如,近年来,长阳旅游局联合其他部门参与了华中旅游博览会、宜昌三峡国际旅游节、国内旅游交易会;长阳县旅游局积极参加宜昌市旅游局组织的在北京王府井、上海南京路、香港紫荆花广场等地举办的三峡旅游推介会等。

最后,做好媒体宣传报道,抓好市场营销。为了积极宣传全县旅游发展和旅游景点,长阳各级各部门积极行动,充分保证市、县主要媒体常年不间断的进行宣传。另外,长阳县各景区与全国200多家旅行社签订了营销协议,努力与这些旅行社建立良好、稳固的合作关系,以保证景区与客源市场对接通道的有序和畅通。例如,清江画廊成立了营销中心,实行片区营销经理负责制,保证了景区与客源市场对接通道的畅通和有序。

## 四、长阳县旅游发展的启示

结合以上分析,我们认为长阳旅游业发展走的是依托资源、政府主导、企业主体、

① 李忠斌.论科技进步与民族地区旅游资源开发[J].康定民族师范高等专科学校学报,2006(5).

市场运作的科学发展模式。

首先,依托资源优势,发展特色旅游。一是利用长阳独特的山水资源,发展山水旅游。位于清江画廊旅游度假区的武落钟离山,是《后汉书·南蛮西南夷列传》记载的4000年前巴人的发祥地,已开发了下里巴人寻根游。清江"一坝两库"人文景观,是进行公开水域运动、休闲度假的完美之地。二是利用土家独特的人文资源,发展人文旅游。巴人文化有4000年历史,"长阳人"有19万年的神秘历史,山歌、南曲、巴人舞等是土家文化的一个侧面,并且这些传统的、原生态的土家文化实现了与现代文明的很好融合和对接,这是长阳发展旅游的特色和优势。

其次,明确政府主导地位,规范旅游业发展。综合长阳旅游发展的全过程,可以看出政府处于明确的主导地位。长阳县委、县政府根据"到位而不越位、引导而不强迫、服务而不代办"原则,主要是解决"公司办不了,个人办不好"的事情。一是明确政府在旅游基本建设上的主导地位。在清江画廊旅游度假区的建设中,政府通过多方融资改善景区面貌,新建门楼、长廊、售票室、游客中心和隧洞美化,改造了停车场、公共厕所、土家风情街,加强绿化设施建设等。二是明确政府在旅游发展规划和相关的配套政策上的主导地位。超前、高规格地编制项目规划是旅游业健康快速发展的关键,但每一个规划的出台,政府在其中均居于主导地位。三是明确政府对旅游资源管理及相关事务的管理和协调上的主导地位。2006年初县政府抽调旅游、交通、公安、工商等部门人员,成立了清江画廊旅游度假区管理局,作为县人民政府的派出机构,专门管理清江画廊旅游资源和加强对相关行政事务的管理和协调。

再次,发挥企业主体作用,坚持旅游开发的市场化运作。在旅游资源开发、旅游景区运营等方面通过分离经营权与所有权,明确企业权、责、利,确保企业的市场主体地位,确保企业在参与市场竞争中充分的自主经营决策权和受益权。例如,在清江画廊旅游度假区的开发建设中,引进的大连汇点投资公司与长阳合资组建了长阳汇点清江画廊旅游开发有限公司,实现了景区日常运营及景点开发的企业化管理和市场化运作。①

总之,依托资源、政府主导、企业主体、市场运作的科学发展模式科学地阐释了长阳旅游业应该怎样发展,是科学发展观的具体运用。它很好地展现了长阳人对科学发展的深入理解和具体实践,是一种值得其他地区推广的科学发展模式。

---

① 李忠斌,李海鹏,文晓国.民族贫困地区经济社会协调发展的成功实践——长阳模式的理论思考[J].黑龙江民族丛刊,2010(2).

# “民族文化圈”区域旅游开发模式研究
## ——以湘桂黔边“侗族文化旅游圈”为例

石 伟 李 慧
(中山大学社会学与人类学学院,广东广州,510275)

【摘 要】湘桂黔边侗族地区民族文化旅游开发要做到可持续发展,实现区域协作就是必由之路。本文首先提出了构建“侗族文化旅游圈”的理论基础,并分析了“侗族文化旅游圈”构建的可行性和必要性。最后得出了构建“侗族文化旅游圈”的主要内容,并提出了可操作性的实践建议,以期为“侗族文化旅游圈”区域民族文化旅游的开发提供借鉴思路。

【关键词】区域旅游;侗族文化旅游圈;湘桂黔边

侗族文化旅游资源丰富多彩,而且集中在贵州、湖南和广西三省交界的边界区域,可以说侗族文化旅游开发终究是区域旅游开发的问题。湘桂黔边侗族地区民族文化旅游开发要做到可持续发展,实现区域协作就是必由之路。因此,本文认为应该构建一个湘桂黔边侗族的区域旅游系统,对区域旅游系统内部相关的成分和要素进行分析,构建湘桂黔边“侗族文化旅游圈”。

## 一、构建“侗族文化旅游圈”的理论基础

民族文化旅游本质上是一种综合性的经济—文化产业,有着经济的属性、文化的特征。经济学原理能最有效地解释民族文化旅游的一系列现象,同时民族文化旅游业又是一种社会文化性很强的经济产业,人类学理论亦构成了民族文化旅游发展的基础理论。

### (一)圈层结构理论

用圈层结构来描述由城市到乡村的空间变化形态是十分贴切的。所谓“圈”,实际上意味着“向心性”,“层”则体现了“层次分异”的客观特征。圈层结构反映着城市的社会经济景观由核心向外围呈规则性的向心空间层次分化。

圈层式空间结构理论泛用于城市经济区和综合经济区的研究,本文将其应用于区

[作者简介]石伟(1981— ),男,侗族,湖南省通道侗族自治县人,中山大学社会学与人类学学院博士研究生,研究方向:旅游人类学、旅游规划与民族旅游。李慧(1983— ),女,汉族,河南省周口县人,广东理工职业学院教师,研究方向:旅游管理、企业管理。

域旅游研究中,即用来构建一个"旅游经济圈"。旅游经济圈是为了获得最佳经济、社会和环境效益,以旅游资源为核心组成的具有一定地理范围的协作区域,是一定区域内各种旅游经济要素间相互联系、相互作用而形成的区域空间组织形式。旅游经济圈是一个开放性的动态系统,具有辐射、扩散的动态特点。它既可以是区内的,也可以是跨区域的。本文的侗族文化旅游圈,相对地市而言就是一个跨区域的经济协作圈,对省而言是区域范围内的协作圈[1]。

### (二)点—轴渐进扩散理论

1. 据点开发理论是地域极化理论的一种

该理论认为,由于资金的有限,要开发和建设一个地区,不能面上铺开,而要集中建设一个或几个据点,通过这些据点的开发和建设来影响与带动周围地区经济的发展。

2. 轴线开发或者称带状开发是据点开发理论模式的进一步发展

该理论认为,区域的发展与基础设施的建设密切相关。将联系城市与区域的交通、通信、供电、供水、各种管道等主要工程性基础设施的建设适当集中成束,形成发展轴,沿着这些轴线布置若干个重点建设的工业点、工业区和城市,这样布局既可以避免孤立发展几个城市,又可以较好地引导和影响区域的发展。

3. 点—轴开发模式

点—轴开发中的"点"是指区域中的各级中心城市,"轴"是联结点的线状基础设施束,包括交通干线、高压输电线、通信设施线路、供水线路等工程线路等。线状基础设施束经过的地带称为"轴带",简称"轴"。分析和确定"点"及"轴"的位置与等级是一件事关全局的工作。"点轴开发理论"较为真实地揭示了区域经济发展的规律,为区域开发提供了新的思路和启示[2]。

### (三)人类学中的"文化圈"理论

文化人类学中关于文化和文化圈的研究可以进一步作为湘桂黔边侗族地区旅游研究的理论基础。文化圈理论因"文化圈"这一概念而得名,它是西方民族学和文化人类学的重要理论之一。文化圈是一个有机的整体,它包括人类需求的各种文化范畴。它在各地区形成、发展并可能向其他地区移动,同时,在不同地带还可能有与其相关联的文化成分形成文化圈的广阔地理分布表现。

文化圈是以居住在同一地理区域中不同人群之间相关联的文化特质为思考基础,认为文化是时间、空间共同建构的产物,过去遗存下来的文化特质会展示在当代的空间分布中,因此透过当代空间所见到的文化特质可以重建一个族群文化的过去历史。那么,文化圈即为一个特殊文化类型的分布范围,它以文化特质和文化丛的相似性为基础,即相同的文化共同占有一个区域[3]。以本文研究为例,如果将侗族地区文化的特质进行区域性的比对与整理和区域性空间的分布,可以通过某些相同的文化现象归纳出文化圈。

## 二、"侗族文化旅游圈"的构建

### (一)"侗族文化旅游圈"的概念

本文结合了以上经济学和文化人类学等理论,把"侗族文化旅游圈"的概念定义为:

侗族文化旅游圈,是以居住在湘桂黔边这一地理区域中的侗族人民在长期的社会历史发展中形成的文化特质为基础,以侗族文化旅游资源为内容组成的具有一定地理范围的协作区域,是为了获得最佳经济社会和环境效益,在湘桂黔边区域内旅游交通、旅游企业、旅游管理、旅游主体等各种旅游经济要素间相互联系、相互作用而形成的相对完整的地域系统。

### (二)"侗族文化旅游圈"的划定

1. 地理范围

"侗族文化旅游圈"是一个相对完整的旅游地域系统,其地理范围是指贵州、湖南、广西三省交界的区域,侗族文化旅游圈具体包括的侗族文化旅游地如表1所示。

表1 "侗族文化旅游圈"范围分布示意表

| 省 区 | 侗族聚居区域 | 侗族散居区域 |
| --- | --- | --- |
| 贵州省 | 黔东南州的黎平、天柱、锦屏、从江、榕江、剑河、三穗、镇远、岑巩;铜仁地区的玉屏侗族自治县、万山特区 | 黔东南州的雷山县,铜仁地区的铜仁市、石阡县、江口县和松桃苗族自治县及黔南布依族苗族自治州的荔波县、都匀市、福泉县等地 |
| 湖南省 | 通道、新晃、芷江三个侗族自治县、靖州苗族侗族自治县和城步苗族自治县、会同县 | 绥宁、洞口等地 |
| 广西壮族自治区 | 三江侗族自治县、龙胜各族自治县 | 融安、罗城和融水苗族自治县等地 |

2. "侗族文化旅游圈"的区域开发模式

以圈层理论、点轴开发理论和文化圈理论为指导,以湘桂黔边区域内各侗族居住地的地理分布为自然基础,以区域内的侗族文化旅游资源为社会文化基础,以旅游交通线路为廊道,旅游区(旅游点)为节点,对旅游资源进行区域的整合,构架"侗族文化旅游圈"的点轴分布结构。即形成了"五点、三圈、四轴"的区域网状格局。

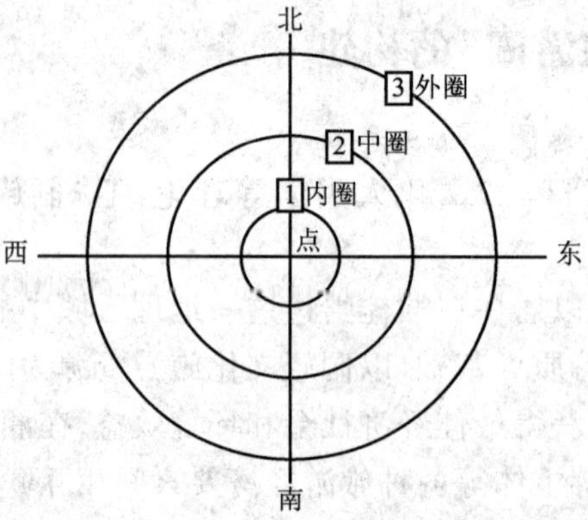


**图1 “侗族文化旅游圈”区域旅游开发格局图[5]**

“五点”,湘桂黔边交界区域凭借丰富的侗族文化旅游资源和优越的地理位置,无论从侗族文化的旅游景点数量、资源品位、游客人数、旅游营业收入还是从旅游市场、区位来看,可以作为“侗族文化旅游圈”的据点发展区域。“五点”具体包括黎平、从江、榕江、通道、三江这五个侗族县。在这里,这五个据点为“侗族文化旅游圈”的中心向周边的旅游域辐射。通过这些据点的开发和建设来影响与带动周围地区侗族文化旅游的发展。

“三圈层”,其分布情况是根据各侗族县域的地理位置来确定的。黎平、从江、榕江、通道、三江、龙胜、靖州、城步、会同、天柱、锦屏等侗族县域位于“侗族文化旅游圈”的最里层,构成第一个圈层,即内圈层;由剑河、三穗、镇远、岑巩、新晃、芷江、玉屏、万山特区、雷山构成第二个圈层,即中圈层;由铜仁市、石阡、江口、松桃、荔波、都匀市、福泉、绥宁、洞口、融安、罗城、融水构成第三个圈层,即外圈层。内圈层与中圈层、外圈层相互联系和相互依赖,三个圈层共同促进侗族区域旅游业的发展和提升。

“四轴”,即以据点为发展重点,以湘桂黔边的交通网络为发展辐射轴,形成了东向江浙,西向云贵,北向湖湘、京津,南向粤广的四大辐射轴。

综上所述,我们可以得出各“侗族文化旅游圈”区域网状格局的地域分布,具体如表2所示。

**表2 “侗族文化旅游圈”区域开发分布示意表**

| 省 区 | 区域范围 |
|---|---|
| 五据点 | 黎平县、从江县、榕江县、通道侗族自治县、三江侗族自治县 |
| 内圈层 | 黎平、从江、榕江、通道、三江、龙胜、靖州、天柱、锦屏、城步、会同 |
| 中圈层 | 剑河、三穗、镇远、岑巩、新晃、芷江、绥宁、玉屏、万山特区、雷山 |
| 外圈层 | 铜仁市、石阡、江口、松桃、荔波、都匀市、福泉、洞口、融安、罗城、融水 |

### (三)"侗族文化旅游圈"据点开发的内涵特征

将黎平、从江、榕江、通道、三江这五个县划归为"侗族文化旅游圈"的旅游发展据点,主要是由于资金的限制,要开发和建设一个地区,不能面上铺开,而要集中建设一个或几个据点,通过这些据点的开发和建设来影响与带动周围地区统一协调的发展。

"侗族文化旅游圈"据点内涵特征具体表现在以下三点:

1. 具有据点开发的基础

具有丰富的侗族旅游文化,是"侗族文化旅游圈"据点发展的基础。这五个县的侗族文化浓郁且源远流长,其包含的侗族文化旅游资源丰富且齐全,同时其侗族文化旅游资源的价值相对而言是比较高的。各地都从民族风俗、饮食传统、手工艺品、农村特产等方面发掘具有各自特色的旅游文化,进一步丰富了"侗族文化旅游圈"的文化内涵。

2. 具有据点开发的条件

具有优越的开发条件,是"侗族文化旅游圈"据点开发的重点。这五个县,侗族文化旅游开发相对较早,已形成一定的开发规模,且具有一定的侗族旅游开发经验,这是其他侗族地区所不能比拟的重要条件。同时因为其旅游开发时间较长,旅游交通条件、接待设施条件等方面都是比较齐全的,各县现已形成完善的旅游服务体系。

3. 具有据点的发展促进功能

对周围地区的发展起到积极促进作用,是据点开发的目标。这五个县侗族文化旅游开发以来,在旅游形象上既形成了自己的侗族文化品牌,又与"侗族文化旅游圈"的总体形象相呼应。同时,由于地缘相近和历史渊源的关系,可以各自发展自己的特色,并能很好地组合在一起,进行大区域合作,协调发展,共同形成侗族旅游的最强势力量。"侗族文化旅游圈"据点的旅游将辐射、带动其他区域的旅游发展,这对于整个侗族地区旅游的持续性发展是具有非常积极的作用的。

因此,根据以上内涵特征,我们将黎平、从江、榕江、通道、三江这五个侗族县划分为"侗族文化旅游圈"的旅游开发据点。

## 三、"侗族文化旅游圈"区域民族文化旅游开发的理论框架——钻石分析模型

该模型中重点包括三个要素,即旅游市场分析、旅游产品分析和旅游支持体系分析,形成了一个民族旅游区域开发的"钻石"型理论框架。钻石分析模型通过分析区域核心能力、采用差异化产品战略,以帕累托最优理论为基础,分析民族地区旅游开发的模式。

这三个重要要素之间的关系,具体如图 2 所示。

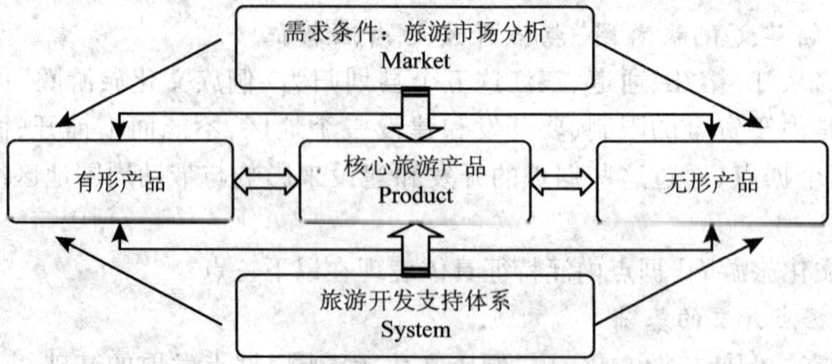


**图2 民族区域微观旅游开发钻石分析体系**

概括地说,上述三要素是民族旅游地旅游开发的核心问题,它们直接关系到各民族旅游地的旅游业发展。在当今国内旅游市场竞争白热化、世界经济一体化的格局下,如何以自己独特的旅游产品抢占市场先机,如何获取竞争优势,赢得持续发展,是呈现在人们面前的一个现实而紧迫的问题。

## 四、"侗族文化旅游圈"旅游市场分析(Market)

根据笔者收集到的各县旅游局提供的统计资料和笔者所收回的市场调查问卷得出以下统计图表。

**表3 侗族县域的客源市场对比分析**

| | 形 象 | 远程客源分布 | 中程客源分布 | 短程客源分布 |
|---|---|---|---|---|
| 黎平 | 有着"侗都黎平""侗族大歌之都"之美誉 | 北京、上海、广州、深圳等地 | 怀化、贵阳、凯里、桂林、都匀 | 榕江、从江、锦屏、剑河、三江、通道、靖州 |
| 从江 | 被誉为中国"侗歌之乡" | 北京、上海、香港、广州、深圳 | 怀化、贵阳、凯里、桂林、都匀、柳州 | 榕江、黎平、锦屏、剑河、三都、丹寨 |
| 榕江 | 被誉为"中国侗苗文化祖源地" | 北京、上海、香港、广州、深圳、佛山 | 怀化、贵阳、凯里、桂林、都匀、柳州 | 雷山、三都、从江、黎平、丹寨 |
| 通道 | 号称"百里侗文化长廊" | 广州、深圳、佛山 | 怀化、柳州、南宁、清远、桂林 | 城步、靖州、会同、洪江、绥宁 |
| 三江 | 号称"百节之乡" | 广州、深圳、佛山 | 柳州、桂林、南宁、 | 融安、融水、通道、从江、黎平 |

资料来源:相关县旅游局和各县旅游网

从以上五个侗族民族县域的客源分布规律对比分析中我们可以得出以下结论:

(1)“侗族文化旅游圈”的客源分布与主要客源输出地的半径成正比,主要是区域内300公里范围的城市;

(2)“侗族文化旅游圈”的客源分布直径距离主要与旅游区的宣传力度有较大关系;

(3)“侗族文化旅游圈”的区位、交通条件对客源分布有直接的影响。

对“侗族文化旅游圈”据点中的五个侗族县域旅游市场的分析离不开对与其旅游发展密切相关的两大区域旅游市场发展趋势的分析。其一是在旅游区域上紧紧相连的大桂林旅游圈;其二是在旅游市场结构上和经营网络上应当与之相连的以民族旅游著称的贵州省黔东南州的黔东南旅游区。处于这两大旅游区的边际这一地理特点也构成了“侗族文化旅游圈”据点旅游市场的特征。(见图3)

“侗族文化旅游圈”据点,首先在地理位置上,接近湘桂黔三省交界有着丰富旅游客源的主要中心城市,如桂林、贵阳等市。但又同时受到交通条件的制约,处于“温冷线”上,在整个西部旅游这一大旅游区域上处于市场格局的边际之上。虽然紧邻中国“热线”旅游区桂林市,五个核心侗族县域与桂林的空间距离与时间距离都较短,但又远于桂林周边的旅游业发展较快的县。三江、通道、从江等县现已纳入桂林这一中国“热线”旅游区域发展的正式的、具体的规划之中,在旅游现实发展上,无论是旅游资源特色互补,还是桂林和黔东南旅游市场辐射影响上,“侗族文化旅游圈”旅游业现在与未来的发展都离不开这两个旅游区域。从旅游现实发展的市场格局分析,“侗族文化旅游圈”处于两大旅游区域边际构成了其独特的旅游市场特征。上述大桂林旅游圈和黔东南旅游区的旅游市场发展趋势都将对其产生重要影响。

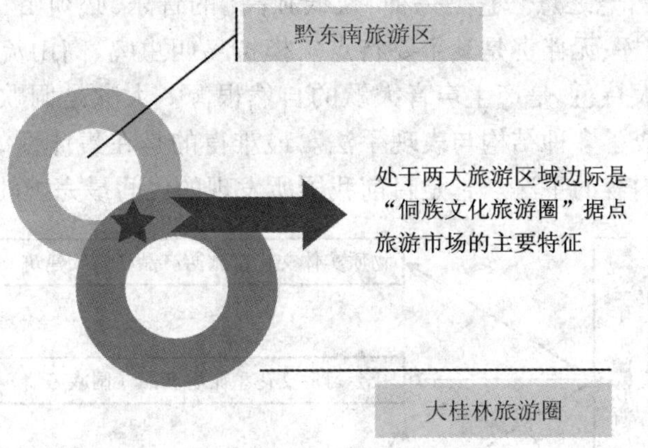


**图3 “侗族文化旅游圈”市场特征图**

## 五、“侗族文化旅游圈”旅游产品分析(Product)

### (一)“侗族文化旅游圈”王牌旅游产品

根据核心能力理论和差异化产品战略,要攻占市场必须凭借王牌或卖点。通过分析总结"侗族文化旅游圈"据点各侗族县域的旅游资源和旅游开发的现状,可以得出"侗族文化旅游圈"的三大王牌旅游产品。这三大王牌可用形象语言作以下归纳(见图4):

1. 侗族建筑——物质实体文化旅游

打造以"中国民族建筑的瑰宝"——侗族建筑为主的民俗风情旅游产品。

侗族是一个以技术见长的民族,其传统建筑种类繁多、造型美观、结构巧妙、工艺精湛、风格独特、内涵丰富,被建筑学家、美术家誉为"中国民族建筑的瑰宝"和"世界艺术的瑰宝"。侗族传统建筑综合有历史学、民族学、民俗学、美学以及建筑学等诸方面的价值。

2. 侗族风情——社会习俗文化旅游

打造以侗族饮食、服饰、节庆、礼仪等旅游为主的旅游产品。

侗族服饰一般以自织粗布为料,用蓝靛染制而成,细布和绸缎多用于制作盛装或配饰。侗族饮食文化习俗可用"杂"(膳食结构)、"酸"(口味嗜好)、"欢"(筵宴氛围)三个字来概括。他们喜欢吃鱼生、肉生、糯米饭,喝糯米酒、打油茶等。侗族的民族节庆和民间活动众多,主要有芦笙节、花炮节、尝新节、斗牛节、斗鸟节、冬节、社节等,一年四季,月月有节。

3. 侗族大歌——精神文化旅游

打造以"世界文化遗产"——侗族大歌为主的旅游产品。

侗族人民视歌为宝,认为歌就是知识,就是文化。侗族大歌现已申请了世界文化遗产,其文化展示价值是非常之高的。侗族大歌在侗语中俗称"嘎老","嘎"就是歌,"老"具有宏大和古老之意。它是一种"众低独高"的音乐,必须由三人以上来进行演唱。多声部、无指挥、无伴奏是其主要特点。模拟鸟叫虫鸣、高山流水等大自然之音,是大歌编创的一大特色,是产生声音大歌的自然根源。大歌是侗歌中的精粹,主要特征是在音乐上形成了多种结构与表现手法。最难得的是在集体性的歌唱中产生了应用多声部来表现内容的手法。它是目前我国所发现的民间最完善的一种民间合唱。

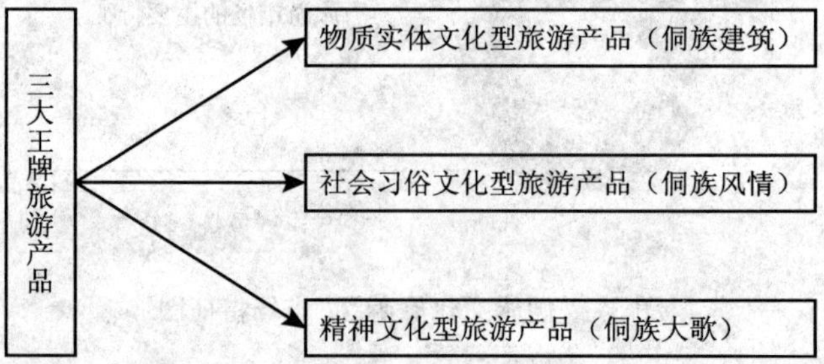


**图4　三大王牌旅游产品**

### (二)王牌旅游产品开发的策略

王牌旅游产品是影响旅游者决策的重要因素,它是建立市场吸引力的产品,是面向区域以外的客源市场的产品。根据"侗族文化旅游圈"旅游产品缺乏品牌产品的现状,旅游产品体系的确定首先要通过形成王牌旅游产品系列,树立鲜明的市场形象。打造"侗族文化旅游圈"的王牌旅游产品系列,是启动旅游业和培育市场竞争力的关键。

要实现侗族文化的活化,重点在于情境空间的打造,为了尽快使其起到突破点的作用,各侗族村寨可以采用集约化经营的原则,进行资源的聚合,通过移植、借势、嫁接等多种手法,借用整个侗族地区独特性强的其他侗族风情优势资源,实现资源的优化配置和整合,打造侗族旅游产品核心竞争力。

为满足游客对原汁原味民族风情的渴求,在旅游项目的具体设计上,要充分体现"返侗"原则,即要让旅游项目体现原味的侗族风格,通过侗族建筑、服饰、饮食、生产生活习俗、民俗节庆、歌舞和竞技等表现出传统文化中人与人之间的和谐。在景观设计上要围绕突出整体的侗族民族文化生态景观来进行,规划空间布局与建筑形态上要以侗族原生态为范本,吸取侗族自身自由的布局结构与最原汁原味的建筑特征,返璞归真,全力创造一种兼具景观乡土化与功能现代化的高品质的旅居环境。在歌舞和习俗展现上,也要充分挖掘侗族文化传统,要让游客欣赏和体验到最具有侗族特色的旅游项目和产品。

产品开发重点和方式为:

(1)策划侗族村寨旅游项目;

(2)重点打造侗族民俗风情旅游产品;

(3)申报千人侗族大歌吉尼斯世界纪录;

(4)形成"侗族文化旅游圈"最具特色的侗族民族风情旅游产品线路。

### (三)侗族文化王牌旅游产品开发分析

三大王牌旅游产品开发具体要采取目前国际上流行的"主题开发"方式,以进行主题产品系列的深度开发设计,使"侗族文化旅游圈"文化旅游资源与自然型旅游资源实现有机融合。

通过建立鲜明的旅游产品开发主题,塑造整体旅游形象,打造品牌旅游产品,增强市场竞争力。具体设计分析如表4所示。

**表4　侗族文化王牌旅游产品开发分析表**

| 主　题 | 主打产品 | 开发现状 | 产品特色 | 市场效应 | 产品弱势 | 开发导向 |
|---|---|---|---|---|---|---|
| 物质实体文化产品系列 | 侗族建筑生态博物馆 | 一定程度开发 | 以侗族建筑为代表的观光型产品,品位高 | 海外客源市场与国内客源市场并重 | 旅游产品附加值低 | 加强产品的休闲观光功能 |
| 社会习俗文化产品系列 | 侗族风情实景演出 | 初步开发 | 资源丰富,品位高 | 国内客源市场 | 产品个性不够鲜明 | 丰富产品内涵,提高附加值 |

续表

| 主　题 | 主打产品 | 开发现状 | 产品特色 | 市场效应 | 产品弱势 | 开发导向 |
|---|---|---|---|---|---|---|
| 精神文化产品系列 | 千人侗族大歌 | 初步开发 | 特色鲜明,品位高 | 海外客源市场与国内客源市场并重 | 开发受一定限制,制约因素较强 | 挖掘民族本土文化内涵,塑造产品个性 |

## (四)王牌旅游产品的开发实践

“侗族文化旅游圈”据点中的五个侗族旅游县域如何通过调整旅游产品的分配,来实现区域内旅游者效应的帕累托最优?可以参照以下旅游产品分配模型。

假定区域内有两个旅游地,分别生产两种旅游产品X和Y,其既定数录为X和Y,这两种旅游产品共同组成一条旅游线路。有两个旅游者群分别为C和D,通过实施区域旅游协作,可以任意调整区域内不同的旅游产品在各旅游者群之间的分配。用埃奇握斯盒状图来分析旅游产品的分配。结论为:要使两种旅游产品X和Y在两个旅游者群C和D之间的分配达到帕累托最优状态,则对于这两个旅游者群来说,这两种旅游产品的边际替代率必须相等。[6]

因此,“侗族文化旅游圈”据点要实现王牌旅游产品的帕累托最优,则据点中的五个侗族县域首先必须打破省与省之间的行政区域的限制,通过实施区域旅游协作,联合开发旅游产品、共筑品牌等手段来影响不同地区旅游产品的分配。

因为“侗族文化旅游圈”内侗族文化旅游产品的同质性,大部分游客产生了只要去了一个侗族县域,其他侗族县可去可不去的印象。因此,应认真分析“侗族文化旅游圈”据点中分布在湖南、贵州和广西三省的五个侗族县域的各自的侗族文化旅游资源的丰厚程度,同时各省的侗族县域应该相互协作,分别选取各自的具有最优文化资源优势的旅游产品,作为王牌产品来进行开发。这样才能达到旅游产品的帕累托最优,从而解决“侗族文化旅游圈”内各侗族县域存在的产品重复开发的问题,进而促进“侗族文化旅游圈”内各侗族县域侗族文化旅游业的共同和谐发展。

“侗族文化旅游圈”据点中各侗族县的产品优势如下:

(1)贵州省的侗族地区是侗族大歌发源地,为侗族大歌走向世界做出过巨大的贡献,贵州黎平现在正在为侗族大歌申报世界文化遗产。因此,贵州应该以侗族大歌作为自己的王牌旅游产品的开发主题。

(2)湖南省的通道县以独特的侗族民俗和侗族节庆为优势,因此应该发展以侗族风情为主题的王牌旅游产品。

(3)广西三江县以风雨桥、鼓楼等侗族建筑称奇,因此应该以侗族建筑为主题打造王牌旅游产品。

具体见表5。

表5 “侗族文化旅游圈”王牌旅游产品帕累托最优组合表

| 旅游地 | 王牌产品 | 旅游产品内容 | 主要项目 |
|---|---|---|---|
| 贵州省黎平县、从江县和榕江县 | 千人侗族大歌 | 以展示传统侗族精神文化的旅游项目为主 | 黎平侗族大歌、从江小黄侗族大歌、榕江侗族歌舞、原生态侗族文化体验 |
| 湖南省通道县 | 大型侗族风情实景展演 | 让游客体验侗族风俗、风情的旅游项目 | 皇都侗族文化村:侗族风情展演、世界第一合拢宴、侗族民间用品侗族服饰展示、侗家饮食文化展示及DIY体验项目 |
| 广西区三江县 | 侗族建筑生态博物馆 | 以展示侗族独特的建筑景观为主 | 程阳八寨:侗寨寨门、侗族景观水车、侗族文化风雨长廊、侗族鼓楼、鼓楼广场、侗寨风雨桥、侗族凉亭、侗寨民居景观 |

在此基础上,各侗族县域政府或旅游协作机构还应加强宏观调控,利用价格杠杆等手段,协同旅游企业来调节旅游产品的价格,以便再次调整旅游产品的分配,使得对于各消费者群来说,旅游产品的边际替代率相等,实现旅游者总体效用的帕累托最优。

## 六、“侗族文化旅游圈”旅游支持体系分析(System)

钻石模型中的另一个重要的要素,就是旅游支持体系。侗族地区的旅游要得到大的发展,还需要加强对旅游开发工作的实施和监控工作,这就离不开旅游保障支持系统的支撑。

### (一)旅游管理体制

发展旅游业是一个集社会经济、政治、文化、环境于一体的系统工程,为实现旅游业的可持续发展,必须加强旅游管理。

1. 实施政府主导型战略

“侗族文化旅游圈”内的侗族县都是较为贫穷的少数民族山区县,旅游发展必须实施政府主导型战略,政府应在旅游基础设施等方面保证必要的财政投入,积极指导和支持社会力量参与旅游开发建设,把旅游业发展纳入经济和社会发展计划,实行产业扶持政策。

2. 组织保障

健全、高效的旅游管理组织机构,是“侗族文化旅游圈”旅游健康发展的基本前提。因此,各侗族县域要加强组织机构的建设。县政府应成立由县主要领导和各职能部门负责人组成的旅游发展协调领导小组;县政府每年召开旅游工作会议;同时,旅游行政机构应健全,职责分明,统一协调全县旅游业发展。

3. 政策与法制保障

“侗族文化旅游圈”旅游发展应注意从多方面进行政策制定和法制建设。各县要在旅游规划的指导下实施全县的旅游发展计划。同时,县人大和县政府应当重视旅游发展的法规建设,可以颁布相应的旅游法规或规范性文件和制定旅游发展的规章制度。

### (二)旅游融资

政府的公共政策会影响到地区经济的发展,政府的补贴、教育和资金市场等政策将影响产收群的发展。从实证分析中可以得出,"侗族文化旅游圈"旅游业的支持和相关行业的发展都很薄弱,经济落后、缺少资金成为侗族地区旅游发展的主要瓶颈。因此,政府目前应首要解决资金短缺问题。

(1)政府可利用自身的威望和信用进行融资和招商引资,并为发展旅游做好前期的准备工作,如交通,旅游设施、设备等。同时,也可以发展与外省企业和外资企业的合作联盟,共同开发旅游资源,互惠互利。

(2)政府投资的主要目的是克服阻碍私人投资者获得利益的不利因素和发展的障碍,加快实现开发进程,使投资商更早地得到收益。对一些具体的旅游项目建设,政府只能区别对待给予不同的政策优待,对于具体的融资政府不能管得太多,应鼓励社会各方力量投资开发和合资开发,坚持"谁投资谁受益"原则。

### (三)旅游人才资源保障

(1)狭义上,旅游人力资源指旅游行政管理机构、旅游饭店、旅游景区景点、旅行社、旅游商店和旅游车船公司等的管理层及服务人员。作为核心旅游人力资源,他们与旅游者直接接触,其旅游服务质量的高低直接关系到侗族地区的旅游形象和旅游业发展水平。

(2)广义上,旅游人力资源还包括旅游科研教育人力资源和外围旅游人力资源。旅游科研教育人力资源一方面负责培养旅游管理和服务人员,另一方面研究侗族地区旅游业发展规律和趋势,为制定旅游业发展决策提供科学依据,是旅游人力资源中不可忽视的重要组成部分。外围旅游人力资源是一个整体性概念,是旅游发展的背景要素,包括当地居民,这些居民良好的素质和旅游意识是"侗族文化旅游圈"旅游可持续发展的最终源泉。

目前"侗族文化旅游圈"旅游业起步不久,旅游人力资源整体上还处于待开发状态,现有的旅游从业人员中大部分还没有受过正规旅游专业教育。因此,侗族文化旅游业的发展必须重视旅游人力资源的开发和管理。旅游业可持续发展的内动力在于旅游教育,旅游教育培训是旅游人力资源开发的主要手段。

### (四)旅游交通与服务体系保障

目前,"侗族文化旅游圈"的旅游交通网络尚未完全形成,这将成为制约旅游发展的首要因素。湘桂黔边主体公路虽已建成通车,但景区公路建设尚未起步,接口公路等级很低。所以道路交通基础设施建设是"侗族文化旅游圈"旅游发展的关键。"侗族文化旅游圈"内的所有公路(含景点、景区公路)必须建成通车,否则将影响整个旅游圈旅游业的发展。

要特别重视旅游服务体系这一基础，即吃、住、娱、购等。目前，“侗族文化旅游圈”内仅有少量的低星级宾馆和涉外宾馆，其接待条件较差，根本不能满足国内外旅游者的需要。因此，必须加大招商引资的力度，放宽政策，争取项目，并在几年内分别在“侗族文化旅游圈”的五个据点建成三星级以上的宾馆，使接待能力和服务质量得以提高。在进行宾馆饭店建设时，还应注意民族化问题，使之与“侗族文化旅游圈”的民族文化氛围相一致。

## 七、结语

把“侗族文化旅游圈”建设成为一个集文化、生态、休闲旅游等多功能于一体的综合性旅游区是完全可行的，也是非常必要的。进行“侗族文化旅游圈”的旅游开发，是使其从小景区发展到大景区、从小旅游发展到大旅游、从小产业发展到大产业进程中的关键。

通过对“侗族文化旅游圈”据点各侗族县域的实证研究，我们检验了区域民族旅游开发中可以应用的一种微观分析模式。这一模式可由以下框图来显示：

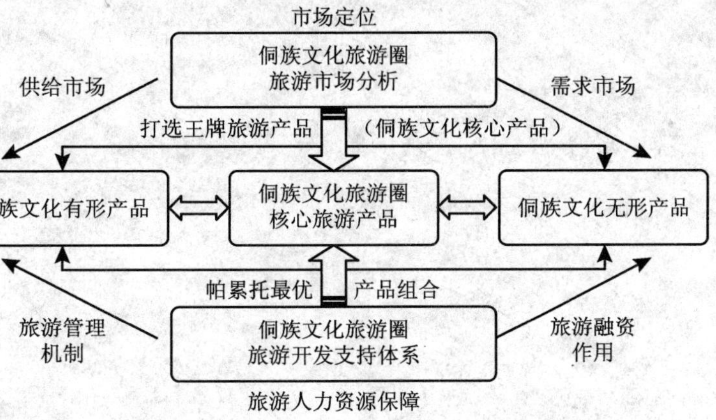


**图5 “侗族文化旅游圈”微观旅游开发钻石分析体系**

综上所述，我们认为，“侗族文化旅游圈”旅游开发是一个复杂的系统工程。首要的问题是确定需求条件，即对旅游市场进行分析和确定；其次，发展侗族地区旅游业，要根据资源特色和消费者的需要，寻求每一个商业机会，设计和开发让消费者满意的特色旅游产品和服务，以便创造有效需求；同时，必须更新观念，在确保生态环境不断改善的基础上，面向目标市场，加快旅游区精品建设，打造王牌旅游产品，创造品牌；所有这些都离不开政府的政策支持和有效实施，进而才会实现区域旅游经济系统的健康快速发展。另外，开发“侗族文化旅游圈”旅游还需要考虑到旅游开发的支持体系，通过创新旅游开发的体制与机制，实施招商引资策略，加大旅游人才的保障，促进区域旅游的发展。只有这样，才能使“侗族文化旅游圈”旅游开发与经济建设良性互动，使经济效益和社会效益协调发展。

## 参考文献

[1]张秀生,卫鹏鹏.区域经济理论[M].武汉:武汉大学出版社,2005:11-12,194.

[2]陈秀山,张可云.区域经济理论[M].北京:商务印书馆,2005:377-378.

[3]乌丙安.非物质文化遗产保护中文化圈理论的应用[J].江西社会科学,2005(1):102-106.

[4]张河清.旅游开发的跨省际协作问题实证研究——建立"中国侗文化旅游圈"的开发设想[J].经济地理,2005(3):414-417.

[5]阳国亮.桂林旅游发展新方向:漓江流域旅游圈[J].广西民族学院学报(哲学社会科学版),2005(4).

[6]苏斌,张河清.区域旅游协作的帕累托分析[J].湖南商学院学报,2006(4):47-48.

# 基于社会性别分析的旅游地居民旅游就业探讨

项 萌 程道品

(桂林理工大学旅游学院,广西桂林,541004)

【摘 要】文章在对研究旅游业与社会性别,旅游业与民族性之间关系的文献进行总结和梳理的基础上,选择广西龙胜龙脊景区和三江程阳景区,通过对问卷和访谈资料的分析,研究了当地妇女与旅游就业之间的关系,同时探讨了旅游地居民在旅游就业中的性别差异。研究表明,民族旅游业为旅游地的男性和女性居民都创造了新的就业机会,妇女从事的旅游工作带有非正式性、季节性、不稳定性、兼职性、低技能性的特点;经济收入的增加提高了妇女的家庭地位,但参与旅游就业使她们在家庭角色与经济生产角色的平衡中处于两难的境地;男女两性在旅游就业中存在明显的性别差异,现代大众化旅游强化了劳动中的性别区分,推动了不平等的社会性别关系。

【关键词】社会性别;旅游就业;民族旅游;旅游地居民;龙胜;三江

## 一、引言

### (一)旅游业与社会性别

在现代西方术语中,"社会性别"(gender)作为社会的构成,用于识别男性和女性的心理、社会与文化层面[1]。与性别(sex)不同,社会性别不是指生理上的、自然的性别差异,而是指社会结构和意识中存在的性别差异。美国历史学家琼·W. 斯科特(Jane W. Scott)将"社会性别"定义为:"社会性别是基于可见的性别差异之上的社会关系的构成要素,是表示权利关系的一种基本方式[2]。"旅游业与社会性别之间的关系自20世纪70年代开始受到关注,此前,国际上的旅游研究基本上是把人作为一个完整的社会群体来进行研究。80年代以后,性别研究的触角广泛地伸入到旅游研究中,强调对两性共同参与的关注。20世纪90年代女性主义学术研究的深入和第四届世界妇女大会的召开,掀起了女性和性别研究的热潮,更进一步促进了对旅游业与社会性别关系的研究,学者们认为,旅游业是一个与社会性别紧密相关的文化政治舞台[3-4]。Vivian Kinnaird 与 Derek Hall 等人编写的《旅游业:一种性别分析》是最早出

[作者简介] 项萌(1975— ),女,广西博白人,副教授,硕士,研究方向为旅游人类学、民俗文化。程道品(1963— ),男,湖北广水人,教授,博士,研究方向为旅游管理、旅游规划。

版的旅游性别研究专辑之一,从旅游业发展的角度论述了与旅游业有关的活动的社会性别本质以及性别分析在旅游研究中的必要性和适时性,全书共收集包括爱尔兰等地旅游业在内的八个案例,研究了女性与旅游就业的关系、旅游业中的性别政治等问题[5]。在另一篇文章中,Vivian 提出旅游业中的社会性别关系的核心内容,即旅游业进程是在受社会性别关系驱使的社会中构造的;性别关系随着时间的推移而变化,体现了旅游发展中各种相互关联的经济、政治、社会、文化和环境层面,相反,这些层面也表现了性别关系[6]。在这种基本观点的影响下,很多人类学者从各种不同角度研究了旅游业与社会性别之间的关系,旅游研究中的性别研究进入了新的发展阶段,研究的深度和广度都得到很大拓展,旅游研究中的性别话题从最初对女性的单一研究发展到今天对男女两性的全面对比,已积累了丰富的研究案例[7-12],理论体系已初步形成。

在我国,"社会性别"概念的首次出现是在1993年天津召开的第一届全国妇女与发展研讨会上,之后开始有学者最早尝试运用社会性别理论来研究旅游业中的女性角色[13],近年来对于旅游地居民的性别研究陆续积累了一些案例[14-20]。从研究内容来看,国内旅游研究中对性别的关注则多集中于对女性旅游市场[21-26]、旅游者行为的性别差异的个案研究[27-30],也有对旅游性别研究的综述[31-33],总的来说,国内旅游业中的性别研究以对女性,尤其是女性旅游者的关注为主,对旅游地居民的性别研究存在着男性视角缺失的问题。

### (二)旅游业、民族性与妇女的关系

旅游业是目前世界上最大的产业,民族性(ethnicity)已日益成为吸引旅游者、为民族地区和国家创造收入和外汇的资源[34-35],包括中国在内的许多国家都利用文化的多样性发展民族旅游业。许多社会学家和人类学家从不同角度研究过旅游业和民族性之间的关系[36-39],对许多旅游者来说,某些种族的文化异质性是主要吸引物,因此民族地区的居民成为可以观察和接触的"活奇观"[40],民族旅游业为少数民族地区居民带来的通常是经济利益,包括更高的收入、更多的就业机会和更高的生活水平[41-42]。

无论是发展中国家还是发达国家,大量的妇女受雇于旅游业的各种工作,在中国的许多民族地区,妇女参加旅游就业尤其明显[14-20,43,44]。本文研究基于旅游地居民的旅游就业中有着明显的性别区分[4,6,11,45],认识和研究旅游业中的性别差异对于旅游业规划和管理有着重要意义[46],选择广西目前民族旅游业发展最迅速的龙胜县龙脊景区和三江县程阳景区,对研究区域的居民主要通过访谈方式、辅助问卷调查的方法获取资料,研究民族旅游业背景下,当地妇女与旅游就业之间的关系,分析民族旅游业对妇女以及对以家庭和村寨为单位的性别关系的影响,同时关注男女两性在参与意识与程度、参与方式劳动分工等方面的差异。

## 二、妇女与旅游就业的关系分析

### (一)研究区域旅游业发展概况与就业影响

龙脊景区位于广西桂林市龙胜县和平乡境内,距离桂林市80多公里,是以农业梯

田景观为主体,融入壮、瑶等少数民族传统民族风情、集自然景观与人文资源于一体的综合旅游景区,面积共70.1平方公里,人口8000多人。龙脊景区旅游开发始于1983年,目前主要开发了平安壮寨、金竹壮寨等民俗旅游村,是广西21个区级景点之一,在国际旅游界享有盛名。2007年龙脊梯田景区共接待游客36万人次,其中入境游客14.73万人次,实现旅游营业收入1484.45万元①。程阳景区位于广西三江县城东北部,是广西侗族风情旅游的典型景区,该景区共包括马安寨等八个自然村寨,面积12.55平方公里,人口9701人。程阳景区旅游开发始于1987年,2007年获得"中国首批景观村落"称号,2008年通过国家4A级旅游景区评定。2008年,程阳景区接待来自世界各地的旅游者12.2万人次,门票收入400万元②。

旅游业的发展为龙脊和程阳两个景区的居民提供了很多的旅游就业机会,由于旅游资源类型与丰富程度、旅游开发时间、地方政策等因素的不同,居民的旅游就业特点也有所不同。龙脊景区由于开发时间较早、旅游业规模大且发展已较为成熟,成立了多个村民旅游组织,实行自我管理机制,以梯田资源作为股份,参与利益分红,景区内居民每年都可以从景区门票中获得7%的效益收入,居民绝大多数都在从事与旅游相关的工作,包括经营家庭旅馆、表演民族歌舞、销售手工艺品和特产、经营餐馆,以及一些体力劳动的经营项目,如抬轿子、背行李等,每年村民的收入最高达到上百万元,平均收入达到5000元以上。程阳景区旅游业发展和居民参与旅游就业的规模小于龙脊景区,据三江旅游主管部门的统计,至2008年,程阳景区旅游直接从业人数200多人,旅游间接从业人数1000多人,居民参与旅游经营的方式以经营农家乐旅馆、销售手工艺品、民俗表演为主,其中从事农家乐旅馆经营的农户13家,有床位350多张,年旅游接待人数10多万人次,带动当地旅游消费2400多万元。

### (二)研究区域旅游业发展概况与就业影响制约妇女旅游就业机会的因素

对两个景区的研究表明,妇女的旅游就业机会受到诸多因素的制约,包括:

#### 1.旅游资源丰富程度与地方政府的投资政策

这两个因素直接影响了妇女参与旅游就业的机会大小,也造成了景区内各村寨之间旅游业发展不平衡的现象。在龙脊景区,著名的梯田景观集中在平安寨和大寨,从1998年开始,龙胜县地方政府在这里进行大规模的旅游基础设施建设。据抽样统计,平安寨和大寨90%以上的妇女都参与了旅游就业,成为景区内最富裕的村寨;而同一景区内拥有"龙脊"之名的龙脊古寨尽管拥有古朴的建筑,却因交通不便游客稀少,本寨的妇女只能挑着担子到其他寨子卖些土特产品或自家的蔬菜水果。在程阳景区,马安寨由于旅游资源优势和旅游设施配套集中了大部分的游客,参与旅游就业的妇女也是所有村寨中最多的,毗邻的岩寨、平寨等村寨也是游客参观的地方,但是这些村寨的居民因为没有享受到旅游开发带来的利益心生不满,村寨之间的关系日趋紧张。旅游

① 资料来源:广西龙胜各族自治县旅游局,2008年。

② 资料来源:广西三江侗族自治县旅游局,2009年。

业发展过程中,旅游就业机会、旅游收益不平衡的现象出现在很多地区,20世纪80年代初,J. E Brougham等指出,旅游业带来的收益不可能覆盖旅游区内所有居民[47]。另外的学者研究则表明,旅游收益没有平等地分配给每个居民,位于经济、政治优势地位的群体轻易地获得了大量利益,而弱势群体获得很少甚至一无所获,这样的结果势必造成强弱失衡的社会结构[48]。

2. 家庭经济背景

即使在同一村寨,不同经济条件的家庭从旅游业中获利程度也存在明显差异。调查发现,经营家庭旅馆的家庭一般经济条件较好,不仅有多余的空间提供给游客,还有生活开支之外的额外资金来投资修建房屋、购买物资等,有些家庭旅馆在一个旅游黄金周就能赚上万元的毛利;而经济困难的家庭,没有多余的资金进行旅游投资,只能卖一些简单的手工艺品、首饰或者农产品,旅游收入只够贴补家用。

3. 家庭成员的态度

家庭成员,尤其是丈夫的态度对于妻子能否参与旅游就业很重要。由于家庭中的女性成员承担了家庭中的大小事务,其他成员出于实际利益的考虑,在初始一般反对妇女参与旅游就业,但是当家庭看到她们从旅游业中获得的经济实惠时,一般会转向支持。

4. 个人背景

包括年龄、文化程度与个人素质能力等在内的个人背景因素影响着妇女从事旅游就业与否、从业类型和旅游收入的多少。在龙脊和程阳景区,销售手工艺品和地方特产的绝大多数为中老年妇女,而经营家庭旅馆、表演民俗歌舞的是中青年妇女,由于年龄、学识、能力等优势,年轻人在旅游就业中更具竞争力。

### (三)妇女参与旅游就业的优势与影响

与传统的农耕、外出打工等谋生方式相比,妇女参与旅游就业的优势是明显的。

1. 参与旅游就业可以同时兼顾家庭

旅游业提供的工作都能在景区范围内,经营家庭旅馆、销售手工艺品虽然需要定期外出采购货物,但是与外出打工比较起来,工作大部分能在家里或在离家不远的村寨内进行,即使外出采购物资也是短暂的,更主要的是在参与旅游经营时不耽误家里的事务。

2. 旅游就业增加经济收入与提高家庭地位

妇女在参与旅游就业之前除了微薄的农产品收入、外出打工挣钱之外,很少有其他收入来源。随着参与旅游业,妇女有了自己独立的经济来源,改变了原来仅仅由男性为家庭创造经济收入的局面,为家庭增加经济收入之后,家庭地位较以前有了提高,也获得了更多的发言权。

3. 通过旅游就业扩大了人际关系和视野

在传统村落社会中,妇女由于社会性别观念和规范的限制,活动范围相当有限,只局限在家庭、血缘聚落的狭小的范围内,而参与旅游就业使女性打破传统的禁锢,与来自世界各地的旅游者交往的过程中,大大地扩展了人际交往关系,思想、价值观随之改变,很多原来只会说壮(侗)语的人学会了说普通话、桂柳官话,学会了一些简单的外语。

### (四)妇女参与旅游就业的局限性

1. 两个景区妇女的旅游就业类型处于低层次

两个景区女性居民的旅游就业类型以销售手工艺品和特产、经营家庭旅馆、民俗表演为主,带有非正式性、季节性、不稳定性、兼职性、低技能性等特点,有的甚至只是纯粹的体力劳动(如背行李)。文化程度的低下使得妇女缺乏基本的经营管理知识、服务技能以及法律常识,只能从事旅游业中低技能的工作,旅游业中的管理职位多为本地男性和外地人所占有。

2. 妇女的劳动负担并没有因为参与旅游业而减轻

调查表明,尽管妇女从事农耕劳动和其他重体力劳动的时间减少、强度减轻,但她们在家庭中承担的家务依然繁重,特别是一些家庭中男性成员外出打工的家庭,妇女除了忙碌于经营自己的生意之外,还要从事耕种、照顾家庭等大小事务,辛劳程度相比从前有增无减。

3. 旅游经营对妇女的生计模式改变很大

参与旅游就业提高了她们的家庭地位和社会地位,但也使得她们在家庭角色与经济生产角色的平衡中处于两难的境地。对男性的访谈发现,虽然男性出于家庭经济利益的考虑同意妻子参与旅游经营,但是他们却因为妻子较以前疏忽对家庭的照顾而心生不满,有的家庭还为此产生矛盾。由于劳动分配和经济权利的变化,妇女在旅游业中扮演着矛盾的角色,旅游工作者的收入导致家庭内部权威的重新分配,从而引起社会的紧张关系,通常是紧张的性别关系,这种情况也出现在其他国家地区的旅游业中[5,8]。

## 三、旅游就业中的性别差异分析

### (一)参与程度差异

在对两个景区居民的问卷和访谈调查中,“是否从事旅游经营”是首先问到的问题,龙脊景区平安寨从事与旅游经营相关的活动的男性占调查样本的68%,女性占93%;程阳景区马安寨从事与旅游经营相关活动的男性占调查样本的27%,女性占54%。调查表明女性参与旅游业的程度明显高于男性。

### (二)参与旅游经营活动的类型与分工差异

调查结果显示男女两性居民在参与旅游经营活动方式上存在区别,分析如下:

1. 居民旅游就业工作类型的性别差异显著

图1和图2分别是龙脊景区和程阳景区居民参与旅游经营类型的性别对比图,可以看出:两个景区的女性居民以销售手工艺品和特产、经营家庭旅馆、民俗表演为主,而男性主要是经营家庭旅馆、抬轿子、餐饮服务;女性从事的活动种类相比男性更为广

泛和多样化;某些经营类型有严格的性别区分,如销售手工艺品、背行李为女性独有,而抬轿子的全部为男性。在两个景区,销售手工艺品(包括传统民族服饰、绣品在内)的女性为了吸引游客的目光总是边卖边表演刺绣,传统的性别观念认为,刺绣、针织这样的事情是属于女性的,而抬轿子这种重体力活动则由男性负责。尽管销售手工艺品为女性专有,但并不意味着男性完全不参与其中。比如程阳景区妇女销售的侗族民间乐器芦笙,虽然由女性销售,但是全部是男性制作的。据当地人说,制作芦笙和演奏芦笙历来都是"传男不传女",尽管如此,销售芦笙的却全部是女性。

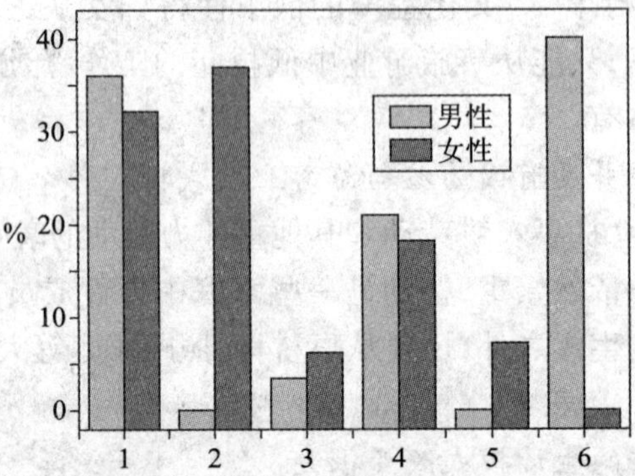


**图1　龙脊景区居民参与旅游经营类型的性别对比**

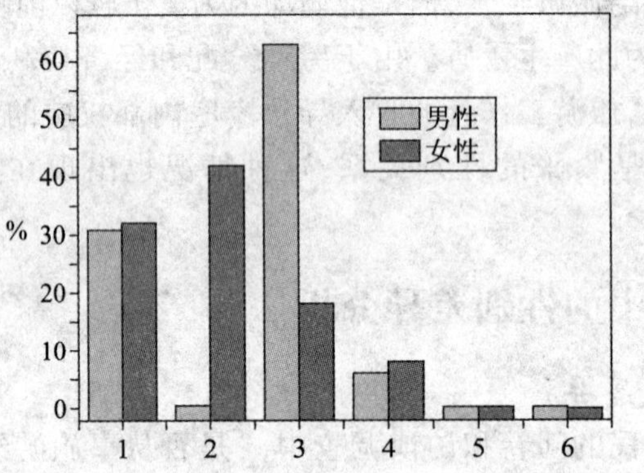


**图2　程阳景区居民参与旅游经营类型的性别对比**

(注:1 经营家庭旅馆　2 销售手工艺品和特产　3 民俗表演　4 餐饮服务　5 背行李　6 抬轿子)

2. 男女两性在家庭的旅游业劳动中有不同角色分工

这一点在家庭旅馆经营中表现尤为明显。家庭旅馆经营是男女两性共同参与的旅游经营活动,延续了传统的性别角色,遵从"男主外,女主内"的传统性别分工,日常接待客人、提供餐饮服务、收拾房间等主要由女性负责,家里的男性则主要负责采购食品原材料、算账、添置物资、修建房屋等事务。除了日常料理家务、为客人提供住宿餐饮服务之外,在龙脊景区的平安寨、金竹寨,不少经营家庭旅馆的女性还为客人表演壮族山歌;而男性注重与游客建立良好的关系,记录客人的信息,宣传本家庭旅馆的形象。

3. 旅游收入数量与支配观念差异

调查表明,女性的旅游收入高于男性,为家庭经济收入所做贡献大于男性,导致这一区别的原因是男女两性旅游经营方式存在差异,女性比男性有着更强的韧性、与游客交往的能力更强。此外,对居民消费观念的调查表明,女性比男性更加关注子女的教育,更重视下一代的教育投资。

4. 景区、村寨与家庭领域内权利分配差异

龙脊景区中组织了村民旅游组织,其管理者全部为男性,景区内三个行政村和各个自然村寨中几乎所有的干部都为男性,平安寨仅有的一名女性干部只是负责计划生育的事务,而程阳景区一个行政村和八个自然村寨的干部全部为男性,尽管两个景区的妇女都是当地旅游业的主力军,但是景区内各项旅游政策事务的决策几乎听不到妇女的声音。与景区、村寨等公共领域不同的是,在以家庭为单位的领域内,家庭中的男女两性成员的决策权趋于平等。据对龙脊景区平安寨和程阳景区马安寨居民的抽样调查,房屋改建、购买大件物品、投资等家庭大事由夫妻共同商量决定的龙脊景区平安寨占62%,程阳景区马安寨占57%。由于妇女在经济上的独立和对家庭的贡献,与过去相比,妇女在家庭中的发言权与决策权已大大提高;而很多中青年男性也表示,他们不像父辈那样完全操纵和决定家庭事务,而是倾向于与妻子一起商议,共同决策。

## 四、结论与讨论

本文对广西龙脊景区和程阳景区居民旅游就业的性别分析得出以下几方面的结论:

### (一)民族旅游业背景下旅游就业与社会性别的关系

(1)民族旅游业为旅游地的男性和女性居民都创造了新的就业机会,居民参加旅游就业的愿望与经济、社会、文化和个人动机有关,大部分情况下,他们的目的是多重的,妇女参与旅游业主要以家庭经济需要为基础。男女两性居民虽然是景区内旅游资源的所有者,但是由于在现代化旅游业中竞争的劣势地位,大多数情况下只能从事一些非正式的工作,特别是妇女从事的工作带有季节性、不稳定性、兼职性、低技能性的特点。

(2)旅游经营对妇女的生计模式改变很大,经济独立提高了她们的家庭地位和社会地位,但是由于时间和精力的分配问题,参与旅游就业使得妇女在家庭角色与经济生产角色的平衡中处于两难的境地。

(3)女性走出传统的家庭生活领域参与到旅游业,虽然一定程度上改变了女性在家庭中的地位,但是并未对家庭结构造成很大的影响,家庭的和谐关系也并未受到很大冲击,其他地区出现的“旅游工作者的收入导致家庭内部权威的重新分配,使家庭出现破裂[6]”的情况并未出现在本文研究的两个区域中。

(4)在社区旅游就业中,男女两性在参与意识与程度、参与旅游经营活动的类型与分工、旅游收入数量与支配观念等方面存在明显的性别差异。传统的性别角色分工延伸到家庭内部的旅游经营的劳动分工中,女性由于参与旅游就业为家庭所做的经济贡献在对家庭事务的发言权和决策权上与男性渐趋平等。

(二)地方政府的民族旅游政策对社会性别关系的影响

(1)国家和地方政府发展旅游业的举措促进了少数民族地区经济的发展,给当地居民创造了大量的就业机会,同时迅速地改变了旅游地居民的生活。旅游业发展使本地居民的谋生方式由传统单一的农耕方式过渡到与旅游经营直接或间接相关的多种职业,但是由于各种因素的影响,旅游业的利益并没有相同、平等地惠及景区内的所有居民,村寨之间和村寨内不同家庭之间贫富差距加大,出现各种矛盾和摩擦。

(2)在民族旅游业的经营管理中,外地人在资本、技能等方面拥有比本地居民更雄厚的实力,景区内较高层次的旅游就业岗位多数为外地人占有,外地人比本地居民从旅游业中获得更大利益。景区和村寨内居民自发的旅游组织由本地男性居民领导和支配,男性扮演着组织者和领导者的角色,女性在家庭以外的村寨、景区领域的旅游业发展决策中几乎没有任何影响力。地方政府将发展民族旅游业视作促进地区经济发展、整合弱势群体的举措,但是旅游业的发展强化了传统的性别区分。本文的研究支持了 Vivian Kinnaird 等人的结论,即"围绕着旅游业发展过程的各种权利关系是性别政治延伸的结果"[6],"现代大众化旅游业推动了不平等的社会性别关系,在这种关系中,妇女继续从属于男性[5]。"

(三)实际意义

从广西龙脊和程阳两个景区居民参与旅游就业的性别分析中,我们认识到旅游地居民平等参与旅游就业、旅游决策、分享旅游业利益对于民族旅游业的可持续发展有着重要意义。因此地方政府在制定有关旅游业发展政策措施的过程中,应该坚持以人为本,促进地方居民平等、和谐地共同发展;为本地居民增加受教育和培训的机会,提高其素质以及在旅游业中的就业能力;让旅游地居民真正享有旅游经营管理权和旅游发展决策权;同时在村寨、景区等公共领域中,为女性参与旅游业决策和管理提供必要的资源和社会支持,提供平等参与旅游业决策和管理的机会,确保女性与男性平等参与公共和私营部门各领域、各级别的所有活动,实现事实上的性别平等。

## 参考文献

[1]Kesler,Suzanne J.,Wendy McKenna. Gender:An Ethnomethodological Approach [M]. New York:Wiley,1978.

[2]谭兢常,信春鹰.英汉妇女与法律词汇释义[M].北京:中国对外翻译出版公司,1995:145.

[3]Wood,Robert E. Tourism,Culture,and the Sociology of Development. In Tourism

in South East Asia, Michael Hitchcock, Victor T. King, Michael J. G. Pamivell, eds. London: Routledge, 1993: 48 - 70.

[4] Margaret Byrne Swain. Gender in tourism [J]. Annals of Tourism Research, 1995, 22(2): 247 - 266.

[5] Vivian Kinnaird, Derek Hall. Tourism: A gender analysis [M]. West Sussex: Wiley, 1994.

[6] Vivian Kinnaird, Derek Hall. Understanding tourism process: a gender - aware framework [J]. Tourism Management, 1996, 17(2): 95 - 102.

[7] M. Jeannie Harvey, John Hunt, Charles C. Harris Jr. Gender and Community Tourism Dependence Level [J]. Annals of Tourism Research, 1995, 22(2): 349 - 366.

[8] Paul F. Wilkinson, Wiwik Pratiwi. Gender and tourism in an Indonesian village [J]. Annals of Tourism Research, 1995, 22(2): 283 - 299.

[9] M. Dolors Garcia - Ramon, Gemma Canoves, Nuria Valdovinos. Farm tourism, gender and the environment in Spain [J]. Annals of Tourism Research, 1995, 22(2): 267 - 282.

[10] Annette Pritchard, Nigel J. Morgan Privileging the male gaze: Gendered tourism landscapes [J]. Annals of Tourism Research, 2000, 27(4): 884 - 905.

[11] Peggy Petrzelka, Richard S. Krannich, Joan Brehm. Rural tourism and gendered nuances [J]. Annals of Tourism Research, 2005, 32(4): 1121 - 1137.

[12] Kristine McKenzie Gentry. Belizean women and tourism work: Opportunity or Impediment? [J]. Annals of Tourism Research, 2007, 34(2): 477 - 496.

[13]赵捷. 云南旅游业中民族女性角色分析[J]. 云南民族学院学报(哲学社会科学版), 1994(2): 65 - 69.

[14]吴晓萍, 何彪. 略论性别分析在民族旅游影响研究中的意义[J]. 贵州民族学院学报(哲学社会科学版), 2001(4): 190 - 191.

[15]刘永青. 家户领域与公众领域: 旅游业发展对摩梭人社会性别关系的影响——宁蒗县落水村摩梭社区个案研究[D]. 云南大学硕士学位论文, 2001.

[16]张志勇. 旅游对目的地少数民族妇女的社会文化影响研究——以丽江地区宁蒗县落水村为例[D]. 云南大学硕士学位论文, 2003.

[17]金少萍. 云南少数民族妇女与旅游业的互动发展[J]. 中央民族大学学报, 2003(5): 55 - 59.

[18]施仲军. 旅游发展中的白族农村女性家庭角色的变迁——以云南省鹤庆县新华村为例[J]. 云南财贸学院学报, 2005(6): 79 - 80.

[19]项萌, 陈丽丽. 少数民族妇女在旅游业中的角色与需求——以广西龙脊景区妇女口述为例[J]. 黑龙江民族丛刊, 2008(3): 60 - 64.

[20]吴忠军, 贾巧云, 张瑾. 民族旅游开发与壮族妇女发展——以桂林龙脊梯田

景区为例[J].广西民族大学学报(哲学社会科学版),2008(6):99-104.

[21]许秋红,单纬东.女性旅游者的旅游行为及营销策略[J].信阳师范学院学报(哲学社会科学版),2001(2):58-61.

[22]邓敏,李丰生.中国女性旅游消费市场初探[J].社会科学家,2003(6):97-100.

[23]来逢波.中国女性旅游市场发展前景与经营对策[J].中华女子学院山东分院学报,2003(4):34-36.

[24]李永红.上海女性旅游消费研究[D].华东师范大学硕士学位论文,2004.

[25]丁雨莲,陆林.中国女性旅游市场的现状及潜力[J].资源开发与市场,2006(1):72-75.

[26]谢江红.我国女性旅游市场开发初探[J].地域研究与开发,2006(2):63-66.

[27]杨盛菁.对兰州市民旅游情况的调查——旅游与收入及性别的关系[J].甘肃科技,2002(12):75-76.

[28]谢晖.旅游行为中的性别差异研究——以桂林市为例[D].华东师范大学:2004.

[29]谢晖,保继刚.旅游行为中的性别差异研究[J].旅游学刊,2006(1):44-49.

[30]徐克帅,于冬梅,朱海森.古村落居民环境感知的性别差异研究及启示——以余姚市柿林古村为例[J].桂林旅游高等专科学校学报,2008(1):95-99.

[31]丁雨莲,陆林.女性旅游研究进展[J].人文地理,2006(2):55-59.

[32]唐雪琼,朱竑.旅游研究中的性别话题[J].旅游学刊,2007(2):43-48.

[33]范向丽,郑向敏.女性旅游者研究综述[J].旅游学刊2007(3):76-83.

[34]Wood R. Touristic ethnicity:A brief itinerary [J]. Ethnic and Racial Studies, 1998,21(2):218-241.

[35]David Jamison. Tourism and ethnicity:The brotherhood of coconuts [J]. Annals of Tourism Research,1999,26(4):944-967.

[36]Robert E. Wood. Ethnic tourism, the state, and cultural change in Southeast Asia[J]. Annals of Tourism Research,1984,11(3):353-374.

[37]Dean Mac Cannell. Reconstructed ethnicity tourism and cultural identity in third world communities[J]. Annals of Tourism Research,1984,11(3):375-391.

[38]Pierre L. van den Berghe. Tourism and the ethnic division of labor [J]. Annals of Tourism Research, 1992,19(2):234-249.

[39]Susan R Pitchford. Ethnic tourism and nationalism in wales [J]. Annals of Tourism Research,1995,22(1):35-52.

[40]Pierre L. van den Berghe, etc. Introduction tourism and re-created ethnicity [J]. Annals of Tourism Research,1984,11(3):343-352.

[41] Henderson, J. Ethnic heritage as a tourist attraction: The Peranakans of Singapore [J]. International Journal of Heritage Studies, 2003, 9(1): 27 - 44.

[42] Julie Jackson. Developing regional tourism in China: The potential for activating business clusters in a socialist market economy [J]. Tourism Management, 2006, 27(4): 695 - 706.

[43] Margaret Byrne Swain. Developing ethnic tourism in Yunnan, China: Shilin Sani [J]. Tourism Recreation Research, 1989, 14(1): 33 - 39.

[44] Margaret B. Swain Women producers of ethnic arts [J]. Annals of Tourism Research, 1993, 20(1): 32 - 51.

[45] Michael Ireland. Gender and class relations in tourism employment [J]. Annals of Tourism Research, 1993, 20(4): 666 - 684.

[46] Mason P. and J. Cheyne. Residents' Attitudes to Proposed Tourism Development [J]. Annals of Tourism Research, 2000, 27: 391 - 411.

[47] J. E. Brougham, R. W. Butler. A segmentation analysis of resident attitudes to the social impact of tourism [J]. Annals of Tourism Research, 1981, 8 (4): 569 - 590.

[48] Jo Ann M. Farver. Tourism and employment in the Gambia Annals of Tourism Research [J]. 1984, 11(2): 249 - 265.

# 旅游开发与壮族梯田稻作文化生态的保护和发展
## ——对广西桂林龙脊古壮寨的个案研究

杨艺
(桂林理工大学旅游学院,广西桂林,541004)

【摘　要】梯田稻作农耕系统是典型的文化景观遗产和农业文化遗产。龙脊古壮寨是广西代表性的梯田稻作农业社区,其壮族梯田稻作文化生态内容衍生于梯田稻作农业生态环境系统,是特定梯田农耕背景下生产方式、生活方式、风俗习惯等文化因素构成的统一体,是龙脊壮人追求人与自然协调发展,维护自身与自然界共存的共同利益,实现人、环境和资源良性循环的文化体系。旅游开发过程中应以壮族梯田稻作文化生态的原真性保护为前提,创新性地实现资源的转化利用,以达到促进地方经济发展,推动民族文化前进发展,自然与人文生态体系和谐共生的局面。操作思路包括加强壮族梯田稻作文化主体系统与环境系统的融合发展,促进原生保护与创新发展相结合和构建社区参与型民族文化生态经济模式三个方面。

【关键词】梯田稻作;民族文化生态;保护与发展;旅游开发

"梯田稻作系统"是典型的文化景观遗产和农业文化遗产,其代表有菲律宾伊富高梯田以及中国云南的哈尼梯田、广西的龙脊梯田等。其中,菲律宾伊富高梯田、中国云南的哈尼梯田均被联合国粮农组织列为全球重要农业文化遗产保护试点之一。梯田稻作农业文化遗产体系关注的遗产要素既包括梯田稻作农业景观、土地利用系统、农具、农业动植物等,也包括梯田稻作农业文化遗产系统内部和衍生出的各类文化现象,如地方稻作农业礼仪、祭祀、节庆、饮食等。本文以广西桂林龙脊古壮寨为个案,关注旅游开发背景下壮族梯田稻作文化生态的保护与发展。

## 一、龙脊古壮寨概况

广西桂林龙脊古壮寨是位于桂北越城岭山脉西南麓的壮族村落,地处桂林龙胜各族自治县和平乡的东北部,距所属的和平乡所在地10公里,距离龙胜县城21公里,距离桂林市区约76公里。古壮寨即龙脊行政村,共有七个自然村,共有286户,1265人,总面积约4.2平方公里。

---

[作者简介] 杨艺(1977—　),女,侗族,广西河池人,桂林理工大学旅游学院讲师,主要研究方向:民族旅游。

龙脊古壮寨位于整个龙脊寨梯田的中心,梯田总面积达1100亩,是被誉为天下一绝的龙脊梯田的重要部分。龙脊梯田开凿于元代,完成于清代,梯田沿等高线建造,一般分布于海拔300~1100米之间。古壮寨地处中亚热带季风气候区,四季分明,山地气候明显。年平均气温14.4~16.9℃,年降雨量1600~1733毫米,年均日照时数1225.7小时,平均无霜期290天。古壮寨居民以种植水稻为主要生计来源,是典型的稻作农业文化区。考古学资料证明,岭南是我国历史上稻作农业的起源地之一,生活于该区域的壮族是极具代表性的古老稻作民族。桂北龙脊壮族明代从南丹、河池等地区迁居而来,他们带着百越祖先的耕作方式和生产技术,在"九山半水半分田"的龙脊地区开辟了举世闻名的梯田,发展了稻作耕作技术,形成了独具特色的稻作梯田文化体系。

## 二、龙脊古壮寨稻作梯田文化生态体系

梯田稻作农业系统的产生是龙脊壮族对生存环境适应性调适的产物,而这种适应性调适包括生物适应和文化性适应两种。① 稻作农业经济生产方式的背景下,龙脊壮族也不断改变生活方式的策略来达成与自然、社会环境的和谐,形成了完整丰富的稻作民俗生活内容。

### (一)以"稻"为计的农事生活链条

水稻种植是龙脊壮族的主要生计模式,饥饱寒暖取决于稻作的产量,稻丰则喜,稻歉则悲,一年生活内容以水稻生产种植程序为序列,围绕整个农事生产过程,从选秧、育秧、栽秧、祈雨、锄草、除虫害到收割、归仓、尝新、过年,每一阶段黏附并产生相应的民俗生活礼仪,形成了稻作农事生活链条。

(1)备耕。立春时分,人们开始谋划新一年的耕种,主要农事是翻田、积肥、修水利、整农具,同时辞旧迎新,欢庆丰年。二月春分,雨水增多,百虫苏醒,家家户户打扫庭院,拜祭诸神,祈求风调雨顺,无虫无灾,人畜安康。(2)播种。清明一过,水稻种植进入播种期。该阶段主要工作是施肥、耙田、浸种、作田、撒谷、栽秧。无论在物质还是精神上,龙脊壮人都积聚了最大力量,把新一年的希望寄托在播种上。(3)中耕及田间管理。农历五月至六月,这一阶段是秧苗的成长阶段,田间护理十分重要,耕耘松土、施肥灌溉,要防治病疫虫害。(4)收获。农历七月至八月间,立秋过后,稻谷抽穗长实,颗粒渐饱满,农民准备农具,进行秋收,并开始欢庆稻谷的成熟。(5)归仓。农历九月至十二月间,谷物的收割进入最后阶段,霜降过后基本将谷物收割、晒干、归仓完毕。

### (二)以"稻"为食的饮食结构

稻作农业的生计模式决定了龙脊壮族以"稻"为食的饮食结构,他们以大米为主食,以红薯、芋头、穇子、黄粟等为副食,以家畜家禽和各类蔬菜、瓜果、豆类等为佐食。以稻田大米为主料的主食有黏米饭、糯米饭、香芋饭、香豆饭、腊肉饭、竹筒饭、田螺粥、

① 庄孔韶.人类学概论.北京:中国人民大学出版社,2006.

黄鳝粥、鲜虾粥、骨头粥等;风味小吃有粽子、糍粑、米饼、米粉、汤圆、油堆、年糕、发糕等。以稻田生态养殖产品为主料的肉食有鸭、鹅、鸡、稻塘鱼等;稻田天然生态产品则有田螺、禾花鱼、泥鳅、田鼠等。还有以稻田转种作物为主料的蔬菜系列,如芥菜、包菜、苦马菜、大白菜、小白菜、茄子、韭菜、萝卜、油菜、芥蓝等。此外,龙脊壮族同胞皆善于饮酒,他们以糯米酿造甜酒、水酒,以籼米酿造米酒,以米汤酿做酸渍,用以日常和节日饮用。

### (三)以"稻"为祭的信仰观念

祭祀是梯田稻作农业生产生活的重要内容之一。稻谷是稻作民族最主要的生活来源,稻谷的丰歉对稻作民族的生存十分关键,因而稻谷的生产过程便附带着一系列对主宰稻谷丰歉的神祇的祭祀仪礼。

龙脊壮族的信仰观念包括三个层次:自然信仰、祖先信仰和师公道教信仰。自然信仰的崇拜对象范围很广。包括对稻作生产背景生态的崇拜,如土地、林木、村寨、石头、水崇拜等;对稻作事物本身的崇拜,如谷神、秧神、田神崇拜;对稻作生态体系的动物崇拜,如对牛、蛙的崇拜。祖先崇拜中对祖灵的祭祀是最普遍的内容。从年初的祈年到插秧栽种时的春祈,五、六月稻谷初黄的祈报到七、八月的尝新,最后十月的庆收,都穿插着虔诚、庄严的祖灵祭祀仪礼,求得先祖、诸神的关注和庇佑,风调雨顺,五谷丰登。此外,师公道教信仰也大多围绕祈求人丁兴旺,老少泰安,稻谷丰收,禽畜繁衍而展开,仪式过程也同样使用大量稻米制品及其转化物相辅助祈报,以"稻"为祭的信仰观念明显。

### (四)以"稻"为礼的人生仪礼过程

从诞生到死亡,在人生重要的仪式过程,稻米都作为重要的象征物出现。龙脊古壮寨最隆重的诞生仪礼是三朝酒。外婆准备参加宴席的礼品除了童车、童帽、童鞋、背带等婴儿用品外,还要带上禾把、糍粑、大米为贺礼,其中禾把是外家来礼中必不可少的礼物,因为"稻"为龙脊壮族生活之根本,以禾把为礼庆贺婴儿的诞生,包含着祝愿新生儿未来生计无忧、充实富有的象征意义。龙脊壮族婚姻仪礼中"禾把"同样有重要的象征意义。男女两方订婚第二日,受聘方家要送两把禾把(糯谷稻穗)和一个十来斤重的大糯米粑粑给发聘一方作为回礼。禾把象征新人成双匹配,像糯穗上的谷粒一样牢结不离,大圆粑寓意婚事花好月圆。发聘方回家后,把粑粑切开,分送给本家房族分享。此外,龙脊丧礼中,各种以稻米为原料制作的食品是主要祭品之一,前来吊丧的亲朋好友也主要以谷子、稻米为礼。

### (五)以"稻"为娱的岁时节日

"百日之劳,一日之乐",稻作生产的周期性过程中,一系列对应于农事生产各个阶段,包含祭祀、祈报的特殊时日也因此产生。日本学者直江广志指出:"水稻的栽培强化了时节的规律感,根据这样的规律,一年被分为若干个时节,这样的时节便形成了主要的岁时节令。"①龙脊壮族节日种类繁多,内容丰富,一年之中,正月至腊月,几乎月月有节。(见表1)

---

① [日]直江广志.中国民俗文化.上海:上海古籍出版社,1997.

表1 龙脊壮族节日一览表

| 节 期(农历) | 节日名称 | 节日内容 |
| --- | --- | --- |
| 正月初一至十五 | 春 节 | 祭祖、探亲、包粽子、打糍粑、唱山歌、交游对偶 |
| 二月社日 | 春社节(保阳春节) | 杀猪供奉社主,唱古缘歌,讲解农作物耕作时间和方法 |
| 三月初三 | 上司神农诞辰 | 杀猪烧香来祭奉神农 |
| 三月 | 清明节 | 祭祖扫墓、蒸糯米饭、做"艾莪粑" |
| 四月初八 | 牛王节 | 祭牛、蒸糯饭、赶歌圩会期 |
| 五月初五 | 端午节(药王菩萨诞生纪念、消灾延寿药师佛节) | 供奉祖神和庙社、包凉粽、上山采药 |
| 六月初二 | 莫一大王诞辰(五谷庙节) | 祭祀莫一大王 |
| 六月初六 | 尝新节 | 割青禾,祭谷神 |
| 七月十三、十四、十五 | 盂兰盆会 | 杀鸡鸭拜祖先、歌圩会期、包粽子 |
| 八月十五 | 中秋节 | 祭祖、吃月饼 |
| 九月九 | 重阳节 | 做糯米粑来庆贺新谷登场 |
| 十一月 | 吃冬节 | 备酒肉祭祀祖宗 |
| 十二月二十三 | 送灶王节 | 做米粑,杀鸡鸭祭祀灶神 |

### (六)以"稻"为本的价值观念体系

稻作是龙脊壮人的最基本生存劳作模式,"稻"不仅是他们的物质粮食,也是他们精神世界的主要依凭,形成以"稻"为本的价值观念体系。具体表现为:(1)稻米即生命的价值观。① 龙脊壮人以稻米隐喻生命,故而有在新生儿诞生、婚礼以及寿礼上以稻米祭祀,以稻米为礼相贺的习俗。尤其在老人寿礼上,要由子女在师公诵经中往寿米缸添新米,称寿为"补粮",缸里米可以掏出一点熬粥补寿,但绝对不能掏空;否则意味着生命即将终结,不吉利。(2)以稻米为尊观念。龙脊壮人将稻米看作最神圣、尊贵的食物,因此在酬神祭祖、招待贵宾的时候一定要用大米食品。并且在以米粮祭祖完成之后,有分食祭品的习俗。如新年包约十斤的特大粽粑,称为"母粽",和若干小粽子一起放置香火台祭祖,元宵之后才撤下,然后由家中长者将"母粽"分给家庭成员食用。吃完母粽,将粽叶拿到村口岔路边焚香抛撒。(3)稻人互渗观念。法国列维-布留尔的"互渗说"认为人与自然之间可以通过想象的接触、转移、感应、远距离作用,产生神秘的联系和互相影响。每当正月新年,以及三月初春,龙脊壮族男女都有在水稻田头对歌交游之俗,并认为歌圩越热闹,来年稻谷越丰收。

① 梁庭望.壮族的稻作文化和社会发展探索.文山师范高等专科学校学报[J],2006(9).

## 三、旅游开发与民族文化生态的保护和发展的关系

龙脊古壮寨是省级风景名胜区龙脊梯田景区的重要组成部分,2009年开始投入建设,2010年10月正式对外开放。作为北壮——白衣壮的典型代表,古壮寨至今还保存着基本完整的壮族稻作文化体系,并拥有四季皆景的梯田景观和独特的农业生态复合系统,旅游价值相当突出。在旅游开发的背景下,实现壮族稻作文化生态的有效保护和可持续发展十分必要。

### (一)民族文化生态的保护是旅游可持续发展的前提

民族文化生态是农业文化遗产地体系的核心内容,是旅游地特色旅游产品的来源。民族文化生态系统是指由物质文化系统、社会(制度)文化系统、精神文化系统构成的主体系统和由自然环境、社会文化环境构成的环境系统所组成的有机整体①。文化生态体系是农业文化遗产地体系的核心内容。壮族稻作文化生态便是特定梯田农耕背景下生产方式、生活方式、风俗习惯等文化因素构成的统一体,是龙脊壮人追求人与自然协调发展,维护自身与自然界共存的共同利益,实现人、环境和资源良性循环的文化体系。

稻作农业文化遗产地特色旅游产品的开发以其民族文化生态为主要内容,如龙脊古壮寨的饮食文化、服饰文化、居住文化、信仰文化、节日文化等内容,具有浓厚的稻作文化内涵,是最具吸引力的民族旅游资源。因此,稻作农业文化遗产地旅游开发必须以保护其民族文化生态的完整性和原真性为前提。

### (二)旅游开发给民族文化生态保护造成的冲击和影响

旅游活动的产生带来跨文化的交流和互动,多种文化类型在交流碰撞中带来文化的涵化和变异,而这种相互影响有积极方面也有消极方面。从消极影响而言,异文化进入使得当地民族文化生态出现弱化甚至消失的状态,被他文化体系同化。如20世纪90年代中期就开始开发旅游的龙脊平安壮寨,其民族经济结构体系、社会制度体系和精神信仰体系都发生了较大的改变,尤其壮族稻作文化体系中的信仰观念、节日文化观念等内容弱化程度较深。民族文化生态体系是人在调节自身与自然的平衡过程中创生的有机整体,其文化内容的削弱和遗失将一定程度上打破人与自然的生态平衡,影响民族地区的社会可持续发展,其旅游开发行为也是短期低效率的。因此,龙脊古壮寨的旅游开发要避免类似错误,也应以保护性开发为指导。

### (三)旅游促进民族文化生态体系自身发展

文化总是处于不断地发展和变动中,壮族稻作农业文化生态体系自产生以来,一直呈现"开发式"特征,对外来的文化内容积极吸收、消化、融入,不断完善丰富其民族文化生态体系。旅游的介入,带来海量人员、物资、文化、信息等方面交流和影响,将大

---

① 薛群慧,董建新.村寨民族文化生态的保护与发展——对云南楚雄彝族自治州南华县岔河彝族村案例研究[J].学术探索,2001(4):56.

范围拓宽民族文化发展的视野,使民族文化更具多元化和创新性,将带动民族文化生态体系的跨越式发展。

## 四、旅游开发与壮族梯田稻作文化生态保护和发展的思考

### (一)梯田稻作文化主体系统与环境系统的和谐发展是旅游可持续发展的前提

梯田稻作生态环境是龙脊古壮寨稻作文化产生发展的重要条件,壮族梯田稻作文化也影响着梯田稻作农业系统的变化,二者的协调发展是实现旅游可持续发展的前提。

旅游开发应加强梯田稻作农业生态环境系统的保护。龙脊梯田稻作农业遗产的魅力来源于森林、村寨、梯田、水系四个要素构成的农业生态系统及其所蕴含的梯田稻作文化,这四个要素紧密相连、不可分割。梯田的永续使用依赖于山、林、水、田、路、村的综合治理的水平和效益,只有四种要素均衡发展,才能保护赖以生存的梯田生态环境,进而能够持续地提供高质量的旅游服务。旅游开发过程中应遵循合理规划原则,坚持保护第一、恢复整治为主的方针,统一规划,协调保护。在保持原有布局、传统形式、风格特点的前提下,实现永续利用。

此外,旅游开发应以壮族稻作文化为主题内容。壮族梯田稻作文化生发于梯田稻作生态系统,与此同时,该文化体系也以其成熟稳固的价值观念体系和民俗生活传统维系着梯田稻作生态环境体系。如龙脊古壮寨的稻作信仰观念对生态的影响。龙脊壮人将稻作生态体系神圣化,信仰观念中包括了对稻作生产背景生态的崇拜,如土地、林木、村寨、石头、水等,对稻作事物本身的崇拜,如谷神、秧神、田神崇拜以及对稻作生态体系的动物崇拜,如对牛、蛙的崇拜。龙脊壮人通过信仰,协调人与自然的关系,将敬畏和崇拜的价值观念转化为对自然的合理利用,尊重保护的行为,实现了生态的保护以及人与自然的和谐发展。除此之外,龙脊古壮寨的建筑文化、饮食文化、节日文化、人生礼仪、歌谣艺术等民族文化传统中也都是出自龙脊古寨壮族人民对梯田稻作农业生活的理解和创造,是最具核心吸引力的民族文化资源。因此,旅游开发应集中打造特色的壮族稻作文化项目,彰显区域民族文化特色,将文化资源优势转化为旅游经济产业优势,并在民众和游客中进一步强化文化生态意识。

### (二)原生保护与创新发展相结合的壮族梯田稻作文化生态发展思路

龙脊古壮寨作为广西最具典型性的壮族梯田稻作农业文化遗产区,其旅游开发应以建设文化生态旅游区为开发理念,以龙脊古壮寨为依托,以村寨梯田稻作生态自然环境和壮族梯田稻作文化保护为前提,遵循世界遗产的完整性与真实性的指导思想,以传承保护壮族梯田稻作文化、发展旅游促进社区脱贫为开发宗旨,创建示范性的民族生态文化旅游区。

首先应建立梯田稻作文化信息中心,用于储存壮族梯田稻作文化记忆、民族文化遗产、向旅游者展示梯田稻作文化精髓。介绍龙脊梯田的产生、发展和现状,重点介绍

适于当地高山自然环境的农业生态系统的龙脊梯田农耕稻作文化和完善的梯田耕作系统。利用实物展示,文字介绍,照片和短片等形式,全面介绍壮族梯田稻作农耕的历史演变。还可以充分利用现代化的声光电展示技术和多媒体展示手段,全方位展示梯田稻作壮族文化,全面提升游客的民族遗产旅游体验。①

其次构建原生态民族文化保护区。以村民居住生活的三个自然村落廖家、侯家和潘家为主要区域,以就地保护的方式对龙脊壮人的梯田稻作文化进行活态保护和展示。民族文化保护区以整个自然村为展区,展品包括龙脊壮人民居建筑、饮食、服饰、节日、礼仪、宗教与文化艺术等内容,给访问者与游客提供更为全面、真实的知识和信息。龙脊居民作为自己文化的主人,向游客展示自己梯田稻作传统文化,游客也可以参与到社区居民的文化活动中来,和他们一起生产劳动,以换位体验加深对梯田稻作文化的体会与理解。

壮族梯田稻作文化资源的旅游开发,必须在强调原生性保护的基础上,结合地方社会经济发展实际,创新性实现现代旅游业与少数民族传统社会嫁接,通过跨越式发展,实现文化生态与经济发展的良性互动,达到改善当地的生存环境,提高社区居民生活质量,促进当地经济发展的目的。

### (三)构建社区参与型民族文化生态经济模式

如何促进旅游经济发展的同时处理好对民族文化生态的保护和建设一直是旅游开发过程的关键性问题,龙脊古壮寨应在建立良好的壮族自然文化生态环境基础上,积极构建社区参与型民族文化生态经济模式。社区参与民族文化生态经济模式强调旅游的决策、开发、规划、管理、监督等旅游发展过程中,充分考虑社区的意见和需要,并将其作为开发主体和参与主体,以保证旅游可持续发展和村寨发展。

对龙脊梯田进行旅游开发,就要综合考虑三个方面的利益——村民、政府、投资商,只有综合考虑到这三方面的利益,进行综合的开发管理决策,才能真正将龙脊梯田的开发和经营管理顺利、有效地进行下去。特别是,旅游开发决策,应尽量尊重龙脊古壮寨人民的意见,赋予他们更多的决策权利。因为他们是龙脊梯田的创造者和拥有者,也是龙脊梯田旅游资源的重要组成部分,只有保证他们的利益实现,才能够得到更多的持续的合作和支持。

---

① 吴忠军,等.龙胜各族自治县龙脊古壮寨梯田景区保护与旅游开发修建性详细规划[R].桂林:桂林市七颗星旅游规划咨询有限公司,桂林桂工旅游规划设计研究院,2007.

# 旅游背景下桂北民族村寨文化景观演变研究

## ——以广西平安、大寨为例

吴忠军 陈东芝

(桂林理工大学旅游学院,广西桂林,541004)

【摘 要】受桂林旅游发展的影响,桂北各县民族村寨文化旅游开发较早,推动了各县民族村寨经济发展。旅游作为桂北民族村寨新经济增长点的同时加速民族村寨文化景观的变化。本文以龙胜的平安、大寨为例,从文化景观的角度出发,研究自从开发旅游以后,平安、大寨的文化景观的演变,以及平安和大寨文化景观演变的不同之处。

【关键词】桂北民族村寨;文化景观;演变;不同

## 一、引言

景观的含义相当丰富,原意为"风景",是景观美学的研究对象。文化景观是景观整体含义中的一个支系,早期被人们称为历史景观,与人为景观或人文景观具有词义等同性。1906年Schluter提出将人类创造的景观作为地理学的主要研究任务;此后,Sauer创立了著名的文化景观学派,"文化景观"一词开始在地理学中被广泛使用。

李旭旦教授认为,"文化景观是地球表面文化现象的复合体,它反映了一个地区的地理特征"。根据目前流行的文化景观定义,它是人类为了满足某种需要,利用自然界提供的材料,在自然景观之上叠加人类活动的结果而形成的景观。它是由占基础部分的自然因素和叠加部分的人文因素组合而成的复合体。自然因素为人类物质文化景观的建立和发展提供了各种条件,包括地貌、动植物、水文、气候和土壤等。人文因素包括聚落、人物、服饰、思想意识、生活方式、风俗习惯、宗教信仰等。旅游开发以后,随着经济的不断发展,原生态景观保护日益减少,环境问题也不断恶化,许多文化景观面临退化和消失的危险。文化景观是人类利用自然资源和形成文化的证据,可作为研究人类活动影响的重要因素。因此,文化景观研究逐渐成为热点。

---

[基金项目]该文为广西自然科学基金项目(2010jjA50067)《旅游背景下桂北民族村寨文化景观演变机理研究》的阶段性成果之一。

[作者简介]吴忠军(1965— ),广西龙胜人,教授,中国人类学民族学民族旅游专业委员会主任,主要研究方向:民族旅游;陈东芝(1986— ),女,山东潍坊人,桂林理工大学旅游学院09级硕士研究生,研究方向:旅游规划与开发。

在新农村建设的大环境下,研究少数民族地区旅游业的发展,有积极的现实意义。研究民族旅游村寨的发展,有利于促进民族旅游业及地区经济的发展,实现民族和谐、文化繁荣。国外关于民族村寨的研究比较丰富,一般以案例的形式出现,以描述为主。最早给民族旅游下定义的是史密斯,他在《东道主与游客:旅游人类学》中提到旅游业对后进民族传统工艺的恢复作用,对于我国民族村寨旅游业的发展有一定的参考作用。科恩认为民族旅游是观光旅游的一种变体;其目标群体在文化上、社会上或政治上不完全属于他们所居住过的主体民族;他们由于自然生态和文化方面的独特性、差异性而被贴上了旅游的标志。

国内对民族村寨旅游较早的研究是金颖若《试论贵州民族文化村寨旅游》,正式以村寨旅游作为研究对象。2003年罗永常在《民族村寨旅游发展问题与对策研究》中提出民族村寨要实施社会性的旅游发展观,鼓励村民参与旅游,提高社区的自我发展能力。李富强在《现代背景下的乡土重构——龙胜平安寨经济与社会变迁研究》中,研究民族村寨经济与社会变迁的方式与图景,揭示了其内在法则和逻辑。黄海珠在《民族旅游村寨建设研究》中系统地阐述了民族旅游村寨建设现实依据,研究了投资模式和管理模式。吴忠军等对桂北民族旅游村寨中的建筑文化景观、歌舞文化景观进行定量分析,认为旅游是加速和致使其演变的主要驱动力。以上研究对于民族村寨旅游的发展进行了初步的积极思考,发展并丰富了民族村寨旅游研究的成果。

## 二、研究对象说明

### (一)桂北民族村寨旅游发展

受桂林旅游发展的影响,桂北各县民族村寨文化旅游开发较早,尤其是2004年"印象刘三姐"文化旅游产品面世后,桂北各县利用桂林旅游集散地的功能,纷纷加大民族文化开发力度,推动了各县民族村寨旅游发展。旅游作为桂北民族村寨新经济增长点的同时加速民族村寨文化景观的变化。本文以龙胜的平安、大寨为例,从文化景观的角度出发,研究自从开发旅游以后,平安、大寨的文化景观的演变,以及平安和大寨文化景观演变的不同之处。

### (二)平安、大寨基本情况

平安、大寨隶属于桂林市龙胜各族自治县和平乡,距桂林76公里,距县城12公里,以堪称"天下一绝"的龙脊梯田著名。龙脊梯田包括平安北壮梯田和金坑大寨红瑶梯田两个景区。两个村寨所处梯田山行各异,平安气势磅礴,大寨精雕细琢。两者一南一北如双璧辉映,分别构成北壮和红瑶两个文化空间。

**表1 1996—2007年龙脊梯田景区接待情况**

| 年　份 | 1996 | 1997 | 1998 | 1999 | 2000 | 2001 |
|---|---|---|---|---|---|---|
| 旅游接待人次(万人次) | 0.37 | 0.39 | 0.41 | 1.41 | 2.50 | 3.60 |

续表

| 年份 | 1996 | 1997 | 1998 | 1999 | 2000 | 2001 |
|---|---|---|---|---|---|---|
| 旅游收入(万元) | 3.68 | 4.10 | 4.50 | 19.50 | 44.36 | 84.86 |
| 年份 | 2002 | 2003 | 2004 | 2005 | 2006 | 2007 |
| 旅游接待人次(万人次) | 9.59 | 9.12 | 14.28 | 18.35 | 23.70 | 31.60 |
| 旅游收入(万元) | 87.98 | 245.57 | 628.45 | 861 | 1034 | 1484 |

平安寨共有6个村民小组,167户,662人,绝大部分村民为廖姓,壮族,他们自称“布越”。1985年开发旅游,2006年接待游客23.7万人次,营业总收入为1125万元。共有103家旅馆,接近3000个床位。

大寨共有15个村民小组,294户,1194人,绝大部分村民为潘姓,红瑶。2001年开发旅游,2009年游客达到11万人次,旅游门票总收入为800万元,人均收入2600元。

在旅游未开发之前,平安、大寨主要从事的是自给自足的农业和手工业。农业为梯田农业,手工业主要有造纸、打铁、木工、石工、酿酒、纺织等。梯田的灌溉用水来源于茂密的森林,为山涧水和泉水。旅游开发以后,当地村民开旅馆、背包、卖手工艺品,以各种形式开展旅游经营活动。

### (三)数据收集

本调研于2009年11月11日至11月16日在广西区龙胜各族自治县大寨、平安进行。调研采取实地问卷调查,现场填写、现场回收、现场访谈,对当地建筑工匠、旅游经营能手、村干部、寨老进行深度访谈。大寨发放问卷100份,回收94份,有效问卷率为94%;平安发放问卷100份,回收99份,有效问卷率为99%。调查对象基本情况如表2所示。

**表2 大寨与平安寨问卷调查对象基本情况**

| 村寨 | 1.性别 | | 2.年龄 | | | | | |
|---|---|---|---|---|---|---|---|---|
| | 男 | 女 | 15以下 | 15~24 | 25~34 | 35~44 | 45~54 | 55以上 |
| 大寨 | 53% | 41% | 3% | 12% | 25% | 17% | 16% | 21% |
| 平安 | 44% | 54% | 1% | 15% | 24% | 17% | 16% | 24% |
| 村寨 | 3.学历 | | | 4.本地居住时间 | | | | |
| | 初中及以下 | 高中/中专技校 | 大专及以上 | 5年以下 | 5~10年 | 10~20年 | 20~30年 | 30年以上 |
| 大寨 | 69% | 15% | 9% | 17% | 4% | 8% | 21% | 44% |
| 平安 | 70% | 20% | 2% | 29% | 3% | 1% | 10% | 50% |

续表

| 村寨 | 5. 家庭旅游经营情况及意愿 | | | | | | | |
|---|---|---|---|---|---|---|---|---|
| | 已从事旅游经营活动 | | 现在未从事,但打算未来从事旅游经营 | | 未从事,且不打算在未来从事旅游经营 | | | |
| 大寨 | 45% | | 35% | | 14% | | | |
| 平安 | 75% | | 12% | | 6% | | | |
| 村寨 | 6. 家庭主要收入来源 | | | | 7. 家庭年收入 | | | |
| | 务农 | 旅游 | 外出务工 | 其他 | 5000 元以下 | 5001～10000 元 | 10001～30000 元 | 30001 以上 |
| 大寨 | 49% | 34% | 6% | 6% | 53% | 21% | 10% | 10% |
| 平安 | 34% | 52% | 7% | 2% | 34% | 31% | 13% | 15% |

## 三、文化景观演变分析

### (一)房屋的演变

平安、大寨的住房以前多为两层吊脚楼,除了屋顶盖瓦以外,上上下下全部用杉木建造。房子四周还有吊楼,楼檐翘角上翻如展翼欲飞。房子四壁用杉木板开槽密镶,新建的里外都涂上桐油又干净又亮堂。通常底层不住人,是用来饲养家禽,放置农具和重物的。第二层是饮食起居的地方,内设卧室。

旅游开发以后,大寨开始建三层木房,平安建三层至四层木房或者是砖房,外面包装木头。目的是为了接待游客,增加收入。房子的功能变化表现为:很多人家把猪圈、马棚移到房子后面,单独饲养。旅游餐馆把一层改造为餐厅、厨房、公共厕所和洗澡间,房子的卫生条件得到了极大的改善,供奉祖先灵位的空间被缩小或取消。二层原有的前堂后屋的形式被改造,南北两面设卧房,中间设走廊隔开,由于游客不断增多,三层阁楼被立柱加高,并在歇山顶侧面开老虎窗使三层的房间都可以拥有采光及通风的窗户,保持了原斜坡屋顶的形式。

然而,当笔者访谈家庭生活条件较差的居民时,他们反映没有足够的资金经营旅游饭店,木房也没有新建或改造,一层仍然饲养家禽,房屋卫生条件没有改善。

建房的相关仪式也相应地发生了变化,原本工匠师傅要选择一个良辰吉日起梁,用当地语言祝福房子建筑顺利,往天上扔“粽包包”,并放鞭炮祝贺。现在仪式越来越简化,有的为了防火就不再放鞭炮了,或者到山上去放。

### (二)服饰的演变

平安壮族服装是以蓝、黑色为主,男装多为破胸对襟的唐装,用当地土布制作,不穿长裤,上衣短领对襟。壮族妇女的服饰端庄得体,朴素大方。裤脚稍宽,上衣着藏青或深蓝色短领右衽偏襟上衣,头上包着彩色印花或提花毛巾,腰间系着精致的围裙。大寨为红瑶,妇女依旧有穿戴传统服饰的习惯——粉红色的上衣、黑色的百褶裙,非常的艳丽妩媚。

旅游开发以后,女性穿民族服装的较多,男性穿民族服装的多为老者,而且占少数,通常只有重要节日才穿。中老年居民认为服装穿着时间没什么变化,年轻人则是认为变化很大,他们除了重大节庆很少穿民族服装。

被访居民认为衣服的式样没有变化的居多,然而有的老人家说红瑶以前的衣服也是以蓝、黑色为主,现在颜色鲜艳了,穿的好看游客喜欢。

### (三)村民商品意识增强

在与游客接触过程中,游客所携带的文化和价值观念,对社区居民的传统观念形成了冲击,村民的商品意识日渐浓厚。男女性别分工非常明显。旅游业为女性提供了广阔的就业空间,做农家饭、卖手工艺品、背包都是妇女的专长,男性参与旅游业的数量不亚于女性,多从事抬轿子、农家饭经营(男性为辅)等。笔者一路坐车上大寨,就有两个村民介绍不同的餐饮和住宿去处,下车时就有酒店老板迎接,竞争意识很强。酒店老板娘说男人在家做饭,她出去接客。

### (四)节庆的演变

两个寨子传统节日有六月六、中秋、春节。“晒衣节”是龙脊景区最盛大、最隆重的节日。据说六月六这一天的太阳晒过的衣服不会发霉生虫,因此家家户户都把最好的服饰拿出晾晒,“晒衣节”因此而得名。那一天家家户户都杀鸡杀鸭,杀猪宰羊;凡是在外的儿女都要挑鸭挑酒回家过节,各个寨子搭台唱戏对山歌。“晒衣节”不是大寨红瑶独有的节日,平安壮族也是年年过晒衣节。

被访居民认为以前由于生活条件不好,每次过节意义重大;现在生活条件提高了,过节显得没有那么重要。而且因为开发旅游,人们忙着经营旅游,过节的时间越来越少了。但是像是六月六晒衣节这样的节日,由于各地游客来观看,反而过得越来越隆重。

### (五)歌舞表演的演变

两个寨子以前是唱彩调,彩调唱腔属联曲体,分板、腔、调3大类。其中板有诉板、哭板、骂板、忧板等;调有比古调、走马调等;腔以角色行当区分有小生腔、旦角腔、丑角腔等,按人物身份、职业区分有相公腔、化子腔等,表现身段动作的有挑担腔、饮酒腔等。彩调的音乐伴奏分左、右场,左场为弦乐,右场为击乐。弦乐有调胡(也叫大筒,类似二胡)、扬琴、琵琶、三弦、唢呐、笛子等乐器,以调胡为主奏。龙胜彩调唱法跟桂林彩调类似,用桂林话或者当地的瑶话、壮话唱,唱彩调的人脸上画成红的、白的或者黑的,戏服颜色也很鲜艳。每个村子还有十几个会唱的,现在只有春节唱。游客来了,村民表演的是县里专门派人教的歌舞,不再是彩调。

### (六)梯田的演变

梯田是龙脊景区最美的景观,但是由于村民大多经营旅游、外出打工,种田的村民越来越少了,越来越多的水田得不到耕种,因缺水而塌方,更多的田地因为没人种,就退耕还林了,使得村里林地面积增加。这也是全村不断盖房,而树木没有减少的原因。

现在梯田大多还是用锄头翻地,两个村子以前有牛,现在都被卖掉了,村里有几台手扶拖拉机,但是面积较小、坡度较陡的梯田还是人亲自耕种。2008 年政府在两个村子的农闲季节种植油菜作为景观,但是村民们对此意见很大。由于海拔超过 400 米,油菜不能正常生长,油菜子不多,只能看到油菜花,因而百姓的收成有限。

### (七)寨老制度的演变

寨老当地俗称"寨公"、"头人",壮语称"布求",是寨子里的自然领袖。与汉族族长的概念不同,汉族族长必须是辈分最高的人,然而在平安和大寨,寨老不是建立在父系社会的基础之上,寨老的地位是自然形成,人数也不确定,可以是一个或两三个。其权威纯粹来源于个人魅力和高尚的品德。寨老必须是公认的处事公正,代表广大群众的根本利益、德高望重的人,所以寨老没有年龄限制,也没有任期。寨老负责主持各项公共事务,调解民众之间的矛盾,沿袭风俗,也可以改掉不合时宜的风俗。例如,平安的丧葬风俗花费较多,寨老提出减少费用。原本寨老的地位非常重要,现在随着旅游开发,青年人的想法日益现代化,寨老的地位有所退化。有的寨老因为年龄过大,已经跟不上时代发展,不会说普通话,也不懂世事的发展,不能得到年轻人的信服。寨老日趋年轻化,三十几岁的年轻人开始成为寨老。

## 四、平安、大寨文化景观演变之不同

### (一)旅游意识不同,平安外来人口多

平安村民更加忙碌。平安的村民几乎家家经营旅游,有的一家十几个人都在销售旅游商品。大寨相对而言平静许多,恬静安逸。平安外来人口极多,随处可见的就是打工的或者外来老板,而大寨基本上都是本地人,旅游开发没有平安成熟。

### (二)污染程度不同,平安更加严重

由于开发旅游二十几年,平安的污染尤为严重,有的村民反映,生活污水排到梯田以后,梯田上的稻子常年青绿,不结果实,以前家家户户有粪池,现在没有了,生活污水给村民带来极大的困扰。村寨里各家各户门前的水渠里的水二十几年前可以喝,现在碰都不敢碰了。大寨相对而言较好,保护得较好。

### (三)房屋建筑不同

两个村寨虽然同样是建木楼,但是在选材方面有极大不同。笔者在大寨做访谈,当地村民说建一个房子要十几万,全部是木房,政府不允许建砖房,如果建了要在外面包层木头,一般都是建三层木房。而平安居民反映建一个房子要六七十万,不能全部是木头,里面是钢筋水泥结构,这样才能防火,形成隔离带,这也是政府要求的。而且要建独立的卫生间就必须用砖做套间。平安木楼以三层居多,但是四层的也是随处可见。

### (四)与政府和景区管理公司的关系

平安对政府和景区管理公司的意见相对较大,龙脊风景区管理公司的成立都是以

规范管理旅游业为初衷的。但在管理的过程中,由于控制不严,导致合法经营与非法经营并存;工作透明度不够高,政府办景区管理公司在农民心目中形成政府与民争利的形象,使民众对政府的信任度开始下降。短短几年的时间,民众对政府的不满意见不断增加。2003 年罗永常在《民族村寨旅游发展问题与对策研究》中提出,外力作用下自上而下发起民族村寨旅游的结果是"旅游扶贫,越扶越贫"。政府应让村民提高自我发展能力,增加村民的社区参与。

## 五、结论

旅游业为龙脊的发展带来了新的增长点,使当地居民的生活产生了质的飞跃,使文化景观产生了巨大的变迁,从物质上到精神上,民族村寨原生态日益减少,我们要注意传统文化的保护,防止民族传统文化舞台化、商品化、庸俗化以及民族文化价值观退化,更重要的是要发挥好政府和景区管理公司的职能,政府部门应负责好制定行业管理法规并通过各种手段监督实施,协调好旅游业利益相关者的关系,工作公开化、透明化,取得当地居民的充分信任,使龙脊景区旅游可持续发展。

## 参考文献

[1]俞孔坚. 论景观概念及其研究的发展[J]. 北京林业大学学报,1987(4):433-439.

[2]肖笃宁,李秀珍. 当代景观生态学的进展和展望[J]. 地理科学,1997(4):356-363.

[3]黄海珠. 民族旅游村寨建设研究. 北京:中国经济出版社,2009,3.

[4]杨慧. 旅游 · 人类学与中国社会. 昆明:云南大学出版社,2001.

[5]孙九霞,马涛. 旅游对目的地社会文化影响研究新进展与框架[J]. 求索,2009(6).

[6]宗晓莲. 旅游开发与文化变迁——以云南省丽江纳西族自治县纳西族文化为例[D]. 中山大学,2005.

[7]孙九霞,保继刚. 社区参与的旅游人类学研究——阳朔遇龙河案例. 广西民族学院学报(哲学社会科学版),2005(1):86-92.

[8]杨俭波. 旅游地社会文化环境变迁机制研究[J]. 旅游学刊,2001(6).

[9]李富强,现代背景下的乡土重构——龙脊平安寨经济与社会变迁研究. 北京:科学出版社,2009.

[10]吴忠军,周密. 壮族旅游村寨干栏式民居建筑变化定量研究——以龙胜平安壮寨为例. 旅游文化研究,2008(12).

[11]罗永常. 民族村寨旅游发展问题与对策研究[J]. 贵州民族研究,2003(2).

# 论“白沙细乐”的旅游境遇

## ——管窥民族音乐遗产的旅游场域传承

赵红梅

(云南师范大学旅游与地理科学学院,云南昆明,650092)

【摘　要】白沙细乐的起源有多家说法,由于文献资料的匮乏与细乐的传承窘境,无一家可一言定鼎。历史地看,白沙细乐一直走在衰落变迁之路上,其现代的旅游化生存已延续近20年,但前景堪忧,音乐与旅游场域的结合是否为音乐类非物质文化遗产的传承之道,是个尚需探索的问题,而“白沙细乐”的旅游境遇给予的提示是音乐行为应与适宜的人类其他行为相结合,才能获得相应保护与传承。

【关键词】白沙细乐;旅游;遗产;传承

## 前言

传说因为齐宣王给乐工的俸禄太过优厚,南郭先生才冒险滥竽充数的。看来,即使是几千年前的古人,也懂得艺术可以有交换价值。然而,在现代社会,当某项艺术被尊为瑰宝或遗产时,它是否就具有奇货可居的价值,是难以预测的事情;并且,这股竭力为艺术“加冕”的激情,是出于悲天悯人的保护欲,还是想使之在旅游领域发挥余热,亦是真假莫辨。旅游对濒危民族艺术的复兴之功,早已被学术界辩证地认识到了,但旅游是否是民族艺术的最优生存之道,尚无人敢定论,因为随旅游而“湮灭”的艺术亦不乏其例,譬如巴拿马库拉人的“摩拉”、石林的彝族撒尼人刺绣、早期的东巴木牌画等。在丽江的旅游文化展演进程中,发掘过大量民族文化元素,结果是毁誉参半,譬如东巴“仪式”的表演、东巴文字的泛化、纳西饮食的推广等,皆是初期兴盛而后寥落的情形;而已列入国家级非物质文化遗产名录的丽江纳西族民间器乐——白沙细乐的旅游化生存即不甚成功,其传承亦岌岌可危。作为非物质文化遗产的民族音乐该怎样保护和传承,旅游是否能为之提供最适宜的场域,本文将通过对白沙细乐旅游境遇的分析,尝试回答这两个问题。

---

[基金项目]本研究受2011年度国家社科基金重大项目“中国非物质文化遗产体系探索研究”(批准号:11&ZD123)资助;国家课题“旅游文化与族群认同——基于丽江旅游的人类学考察”(批准号:09XMZ058)阶段性成果。

[作者简介]赵红梅(1974—　),女,重庆人,云南师范大学旅地学院旅游系副教授,博士,研究方向为人类学与旅游文化。

## 一、白沙细乐的“前世今生”

白沙细乐是流传于云南丽江纳西族民间的一部器乐、歌舞组曲，在不同历史时代，承担着不同的社会功能。对此，学术界初步达成共识，即白沙细乐最初是丽江木氏土司府的礼仪音乐，清雍正二年(1723年)“改土归流”后乐工流落民间，促使该乐曲与纳西族新兴的“土葬”习俗相结合，演变成一种风俗性音乐——民间丧祭音乐，该习俗一直持续到20世纪初。据纳西学者和云峰(桑德诺瓦)收集整理，白沙细乐在民间曾流传8首曲调，以汉语记音分别为：①笃(开丧曲)；②纵拾(一封书)；③三思吉(三思水)；④阿丽丽构吉徘(劝魂歌)；⑤美米抚(母女哭)；⑥跺蹉(赤足舞)；⑦卡蹉(弓箭舞)；⑧幕布(挽歌)。[1]事实上，1962年“北石细哩”调查组①在采录过程中发现，白沙细乐只有5个曲调，后三首(跺蹉、卡蹉、幕布)基本是前几首的重复变化，而像老艺人记忆中的《南天门》、《一枝花》以及文献中记载的《寄生草》、《叨叨令》等曲调已失传。白沙细乐的主奏乐器有苏古独②、筚篥③、波波④和曲颈琵琶，均为外来乐器。

关于白沙细乐的来源，历史上只寥寥数笔。清乾隆《丽江府志略》载：“夷人各种，皆有歌曲、跳跃歌舞。乐工称细乐。筝、笛、琵琶诸器与汉制同。其调亦有《叨叨令》、《一封书》、《寄生草》等名，相传为元人遗音。”[2]光绪《丽江府志》亦载：“……先是元太弟革囊渡江，其音乐相传有胡琴、筝、笛诸器，其调有《南北曲》、《叨叨令》、《一封书》、《寄生草》等名。及奠期，主人请乐工奏曲灵侧，名日‘细乐’。缠绵悱恻，哀伤动人。其发引也，亦以乐送之。”[3]这两处记载是“元人遗音”说的基础，白沙细乐传人和锡典认可这一说法，即白沙细乐是元世祖南征大理，过丽江时临别所赠，故取名“别时谢礼”，不过“元人”有两种理解：一是元代之人，二是蒙古人。[4]然而，清纳西诗人李玉湛(1827—1887年)在《巨甸居人》⑤一诗的注释中却指出白沙细乐创自民间，与丽江木土司和永宁普米人之间的一场战争有关。丽江大研纳西古乐会的宣科亦大张旗鼓地支持“创自民间”说，并撰文从白沙细乐的历史文献、语义、乐器与音乐四方面逐一反驳“元人遗音”说[5]。事实上，和云峰早就指出“元人遗音”说和“创自民间”说均疑

---

① 1962年3月，由中共丽江县委宣传部牵头，组成了中央、省、地、县各级有关人员参加的工作组，对“白沙细乐”(当时称“白石细哩”)进行了较全面、系统和科学的调查和整理，并于同年4月写出了《关于〈北石细哩〉的调查报告》(后文简称《报告》)。

② 苏古独，纳西语称“火不思”，是曾流行于西亚及中国的新疆、内蒙古一带的乐器。

③ 筚篥，是纳西语对吹管乐器笛类的总称。在纳西民间，一直流传着两种形制的筚篥，即三孔筚篥(三孔笛)和七孔横、竖筚篥(七孔笛和箫)。

④ 波波，又名芦管或喉管，纳西族的波波有竹制和铜制两种。

⑤ 原诗如下：“顺帝和林去，中原无此民。不图亡国裔，许作圣朝人。习俗甘循旧，江山几易新。空留临别曲，凄切水之滨。”李玉湛对“临别曲”作出不同注释：有元氏遗音，靡靡切切，酸楚动人，相传世祖临别所赐，故名“别时锡黎”。究竟此曲创自民间，木氏盛时，永宁夷率众来袭，木氏设伏北沙以待之，歼夷殆尽。民间造此曲以吊之，故云“北沙细梨”。“细梨”者，细乐也。乞今丧事处尤以助哀，声急，悲酸。“北沙”者，“白尸”之转音，白蕃夷也。尸，死也。木氏歼蕃夷于此地，因此得名，今土人犹名此曲为“白尸”也。改流后，官府文书以“北沙”二字代之，以其地居府城之北而多沙土也。

点重重,他认为白沙细乐的产生、发展与定型是一个复杂的过程,其经历了纳西民间音乐、东巴教音乐和汉族音乐(尤其洞经音乐)“你中有我,我中有你”的历史演变过程。[6]由于历史记载的语焉不详,兼之白沙细乐的中道没落,导致其来源成了一笔历史的“糊涂账”,学者只能凭借现存的蛛丝马迹去还原这段历史情境。于是,白沙细乐不仅与纳西民间音乐、东巴音乐、洞经音乐有渊源,甚至还与昆曲、伊斯兰音乐有牵涉,一时众说纷纭。

至于“白沙细乐”这一汉语名称,据毛继增回忆,是由中国音乐研究所的曹安和先生最终敲定。[7]近年来,学术文献多采用“白沙细乐”之名。但看起来纳西人对此并不曾达成一致,迄今为止,该乐曲有“别时谢礼”、“崩时细哩”、“崩石细哩”、“北石细哩”、“勃时细哩”、“勃拾细哩”、“白沙细黎”、“白王什礼”、“白尸”等多种汉字记音。“细哩”一说是象声词,指丝弦、竹管等所发出的细弱声响;一说系小调或音乐,有小巧音乐之意,于是“细哩”遂被记为“细乐”。至于前两个字,现代纳西人一说是“白尸”之意,即率兵来犯的白蕃夷(民间附会为普米人);一说是指黄色的干秃之地,即丽江城北的北沙①。因此,在纳西语里,“崩时细哩”从名称上就蕴含一个惨烈的传说故事,这个传说不仅是“创自民间”说的重要依据,而且还使白沙更增加一重历史与文化的重要性。该传说有多个版本,完整版大致可归纳如下:

纳西王的一个公主远嫁给外邦“崩”部落的王子,而纳西王却居心叵测,意欲借联姻之举,吞并“崩”部落所据的丽江坝以北地区。公主回家省亲时,偶然获知父王的阴谋,于是修书一封,系于爱犬脖颈,连夜向王子报信,年轻气盛的王子亲统兵马南下,讨伐岳父,营救妻子,不幸中了纳西王的埋伏,全军覆没在玉湖“三思开”一带(今白沙玉湖文华村),王子战死,“崩”人血流成河,“三思开”②村由此得名。公主被纳西王囚禁在玉湖的湖心亭中,每日吃咸酱油炒饭,唯独不给水喝。公主口渴难耐,以长发汲湖水喝,纳西王得知后,命人剪去其头发,公主渴死于湖心亭,死后湖心石岛上长出一棵野海棠,即棠梨树,人们称为“龙女树”。此树枝叶有如垂柳,恰似少女披发,“文革”中枯死。后来,据说战死的“崩”士兵阴魂不散,纳西王亦害怕因果报应,于是以歌、乐、舞的形式来超度他族亡灵,使其魂归故乡。

故事中的纳西王经常被附会为一位木土司,而“崩”部落王子则为普米王子,但和云峰指出,首先,从历史境遇推断,当时普米人不具备与纳西人抗衡的能力,主动来犯的可能性不大,因此“崩人”或许不是普米人,更有可能是“蕃人”(吐蕃,今藏族);[6]其次,《木氏宦谱》所记录的屡次“蕃纳之战”,无一次发生在白沙。其实,乾隆与光绪

① 纳西创世传说《崇般图》上说,崇仁利恩与衬红褒白命从居那什罗山迁徙下来,最后三站分别为“巴古巴尸”、“嫫斤耍畏地”与“英古地”,“巴古巴尸”即白沙,是纳西语的汉语记音,亦有记为“崩古崩史”或“崩古崩时”(亦有用“石”或“尸”的),一般简记为“崩时”。“崩时”这一自称始于何时,确切年代已不可知,洛克认为可追溯至宋朝。

② 纳西语,据说,“三”即“血”,“开”为“河、沟”的意思,“思”有“纯粹、全部、都”之意,合起来可理解为“鲜血流成河”。

年间的丽江府志都只记此曲为“细乐”,断无“白沙”二字;而“白沙”与“细乐”的结合,目前只有《龙女树》传说与李玉湛诗注为据。李玉湛关于“北沙细梨”的注释约成于1883年,因此,白沙细乐传说的成型,时间大概在19世纪末20世纪初。然而,此次传说、地域与音乐的结合却耐人寻味,虽然有些破绽,但却表明清代纳西人曾有过以音乐为手段来理解或重建民族文化史的尝试。

1949年前后,白沙细乐已濒临灭绝,会演奏者寥寥无几。丽江长水的和锡典(1906—1989年)是家族传承,祖上4代均以演奏白沙细乐为业;此外束河亦有两个和氏家族演奏传承白沙细乐。1956年,丽江县政府组织一支“北石细哩”乐队(以当时的大研镇洞经乐队队员为主要成员)向民间艺人和锡典学习演奏白沙细乐,后于1957年参加“云南省歌舞戏曲汇演大会”并获一等奖;1957年2月20日《人民日报》就此事刊出《元代古曲的演奏》一文,该文使白沙细乐获得超越丽江之外的远名;正源于此,仅1956年至1962年,各级专业音乐者对“白沙细乐”的调研与学习,就有十次之多[8]。1962年,由云南省、地、县及中央音乐学院的音乐工作者组成的调查组找到了和锡典、和崇尚、李玉龙、李云庆四位老艺人,对这部乐曲进行了详细的调查收集和整理采录,和锡典能够弹出该乐曲的8个曲调,据说在当时绝无仅有,此次调查还产生了白沙细乐的第一个简谱本。之后,丽江地区歌舞团曾派出三个年轻人向和锡典学习白沙细乐中一些乐器的演奏,但时间不长,仅一个月。此后分别于1980年和1999年,白沙细乐曾有过进京调演或参赛的机会,但其演奏都有临时突击性质。

总体观之,白沙细乐自“改土归流”后,即踏上惨淡经营之路,从礼仪音乐沦为“事死”之乐,与《龙女树》传说的嵌合,既建构了其本土音乐的地位,亦更强化其作为哀乐的性质。学界美其名曰丧祭音乐,民间却视为送丧抬死人的音乐,愿学者寥寥无几。据说,1956年大研洞经乐队就很不情愿“俯就而学”,平时演奏的洞经音乐是希贤希圣的庙堂音乐,哪里看得上下里巴人的送葬之乐,为此还做了思想工作。[9]“北石细哩”调查组当年的收集行为直接或间接地提升了白沙细乐的社会地位,但显然并未刺激到民间传习该音乐的热情,客位观下的白沙细乐与主位观下的白沙细乐,在价值上难以等量齐观。近20多年来,即便是诚心想学,也难觅良师,大概只有和锡典尚存传人,才使白沙细乐在民间不至彻底销声匿迹。

## 二、白沙细乐的旅游境遇

20世纪90年代至21世纪头几年,是新中国成立以来白沙细乐少有的民间活跃期,此次热潮与一位民间艺人和沙鑫(1944—2006,化名)直接相关。“文革”期间,和沙鑫曾在丽江黄山镇长水村担任民办教师,恰与和锡典同村,当时白沙细乐早已门庭冷落,无人肯学,但和沙鑫仍师从和锡典,后者以口耳相传的方式教授和沙鑫。这次纯属个人爱好的学习行为,无意间为后来的白沙细乐传承与旅游展演奠定了不可小觑的基础。从某种意义上讲,和沙鑫于1987年停薪留职后的相关社会活动构成了白沙细乐生存状况的一条重要线索。此外,白沙乡村民和云江(化名)也是白沙细乐复兴中另一种类型的重要人物,在参与旅游前很长一段时间,他开农用车,从事个体运输。

1987年2月,和沙鑫与和云江在白沙乡北岳庙组织了一场白沙细乐的首次民间展演。1993年,和云江在白沙组建白沙细乐队,最初注册名为"中国纳西白沙细乐院",但当时的丽江地委书记和段琪将之改名为"丽江县纳西白沙细乐院",此后又出现"白沙细乐会"与"白沙细乐队"之混称。白沙细乐院在白沙壁画琉璃殿内租用场地,为过往游客演奏白沙细乐。初期时游客颇感新奇,乐队小费较丰,有时每人每天可分到100元左右;这一时期和沙鑫带领其组建的长水细乐队,在丽江黑龙潭公园内教习细乐。两支细乐队一度曾有合作,在白沙共同演奏,并由和沙鑫为白沙细乐院成员教授细乐演奏技艺,对外表演与学习培训同步进行,参与人数多达50余人。如今白沙古街上会弹奏细乐的村民,多为当年和沙鑫所教。据村民回忆,和沙鑫与和云江经常为"白沙细乐"的起源争执,但未影响二人之间断续的合作。

1999年,白沙乡境内一家民营旅游企业——玉水寨景区组建"白沙细乐艺术团",聘和沙鑫为音乐总监。艺术团在大研古城内租借一庭院,晚上表演,艺术团成员大都是来自上述两个细乐队的年轻人,他们白天在白沙壁画表演,晚上再跑场到大研古城。2001年,在福特基金会的资助下,丽江启动"纳西族的文化传人培养"项目,白沙乡玉水寨与黄山镇长水村被遴选为"白沙细乐"传承点,和沙鑫与另一位艺人杨曾烈被选为指导老师。身兼音乐总监与指导老师的双重身份和责任,使和沙鑫在玉水寨的三年间带出一批"细乐"传人。约在2002年,和沙鑫离开玉水寨,两个有音乐天赋的儿子也先后随父离开。此后,其长水乐队每晚在大研古城大水车旁为游客演奏,倒也颇受欢迎,但后来古城管委会以扰乱秩序为由加以干预,于是乐队返回长水,在本村内传习表演。这一时期,白沙细乐队与长水细乐队的合作告一段落,但为扩展白沙细乐的传承面,和云江于2001年在白沙成立女子细乐队,从村民中招收成员,这一创举得到纳西学者杨福泉博士的赞赏,因为自古"细乐"的演奏者皆为男性。随后白沙细乐队因内讧而分裂为两拨人马,和云江自带一队,以女子为主,与另一队轮流在白沙壁画内表演,直至2004年12月鼎业集团全面接管白沙壁画的旅游为止。

鉴于"白沙细乐"濒临失传的现况,"白沙细乐"文化传人培养项目挑选了三名佼佼者作为重点培养对象,但民间的白沙细乐展演活动仍继续存在于旅游情境之中。以下将聚焦活跃于白沙乡的古乐队与玉水寨古乐队,更进一步审视白沙细乐的旅游境遇,以期达到见树亦见林之目的。

### (一)白沙"细乐队"

鼎业集团接管白沙壁画后,白沙的细乐院即告解散,技艺娴熟的队员多另寻出路,或做农活之余兼职于古城东巴宫,或改去玉水寨的细乐队,老年队员惧怕奔波,大都回家养老。此后不久,在白沙乡文化站的支持下,村中的音乐爱好者通过玉龙县民政局登记成立"白沙乡白沙细乐研究会",后惯称"白沙细乐队"。

2005年,新成立的白沙细乐队搬到了白沙古街广场的东侧,借用村民的老屋,面街而立,细乐队设在一楼一个约6平方米的房间内,用幕布隔成里外两间。每天早上,乐队成员们都将一长方形台架置于门前,台架正中放一铜锣,供游客捐钱,除乐器外,台架上亦摆放待售的VCD,是几年前部分成员参与演奏的大型音乐会实况。平时,乐队成员就坐在外间或门前演奏:资深成员靠前坐,其他人位列后排,俨然一个小舞台。乐队共计14人,女2名,男12名,平均年龄50岁以上。部分成员仍在务农,每逢农忙时节,就三天两头不来,所以14人从未到齐过,最多时亦不过十人。除两名离退休者外,其余成员都是各村村民,有三人乃和云江所组建之"细乐队"的旧成员,其"细乐"弹奏乃和沙鑫所教。这几个人是中坚力量,其余成员当时尚处于学习阶段,只能配合弹奏一两曲"细乐"乐章。白沙壁画的旅游者,是细乐队的重要客源,只要旅游者游览完毕后步入古街,乐队的弹奏声就飘荡开来,成为古街上一道"风景"。在细乐队门前,斜靠两块宣传板,为中英文对照,兹将中文录于下:

**敬告游客**

一、农村老艺人为挽救濒乎失传的白沙细乐,组织了玉龙县白沙细乐会。本会以白沙细乐唯一传人和锡典老艺人一九六零年传谱遗章为依据,原汁原味地传承演奏白沙细乐,同时演奏道教洞经音乐。

二、演奏人员都是农村老艺人和农民,没有工资,请热心优秀民族文化的游客欣赏摄像后表示爱心。

谢谢合作和支持!

在乐队成立初期,白沙壁画游客如潮涌,这些游客游览完毕即顺着壁画后门步入白沙古街,绕街一圈后回到壁画前门,再坐车离开。白沙古街两侧古董铺、扎染店、茶吧林立,乐队位于黄金地段,面对一拨拨的游客,乐队聘请一位村民专门察看游客动向并提前发信号,游客靠近时再奏响乐曲。乐队演奏的曲子多是洞经音乐,间或夹杂1~2首白沙细乐曲目,不过,白沙细乐以其苍茫凄婉的曲调独树一帜,游客驻足率较高,尤其是国外游客。看完宣传板后,一些游客会慷慨解囊,此时,队员就邀请游客居中就座,抱乐器作弹奏状以拍照留念,爱好音乐的游客有时还会购买VCD。自2008年后,这种"主客"间其乐融融的景象一去不返,由于鼎业集团的经营管理问题,白沙壁画的游客日渐稀少,只有一些散客凭借网络信息找到白沙古街。乐队成员通常于早上8:00至下午4:30守在店里,此期间更多是百无聊赖的等待与无数次尴尬的拉客,游客不多,亦无须专门请人察看游客动向了,犹如"细乐"不甚乐观的命运一般,细乐队不免显出懒散与颓废之气。2010年后,一名老队员离世,两名女队员离队,乐队更显萧条,旅游淡季时甚至一个多月没有开门迎客,近一年来更是三天两头不开门,委实由于游客不多,即便有几个,也不会像刚开始那样古道热肠了。

不过,包括游客在内的外来者对白沙细乐的关注,总能激起乐队的信心与兴趣。队员在介绍白沙细乐时,开口便说听起来"缠绵悱恻,哀伤动人",这句源自光绪《丽江府志》的经典评述,如今如此普及,当是和沙鑫与和云江大力传习白沙细乐的副产品。若从和云江组建的白沙细乐队算起,细乐在白沙古街一带已生存近20年,白沙这个地方之所以被选为一个展演点,与《龙女树》传说不无关系,组建者的初衷大概是想实现白沙细乐“名至实归”的理想，却未曾料到它受到旅游流量的挟制而步履维艰。

（二）玉水寨“细乐队”

玉水寨是个依托秀美山水而展示纳西民俗的人造景区，位于玉龙雪山南麓，建在白沙五大灌溉河系之一——哥吉河之源头上，属白沙新善村辖内。玉水寨细乐队组建于1999年，鼎盛时有队员20名，分别来自丽江白沙乡、大东乡、大具乡、龙蟠乡、金山乡、黄山乡、巨甸镇、束河古镇与塔城。20名队员平均年龄近40岁，比白沙细乐队相对年轻。与白沙类似，20名队员亦非每天到齐，总有人因农忙或家事请假。每日至晚，半数队员都会在古城的其他景点，如东巴宫兼职表演。

玉水寨“细乐队”与白沙“细乐队”存在诸多不同。首先，从硬件设施上看，玉水寨“细乐队”与白沙古街上的“细乐队”形成鲜明对照。玉水寨景区内建有一栋半圆形建筑，名为“展演厅”，厅内正前方是一个大舞台，台上各式乐器齐全，供演员随时选择，台下座位可容300~400人同时观赏。其次，从表演节目上看，白沙“细乐队”只奏乐曲，且多为洞经音乐，“白沙细乐”间或混杂；玉水寨“细乐队”则有固定的节目单，其节目包括五个部分：一、白沙细乐；二、洞经音乐；三、民间乐曲；四、民间歌舞；五、纳西民歌。洞经音乐只有四曲，所占分量不多，民间乐曲部分由和沙鑫创作，民间歌舞与民歌所占比例较大。再次，就表演形式而言，白沙“细乐队”没有表演压力，基本上属于随心所欲的弹奏；玉水寨“细乐队”基本按节目单循环演出，20分钟一场，一场结束后，如果游客愿意，还可上台与演员共同“打跳”。此外，玉水寨亦是勒巴舞①传承基地，因此勒巴舞表演亦占有一定比例。表演场次依旅游流量而定，据说最高纪录为一天52场。最后，若论水平高低，玉水寨的“细乐”演奏技艺明显高于白沙，前者乃名副其实的专业“舞台”展演，后者则近乎街头“献艺”。

2008年以来，玉龙县启动“大玉龙旅游圈”计划，借玉龙雪山的旅游影响力来整合境内玉水寨、玉柱擎天、东巴万神园、玉峰寺、东巴王国、东巴谷与白沙壁画（均在白沙境内）7个景点，实行190元连票制，2天游完。该计划实施效果不佳，最后演变成“玉龙雪山+7个景点之一”的旅游模式，而玉水寨则成为7个景点中的首选，但游览时间极其有限，游客几乎无暇坐观一场完整的表演。因此，玉水寨细乐队的队员流失严重，表演水平与规模急剧下降，一天之内也表演不了几场，近一年来更是门可罗雀，不成气候。与之相应，大研古城内的东巴宫也于2008年歇手停业，包括白沙细乐在内的纳西文化失去了一个巨大的展演舞台，如今在东巴宫原址上，一家可与“樱花屋”、“一米阳光”、“千里走单骑”相抗衡的酒吧已正式开业。宣科的大研纳西古乐会也演奏几首白沙细乐单曲，但与2005年前相比，平均每场游客量减少近2/3，尽管宣科坚持每晚现身主持半小时节目，但会场气氛仍大不如前，若奏起白沙细乐，更助凄凉。

白沙细乐的旅游展演似乎已走到“穷途末路”，但仍有人对白沙细乐存有深厚的

① 流传于丽江西部塔城一带的民间舞蹈，是一种模仿自然界动物之动作情态与人们劳作场面的舞蹈。

兴趣,和云江即为一个典型。自20世纪80年代初首次接触白沙细乐后,和云江便执迷于探究"细乐"之源,2006年,这位只受过类似专科教育的纳西农民已撰写了近20万字研究白沙细乐的论文。在调查过程中,笔者发现和云江的"学术野心"是试图通过对白沙细乐的文化再解读,重建丽江纳西族在唐朝初年的政治与社会样态。和云江指出,"白沙细乐"是个错误字眼,这套乐曲应名为"伯石细哩",虽然只是另一种汉字译音,与"崩时细哩"等译法无甚区别,但和云江对"伯石"二字的解释却截然不同。他认为:"伯石"的汉语意思是"黄栗树",此树乃纳西氏族社会的自然崇拜与象征,"伯石"是纳西先祖叶古年成立的纳西古王国之国号(公元618年),因此纳西语称白沙一带为"伯石"(或"崩石"),"细哩"是象形词,"伯石细哩"由此而来,纳西王叶古年是用其国号为这套乐曲命名,这在当时应该是情理之中的事情。对于"白沙细乐"现存的7个乐章(除"幕布"外),和云江不仅调整了顺序,而且做出令人震惊的解释:第1章"笃",为东巴教中的除秽仪式,反映了纳西先民从血缘婚向对偶婚过渡的复杂集体意识,因而以除秽仪式否定兄妹婚。第2章"美米抚",缅怀、颂扬和祭祀人类女始祖(创世女神)衬红褒白的创世业绩,或许这正是"美米抚"被译为"天女哭"的原因。第3章"纵拾",东巴祭仪分为声音祭祀(诵经)与行为祭祀(献牲、献饭、跳舞等),"纵拾"是祭献给神灵的声音、歌乐与舞蹈。第4章"踩磋",是东巴教中攘除、驱赶垛鬼、铎鬼的仪式舞蹈,目的在于消灾与祈福。第5章"卡磋",为弓箭舞,反映出弓箭与纳西族狩猎、战争与生命的关系,此舞蹈多在祭猎神仪式上跳。第6章"三思吉",指纳西先民居住区域的三条江河:雅砻江、无量河与金沙江,此曲表现先民对生命之水的自然崇拜。第7章"阿哩哩构吉徘",译为"天地间的白云",是超度亡灵回到北方祖居地的乐曲。

这是一次借助音乐来复原并建构民族历史的大胆尝试,远胜过《龙女树》传说与白沙细乐的"小"结合。对于其学术价值,由于文献资料与考古发现的匮乏,基本上无从验证与判断,但和云江的研究成果却被丽江一家音乐文化公司看上,成为该公司正在策划中的"东巴宗教祭祀歌乐舞"的精髓,实现和云江所说的研究与"舞台"表演的结合。这台演出被寄予厚望,公司预计其震撼效应可问鼎"印象丽江"、"丽水金沙"等旅游文化品牌。据说该公司已获得英国某公司的巨额投资,投资将大部分用于这台演出与和云江的纳西民间文化调查研究。然而,直至2011年,这台演出仍未见天日,研究与展演的合作不了了之。

在现代纳西人的葬礼习俗中,白沙细乐已销声匿迹,更不用说按祭奠程序演奏不同曲目。白沙细乐缘何在纳西人的葬礼中失去地位,由于资料的缺乏,已很难追溯,但这肯定是白沙细乐逐渐式微的要因之一。与丽江的洞经音乐相比,白沙细乐的生存情境要狭窄得多,这导致白沙细乐对特定生存场域的高度依赖性。显然,旅游业是白沙细乐在现代得以生存的一个重要场域,其动力机制是旅游收益。对于像和沙鑫、和云江这样的精英人物而言,爱好、习惯、传授或研究,或许是其沉迷于白沙细乐的主要动力;对于学会白沙细乐的村民来说,失去了游客的观摩、欣赏与犒劳,演奏几乎无甚意义;对于旅游文化企业而言,白沙细乐要演变成一场惊世骇俗的大型歌舞乐演出,就必须被赋予崭新的历史文化内涵。照现状来看,景区内的白沙细乐存在是以乐队展演为载体,乐队队员基本来自四乡村民,乐队是建筑在村民谋生之基础上,旅游流量与旅游态度则是乐队生存的维持机制,如此便使旅游成为白沙细乐得以传习的重要场域。然而,白沙细乐的境遇受旅游影响如此之大,以致一旦游客减少,它就立刻出现萧条的反应,为此,很有必要对音乐类遗产的旅游式传承做一番深入思考。

## 三、民族音乐遗产的旅游场域传承反思

在音乐人类学视野下,有六大要素可供研究,即音乐物质文化、歌词、音乐类别、音乐家、音乐与文化其他方面相关的用途和功能、作为创造性文化活动的音乐。[10] 在旅游场域下,音乐家、音乐行为与人类其他行为以及音乐的创造性都是被格外凸显的领域,因为这三个要素明显与音乐本身的传承有关。

在白沙细乐的首次搜集整理中,乾隆、光绪《丽江府志》所记载的曲调就已失传,而采录到的8首曲调中就有3首雷同。这表明历史上白沙细乐可能是口耳相传,不像洞经音乐有工尺谱,而清中期以来,由于白沙细乐渐乏传人,导致一些曲调的散佚。和锡典是那次采录中的关键人物,他使得白沙细乐的第一个简谱本成为可能,之后的白沙细乐演习者都以得和锡典亲自教习为荣,这种代际相承是一种资本,成为细乐"正宗"或"原生"与否的标准。那么,音乐传承人(音乐家角色)是否是音乐传承中的关键因素呢?和锡典之前,白沙细乐的师徒相承或家族传承是一种必须;和锡典之后,有简谱可助自学,不再存在失传的危险,但乡人多不识简谱,因此技艺娴熟者屈指可数,虽然和沙鑫曾力图提高乐队的演奏水平,但成效并不见得显著。可见,以传承人身份出现的民族"音乐家"并非民族音乐传承的关键载体,音乐行为与人类其他行为的结合,譬如宗教、戏剧、舞蹈、社会组织、经济、政治结构以及其他方面,才是音乐得以延续的关键。近现代以来,白沙细乐逐渐与纳西族葬礼仪式相脱离,白沙细乐无处依存,于是时人不愿再学。同样,白沙细乐进入旅游场域后,旅游者渐少,乐队的学习与展演动力也渐减,细乐的传承陷入恶性循环当中。

音乐是创造性的,这一点,白沙细乐体现得很明显。从白沙细乐的8首曲调来看,它们之间并非没有内在联系,至少应与葬礼的程序有对应关系。大概在清末,白沙细乐被赋予本土的历史与文化意涵。《龙女树》传说是两则民间故事的嫁接,何时成形并不可考,但在1988年的《纳西族民间故事集成卷》(第一辑)中,此故事被收录,名为《"白王什礼"的传说》,"崩"王子在其中被称为"白王"。该故事被创造性地用于白沙细乐的解读:第1章"笃"是开丧曲,表明在纳西族居住的地方祭吊亡灵;第2章"纵拾",译为"一封书",描述战争起因,即发生于白沙的《龙女树》传说;第3章"三思吉"或"三思开",表现战争后人亡血流的悲凉场面,白沙不仅有个村叫"三思开",亦有一条河名为"崩时三思开"(或"崩时三思河",简称"三思河"或"三東河");第4章"阿哩

哩构吉徘”,意思是“安魂曲”,请那些徘徊于白水与黑水①之间的亡灵别到丽江来,头也不回地到祖先安息地去;第5章“美命唔”,曾译为“天女哭”,为与传说契合,译为“公主哭”或“哭公主”,前者认为此章是描拟公主闻知“崩”部落全军覆灭与王子身亡之噩耗后失声痛哭的惨状,后者却认为是民间对公主的同情与哀悼;第6章“跺磋”,即“赤脚跳舞”或“顿足舞”,为纳西东巴在迎神、驱鬼、招魂仪式上的舞蹈,表明对神的虔诚,以及对鬼怪的驱赶意志;第7章“卡蹉”,是“弓箭舞”,以此舞威慑鬼怪,保护亡灵不受鬼怪诱惑。此外,另有一章为“幕布”,意为“送尸”,亦为挽歌。事实上,这种解读是近代的创造,还是现代的创造,都不大可考,但与和云江的做法正好相反,和云江是用音乐建构历史和先民社会,而这种文本创造则是用传说来解读白沙细乐,赋予其文化意义。不过,两种手法的结果却很类似,即白沙细乐被添加了民族历史和文化的重要性,这既强化了民族与地方认同,也使白沙细乐更有传承的价值与意义。

假如《龙女树》传说是对白沙细乐做出创造性的文化解读,那么和沙鑫则是将其传承人身份与音乐本身的创造性结合在一起。据说和沙鑫在玉水寨时曾为白沙细乐创作了6首歌词,调查中收录到其中4首,由玉水寨细乐队队员默写。

1.《哥旁居没留》:《白鹤一去不复返》

歌词大意:先祖们一代一代走了,留下一份又一份的劳动经验和精神财富,后辈们要继承先辈们的精神,又要创造出自己的新知识和新经验,留给下一代。

2.《本汁汲》:《融雪水》

歌词大意:玉龙雪山的皎洁,靠的是千年的积雪,玉龙山下茂密的树林里,白鹿在欢跳,山鸡在啼鸣,靠的是玉龙山的融雪水,滋润了大地。而世代生息繁衍在玉龙山下的纳西人,能有悠久的历史和灿烂的文化,也是因为有了你的融雪水。

3.《罗棉子》:《云雀唱》

歌词大意:当田里的庄稼还没有绿,我就和云雀一起唱起来,一直唱到庄稼成熟;当天边还没有升起云霞,我就和云雀一起唱起来,一直唱到云霞满天。

4.《冷唔娄》:《让我们携起手来》

歌词大意:纳西族的游牧,要追随祖先的脚印,来繁衍我们的羊群,让贫穷在羊群的兴旺中消失。

此外,“白沙细乐”现存8个乐章中,原本只第4章“阿哩哩构吉徘”有歌词②,但现在另一首歌词《三思吉》被演奏者广为传唱,据说也是20世纪80年代由和沙鑫创作填词。歌词大意为:

不是血来不是水,又是血来又是水;是血又是水,是水又是血,就是这条三思河,就

① 指玉龙雪山东麓的白水与黑水两条河流,白水的河床尽是白色鹅卵石,河水呈白色,黑水河床为黑色鹅卵石,河水显苍青色,因而得名。黑水白水区域是不少地方纳西人送亡魂回归北方祖先之地的必经之道,纳西民歌与传说经常提及这个地方。——转引自杨福泉:《纳西族文化史论》,昆明:云南大学出版社,2006年,第353页。

② 《安魂之歌》或《安魂曲》,过去曾译为《美丽的白云》。

是这条三思河。

姑且不论这种创作行为是否有价值,但确如桑德诺瓦所言,对于民族音乐这样的非物质文化遗产,“禁变”不是一种好的指导理论,也不是保护唯一的选择。[11]因此,和沙鑫尝试变化的行为在理论上是值得嘉许的,它符合音乐自身的特性,至于怎样变,则需要民间与专业人士的长期实践探索。总之,在旅游场域下,传承人、音乐行为与创造性这三大要素与民族艺术主体、景区、政府以及旅游者密切相关,其活跃程度直接关系到民族音乐的保护和传承。王德刚、田芸认为,非物质文化遗产的生存模式无外乎4种:(1)政府供养(或补贴传承人)模式;(2)教育传承模式;(3)原生态保护模式;(4)旅游模式,其中,旅游模式是“非遗”在现代社会中以一种新的方式进行生存和发展的模式。[12]然而,从白沙细乐的旅游化生存看,前景并不乐观。首先,旅游虽然为传承人、音乐行为与创造提供了场域,但旅游自身并无保障,尤其民族旅游地区,旅游流的此消彼长对音乐的“舞台化”生存(景区旅游模式)影响很大;其次,白沙细乐属于哀乐,难以整场演奏,几乎所有乐队都采用“嵌入式”表演方式,将白沙细乐与其他艺术形式穿插演奏,这样表演气氛不至过于低沉;最后,在纳西人的传统意识中,白沙细乐是丧祭之乐,难以娱情悦性,无事操演,更有晦气之嫌,因此“生活化”生存(社区旅游模式)不适用于白沙细乐,假如强制实践,必须赋予白沙细乐新的文化内涵,颠覆民间传统认知。可见,对于非物质文化遗产的传承,旅游模式是否比前三种方式更具有优越性,需视该遗产的特性而定。

## 结 语

纵观白沙细乐的“前世今生”,不难看出一条随时代变迁没落的轨迹,一部曾经集乐、舞为一体的器乐组曲,到20世纪中期只残存几首乐曲。作为一种音乐行为,白沙细乐先是存在于木氏土司的政治行为中,散落民间后与丧祭仪式相结合,与丧祭仪式相脱离后几乎失传,在政府关照下起死回生,但在民间仍不成气候。自20世纪90年代起,在政府、企业、传承人、村民与旅游者的合力下,白沙细乐进入旅游场域,获得在景区“舞台化”展演的机会,成为一种欣赏性音乐。2011年,白沙细乐被公布为第三批国家级非物质文化遗产,此时白沙细乐已在旅游业生存近20年,但现状表明其旅游化生存境遇前景堪忧。旅游场域是否是音乐类非物质文化遗产得以保存和传承的最优方案,还需要学界深入斟酌。白沙细乐的旅游境遇提供的启示是:音乐行为与人类其他行为相结合,是音乐得以传承的一条渠道,但前提是这种其他行为要具有相对的稳定性;并且,必须存在一个场域,使得音乐传承人产生针对音乐的创造性激情。

## 参考文献

[1]和云峰.纳西族音乐史[M].北京:中央音乐学院出版社,2004:178.

[2][清]管学宣,万咸燕纂修:乾隆《丽江府志略·礼俗略》,乾隆八年(1743年)

纂修. 丽江县县志编委会办公室翻印,1991:208 - 209.

[3]政协丽江古城区委员会. 光绪《丽江府志》(卷一. 地理志. 风俗). 丽江:丽江飞腾彩色印务,2005:44.

[4]和锡典. 别时谢礼——白沙细乐. //丽江县政协文史组编. 丽江县文史资料(第1辑). 1985:68.

[5]宣科. 白沙细乐探源[J]. 云岭歌声,2003(12):51 - 54.

[6]桑德诺瓦. 对《勃拾细哩》考释的若干质疑[J]. 民族艺术研究,1992(2):17 - 24.

[7]毛继增. "白沙细乐"的由来[J]. 云岭歌声,2004(9):52.

[8]毛继增:《关于"北石细哩"的调查报告》,载《纳西族社会历史调查(二)》,《民族问题五种丛书》云南省编委会编,昆明:云南民族出版社,1986:110.

[9]吴学源. "纳西古乐"是什么东西? [J]. 民族评论,2003(9):21 - 26.

[10]艾伦·帕·梅里亚姆. 音乐人类学[M]. 穆谦译. 北京:人民音乐出版社,2010:46 - 49.

[11]桑德诺瓦. "有所为"亦"有所不为"——论音乐类非物质文化遗产保护的基本理论与实践方法[J]. 中国音乐,2008(2):29 - 38.

[12]王德刚,田芸. 旅游化生存:非物质文化遗产的现代生存模式[J]. 北京第二外国语学院学报,2010(1):16 - 21.

# 黔东南民族村寨农村劳动力与发展旅游业的关系研究

钟 珺

(贵州凯里学院,贵州凯里,556000)

【摘　要】目前,黔东南州非农产业欠发达,返乡农民工就业途径有限,而农村剩余劳动力的队伍日趋庞大,进一步加剧了黔东南州"三农"问题的严峻性。如何寻找新的就业途径,尽早安置、有序转移这庞大的农村剩余劳动力,尽快提高农民生活水平已成为解决黔东南州"三农"问题的当务之急。本研究通过黔东南重点旅游村寨实地调查,分析出黔东南劳动力与发展旅游业关系特征及趋势,总结黔东南民族旅游村寨农村劳动力与发展旅游业之间存在的主要问题,探索进一步促进黔东南民族村寨农村劳动力参与旅游业发展的对策,促进农村剩余劳动力有效地向旅游业转移,使广大农民在更深更广的层面上参与旅游开发并从中真正获得利益。

【关键词】黔东南;农村劳动力;旅游业

## 一、黔东南农村劳动力资源的概况

黔东南苗族侗族自治州,位于云贵高原东南边缘,境内山川秀丽,气候宜人,资源丰富,民族风情浓郁。全州总人口441.72万人,有苗、侗、汉、布依、水、瑶、壮、土家等33个民族,少数民族人口占全州人口总数的81.87%,其中苗族人口占42.09%,侗族人口占31.86%。2006年年末,黔东南州农村人口总量达到179.33万人,农业就业人口165.33万人,占农村总人口的92.19%,外出打工农村劳动力有71.54万人,其中乡外县内就业人口占6.33%,县外州内就业人口占3.48%,州外省内就业人口占2.97%,省外就业人口占87.22%。

从年龄结构看,黔东南州的农村劳动力趋于老龄化,20岁以下的占5.22%,21~30岁之间的占15.94%,31~40岁之间的占25.11%,41~50岁之间的占19.18%,51岁以上的年龄层次所占比重较大,占34.55%。

从文化程度上看,黔东南州的农村劳动力受教育情况仍然受到村民经济水平和观念的限制,文化素质普遍较低,直接影响了黔东南农村劳动力的就业。其中学历是文

[作者简介] 钟珺,女,广西贺州人,桂林理工大学硕士,凯里学院旅游与经济发展学院助教、科研秘书。

盲的占15.77%,小学文化占54.53%,初中文化占27.62%,高中占1.93%,大专以上文化的仅有0.15%。

在就业结构中,从事第一产业的占91.71%,从事第二产业的占2.69%,从事第三产业的占5.61%。90%以上的劳动力集中在有限的耕地上,大量的富余劳动力滞留在农村,农业剩余劳动力转移任务十分艰巨。

## 二、黔东南重点村镇居民参与旅游业的现状

### (一)调研说明

2010年8月1—7日,笔者主要走访了榕江县三宝侗寨、从江县岜沙苗寨、黎平县肇兴侗寨、黎平县堂安侗寨、锦屏县隆里古镇等黔东南重点旅游村寨,调研步骤为:第一,通过村委会干部了解村寨概况以及村民参与旅游和生产生活的情况;第二,通过访谈、观察以及现场发放问卷等方法,在当地选取家庭成员完全参与、部分参与、未参与旅游的典型户进行抽样深度访谈,针对参与的内容,参与的广度、深度、形式、态度等问题展开调查。向居民实际发放问卷142份,有效问卷130份,有效率为91.54%,分别为岜沙13份,隆里27份,三宝28份,肇兴62份。在调查结束之后,我们采用SPSS 17.0软件和Excel数据分析软件对问卷收集的数据进行了分类对比,归纳得出黔东南劳动力与发展旅游业关系特征及趋势,找出黔东南重点村镇居民参与旅游业存在的主要问题,从而进一步探索促进黔东南民族村寨农村劳动力参与旅游业发展的对策,从而使广大农民在更深、更广的层面上参与旅游开发并从中真正获得利益,最后提出相应的对策。

### (二)黔东南重点村镇旅游及社区参与旅游概况

1. 三宝侗寨旅游及社区参与旅游概况

三宝侗寨距榕江县城5公里,是全国侗族人口居住最密集的地区,侗寨由三个大小不一的寨子连成,分上、中、下宝寨,合称“三宝侗寨”。侗寨绵延约有15公里,有9个村,2467户,13197人,较为出名的是寨头村和章鲁村。在侗寨中有许多鼓楼,其中最引人注目的是“三宝鼓楼”,2001年10月20日,已被吉尼斯总部评审以“最高、最大、楼层最多”的特点入编《大世界吉尼斯纪录大全》。三宝千户侗寨被评定为全国农业旅游示范点和琵琶文化艺术之乡,并打造了萨玛节、琵琶歌、《珠郎娘美》、侗族大歌、百鸟衣等生态文化品牌。随着旅游业的发展,交通条件的改善,榕江县财政拨款重点扶持农家旅舍建设和完善基础设施,三宝目前已有30户移民搬迁户按照农家接待要求进行建设,先期建设的农家旅舍每年平均获利1万元以上,销售工艺品的住户每年能获利2万至3万元不等,使得当地农户参与旅游开发经营有了很大的积极性。

2. 岜沙苗寨旅游及社区参与旅游概况

岜沙苗寨位于贵州省从江县丙妹镇,是个崇尚自然、以树为神的苗族部落。岜沙苗寨拥有499户居民,共约2350人,其中有400余人外出打工。岜沙自2003年创建国家级生态示范区以来,根据该村实际情况,从江县不断完善生态文化基础设施建设,

发展餐饮、住宿等服务业,打造旅游精品项目,规范旅游市场管理。目前,岜沙已有12户居民参与经营旅游,直接参与旅游业的有120余人,拥有2个芦笙表演队,每个队约为50人,每场表演收入600~800元。岜沙已经逐渐将生态效益已转变为经济效益。2003年岜沙景区游客接待量仅0.59万人次,旅游综合收入21.76万元;2008年,岜沙景区游客量上升至6.87万人次,实现旅游综合收入1719.95万元,年增长率分别为41.01%和86.69%。2003年至2008年,岜沙景区共接待国内外游客29.22万人次,农民人均纯收入达2375元。

3. 肇兴侗寨旅游及社区参与旅游概况

肇兴侗寨位于黎平县肇兴乡,距离县城68公里,有3个行政村,居住有1000余户,4000余人。肇兴自1988年对外开放并开始旅游接待,20多年来一直是黔东南南部旅游线上最热门的景点之一。1999年后,先后获得了"中国唯一一座侗族生态博物馆——堂安生态博物馆"、"肇兴鼓楼群世界吉尼斯之最"、"国家首批十个民族民间文化保护工程试点单位之一"、"国家级风景名胜区"、"第三批全国历史文化名村"、"2008年奥运旅游全球推介魅力目的地"等荣誉称号。2008年,肇兴景区总接待量为23.5万人次,其中海外游客3万余人次,实现旅游接待总收入4710万元。大量游客的进入,激发了广大群众参与乡村旅游开发建设的热情,广大村民自发地投入到旅游接待之中。

笔者通过实地考察调研统计,肇兴景区建有准三星宾馆1家、居民旅馆46家,共有986个床位,其中集餐饮和住宿服务为一体的居民有32家;从事旅游工艺、土特产品经营的有33家;从事酒吧经营的有8家;专门从事民族歌舞表演的有20户30余人。旅游直接从业人员400余人,旅游间接从业人员3000余人。广大的群众利用肇兴侗寨的浓厚文化内涵,开展餐饮接待、住宿接待、生产和销售民族工艺品、组织歌舞表演等旅游活动,从接待中得到了收益,从而走上了脱贫致富之路。

4. 隆里古镇旅游及社区参与旅游概况

隆里古镇位于锦屏县西南边沿,距县城45公里,有760户,近3280人,但整个城区只有6万余平方米,房屋接瓦连檐,居住十分拥挤。1999年被贵州省人民政府确立为全省重点保护和发展的民族文化村镇及中国与挪威两国合作建立的生态博物馆;2003年被列为省级风景名胜区;2006年被列为省级历史文化名镇;2007年被列为"中国历史文化名村"。

2003年古城的保护工作进入实质性阶段,国家投入国债旅游建设资金396万元(其中国债300万元,地方配套96万元),用于景区基础设施建设和文物古迹的修复,并鼓励当地居民积极参与旅游接待工作,政府按照每个床位2000元的标准给予补贴。目前隆里古镇内已经有11家旅游定点餐饮和住宿的接待户,约有160个床位。

5. 西江千户苗寨旅游及社区参与旅游概况

西江千户苗寨位处贵州省雷山县,西江1982年被省人民政府列为贵州东线民族风情旅游景点,1992年被列为省级文物保护单位,2004年被列为全省首期村镇保护和建设项目5个重点民族村镇之一,2005年11月“中国民族博物馆西江千户苗寨馆”在此挂牌。现有住户1575户(其中村寨1244户,居委会331户),共计3593人。西江由于土地贫瘠,年轻人多出外打工,守土者务农为生,随着旅游者对古老民族的好奇与探寻,西江门户洞开,旅游渐有成效,游客量由2003年的1.35万人次递增到2009年的64.65万人次,村民人均年收入由2003年的1390元提高到2009年的3300元。从事农家乐的户数从2003年的12户发展到现在的138户(其中整改合格39户);民族歌舞表演队从无到现在的2个队,共表演一千余场,观众达30万人(次);民族工艺店从2003年的6个发展到现在的28个;小吃餐饮店现有29户;民族服饰出租现有26户;从事旅游服务行业人员从2003年的60余人发展到现在的2100余人。

### (三)黔东南重点村镇旅游及社区参与旅游情况调研分析

1. 村民家庭基本情况

(1)家庭劳动力比例情况。

黔东南重点民族旅游村寨中家庭劳动力人口占家庭总人口的比重主要集中于40%~80%之间,其次为小于40%,比重超过80%的极少(详见图1)。说明这些村寨中居民家庭劳动力是较为充足的,丰富的劳动力资源为民族村寨旅游发展提供了人力资源,但也加剧了农村剩余劳动力就业问题的严峻性。

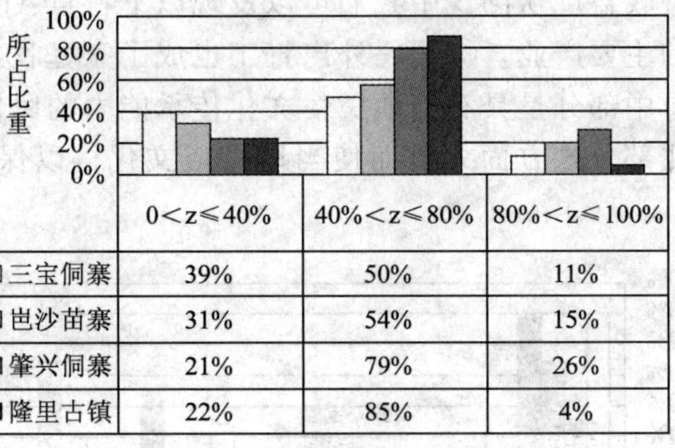


| | 0<z≤40% | 40%<z≤80% | 80%<z≤100% |
|---|---|---|---|
| □三宝侗寨 | 39% | 50% | 11% |
| ■岜沙苗寨 | 31% | 54% | 15% |
| ■肇兴侗寨 | 21% | 79% | 26% |
| ■隆里古镇 | 22% | 85% | 4% |

**图1 样本点劳动力比例**

(2)家庭年总收入情况。

抽样调查中四个民族旅游村寨旅游经济收入情况由高到低排列依次为肇兴侗寨、隆里古镇、三宝侗寨、岜沙苗寨。肇兴侗寨中家庭年总收入情况较为良好,10000元以上的占63%;隆里古镇的家庭年总收入情况比较均匀,10000元以上占33%,5000~10000元之间的占37%;三宝侗寨的家庭年总收入情况存在较大的贫富差距,主要集中在2000~5000元之间,占50%,年总收入在10000元以上的仅有29%;岜沙苗寨在四个村寨中是经济收入最差的,依然有54%的居民家庭年总收入在2000元以下,23%的居民家庭年总收入在2000~5000元之间,仅有8%的居民家庭年总收入在10000元以上(详见图2)。

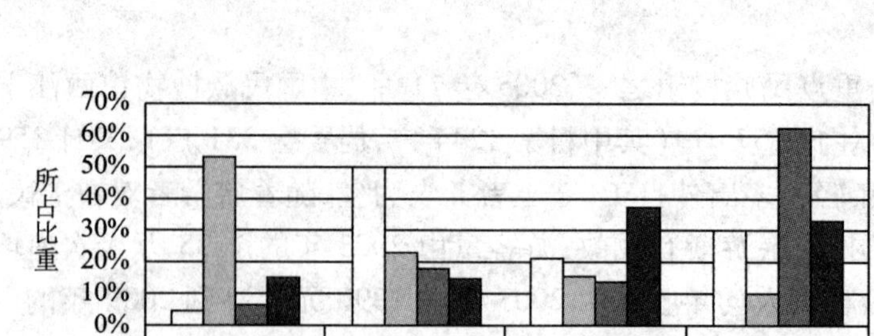


| | 2000元以下 | 2000~5000元 | 5001~10000元 | 10001元以上 |
|---|---|---|---|---|
| □三宝侗寨 | 4% | 50% | 21% | 29% |
| ▨岜沙苗寨 | 54% | 23% | 15% | 8% |
| ▩肇兴侗寨 | 6% | 18% | 13% | 63% |
| ■隆里古镇 | 15% | 15% | 37% | 33% |

**图2　样本点居民家庭年总收入情况**

(3)家庭主要经济来源。

抽样调查的民族村寨中,62%～79%的家庭仍然通过农耕稻作来获得家庭的主要经济收入,同时家庭成员还通过旅游接待、外出打工、做小生意、在单位工作等方式获得经济收益。从图3中我们可以发现以下特点:①传统农业仍然是旅游区内农民从事的主要产业。②居民外出打工也成了家庭收入的主要来源之一,然而外出打工人员中部分是具有当地民俗文化传承能力的民俗文化传承者,如何让旅游发展来留住部分这方面人员而使当地民俗文化得以保存和延续是值得关注的问题。

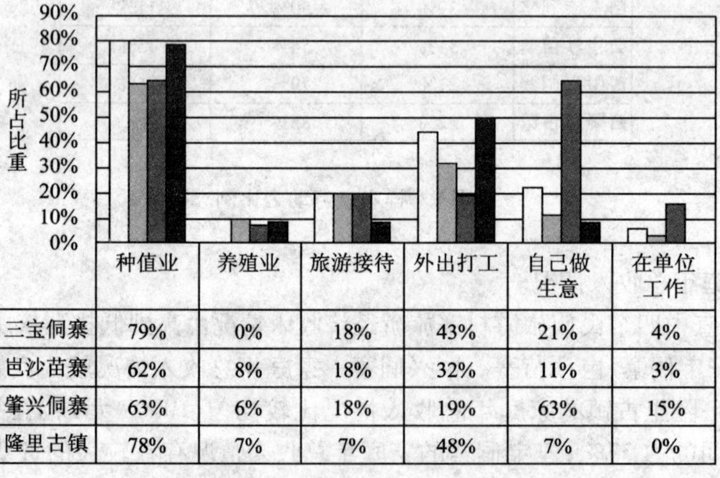


| | 种值业 | 养殖业 | 旅游接待 | 外出打工 | 自己做生意 | 在单位工作 |
|---|---|---|---|---|---|---|
| □三宝侗寨 | 79% | 0% | 18% | 43% | 21% | 4% |
| ▨岜沙苗寨 | 62% | 8% | 18% | 32% | 11% | 3% |
| ▩肇兴侗寨 | 63% | 6% | 18% | 19% | 63% | 15% |
| ■隆里古镇 | 78% | 7% | 7% | 48% | 7% | 0% |

**图3　样本点居民家庭主要经济来源**

2. 村民家庭参与旅游经营的情况

（1）旅游从业人员占家庭人口比例

据笔者调查，岜沙苗寨、三宝侗寨和隆里古镇的居民旅游从业人员占家庭劳动力人口的比例绝大多数集中在20%以下；肇兴侗寨的居民参与旅游接待工作的情况稍微乐观些，旅游从业人员占家庭劳动力人口的比例绝大多数集中在20%～60%之间（详见图4）。黔东南民族旅游村寨中的居民参与旅游业的比重普遍偏低，由于经营管理不善、政府与居民的矛盾较多、居民参与旅游接待活动的层面较少等原因，导致民族旅游村寨居民对参与旅游业经营的积极性降得很低，使得居民逐渐丧失了参与的积极性。

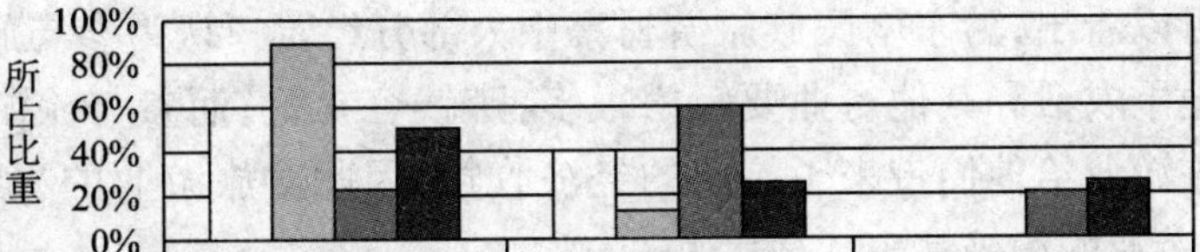


| | 0≤x＜20% | 20%≤x＜60% | 60%＜x≤100% |
|---|---|---|---|
| □三宝侗寨 | 60% | 40% | 0% |
| ■岜沙苗寨 | 88% | 12% | 0% |
| ■肇兴侗寨 | 22% | 59% | 19% |
| ■隆里古镇 | 50% | 25% | 25% |

**图4　样本点旅游从业人员占家庭总人口的比重**

（2）旅游收入的比重及参与情况

从图5、图6中可以看出，黔东南民族旅游村寨中居民参与旅游接待工作的收益情况以肇兴侗寨最为良好，参与旅游接待工作中获得的收益占家庭总收入比重较大，超过60%的占41%；隆里古镇次之，超过60%的占25%；岜沙苗寨和三宝侗寨仅有10%和7%的比重超过了60%。村寨居民主要通过经营家庭旅馆、餐馆及手工艺品的途径参与旅游接待工作，直接或者间接从旅游接待中获得的利益较小，政府和投资商是主要获利者，居民参与层面仍存在很大局限。

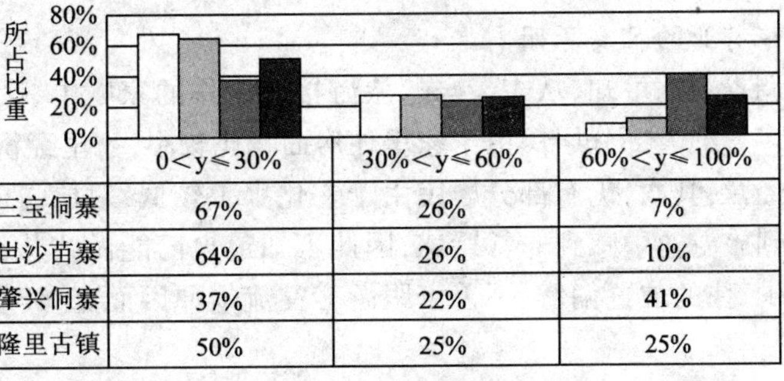


| | 0＜y≤30% | 30%＜y≤60% | 60%＜y≤100% |
|---|---|---|---|
| □三宝侗寨 | 67% | 26% | 7% |
| ■岜沙苗寨 | 64% | 26% | 10% |
| ■肇兴侗寨 | 37% | 22% | 41% |
| ■隆里古镇 | 50% | 25% | 25% |

**图5　样本点旅游收入占家庭总收入的比重**

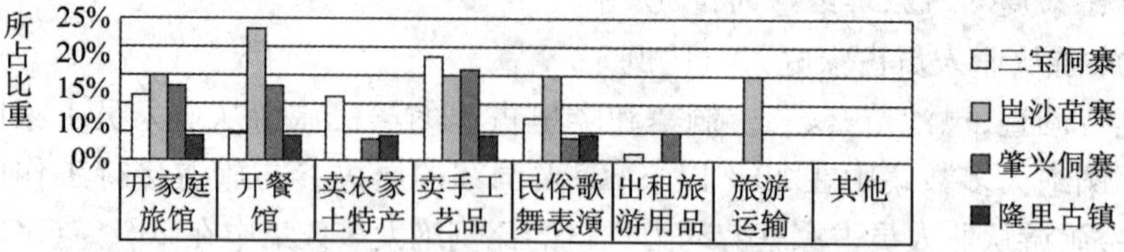


**图6　样本点参与的旅游接待工作**

3. 居民家庭参与旅游业的动机

从图7可以看出,黔东南民族旅游村寨中大部分经营户认为参与旅游接待工作比以前种田种地干农活和其他行业要轻松很多,赚钱容易些;而参与旅游接待工作的经营户则由于旅游业给他们带来了一定的经济收益,因此对旅游业的兴致很高,非常感兴趣,参与旅游业的积极性也比较大些。

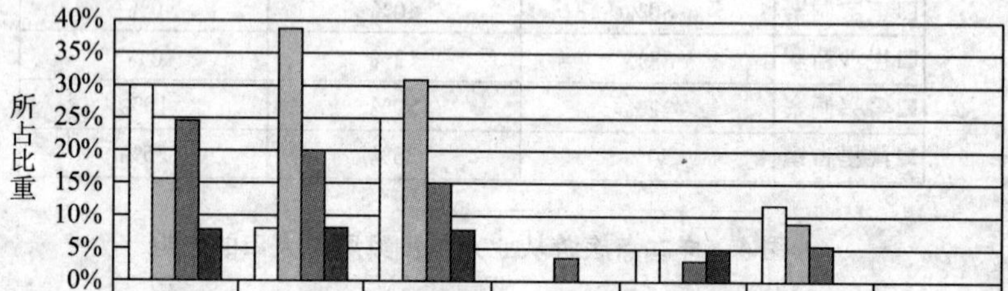


| | 比其他行业轻松 | 比其他行业挣钱 | 对旅游感兴趣 | 政府的要求 | 增长见识 | 可结交朋友 | 其他 |
|---|---|---|---|---|---|---|---|
| □三宝侗寨 | 29% | 7% | 25% | 0% | 4% | 11% | 0% |
| ■岜沙苗寨 | 15% | 38% | 31% | 0% | 0% | 8% | 0% |
| ■肇兴侗寨 | 24% | 19% | 15% | 2% | 3% | 5% | 0% |
| ■隆里古镇 | 7% | 7% | 7% | 0% | 4% | 0% | 0% |

**图7　样本点家庭参与旅游业的动机**

4. 未参与旅游业的主要原因

从图8中调查数据可知,从未参与过旅游接待工作的家庭中,没有参与旅游接待工作的原因很多。绝大部分居民由于家里住房面积比较小,家里经济收入状况不好而无法投入旅游经营;其次,仍有部分居民由于文化水平较低,对旅游的认知不清楚,对自身能否参与到旅游业中感到非常疑惑,因此不知道自己能做些什么;少部分居民由于家里劳动力少、住的位置偏僻、不善于跟游客交流等原因而未参与到旅游接待的工作当中。

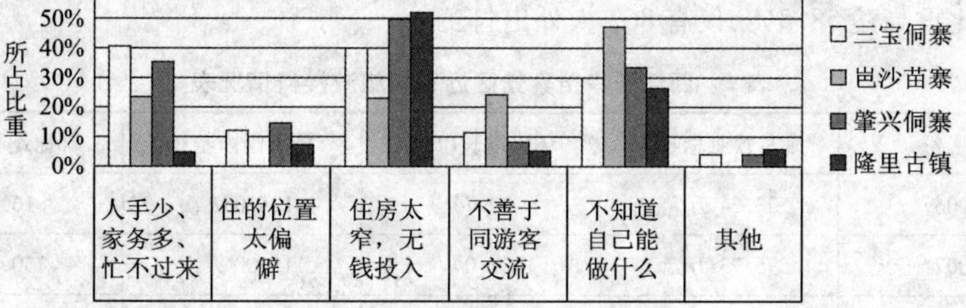


**图 8　样本点为参加旅游业的原因**

5. *居民对旅游业发展的态度*

黔东南民族村寨旅游的开发为居民转变劳动环境、提高经济收入及改善生活条件创造了机遇，农村居民对旅游发展所持有的态度普遍正面，表示支持态度的比例分别是三宝 89%，岜沙 69%，肇兴 84%，隆里 52%。仍有小部分居民处于旅游开发地区内部或者周边的农村社区最清晰的感受到了旅游开发带来的种种冲击和影响，因此不支持当地发展旅游业，三宝无，岜沙 15%，隆里 11%，肇兴 6%。

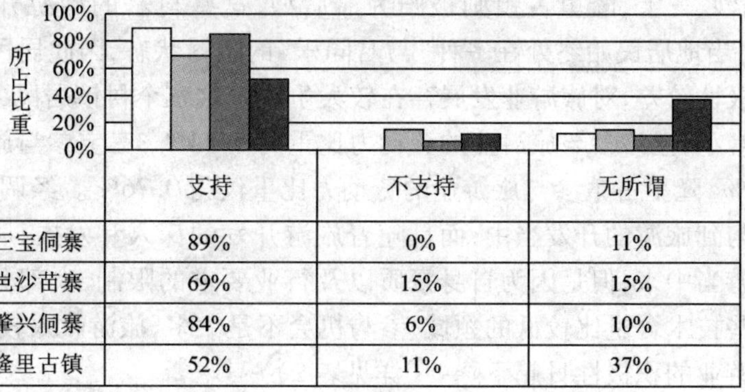


| | 支持 | 不支持 | 无所谓 |
|---|---|---|---|
| □三宝侗寨 | 89% | 0% | 11% |
| ■岜沙苗寨 | 69% | 15% | 15% |
| ■肇兴侗寨 | 84% | 6% | 10% |
| ■隆里古镇 | 52% | 11% | 37% |

**图 9　对当地发展旅游业的态度**

## (四)乡村旅游业发展对黔东南州重点村镇农村劳动力就业的影响

由于旅游开发处于不同发展阶段的景区，农户从业结构不同，旅游对地区的效益影响也不同，旅游人均收入增长率也不同，因此在居民参与旅游业的程度上呈现出较大差异。根据笔者的调查总结出，将其归纳为成熟型、潜力发展型、滞后型三种分类。

第一，成熟型以雷山县西江千户苗寨为代表，西江居民参与旅游业的积极性高涨，参与度较高。调查表明，自 2007 年开始西江千户苗寨的旅游收入迅猛增长（详见表 1），随着旅游经济收入的增长，居民的人均收入的上升，当地居民纷纷开始参与到旅游接待工作中来,参与积极性高涨,甚至产生了外出打工人员的回流现象,居民参与旅游业的比重高达58.5%,仅有862人外出打工。

**表1 西江千户苗寨景区近5年旅游接待情况表**

| 年 份 | 旅游营业总收入 | 环比增长(%) | 接待国内游客 | 环比增长(%) |
|---|---|---|---|---|
| 2006 | 33.24万元 | 20.74 | 13520人次 | 16.35 |
| 2007 | 575.73万元 | 1632.04 | 115000人次 | 750.60 |
| 2008 | 3164.16万元 | 449.60 | 452000人次 | 293.04 |
| 2009 | 1.4亿元 | 342.46 | 646495人次 | 43.03 |
| 2010年上半年 | 8739.88万元 | | 334163人次 | |

第二,潜力发展型以肇兴侗寨为代表。肇兴侗寨景区2008年接待游客23.5万人次,旅游总收入4710万元,接待海外游客3万多人次。当地居民直接参与旅游接待工作的劳动力占肇兴总人口的10%,间接参与旅游接待工作的劳动力占肇兴总人口75%,餐馆和旅馆的数量共计46家。

第三,岜沙、三宝、隆里古镇则被归为滞后型,这些村寨的旅游开发带有较强的"官方色彩",当地居民始终处在一种"与君同乐"的陪衬状态,因此居民在旅游接待工作中参与积极性较差、对旅游业发展存在较大争议。这三个村镇居民参与旅游业的劳动力比重非常小,岜沙参与旅游业的劳动力比重为5.11%,三宝参与旅游业的劳动力比重为1.52%,隆里古镇参与旅游业的劳动力比重仅为0.76%。经调查,当地居民几乎都愿意参与到旅游的开发当中,而且随着旅游开发的深入和发展,居民会越来越多地参与到旅游当中来,但是因为自身素质以及行业要求的限制,大部分居民只能有限地参与到一些技术含量比较低的领域,参与机会不是太多,旅游收入较少,从而导致居民对参与旅游业的积极性日趋下降。(详见表2)

**表2 样本点居民参与旅游业情况统计表**

| 项目/村寨名 | 居民户数 | 人口总数 | 参与旅游的劳动力 | 参与旅游业的劳动力比重 | 旅游收益情况(收入、接待量) | 旅游商户数量 |
|---|---|---|---|---|---|---|
| 西江 | 1575户 | 3593人 | 2100人 | 58.45% | 2009年33.42万人次,总收入1.4亿元,海外游客1680人次 | 农家乐138户;工艺品销售28户;民族服饰出租26户;小吃餐饮29户 |

续表

| 项目 / 村寨名 | 居民户数 | 人口总数 | 参与旅游的劳动力 | 参与旅游业的劳动力比重 | 旅游收益情况(收入、接待量) | 旅游商户数量 |
|---|---|---|---|---|---|---|
| 肇兴 | 1000户 | 4000人 | 400人直接参与3000人间接参与 | 10%直接参与；75%间接参与 | 2008年23.5万人次，总收入4710万元，海外游客3万多人次 | 46家餐馆和旅馆 |
| 岜沙 | 499户 | 2350人 | 120人左右 | 5.11% | 2008年，岜沙景区游客量上升至6.87万人次，实现旅游综合收入1719.95万元，年增长率分别为41.01%和86.69% | 12户小卖部和旅馆 |
| 隆里古城 | 760户 | 3280人 | 50人 | 1.52% | — | 11家旅馆，160个床位 |
| 三宝 | 2467户 | 13197人 | 100人 | 0.76% | 农家旅社1万多元/年，工艺品是2万~3万元/年 | 30多户 |

## 三、黔东南重点村镇居民参与旅游业存在的主要问题

结合居民调查问卷分析与深入黔东南重点村镇访谈，笔者总结出黔东南重点村镇当地居民作为参与旅游主体，所面临的主要问题如下：

### (一)居民参与意识薄弱，政府官员对社区参与重视不够

由于村寨政治、经济、文化的弱势地位，村民对旅游缺乏足够的理解，对自身在旅游发展中的地位和作用认识不足，使得当地居民参与旅游接待活动的意识淡薄，参与能力十分低下。笔者在黔东南重点村镇深入访谈过程中发现，黔东南州大多数民族村寨在发展经验不丰富的情况下，旅游仓促上阵，导致了政府、公司与当地村民之间出现了难以避免的若干刚性矛盾。居民的抱怨主要集中于：第一，厦蓉高速公路和贵广高速铁路的修建，巨量的修建材料运输极大地破坏了原有的柏油马路，使得从黎平到肇兴、凯里到榕江三宝的一路上非常颠簸，交通的不便造成了大量游客流失，影响了居民的旅游收益。第二，政府在投入和扶持旅游建设中，没有按照原有承诺办事，当地旅游业发展受限制并且导致村民对参与旅游业致富的期望降低，逐渐变得心灰意冷。第三，在干燥炎热的情况下，民族村寨全木质结构的房屋极易引发火灾，因此村民们纷纷开始将木房改建为水泥房屋，在这个过程中政府没有做好村寨新房改造的统一规划，而村民在新建了水泥房之后被政府强行拆除，村民损失惨重。

### (二)经济利益的分配不合理,造成居民贫富差距扩大,引起居民不满

根据笔者实地调查结果,村寨在旅游开发以后,村民之间的收入差距明显扩大。黔东南州重点旅游村镇部分经营户年收入可达3万元,个别经营户甚至达到5万~6万元,而有的农户年收入依旧在2000~5000元徘徊。这种旅游收益在农户间的分配不均,主要原因有以下几个方面:

一是个别经营户通过自身的社交关系将自己经营的餐馆或者旅馆变为政府部门或旅游团队的定点接待点,因此能够保持较为稳定和充足的客源;而其他接待户只能通过接待零散的客人来获得旅游接待收入,客源相当不稳定,存在很明显的季节性(此种情况隆里古镇较为明显)。

二是外来投资者进驻村寨开展旅游接待,外来投资者在信息、资本、经验等方面的优势使得当地居民投资者难以与之抗衡和竞争,客观上造成社区居民参与的权利被剥夺。大部分当地居民经营户因为缺少投入资金,没有做生意的经验等原因,无法与外来经营户竞争,只能面临生意惨淡,最终只能眼睁睁地看着"外人"赚"大钱"。真正在旅游开发过程中获得利益的当地居民极少,家庭的经济状况并没有因为开发旅游业而有所改善,直接限制和阻碍了当地居民的参与(此种情况岜沙苗寨较为明显)。

三是民族村寨旅游门票、民族歌舞表演的经济利益主要被政府、公司、旅行社剥夺,当地居民只能拿到很小部分的利润。

### (三)黔东南州乡村旅游业发展的规模和水平影响了社区居民参与层面

2008年,据旅游部门统计,全年全州接待境外和港澳台地区游客共计9.78万人次,比上年增长3.3%。其中,港、澳、台同胞2.70万人次。接待国内内地旅游者1378.59万人次,比上年增长57.7%。实际上,黔东南州现有乡村旅游发展仍然处于浅层次的开发阶段,旅游产品以民族文化景观和自然观光为主,产品结构单一,接待与服务设施落后。村寨旅游商品开发也明显不足,旅游经济体量(旅游经济体量=旅游人次×人均停留天数×旅游消费额)低下。这不仅制约了旅游乘数效应的发挥,还导致了社区参与广度和深度的不足,影响了黔东南州乡村旅游业的可持续发展。我们在调研中不难发现,黔东南州重点村镇中为数不多的居民靠投入资金开餐馆、开旅馆、卖手工艺品、租借民族服饰照相等来获取旅游经济利益,大部分居民由于经济、文化水平的限制,只能通过民族歌舞表演参与到旅游接待工作中来。因此要改变目前这种现状,应在现有旅游项目的基础上,结合当地的实际情况,深入挖掘具有苗族、侗族特色的民族旅游商品,增加旅游参与项目,以增加村民参与旅游的机会。

## 四、进一步促进民族村寨农村劳动力参与旅游业发展的建议

### (一)观念引导,提高当地居民参与旅游经营的积极性

少数民族乡村社区由于很少与外界接触和无法接受到更多的教育,村民观念落后、思想保守、"不富即安",缺乏致富意识、风险意识和吃苦精神。针对此现象,政府

应加大宣传、教育力度,引导少数民族乡村树立劳动致富光荣的观念,摒弃安于现状、不思进取、知足常乐的思想,提高其参与乡村旅游经营的积极性。

乡村旅游的发展离不开当地居民的支持和参与。政府和乡村旅游开发企业一定要认识到当地居民的积极参与对于乡村旅游健康、快速发展的重要意义,并在制度建构中注意做到两点。其一,制定相关措施,降低进入乡村旅游的门槛,引导、鼓励和支持本地居民参与到乡村旅游经营活动中去;其二,建立民主的社区参与机制、科学的社区协调管理机制和公平的收入分配机制,不断提高乡村旅游经营者的社会地位和收入水平,增强乡村旅游对于其他农村剩余劳动力的吸引力。

**(二)加大培训力度,提高农村旅游参与者的文化素质和经营管理技能**

旅游业属于倒金字塔结构的组织形式,面对游客的一线服务人员是决定整个旅游产品体系质量的最关键因素,是旅游业发展的根本保证。村寨村民不仅仅是黔东南州侗族、苗族文化的组成部分,还是直接面对游客的一线服务人员。在黔东南州民族村寨旅游开发经营的过程中,当地村民始终扮演着旅游产品体系中最关键的角色。目前的黔东南州少数民族村寨村民的文化教育水平都相对较低,同时也缺乏旅游开发经营的经验。规划中,应对有意向参与旅游开发的村民进行一定的知识培训。笔者认为,应每年聘请旅游专家来各村寨进行定期、不定期的岗位培训,培训采取讲授、案例分析、现场模拟、教学课件展示等方式进行。

**(三)实施六要素综合开发战略,拓宽民族村寨旅游社区参与层面**

在空间上尽量开发更多的景点,不同的村寨可以结合自身的资源特点,从食住行游购娱诸方面优化和提炼出一批深度体验旅游项目,为村寨提供其他方面的就业机会,促进当地旅游业的发展。

1. 旅游景区的"食"要素优化

将黔东南各民族的特色饮食集中呈现出来,将景区形象与某一特色菜捆绑,打响特色菜名声,给游客造成来该景点必尝此菜的意向,以此培育景区餐饮业的核心吸引物,例如:苗族的酸汤系列、侗族的腌味系列、牛瘪羊瘪系列等。同时有关部门可以举行一些旅游文化餐饮活动,如开发拦门酒、歌舞伴餐和歌舞宴,每年举办美食节和烹饪大赛,举行厨师比赛等,力争每年都各培育出1~2个餐饮精品。

2. 旅游景区的"住"要素优化

依笔者所见,民居的外部立面可以统一沿用苗族或者侗族的木质结构建筑风格,房屋的内部根据实用和安全的需要,用水泥建造。大多数旅游者来村寨旅游虽不是找星级酒店享受的,但基本的陈设以及淋浴、水冲式厕所等卫生配套设施都是必不可少的。同时可以将当地的生产生活起居、工艺品、民族特色等特色元素设计在屋内家具和设备中,增强民族文化氛围和地方特色,强化游客的感受。

3. 旅游景区的"行"要素优化

游客通常经过飞机、火车、自行车等现代交通工具的长途跋涉来到民族村寨,可以开发一些原始的交通工具,让游客更加有新鲜感。开发特色短途旅游工具,如人力型的滑竿、轿子、竹筏等,或自助型的骑马、自行车等。因地制宜地开发黔东南特色旅游交通,提高旅游综合效益。

4. 旅游景区的“游”要素优化

目前黔东南的旅游景点小而分散,旅游产品结构单一,在旅游产品开发方面应该注入文化考察、探险、医疗保健、商务会议等多功能元素,以丰富旅游产品类型,延长旅游停留时间。在旅游产品开发和线路设计中,以“资源共享、客源互流、整体促销、共同发展”为原则,选择并开发好一个个乡村旅游点,待这些乡村旅游点发展到一定程度并呈现出良好的发展态势时,就可以采取措施慢慢扩大这些乡村旅游点的辐射范围,逐渐把邻近村子纳入其中,吸引邻近村子的农民直接或间接地参与到乡村旅游经营中去,即所谓“以点带面”。而“连点成线”则是把距离较近或者同属一个交通主干道的乡村旅游示范点连起来,使其互补余缺、互相促进,从而形成一个比较完整、多姿多彩、内容丰富的旅游线路。这对提高乡村旅游的美誉度和扩大其发展规模是非常有效的。

5. 旅游景区的“购”要素优化

黔东南拥有浓厚的文化底蕴和丰富的特色民族工艺品,笔者认为在整合旅游购物业的资源方面,要注意建立地方、民族工艺品、旅游商品加工生产展览基地,完善和改进旅游工艺品、特色商品开发设计制作的推广与奖励机制。充分利用现代科学技术成果和现代经营管理知识,挖掘和培养一批地方、民族旅游商品创作人才,建立从事旅游商品开发、设计与市场开拓的专业队伍,引进创新机制,进一步加快旅游商品的开发、生产和销售的发展。将黔东南丰富的服饰、银饰、蜡染和刺绣工艺品、竹木模型、民间乐器、土特产、保健食品、民族医药产品等打造成黔东南的民族品牌,提高黔东南民族旅游商品的市场影响力和国内外竞争力,从而满足黔东南旅游发展对民族旅游商品的迫切需求。

6. 旅游景区的“娱”要素优化

黔东南有“百节之乡、歌舞之州”的美誉,因此政府和投资商应该重点将黔东南各种民俗节日、传统体育竞技、民族歌舞、民族音乐、婚俗等文化资源整合展现在游客面前,创造旅游消费的热点和亮点。

**(四)完善社区参与机制,为民族村寨旅游社区参与提供强有力的保障**

1. 成立村寨社区居民的旅游组织,协调组织社区旅游工作

在对居民的调查和访谈中,笔者了解到在黎平县地扪乡已经有了一个非正式的旅游组织,由于该组织以合作社的形式,由村民自发组织形成,其结构松散,人员配备也比较少,暂时还不能就村民在旅游发展过程中遇到的问题和相关利益主体进行协商。笔者建议在每个开发旅游的村镇组建旅游管理委员会,并设立旅游发展基金。使之在旅游发展过程中能维护村民的利益,并就旅游发展过程中村民遇到的问题和相关利益者进行磋商和协调。该组织需要得到政府的认可,但和现在的村委会不冲突,它是专门负责村民旅游发展事务的组织,作为村民的利益代表同开发商和政府进行协调和沟

通。同时,协调开展各种旅游活动,负责组织面向旅游团队的欢迎仪式和传统歌舞表演,搞好各项接待安排,和旅行社及导游联系并商讨日程安排、费用和定价,避免私人交易特别是回扣现象,规范和管理村民的工艺品制作和销售,组织村民进行村镇环境、建筑及其他文化遗产的保护,完善村寨保护规章并负责监督实施等。

2. 完善征地、拆迁补偿制度

旅游开发不可避免地要发生征地、拆迁。民族村寨旅游的非商业化取向使它不可能像历史城镇的旅游商业化那样遵循城市地租理论实现自由的利益最大化选择。在政府主导的村寨旅游开发中,村民在拆迁和征地中几乎别无选择,必须服从政府安排,补偿多少、何时到位都由政府说了算。而制度的缺失常常不能保证补偿的公正和到位。因此,完善征地拆迁补偿制度并采取相应措施确保补偿的正常实现,辅以优先就业、引导参与等措施确保失地村民的基本生活,是避免旅游开发负面影响,维持社区正常参与的必要措施。

3. 制定公平合理分工机制,均衡社区居民的参与机会

以"工分制"为基础,适当调整分配方案,适当向一线演员倾斜,以鼓励青年人成才和留住人才。同时,针对各种旅游项目的参与状况引入"轮流制"、"奖惩制"、"竞争制"、"补偿制"等多种参与机制。对以户为接待单位的项目,比如居民接待项目实行"轮流制"以保证各户有均等机会,同时辅以"奖励制"和"竞争制"。在村寨环境保护和村寨卫生、民族文化传承等方面实行"工分制"或者"补偿制"。

4. 建立以股份制为基础的收益分配机制

不合理的收益分配制度常常是引发旅游开发矛盾与冲突的直接原因。目前,处于开发初期的村寨大多采用收益分成的利益分享方式,即将门票收入按一定比例在政府、公司、村委会和村民中进行分配。但建立股份合作制被普遍认为是促进社区参与、确保收益合理分配的有效措施。股份制是采取国家、公司、集体和村民合作的方式,把土地、旅游资源、设施、资本、技术、民族文化禀赋等量化为股本入股参与旅游开发,收益则为按股分红与按劳分红相结合。企业通过提取公积金进行村寨基础设施建设与维护、旅游产品的开发与营销、民族文化传承与保护、环境保护与景观整治等,确保扩大再生产。提取公益金用于村寨公益事业(技能培训、教育、社会保障体系等)以及维护社区居民参与机制的运行。通过股金分红支付股东的股利。该模式把各利益主体的责、权、利有机结合,也促进了当地社区对旅游业的控制。

## 参考文献

[1]罗永常. 乡村旅游社区参与研究——以黔东南苗族侗族自治州雷山县郎德村为例[J]. 贵州师范大学学报(自然科学版),2005(4):112-115.

[2]刘怀廉. 农村剩余劳动力转移新论[M]. 北京:中国经济出版社,2004:319.

[3]黔东南州统计局. 黔东南统计年鉴2008[M]. 北京:中国统计出版社,2008:

396－397.

[4]王雅丽. 发展乡村旅游与促进农村劳动力就业[J]. 商场现代化,2007(18):388.

[5]邱云美. 乡村旅游发展与农村产业结构调整的互动关系研究[J]. 农业经济,2005(12):39－41.

# 民族旅游内在矛盾与民族旅游规划管理研究

## ——以长阳土家族旅游为例

马晓京

(中南民族大学管理学院,湖北武汉,430000)

【摘　要】20世纪90年代以来,民族旅游已成为我国许多地区推进现代化的手段之一。虽然民族旅游影响研究已是学界近年热点议题,但少有学者关注民族旅游的规划管理问题。本文将以长阳土家族旅游为例,分析民族旅游的内在矛盾,比较民族旅游中主要利益相关者的立场,探讨与民族旅游有关的社会文化问题,尝试构建民族旅游规划的框架,探索科学的民族旅游规划战略。本文认为,民族旅游的内在矛盾难以完全解决,需要在理性认知基础上进行科学规划与管理。

【关键词】民族旅游;民族旅游内在矛盾;旅游规划;长阳土家族

20世纪90年代以来,开发少数民族文化,发展民族旅游,已成为我国许多民族地区现代化的手段之一。令人"好恶交织"的是,通过文化展示,民族旅游在促进当地经济发展,复兴传统,保护文化遗产,激活被开发族群的内聚力、自信心和自豪感,强化族群认同的同时,也裹挟着一股引人深虑的潜在破坏力,稍有不慎,民族文化的商品化和市场化就会生成一系列社会文化问题,对当地被开发族群的社会文化、生活方式和族群认同产生不良影响。既涉及社区族群文化的保存和保护,也关乎族群认同的重构和价值观念的变迁。如何使民族旅游开发和文化保护之间的关系和谐,推动民族地区社会文化变迁的良性发展,已成为学界近年来的热点议题,积累了丰富资料①。

如果民族旅游对民族地区社会文化变迁效应的两面性是一种本质属性②,在"加快发展旅游业,把旅游业培育成国民经济的战略性支柱产业"国策指导下,民族旅游的扩大化和深化都将是未来许多民族面临的必然趋势。对民族旅游的研究,在思想观念上应该尽早超越鼓吹、警示、适应阶段,进入以知识为基础的阶段③。沿此思路,如何规划构建以更全面、更综合知识为基础的民族旅游,就成为一个新的重要议题。

---

[作者简介] 马晓京(1967—　)女,湖北省石首人,教授,主要从事旅游学、民族文化遗产研究。

① 孙九霞. 旅游人类学在中国[J]. 广西民族大学学报(哲学社会科学版). 2007(6): 2-11.

② 彭文斌. 中国民俗旅游的发展及中国学术界的参与趋势—兼论西方人类学界对民俗旅游发展"后效应"的思考[J]. 王筑生. 人类学与西南民族. [A]昆明:云南大学出版社. 1998: 267-294.

③ 彭兆荣. 旅游人类学[M]. 北京:民族出版社, 2004: 403.

根据布迪厄的场域理论,如果视旅游为一个场域,卷入民族旅游场域的社会关系众多,旅游与民族地区社会文化变迁的互动关系,并非长期笼罩学界的单纯"东道主与游客"关系。在我国政府主导型旅游业的发展背景下,卷入民族旅游场域的社会角色和社会关系,或者用管理学的术语"利益相关者"表述,如政府、企业、旅游者和民族地区民众等,对旅游与民族文化变迁的互动关系及其走向,各自发挥着不同作用。这些社会角色之间错综复杂的关系所形成的合力方向就是旅游与民族地区社会文化互动、变迁的方向。因此,民族旅游要实现良性的可持续发展目标,在最初的旅游规划阶段,就要全面了解各主要利益相关者参与民族旅游的利益诉求和目标,及对民族旅游社会文化效应的看法,在协调平衡各方立场的基础上,制定科学的民族旅游规划。

检索民族旅游文献时发现,少有学者根据利益相关者理论将民族旅游效应纳入民族旅游的规划过程之中,研究各利益相关者对民族旅游的不同立场,探索科学的民族旅游规划框架。本论文将做初步尝试,并以长阳土家族旅游为例,作一说明。

## 一、民族旅游规划的框架设想

本框架受美国旅游人类学家斯温(Swain)[①]启发,用来探索民族旅游场域中旅游与民族地区社会文化的互动问题,比较各利益相关者的态度与立场,展望科学发展战略下的民族旅游发展前景。本框架由三部分构成:主要利益相关者、民族旅游内在矛盾、对策。

### (一)主要利益相关者

所谓利益相关者,是指任何能影响组织目标实现或被该目标影响的群体或个人。在我国,关于民族旅游的利益相关者研究很少,结合其他几位学者的研究[②],本论文认为民族旅游场域中的利益相关者最突出的有四个:各级政府、旅游企业、旅游者、民族地区民众。各利益相关者抱着不同动机和目的投身民族旅游业,所处地位各不相同,利益诉求也不一样,涉及政治、经济、社会和文化等多方面内容。每种利益对不同的利益相关者影响不同。如对政府而言,政治利益诉求高于其他利益相关者;对旅游企业而言,经济利益诉求高于其他利益相关者。

### (二)民族旅游内在矛盾

在民族旅游早期规划阶段,要高度重视民族旅游发展的内在矛盾,预警民族旅游发展可能出现的各种社会文化问题,要特别重视少数民族文化保护。在实践中,民族旅游经常生成以下几种紧张关系:

第一,国家控制与民族自治。

相对其他旅游产品类型,民族旅游的特质之一是在国家控制与民族自治之间存在

---

① Swain, M. Developing ethnic tourism in Yunnan, China: Shilin Sani. Tourism Recreation Research, 1989 (1): 33 - 39. 另见黄建明主编:《外国人心目中的阿诗玛故乡》,中国旅游出版社2004年版,第109-128页。

② 吕宛青. 利益相关者共同参与的民族旅游区家庭旅馆经营及管理模式研究. 思想战线,2007(5);张补宏,徐施. 基于利益相关者理论的民族旅游研究. 中央民族大学学报,2008(6).

冲突。许多国家在开发民族旅游时并非毫无顾虑。政治影响旅游,旅游影响政治,这种博弈关系在许多国家民族旅游中表现特别明显。民族旅游有利于唤醒民族意识,增强民族自信与认同,同时又会对该民族的政治目标产生重要影响。西方学者卡拉汉(Callahan)通过研究英国谢德兰群岛(Shetland)的民族旅游,发现谢德兰群岛出现了一种特殊认同现象,为小岛民众提供了具有政治意义的归属感①。

第二,文化独特性与现代性。

民族旅游的主要内涵是异域风情,即对异地异民族异文化所产生的一种深层的集体或个人心理或情感。遗憾的是,旅游者对独具民族文化特色的旅游体验需求与东道主社区民众对现代化的热切盼望之间,存在一种对立关系。对于民族地区而言,独具特色的民族文化是最大吸引力,也是民族旅游发展的基础。但是,又有另外一股强大力量渗透民族地区各级政府,促使他们对民族地区实施政治、经济和文化等多方面的开发,导致文化独特性日渐消融,被纳入主流社会。在媒体宣介和市场经济的影响下,民族地区当地民众也越来越渴望现代化。

第三,经济发展与文化保护。

旅游是民族地区经济发展的有效工具之一。有发展,就有变化,尽管不是所有的变化都受欢迎。当民族地区社会发生急剧的重大变迁时,文化保护问题变得至关重要。为何保护、为谁保护、由谁保护、如何保护、保护什么等问题,无论在理论层面还是在实践层面,都需要深入探讨。

第四,原真性与商品化。

民族旅游是“人们远离现代社会而去追求原真性的世俗朝圣”②。为了满足旅游者对原真性的需求,展现民族文化的吸引力,旅游生产者与民族社区东道主选择民族文化的某些元素,进行包装,创造了大量舞台化、商品化和标准化的文化表征和文化表演,或者说“舞台化的原真性”。但是,民族文化的商品化可能引诱当地人改变其文化行为,使得原真性的民族文化日渐衰落。

明了上述几方面的紧张关系,有助于深入认识民族旅游发展的内在矛盾,全面理解民族旅游的社会文化效应。

### (三)对策

在民族旅游的前期规划阶段,要重视上述几方面的紧张关系,厘清各利益相关者在诸种矛盾关系中的位置,综合考量各自立场,力求尽可能减轻民族旅游负面影响,实现经济利益、生态环境和社会文化的和谐发展。

## 二、长阳民族旅游场域中各利益相关者观点之比较

长阳土家族自治县位于湖北省西南部的清江中下游,全县总人口41万,其中土家

① Callahan, R. Ethnic politics and tourism: A British case study. Annals of tourism research, 1998(4): 818—836.

② MacCannell, D. (1976). The tourist: A new theory of the leisure class. New York: Schocken Books.

族占50.3%。长阳旅游资源丰富,在《中国旅游资源普查规范》列出的6类74种基本旅游资源类型中,长阳有6类45种。长阳山水秀丽,风景优美,“八百里清江美如画,三百里长阳似画廊”。长阳历史悠久,文化灿烂,是土家族的摇篮,巴人的故乡,数千年来,上古巴人及其后裔,创造出独具特色的巴土文化,其中山歌、南曲、“撒叶尔嗬”(跳丧的土家语)素有“土家三宝”之称,是著名的“歌舞之乡”。长阳的吸引力,借用长阳县委书记马尚云充满诗意的语言,就是“长阳之美,美在清江一泓水,美在文化惹人醉”。

长阳土家民族旅游业始于20世纪90年代初。经过近20年发展,已逐步成为长阳国民经济的支柱产业。截至2009年年底,长阳旅游企业职工数已达3510人,开发了9大景区31个小区46个景点,形成一点(龙舟坪镇)三线(清江线、中武线、丹水线)格局,可接待游客的宾馆饭店床位6000余张,星级宾馆4家,国内旅行社3家,游船69艘,旅游车辆363辆,旅游商品62种,以土家西兰卡普、清江奇石、根艺盆景、香椿、清江银鱼等为突出代表。“巴人故里·清江长阳”、“清江天下秀·长阳歌舞乡”、“中华巴土圣山”等旅游品牌在国内外享有盛誉,清江画廊风景区已成为国家4A级景区、国家森林公园,省级风景名胜区、省级旅游度假区、全省四大甲级旅游风景区之一、“全国民族文化旅游十大新兴品牌”。客源市场由以省内市场为主,迈向以省内市场为基础、华中市场为重点、北方市场和华东市场为新的增长点的新阶段。

长阳已成为湖北著名的旅游强县,旅游业呈现出持续、快速发展的良好态势。2007年接待游客108.8万人次,同比增长15.4%;实现旅游综合收入42148万元,同比增长23.8%。2008年接待游客122万人次,同比增长12.1%;实现旅游综合收入50375万元,同比增长19.5%。2009年长阳县旅游接待总人数达到135.8万人次,同比增长11.32%;实现旅游综合收入5.8亿元,同比增长15.31%,其中清江画廊风景区游客接待数和经营收入均同比增长了80%,旅游经济发展水平实现了新的突破,步入了省县级地区旅游业发展的前列,被省人民政府表彰为“2009年度全省旅游发展先进县”。2010年计划实现旅游接待总人数165万人次,旅游综合收入9亿元,分别比上年度增长21.5%和55%,全面推进“生态文化旅游名县”战略,“把长阳建设成为湖北民族旅游第一县和中国旅游强县”。

有观点认为民族旅游与社区社会文化发展之间很难建立起一种真正的合作伙伴关系。民族旅游的历史,特别是在初始阶段,或是旅游全面快速发展的阶段,一直是经济利益占据主导地位,以牺牲文化价值换取旅游收益最大化的历史①。那么,长阳的民族旅游能否跳出这一怪圈?以下是笔者研究结果。

### (一)国家控制与民族自治

加快发展旅游业是我国的一项基本国策,包括民族地区在内的各级地方政府坚决

---

① 鲍勃·麦克切尔,希拉里·迪克罗斯.文化旅游与文化遗产管理[M].朱路平,译.天津:南开大学出版社,2006:15.

响应中央政府决策,积极发展旅游。在长阳民族旅游发展中,长阳县政府起着决定性的主导作用,直接推动并参与民族旅游发展,不仅是当地民族旅游的倡导者、鼓动者、规划者、投资者,而且也是民族旅游的监管控制者,在引导、规划、调控和规范层面上发挥了积极的作用。仅在2009年一年之内,长阳县政府召开研究旅游工作的会议就多达17次,并利用民族区域自治的优势,启动《长阳土家族自治县旅游条例》的立法工作,并于2010年5月27日由省人大全票通过。在我国,政府不仅是民族旅游业的发起者和控制者,也是少数民族身份的识别者和认定者。长阳县政府在鼓励当地民众积极参与民族旅游的同时,对少数民族的自治权进行了严格限制。长阳一家民族文化艺术表演团负责人在接受笔者采访时明确表示,他们"主要在县里表演。对于外出活动,县里是有限制的。主要用于对外宣传"。

旅游企业非常支持政府主导下的民族旅游开发。几乎所有被调查的旅游企业家都认为,能否获得政府的支持,直接决定了他们的旅游投资能否取得成功。不论是国资、集体、个人还是外资旅游企业,都竞相与政府合作,以获取土地、税费方面的优惠和减免。对于少数民族自治问题,绝大多数外来的旅游企业持反对态度,在他们眼中,少数民族文化只是一种具有利用价值,可以获得利润的资源,只要有钱,谁都可以开发,他们基本上不愿意或是被迫与当地民众分享经济利益。

绝大多数旅游者认为民族旅游的开发,离不开政府的宏观控制,只有政府加强管理,才能保证民族旅游的产品质量,体验到"原生态的"、"土滋土味的"土家族文化。对于少数民族自治问题,绝大多数旅游者表示没有意识到这个问题,甚至有人回答从来就不知道还有此类问题。经提醒,有些人表示知道该问题的存在。只有极少数的旅游者表示知道该问题,并明确表示少数民族自治不应该违反国家政策。

当地土家族民众一般都很支持政府主导下的民族旅游开发,但对由外族人开发土家族文化发展旅游则持保留意见。由于没有资金和相关知识,民众对本地的民族旅游发展基本没有或只有非常微弱的掌控能力,但是,当地民族群众还是有一种日渐增长的自治意识和愿望,希望政府能够与他们进行更有效的沟通,多听取他们的意见,赋予他们更多的自治权利,由他们自己来管理社区的资源,如赋予他们土家族旅游的独占经营权。调查中有老百姓不解地说:"如果不是我们土家人自己搞,为什么还要打土家族的旗号?"当然,有些老百姓也表示,在自己不具备资金条件时,也不反对外族人开发土家族文化。

### (二)文化独特性与现代性

"保护和发展少数民族文化"、"加快少数民族和民族地区经济社会发展"是新时期中国的民族政策,各级地方政府在政策上既鼓励少数民族利用独具特色的民族文化发展旅游,加快现代化建设,也鼓励保持文化特色,保护民族文化。在处理文化独特性的开发利用与发展现代化的关系时,长阳政府经过了一段从"文化搭台、经贸唱戏"到"文化经济化,经济文化化,文化经济一体化模式"的探索过程。在长阳旅游开发的起步阶段,县政府依托长阳得天独厚的历史文化、民族文化资源与自然风光,确立"清江为体、文化为魂”的发展思路,以“人人都是环境,处处都是文化”为口号,开发以土家族族源神话廪君神话发源地武落钟离山为中心的民族文化旅游产业,全面开发包括历史、考古、自然、民俗、民间歌舞表演等内容的土家民族文化资源。经过近20年的发展,长阳不仅是“中国民间艺术之乡”、“全国文化先进县”,而且是湖北省的旅游经济强县。

调查表明,在民族旅游场域中,对于界定少数民族文化原真性,选择复兴、开发和保存民族文化等问题,旅游企业发挥着主导作用。旅游企业对少数民族地区外在文化风貌,如当地的建筑风格是否为传统的吊脚楼,当地人是否穿民族服饰等很重视,而对当地社会风尚是否健康、是否良性发展并不关注,甚至认为只要有特色,有市场,土家风情街[①]“处处麻将声,小姐夜夜忙”也无关紧要。

在旅游者心中,欣赏体验独具特色的土家族文化是他们选择到长阳旅游的重要原因之一。他们对土家族文化的认识是一种典型浪漫的“他者”想象。在回答“您了解土家族文化吗?”时,绝大多数旅游者要么直接回答不了解土家族文化,要么就是回答原始的、乡村的、传统的,甚至是落后的,只有少量游客回答听说过土家族的哭嫁和跳丧民俗,还有极少数游客回答通过长阳籍的流行歌手王丹萍知道长阳的山歌。由于绝大多数旅游者都是参团旅游,很少有机会和当地民众直接互动,对土家族文化的体验,多为观看舞台化的文化表演,主要是欣赏文化村的“下里巴人”歌舞表演,对活生生的土家族传统文化与生活,基本上没有直接体验。

在当地老百姓看来,当前最迫切的愿望是赚钱和追求现代化的生活方式。只要可能,独具特色的民族文化资源都能成为当地民众创收的方式。随着长阳跳“撒叶儿嗬”2006年入选中国第一批国家级非物质文化遗产保护名录,近年来,在长阳县城和乡下个别集镇,兴起跳撒叶儿嗬的人统一着装,承包灵堂舞场的现象。他们一般都穿一身黄色或者绿色带花边的对襟装,活跃在灵堂舞场,孝家除供吃供喝供烟外,还给每人支付50~100元劳务费,报销交通费。据调查,有的艺人一年大约可以挣3000~5000元[②]。当地艺人甚至开始利用自己所拥有的民族文化优势,走上文化打工之路,在三峡地区的旅游景区、宾馆饭店等地,到处可见长阳土家族艺人的身影。长阳贺家坪村的土家族农民王纯成《我为游客喊山歌》被录制成电台节目后,曾在十多家媒体广播[③]。

### (三)经济发展与文化保护

旅游以其“资源消耗低,带动系数大,就业机会多,综合效益好”的特质,被写进中

---

① 土家风情街又称半边街,位于长阳清江隔岩石码头,是清江旅游的重点景区,常年游客流量达100多万人次。全长有515米,主要有茶楼、民族风味酒家、腊味餐馆、工艺品店、展览馆、巴人歌舞厅等,建筑风格皆为吊脚楼。

② 戴曾群. 对土家族撒叶儿嗬传承保护的思考. 中国长阳网论坛 http://bbs.sxcynews.com/forumdisplay.php?fid=2.

③ 向祖文. 长阳土家族自治县全面实施传统文化抢救保护综述[J]. 民族工作研究. 2007(5).

国政府报告,也因其“保增长、扩内需、调结构”等方面的积极作用而受到各级地方政府的追捧。经济利益是地方政府发展旅游最重要的驱动力,而独具地方民族特色的文化则是发展旅游的最重要吸引物。地方政府无论是在关于旅游的工作报告还是在对外宣传中,都高调突出当地的民族文化特色。长阳县委书记马尚云多次发表文章:“长阳文化是旅游业发展的重要载体,更是旅游可持续发展的灵魂和生命,这也是长阳旅游发展的一个重要优势。”在对外宣传时更是激情洋溢地表示:“真正使旅游具有竞争力的是文化,我们将以灿烂的巴土文化为内核,着力打造清江旅游的航空母舰,让清江旅游成为一项富民富县的朝阳产业。”①为此,长阳县政府在民族民间文化保护方面,也是不遗余力,采取了一系列措施,如颁布了中国第一部县级传统文化保护条例《长阳土家族自治县民族民间传统文化保护条例》②,制定了《长阳土家族传统文化生态保护区总体规划》,积极开展“申遗”工作等,文化保护工作开展得风生水起、有声有色,取得了累累硕果。2006 年,“撒叶尔嗬”被国务院列入中国第一批非物质文化遗产保护名录,以土家族撒叶儿嗬为创作元素的大型广场舞蹈《土家族撒叶儿嗬》获文化部第十四届广场舞蹈比赛群星奖。2009,孙家香、王爱民被评为第三批国家级非物质文化遗产项目代表性传承人。

毫无疑问,经济利益是驱动旅游企业投身民族旅游的内驱力。旅游企业是地方民族旅游发展的支柱,也是当地财政收入来源之一。旅游企业在民族旅游发展中投入资本,其目的是获得利润,同时促进民族旅游的发展。从理论上讲,旅游企业从民族旅游中获利最多,理所当然地应该积极参与当地文化保护工作,但是,作为外来经济资本的代表,因价值规律的自发作用,旅游企业以在短期内追求利润最大化为目标,对自然资源和文化方面的成本不承担任何直接责任,在资源保护方面缺乏强制约束和有效激励,并存在过度开发民族旅游资源的问题,有使民族文化过度商业化和庸俗化的倾向。在民族旅游经营管理中,旅游企业对少数民族文化保护的强调,只是停留在口头和书面文件上。与他们交谈时,一些旅游企业家甚至直言不讳地表示:“文化保护,那是政府的事。”

如果说政府、企业参与民族旅游的驱动力是经济利益,那么,旅游者则是出于娱乐、休闲、体验异域风情等文化利益而参与民族旅游。旅游者在旅游过程中,关注旅游经历的“质量”和“满意感”。对旅游者来说,旅游活动中的文化表演,看起来是真的、有趣、好玩,关系到他们对自己旅游体验质量的评价。换言之,“在旅游业中描述一件文化或往事时,再制造某些使人相信的事件比某些事件的真实性往往更重要”。旅游者通过参与当地旅游活动和购买当地纪念品,为民族地区经济做出了重要贡献。至于文化保护方面,“由于作为临时观光客的旅游观看是非功利的、审美的、浪漫的、好奇的、欣赏的,这种旅游眼光之后潜藏着一种旅游者对某种异乎寻常的新奇之物或

① 肖敏.“长阳土家文化周”暨清江画廊旅游推介新闻发布会在汉隆重召开[N].宜昌日报,2005-04-19.

② 覃立荣.全国第一部县级传统文化保护条例在长阳出台[N].中国民族报,2006-04-04.

者是对某个可以短暂逃离并可纵情享受的'乐土'的渴望与欲求。旅游者最关心的是自己在旅游途中的感受,如是否快乐愉悦,是否拥有高质量的服务,是否能度过一段美好的时光。因此,旅游者对目的地的观看是以旅游者自我为中心的,本质上是高度的自私自利"①,对当地少数民族文化持的是消费态度,基本上不关心民族文化的保护问题。

总体说来,当地老百姓比较认可旅游的经济效应,绝大多数人都认为旅游促进了当地的经济发展,在当地经济生活中发挥了越来越重要的作用,也给他们提供了更多的赚钱机会。被访谈对象中,无论家人、亲戚或本人是否参与旅游业,绝大多数都表示如果不是开发旅游,来旅游的外地人越来越多,长阳除了原有的文艺演出队外,根本就不会出现奇石村、根艺盆景村这样的新鲜事物,更不会像现在这样红火。当地人普遍认为旅游开发令长阳的基础设施和城镇面貌得到了改善。当然,也有不少人认为外来人的增多,令长阳的环境质量有所下降,如一些人提到清江边的许多酒店、宾馆直接向清江倾倒未经处理的生活垃圾,清江的水没有以前清亮透明。对于当地发生的许多新现象新变化,如每天晚上一部分群众在县城文化广场跳撒叶儿嗬,老年人比较关心,希望政府能够出面制止。当地一些知识精英,也比较困惑。但是,对于年轻人来说,他们就觉得无所谓,因为在他们心中,挣钱是第一位的事,有操别人跳"撒叶儿嗬"的心,不如想想挣钱发财的办法。

**(四)文化原真性与商品化**

大力推进文化商品化,发展文化产业,是我国进入21世纪以来的一项基本国策。在民族地区,对具有产业和市场潜力的传统文化资源,各级地方政府鼓励在国家政策支持下,运用市场和产业的手段进行保护、传承和发展,特别是和发展旅游业紧密结合,开发文化产品。在民族文化商业化的过程中,政府充当平衡调解旅游企业、旅游者和当地民众利益纷争的角色。政府严格监管民族文化的表征形式,在民族旅游的表述中,"政府呈现的是生活在统一国家里的不同文化交融的民族主义形象"。与学者观念有异,地方政府并不认为民族文化的原真性和民族文化商品化是一对矛盾。

旅游企业一般与政府关系紧密,是实施民族文化商品化的主力军,它们控制着民族文化旅游资源,直接决定民族文化的旅游表达。在打造构建"原真性"民族文化形象的过程中,旅游企业是选择决定民族文化要素的最关键力量,其标准是娱乐性和吸引力。旅游企业对于民族文化的真正内涵并不关心,最关心的是能否满足旅游者的需求。为了满足旅游者对异域异民族异文化的浪漫想象,它们在对外宣传推广中,总是将当地民族文化描述为"原始的"、"原生态的",性感的,连斥巨资修建的度假山庄中的温泉洗浴都号称"野浴",并配上几个丰乳肥臀、裹着土家族头巾的女子洗澡的裸体照片②。在一本名为《中国最美的山水画卷:清江画廊》的旅游宣传册中,打开封面,首

① 马晓京. 旅游观看方式与旅游形象塑造[J]. 旅游学刊. 2006(1).

② 中共长阳土家族自治县委员会、长阳土家族自治县人民政府. 中国土家族摇篮·长阳95.

先映入眼帘的就是:"读书看'皮':神秘的她! 惊艳的她!"书中引诱旅游者的香艳之词和照片时有出现,许诺如果参与当地的"生态运动休闲游","人生的艳遇从清江开始!"并毫不例外地配上与内容没有任何关系的裸女照片①。为了适应特殊的旅游场景,旅游企业对民族文化要素进行了置换和重组,只有那些满足旅游者需求的文化要素才符合旅游企业家心中的原真性标准。换言之,对于旅游企业家来说,原真性没有标准,或者只有一个标准,即能够吸引、娱乐旅游者,能够卖钱的文化要素就是原真的;否则,就不是原真的。

绝大多数旅游者对土家族文化知之甚少,对文化原真性要么不关心,要么根本就不知如何判断。如许多游客对土家族的认知停留在只知其名的水平上,但对于民俗村的文化表演和西兰卡普纪念品,他们又表现出极高的认可度,认为其背景虽然是人工的,但演员的表演还是很真实的,表现了土家族的特色,他们从中得到了娱乐和放松。当然,也有一些游客表示,"管它真不真呢,好玩就行了呗。"

在民族社区,民众对文化原真性的问题,有强烈的感知。虽然绝大多数少数民族民众认为旅游使其文化商品化程度提高,但只有极少一部分人,主要是老人,担心舞台化的表演会降低文化价值。绝大多数人,对文化商品化过程中出现的新现象,或称"发明的传统"有比较高的认同度。如长阳自古以来就被认为是土家族先祖廪君的故乡,但旅游开发前,"廪君神话传说在民间流传的并不多,它实际上有很多东西是文化人杜撰出来的。特别是关于廪君和盐水女神的故事,它只是在文化界、文化人中间知道,在民间,人们并不清楚。"旅游开发后,"当地老百姓不仅向游客讲廪君故事,他们也讲给自己听,讲多了,慢慢地讲的人就越来越多了。"那些困扰研究者的所谓原真性问题,对当地人来说根本就不存在,他们认为越来越多的旅游者到长阳旅游,这本身就是长阳土家族文化中的"民族性"和"原真性"得以持续发展的一种证明②。

## 三、对民族旅游规划的启示

上述调查研究结果显示:各利益相关者出于不同诉求而投身民族旅游,立场各异。政府主要聚焦旅游开发的宏观控制与政策制定,旅游企业则将创造利润放在首位。旅游者因向往异域风情的少数民族文化而参与民族旅游,而民族地区民众则将发展经济和提高生活质量放在首位。旅游者对异域风情文化的向往与民族地区民众对现代生活方式的渴望形成鲜明对比,由此生成民族地区旅游开发的两难处境。旅游者希望体验民族传统文化,但随着旅游等现代化开发的日渐深入而带来的当地文化变迁反过来又可能会降低旅游者的兴趣。

政府、旅游企业和民族地区民众都积极投身民族旅游开发,过滤筛选民族文化中的各种元素,生产"原真性"民族文化,以满足旅游市场需求。但是,政府、旅游企业和

① 刘洪进,等.中国最美的山水画卷——清江画廊.中国国际出版社,2009:8.

② 马晓京.旅游商品化与长阳土家族廪君神话的复活[J].中南民族大学学报.2007(2).

民族地区民众之间明显存在着不平等的权力关系。政府与旅游企业在民族旅游开发中权力最大,它们实施的行政管理措施与经济资本投入深刻影响景区景点民族文化的包装、表征及舞台化呈现方式,并进一步影响民族地区的旅游实践。民族文化的原真性因素不是由民族文化的主体——民族地区民众自身决定,而是由政府和旅游企业决定。民族文化的商品化和民族文化旅游产品的生产是为了追逐经济利益,民族地区民众对民族文化资源和旅游活动的影响力非常有限,经常处于边缘化或政治经济方面的不利地位。

民族旅游中,异域风情特质的民族文化是核心却又最脆弱的旅游资源,在旅游规划中要特别注意。但是,民族地区的许多旅游规划都是以经济利益为导向,将关注点集中于鼓励投资,不太重视环境与社会文化问题。虽然环境问题已被逐渐纳入规划过程,但社会文化问题经常被忽略。总体看来,我国民族地区的旅游发展具有巨大潜力、渐入佳境,但只有经过仔细规划、开发和管理,才有可能保证民族地区传统文化免受致命性的破坏,并保证民族地区民众从中分享公平利益。

为了提供高质量的民族文化旅游体验,民族地区需要采取切实有效的文化保护措施,监控当地社会文化的变迁,定期追踪旅游发展效应,总结经验教训,以便及时或提前应对各种问题。由于各利益相关者之间是一种不平衡的权力关系,未来民族旅游在规划之前,需要加强对各利益相关者的教育,增加信息交流,协商不同观点,制约强势利益相关者的权力。自上而下和等级森严的规划思路应该由自下而上和参与式的规划思路取代。地方政府应该为不同利益相关者提供机会,特别是应该邀请当地居民、少数民族群体、私营企业代表等参与规划和决策过程。

为了更好地发挥旅游的积极效应,政府应该仔细审视自身在民族旅游开发中的作用,制定更为有效的政策和未来发展规划,要特别重视民族地区民众对资源的控制、文化保护、公众参与规划和决策过程。因为民族地区民众能否从旅游发展中获利及获利多少,与其对旅游业的影响力及所有权直接相关。文化商品化与文化资源所有权之间相互作用的形式,对身处边缘弱势的民族地区民众赢得或是保持对旅游发展的控制至关重要。虽然开发民族文化产品能够提高自我意识,增强民族认同感和自豪感,但是,比开发文化产品更重要的却是要弄清这些文化产品属于谁,谁能从中获利,谁在付出代价等问题。相比那些受教育程度更高、资金更为雄厚、更有市场经济经验的外来汉族开发者来说,民族地区民众并无优势。政府应该为民族地区民众提供更多的培训和教育机会,帮助他们掌握与旅游相关的种种知识与技能,妥善处理因参与市场经济而出现的文化变迁问题,确保民族文化传统的延续。同时,政府还应该帮助民族地区民众个体旅游企业与外来旅游企业合作,生产多样化和高质量的民族旅游产品。当地民众从民族旅游中获利越多,自信心就会越强,也越能承担责任,保护并传承其文化传统,维护其独具特色的文化认同。

# 景点与社区叠合式旅游开发模式研究

## ——以云南省玉溪市新平县南村为个案

辛立波　杨　慧
(云南大学民族研究院,云南昆明,650000)

【摘　要】本文以云南省玉溪市新平县南村花腰傣的旅游开发为案例,试图对该村旅游景点开发的具体过程进行人类学分析。南村依托其得天独厚的区位优势和自然、文化旅游资源,围绕"聂耳母亲的祖籍故乡"做文章;社区居民是花腰傣文化资源的载体,他们的日常生产生活成了景区的主要构景要素,从而展示了南村景区与村寨的一体化,形成了景点与社区叠合式的旅游开发模式。民族地区开发旅游,社区景点的建构,离不开当地社区居民的参与,且少数民族社区居民也有能力开发本民族的资源,这不仅有利于本民族传统文化的传承和保留,也能催生本民族的文化自觉意识生发。

【关键词】景点与社区,叠合式旅游开发,花腰傣

## 一、研究缘起

自1990年以来我国政府加大了对旅游业的重视,明确将其列为"国民经济新的增长点"以及"有利于推动区域经济特别是中西部地区经济发展"的产业。[①]可见,旅游正在成为拉动国民经济快速发展的最为重要的"发动机"之一。旅游,就其行为本身而言,成了改善国民生活质量、促进人类与自然和谐相处、改变人与人的相互关系的重要说明和途径。[②]此后,旅游已成为备受全社会关注的热点话题,特别是民族旅游及其所带来的影响更是旅游人类学研究的热点。

民族旅游是我国少数民族地区兴起的一种旅游形式,主要指以民族文化为特色的旅游,而民族村寨则是展示民族文化的最集中和最真实的空间载体。"锦绣中华"和

---

[作者简介]辛利波,女,云南大学民族研究院,硕士研究生,邮箱:xlb_ynu.edu@163.com.杨慧,女,云南大学民族研究院,教授/博导,邮箱:huiy55@126.com.

① 参见国家旅游局原局长何光玮的讲话:《再接再厉,奋进开拓,积极培育和发展旅游业这个新的经济增长点》,《中国旅游报》,1999年1月7日。

② 彭兆荣.体验差异:民族志旅游与人类学知识.//杨慧,等.旅游人类学与中国社会.云南大学出版社,2001:133.

“深圳民俗村”的成功经营,大大刺激了民族旅游的发展,以至于在20世纪90年代中后期出现了一个开发的高潮。

读本科时,笔者第一次来到聂耳母亲的祖籍故乡——南村,通过这次田野实践,笔者关注到南村的旅游开发问题。从2006年开始搞旅游开发,三年多的时间,南村的旅游基础设施慢慢地有了改善,但这种改善比较缓慢,且来该村的游客较少,多是以考察学习为主。为了探讨南村的旅游开发,2009年9月至2010年10月期间,笔者先后五次进入田野点——新平县漠沙镇南村进行田野调查。

## 二、问题的提出

自20世纪70年代以来,随着全球化进程的加快,民族旅游不仅被视为拉动民族地区经济的“马车”,也成为宣传少数民族文化、实现全球化诉求的途径。在这些因素的推动下,国家与民族地区开始了轰轰烈烈的“民族旅游开发运动”。为了迎合游客的需要,民族地区在旅游开发中利用各种资源打造景点以吸引游客。

旅游开发的过程,从某种意义上来说是建构游客凝视对象——旅游景点的过程,在这种特定的时空领域中,所建构的凝视物是与日常社会生活不同的、异常的东西,通过观察、分析这些异常的东西,可以更好地思考日常社会生活中的方方面面,包括当地人为什么要开发旅游。人类学倡导自下而上的社区参与旅游开发,在开发中要关注社区居民的声音,考虑他们的利益,这样的民族旅游开发,不仅能够促进社区经济的发展,还有利于少数民族社区传统文化的传承和保护,从而实现旅游的可持续发展。

鉴于此,笔者拟以云南省玉溪市新平县漠沙镇南村花腰傣的旅游开发为个案,试图对南村的旅游开发的具体过程进行人类学分析,以期充实民族旅游开发模式的相关理论研究成果,并对民族地区居民如何建构旅游景点进行初步的探讨。

## 三、田野点介绍

### (一)地理环境

南村位于新平县南部,距漠沙江①600余米,距元康国际大道20公里,红河穿境而过,海拔422米,是新平县海拔最低的村庄,也是花腰傣聚居区最古老的村庄之一。从新平县城出发,行驶100公里便可到南村。南村是红河流域一带典型的花腰傣傣雅古寨,现有40户人家,168人,除了有汉族1人(娶进来的媳妇)、彝族1人(娶进来的媳妇)以外,其余均为傣雅。

### (二)历史沿革

关于元江傣族的历史渊源,江应樑先生在其《傣族史》一书中写道:“唐代黄河流域的僚人,都分布在甘棠州(今屏边)以下一带,到了宋代,即不断溯红河向北迁徙,他们被称为‘白衣’,也称‘白夷’。这部分白夷首先迁入的地区就是元江。其实元江早

① 红河在漠沙境内的称呼。

就有白夷部落分布的……”[①]谢光庭在《关于聂耳的外祖父是元江傣族的调查始末》一文中提道:“在元江傣族为当地的土著民族之一,自称均为傣族,按居住地域划分共有8个之系,即‘傣喇’(又称‘水傣’)、‘傣仲’、‘傣雅’、‘汉傣’、‘傣章’、‘傣朗’(又称‘黑傣’)、‘傣撮科’、‘傣南岔’。在这8个之系中,除‘傣喇’外,其他7个支系均为‘花腰傣’[②]”“花腰傣”是其他民族对主要分布在红河流域的傣族的一种称呼。其被称为花腰傣是因为傣雅妇女的服饰别具一格,腰间所缠锦带如彩虹,因此被其他民族形象地称为“花腰傣”。

## 四、南村旅游开发的优势

### (一)丰富的自然与文化旅游资源

“旅游资源是客观存在的自然和文化现象,当这些现象能对游客产生吸引力时,它们就能构成旅游业开发利用的旅游资源。”[③]从这个概念来看,旅游资源可以划分为自然旅游资源与文化旅游资源两大类。南村花腰傣社区不仅拥有丰富的自然旅游资源,还有独具特色的文化旅游资源。因此,南村的旅游开发依托该村得天独厚的区位优势和丰富的自然、文化旅游资源,并围绕“聂耳母亲祖籍故乡”这一品牌做文章。

### (二)南村的旅游开发机制

南村的旅游开发实际上走的是“当地文化精英主导,社区民众积极参与”的一种自下而上的“社区主导”模式。

1. 文化精英——杨村长与旅游开发

可以说,南村的旅游开发与杨村长的努力是分不开的,无论是从他担任南村的村长之前还是做了村长之后,杨村长应该称得上是南村的一位精英,这可以从其个人经历中表现出来:

“我从15岁就开始帮村里记工役了,比如今天下午开会,明天去犁田,栽秧几个、耙田几个……晚上就记工役。我1979年的时候就当会计了,到1984年1月的时候选我当生产队队长,选上了,但是村上又叫我去干文书,所以我就去干文书了,一直到1980年8月。1991年的10月我去当村长,干到1995年的12月,1995年12月到1998年12月当支书,后来就没有干什么工作,一直到2007年我才来干南村村长。我1984年、1985年就开始栽杧果,我是文书,老百姓相信我,于是我就带动大家栽杧果……

2005年11月28日,知晓彭寂宽女士祖籍的李国祥(彭保)多次来向我反映真实情况,当时我什么都不是(既不是组长,也不是村干部),但是作为一名中共党员和花腰傣的儿女,深入调查核实彭寂宽女士祖籍的责任感油然而生,并且随着调查的不断深入,这种责任感越来越强烈。从此以后,历经半年多的时间,我对3个县7个村委会

---

① 江应樑. 傣族史[M]. 成都:四川民族出版社,1983:28.

② 云南省民族学会傣学研究委员会. 云南元江傣族研究文集[M]. 昆明:云南民族出版社,2007:156.

③ 潘盛之. 旅游民族学[M]. 贵阳:贵州民族出版社,1997:117.

共14个村民小组20多位彭家后辈和知情人进行了反复的走访调查，并写了《彭寂宽在新平县漠沙的家族谱系调查》一文……”

因为杨村长的努力，再加上村民的积极参与，2006年8月9日上午10时，新平县漠沙镇曼线村委会花腰傣古寨南村举行“纪念人民音乐家聂耳与母亲彭寂宽女士图片资料展览室”落成典礼。自此，确立了南村是聂耳母亲的祖籍故乡。

2. 社区居民与旅游开发

南村的旅游开发是景区与村寨一体化，景区与社区叠合在一起的，因此，社区居民是花腰傣文化资源的载体，是南村旅游开发系统中的内在变量，他们的日常生产生活成了景区的主要构景要素。因此，南村村民是旅游开发中的文化主体，也应该成为旅游开发的参与主体与利益主体。

南村村民是以“记工役”的形式参与到该村的旅游开发中的。工分制是集体经济时期落实“按劳分配”制度的一项具体措施。从农业合作化初期，也就是互助组开始，各种各样的工分制就在各地广泛展开①。而“记工役”是南村村民在旅游开发过程中对“工分制”这一观念、组织和制度的继承。按工分计酬，是为了补偿村民因参与本社区旅游开发的旅游设施建设和村民因接待游客造成的误工。制度规定，村里的旅游设施建设需要“出工”，所有村民都要参与，如果村民家里有事也可不去。这一制度贯穿了“家家都出力，户户都受益”的原则。如修公房需要石头，村民就到漠沙江边拿石头，以2010年6月9日上午为例：

**表1②**

| 户　主 | 出工的内容 | 工役个数(个) |
|---|---|---|
| 杨建周 | 江边拿石头1人=1天 | 1 |
| 杨世文 | 江边拿石头1人=1天 | 1 |
| 李文林 | 江边拿石头1人=1天 | 1 |
| 杨明生 | 江边拿石头2人=1天 | 2 |
| …… | …… | … |

一般来说，一个上午的活儿只记半个工，但这半天拿石头的人少且拿的石头总量等于一天拿的石头总量，为了公平，村长决定给这半天拿石头的人记一个工。

又如村里有游客来，需要全村接待的，所有村民均可参与接待并按贡献大小进行记工。以2009年2月11日下午加拿大游客来游为例：

① 张江华. 工分制下的劳动激励与集体行动的效率[J]. 社会学研究，2007(5)：1－20.

② 资料来源：根据调查材料整理。

表2①

| 户 主 | 出工的内容 | 工役个数(个) |
|---|---|---|
| 李文林 | 迎接加拿大旅游团1人=半天 | 0.5 |
| 亚汉庭 | 迎接加拿大旅游团2人=半天 | 1 |
| 杨明生 | 迎接加拿大旅游团3人=1天 | 1.5 |
| 杨志永 | 迎接加拿大旅游团1人=半天 | 0.5 |
| …… | …… | … |

每户单独有一个“工役本”,不论是参与村子的建设还是接待游客都要记工,每次记多少个工是根据参与事务的贡献大小来定,由副村长记录。村长有一个“总工役本”,记录每家每户一年的“总工役”,等到年底的时候,每户将自己的“工役本”交给村长,村长将每户的“工役本”记录与“总工役本”的记录进行核查,如果少记的要补上。每年年底结算一次,收入和分配受全村村民的监督。以2009年为例:

表3② 南村2009年度农户投义务工日结算表

| 项目<br>姓名 | 承包人口(人) | 应投工日 | | 实投工日 | | 找补工日实数 | | 备注 |
|---|---|---|---|---|---|---|---|---|
| | | 工日数(个) | 金额(元) | 工日数(个) | 金额(元) | 应补交款(元) | 应得款(元) | |
| 罗文光 | 2 | 7.5 | 75 | 9.5 | 95 | — | 20 | |
| 罗文义 | 4 | 15 | 150 | 21 | 210 | — | 60 | |
| 罗文青 | 4.5 | 16.9 | 169 | 1.5 | 15 | 154 | — | |
| 范学关 | 4.5 | 16.9 | 169 | 9.5 | 95 | 74 | — | |
| 范学祥 | 2.5 | 9.4 | 94 | 无 | | 94 | — | |
| 李永华 | 3 | 11.3 | 113 | 14 | 140 | — | 27 | |
| 李永明 | 4.5 | 16.9 | 169 | 22.5 | 225 | — | 56 | |
| 白世林 | 6 | 22.5 | 225 | 8.5 | 85 | 140 | — | |
| 杨明生 | 3 | 11.3 | 113 | 36.5 | 365 | — | 252 | |
| 杨志永 | 3 | 11.3 | 113 | 14 | 140 | — | 27 | |
| …… | … | … | … | … | … | … | … | |
| 小计 | 80 | 300.6 | 3006.00 | 380.5 | 3805.00 | — | — | |
| 总合计 | 168 | 631 | 6310 | 631 | 6310 | 1345 | 1345 | |

① 资料来源:根据调查材料整理。

② 资料来源:根据调查材料整理。

计算方法是:一年的义务工等于这一年度该村40户村民所投义务工的总和。2009年南村总投义务工631个,由168个承包人口承担即631 ÷ 168 = 3.756,也就是人均(指承包土地的人口)应投工3.756个,如杨志永家共有3个土地承包人口,那他家在2009年度就应该要投3.756 × 3 = 11.3个义务工,如果他家在2009年度所投的义务工多于11.3个,那就用所投的实际义务工减去应该投的义务工,所剩的即是他家这一年度多的义务工钱。每年每个义务工多少钱要根据这一年度的物价水平来定,如2009年度,每个义务工按10元结算。那么杨志永家多投义务工的应得款就是14 × 10 - 11.3 × 10 = 27元。以此类推,如果义务工不够的,就要拿出钱来。

"大体上说,一个社区的人民对那些和他们传统价值观念及组织形式有连续性的或相似的促进因素最容易接受。即使他们是在探求一种全新的事物,他们也常用他们熟悉的旧的结构和原则来表示他们的新的组织结构。"①南村的旅游开发,由村民投工投劳、自主规划,不仅对南村花腰傣村民,对55个少数民族地区来说都是一件新鲜的事物。对这种新事物的探索,南村村民利用了社区熟悉的、旧的社会组织方式,对他们而言,赋予"工分制"新的内容是一个自然而然的过程。南村的旅游开发在形式上借用了集体时期的"工分制"进行开发和分配,但也并非全部照搬,而是有所改进。两种"工分制"之间的关键差别在于:在旅游开发场域下运用的"工分制"的基本原则是"自愿参与,出力多的多得,出力少的少得";而集体时期的"工分制"是强制性的,农民除了参与别无选择,规则也是国家定好的,是国家意志的体现。而南村的"工分制"是自愿的,规则是大家讨论出来的,是社区居民参与旅游开发能动性的表现,也是社区花腰傣文化自觉的表现。

## 五、景区旅游景点的建构

### (一)祭竜节的恢复

"竜",傣语叫"等蛇",即掌管全村的鬼神所栖息之地。"等蛇"有等级之分,最大的是掌管全村,其下有专管人之生老病死的,管家禽(如鸡、鸭、鹅等)的,管牲畜(如猪、牛、狗等)的,管农作物的等,但"祭竜"节,一般是祭祀掌管全村的"等蛇"。

"祭竜"节是红河流域花腰傣的一个传统节日,于每年农历二月的第一个属牛日举行。

居住在红河流域的花腰傣以种植水稻为主,可以说水稻就是他们的生命之本。相传,很久以前,有很多像老鼠一样的动物经常到田地里面损坏庄稼,花腰傣先民认为这些损坏庄稼的动物是住在树上,它们的灵魂也在树上,于是,就请"雅摩"②来念经,选出一棵树作为该村的"竜树",在农历二月的第一个属牛日这一天去祭祀,祭祀之后,就不再有动物之类的东西来损坏庄稼了,花腰傣先民获得了大丰收。从此以后,每村

① 张江华. 工分制下的劳动激励与集体行动的效率[J]. 社会学研究,2007(5):1-20.

② 傣话,即巫婆,是当地专门驱鬼的神职人员。

每寨的花腰傣在每年农历二月的第一个属牛日都要“祭竜”,并把这一天定为“祭竜”节,这样世代相传,一直延续至今。

南村的祭竜节具体从什么时候开始无人知晓,熟悉当地历史的老人告诉笔者:“新中国成立以前,就开始祭竜了。新中国成立以后到1953年,大部分人去搞建设了,在家的人少,这段时间祭竜节中断了,到20世纪60年代的前几年又开始搞;1965年文化大革命开始,又中断了;到1977年、1978年的时候,政策开始好起来,又开始过祭竜节,搞了三四年,后来没有人搞又中断了,一直到2008年又重新开始过祭竜节。”

在2008年农历二月的第一个属牛日,南村又一次开始过祭竜节。

“祭竜”节历时2天。农历二月第一个属牛日是最主要的一天,所有的祭祀活动都在这一天举行。而前一天主要是筹备祭祀当天需要的东西,如祭祀用的猪头、鸡、鸭、酒以及村民集体吃饭所需的物品等。“祭竜”主要由“竜头”来主持,所谓“竜头”,就是主持“祭竜”仪式的人,共三人,一个“大竜头”,两个“小妖”。在祭祀的前两三天,要选出这一年的“竜头”。那么,“竜头”怎样选出来呢?规则是每户任意拿一件衣服来前一任“大竜头”家称,以最重的衣服为标准,不够重量的要拿米加进去,使每家拿来的衣服一样重。过两三分钟以后,按照第一次称衣服的次序,“大竜头”重新把每户的衣服再称一次,同样,两个“小竜头”负责记录每户所称衣服的重量,称完以后,就会出现有些人家第二次所称衣服的重量比第一次所校正的标准重量要重,那么“大竜头”就由衣服最重的这一家男主人担任,然后依次再选出两个“小妖”。“竜头”的任务就是持刀杀牺牲、献贡品,而“小妖”主要是协助“大竜头”。在经济全球化的今天,南村花腰傣人的思想认识逐步提高,大家对之前选“竜头”的方式都产生了怀疑;此外,村民们认为以前的选举方式很麻烦且浪费时间,于是,从2008年的“祭竜”节开始,当地村民就重新制定选举竜头的方式,即按照门牌号数来定,比如去年是1号家做“大竜头”,那么2号、3号家就做“小竜头”,这样类推下去。

祭祀前一天,筹集财务。“祭竜”的费用由全村各户平均分担。筹集规则就所处年份的经济情况而定,一般是根据当地最低人均消费水平而定。筹集的钱主要用来购买一头肥猪和其他祭品。猪是主祭的牺牲,猪头要供在竜树下,剩下的猪肉供参加“祭竜”的人聚餐用,如果有剩下的就平均分配由各户带回去。钱筹集好以后由村长派人到集市上去买第二天祭祀所需物品以及食用物品。

“祭竜”仪式由“竜头”主持。祭祀当天,即农历二月属牛日这一天早上十点之前,要把已备好的祭祀用品放在祭桌上。此外,每户还要用塑料袋装一两斤大米,里面放一两块钱,拿给“雅摩”,如果是做竜粑的人家,还要装上一小袋,一并拿给“雅摩”。十点时,“雅摩”就坐在祭桌前念,大意是:请掌管全村的鬼神,保佑全村人平安、无病无灾,牲畜兴旺,五谷丰登等。在这期间,“竜头”要把祭品拿到竜树那里准备好,等到“雅摩”念到可以杀鸡、杀鸭的时候,“竜头”就将鸡、鸭杀来祭祀竜树。三五个男村民负责制作“达寮”,而其余的村民则准备中午要吃的饭菜。

祭完竜树以后,还要把祭品拿来村子中心,祭祀村子,即祭寨神,祈求全村人平安、无病无灾,牲畜兴旺,五谷丰登等。祭祀完以后,全村人便在竜树附近找一片干净之地,集体吃午饭。聚餐后,"竜头"将"达寮"拿到田边的水源口。南村花腰傣的"祭竜"节除了要祭祀竜树和村子以外,还要去当地的土地庙祭祀。这样,"祭竜"仪式就算结束了。

南村村民根据他们的记忆,重新恢复祭竜节,不仅保存了本民族的文化传统,还为该村的旅游开发提供了文化资源。正如学者白莲所说:"历史记忆帮助一个族群发现可作为旅游资源的人文景观,而这些人文景观又反过来服务于该族群的文化形象的塑造"①。

### (二)聂耳母亲节

#### 1. 聂耳母亲节的确立

2005年11月28日,知晓彭寂宽女士祖籍的村民——李国祥(彭保)多次对村长杨建舟说:"彭寂宽的祖先是从我们村出去的……"当时既不是组长,也不是村干部的村民杨建舟,历经半年多的时间,对玉溪市3个县7个村委会共14个村民小组的20多位彭家后辈和知情人进行反复的走访调查,并写了《彭寂宽在新平县漠沙的家族谱系调查》一文,调查所得的相关材料、情况与研究聂耳的专家谢光庭老师和崎松先生的调查材料相吻合,证实了彭家祖先曾居住在曼线片区的花腰傣古寨南村,且在南村找到了聂耳的外曾祖父故居,这一事实,促成了南村聂耳母亲节的确立。因此,2006年8月9日上午10时,新平县漠沙镇曼线村委会花腰傣古寨南村举行"纪念人民音乐家聂耳与母亲彭寂宽女士图片资料展览室"落成典礼。聂耳研究专家崎松教授亲临现场;漠沙镇人民政府、镇文化站和村委会领导也到南村祝贺;此外,南村附近村庄的傣族群众也参加了落成典礼,并观看展室的图片资料以及南村村民自发组织的民间文艺表演活动。自此,确定了南村是聂耳母亲祖籍故乡,并将12月23日定为聂耳母亲节。

到目前为止,南村一共举办了4次纪念聂耳母亲节活动,分别是2006年12月23日,2007年12月23日,2008年9月27日,2009年9月27日。之所以选在这两天,是因为12月23日是聂耳母亲祭日,而9月27日是其诞辰日。

#### 2. 聂耳母亲节仪式

在笔者调查期间,有幸参加了2009年度聂耳母亲节。村子里在节日的前一天就要开始准备第二天需要用的东西,比如烟、酒水、菜等。

9月27日凌晨4点多钟,在这伸手不见五指的时候,只听见村民们说话的声音,突然,一阵牛叫声,才知道牛被杀死了。离杀牛处不远的地方,有三四个男人将两口大铁锅架在前一天挖好的"灶"上,并向锅里灌水。牛杀死以后,就用小锅或桶将烧开的水舀来浇到牛身上,把皮毛软化。花腰傣是一个勤俭、节约的民族,也是一个爱护环境

---

① 白莲.历史记忆与民族旅游——满族身份重新建构的个案研究//杨慧,等.旅游、人类学与中国社会.昆明:云南大学出版社,2001:147.

卫生的民族。杀一头牛,牛身上的东西一点都不浪费。之所以要将牛拖到杧果树下,一是避免牛流出来的血溅到地板上,二是可以将牛毛埋在杧果树下。这样一来,不仅可以肥土,还保护了环境卫生。天慢慢地亮起来,村民们都出来了,五六个青年男人手提着十多只鸡、鸭,向大杧果树下走来。五六个中年妇女拿着扫帚开始打扫卫生,一直从村口打扫到村尾;杀牛的男人们在忙着将牛肉切好;而妇女分成两群,一群人择菜,另一群人洗菜;最清闲的要数小孩子了,他们打闹、嬉戏……好一幅繁忙的景象。准备饭菜的准备饭菜,准备表演的准备表演,大家各行其是。主持人致开场白"各位领导、各位来宾和南村朋友们,大家上午好……"随后表演开始了,首先是南村歌舞协会表演的舞蹈——银铃操;之后是镇老年文艺队的表演;接着是……最后,客人及村民一起娱乐,就这样,早上的表演结束了。此时已接近中午一点,客人和村民共享午餐。

南村花腰傣是一个热情好客的民族,无论是远方的客人还是近邻,只要来到傣家,他们都会热情地款待你。这种热情主要表现在饭桌上,如果是平时到南村做客,他们会杀鸡、宰鸭来招待你;如果是过节,还要杀牛,全村人一起招待客人。一桌桌美酒佳肴,让客人感觉到南村花腰傣人的热情、好客。尽管午饭吃得晚,但晚餐还是不能省去的。晚上7点多时开始吃晚饭,由于晚餐吃得晚,有些人还没有吃好,主持人就开始请演员准备,晚会即将开始。晚上的节目主要有:

**表4①**

| 节目序号 | 表演形式 | 表演名称 | 演出单位 |
|---|---|---|---|
| 1 | 花灯歌舞 | 游新平 | 滇花艺术团 |
| 2 | 民族小调 | 聂耳母亲的故乡 | 漠沙镇文艺队 |
| 3 | 花灯小戏 | 骗赌 | 滇花艺术团 |
| 4 | 独唱 | 彝族歌曲《映山红》 | 玉溪市民宗局普福 |
| 5 | 歌舞 | 开门红 | 漠沙镇老年文艺队 |
| 6 | 舞蹈 | 傣乡情韵 | 南村文艺队 |
| 7 | 独唱 | 母亲 | 滇花艺术团 |
| 8 | 烟盒舞 | 彝山情歌 | 漠沙镇老年文艺队 |
| 9 | 民族小调 | 傣家姑娘跟着党 | 漠沙镇文艺队 |
| 10 | 花灯小戏 | 催花轿 | 滇花艺术团 |
| 11 | 二人唱 | 朝鲜歌曲《一个护士的故事》 | 县文联任老师、方老师 |

南村的旅游开发是在"聂耳母亲祖籍故乡"这旅游品牌得到确认以后才开始搞

① 资料来源:根据调查材料整理。

的,可以说,“聂耳母亲祖籍故乡”这一旅游凝视物的建构为该村的旅游开发注入了生命力,此外,这种“名人效应”不仅可以激发本地和外地游客甚至国外游客对南村花腰傣文化的了解,对东道主来说则可能激发其族群认同意识和对本民族文化保护的意识,并进一步激发社区居民的文化自觉意识。

(三)南村文化展览室

为了开发旅游,南村村长和村民一起建构了社区旅游景点——南村文化展览室。文化展览室于2009年1月28日开始修建,计划到2010年9月底完全竣工。南村文化展览室共两层,第一层有五间:一间用来展示纺车、织布机,村民可以在里面纺纱、织布,墙上还可以挂村民自己织的布;一间墙上展示聂耳及其母亲的图片资料,白天时南村妇女可以在里面刺绣;一间展示花腰傣服饰;一间用来展示花腰傣的生产生活用具;一间用来搞农村书屋,墙上还可以展示南村的自然风光,村民可以自由地在里面看书。第二层有三间:一间用来做支部、计划生育、歌舞协会的办公室;一间做组委会议室;一间是组长、副组长办公室。

保继刚指出,区域经济背景部分决定了旅游投资,区域经济的发达程度,直接影响到投资能力、开放规模和方向。正如保继刚所说,南村经济发展水平低,经济普遍落后,财政拨款十分有限,再加上缺乏必要的融资手段和措施,因而用于旅游开发的资金非常匮乏,导致文化展览室里面的展示品暂时还不能设置,使举办2010年聂耳母亲节时开放文化展览室这一计划化为泡影。

(四)开设农家乐

旅游景区的开发与游客出行的目的——游、购、娱、食、住、行是密切相关的,南村的旅游开发也是在这个框架下进行的。因此,除了要有吸引游客来南村旅游的文化展览室、祭竜节、聂耳母亲节、民间表演等,还要有供游客吃、住的地方。为了满足游客的需求,南村建设了“农家乐”。

1. 第一批农家乐

2008年,南村建设了八家农家乐,即第一批农家乐。这批农家乐完全是用当地的民居作为接待游客的地方,没有经过任何的装修,游客可以体验原汁原味的花腰傣传统民居生活。

2. 第二批农家乐

2010年3月,南村开始建设第二批农家乐,每户村民都可以申请。经过村民自愿参与,再结合县旅游局的安排,此次一共新建了三家农家乐。其中有两家是在原来农家乐的基础上再继续改造。在前期,给每家3吨水泥,用来粉刷墙面。农家乐搞好以后,请镇上管旅游的领导来参观,达到标准以后,镇上每家补贴一万块钱。这一万块钱不直接给村民,而是拨给镇上专管旅游的封主席,由他买来冰箱(其中有两家以前就给过了,这次就不再给了)、空调、太阳能以及消毒柜并分发给三家农家乐,剩余的钱才给村民。搞农家乐的这几家每家至少要配一个水冲厕和一个浴室,水冲厕、浴室都要贴瓷砖。此外,厨房也要贴瓷砖,至于具体施工方案还是由村民自己决定。

事实上,在旅游业中描述一种文化或往事时,再制造某些能使人相信的事件往往比某些事件的真实性更重要。[①] 因此,打造南村花腰傣民族旅游生态村,建构聂耳母亲祖籍故乡、恢复祭竜节、修建文化展览室等,不在于这些东西到底真实度有多高,重要的是这些景点能够吸引游客且游客相信这些东西。

## 六、结语

实践已充分证明政府主导型旅游发展战略符合我国作为发展中国家的国情和我国旅游产业发展的实际。因此,这一战略也成为行业认同、部门认同、地方认同的、深入人心的选择。(匡林,2001:151—153)而事实上,旅游社区居民是其文化的创造者和拥有者,同时又是旅游开发社会成本的主要承担者,那么随着当地社会经济的发展水平和居民文化程度的提高,主体意识的觉醒,居民会越来越强调维护自己日常生活、保护生活隐私的权利。因此,让村民参与决定"开发什么,怎样开发",听取社区居民在旅游开发中的声音,保障社区居民在旅游开发中的应得利益,为其民族文化的传承和生态环境的保护提供经济保护动力和文化心理动力,是民族地区旅游业可持续发展的关键。[②]

南村的旅游开发尚处于初始阶段,因此,没有明显的经济收入。其经济收入只是嵌入"义务工"中,也就是当有客人来南村玩的时候,村民以各种方式参与到游客接待当中。如妇女穿戴本民族服饰在村口用传统的方式——过红线来迎接客人;如果客人留下来吃饭,则是全村接待,一些妇女就穿戴本民族服饰去敬酒;接着是观看南村文艺队的表演等。按照参与方式的不同以及每户参与人数的多少记不等的"义务工",待到年底的时候结算。南村开发旅游,尽管经济上尚没有多少收入,但是村民的民族文化自觉意识逐渐提高。从保护环境意识来说,村民不仅把自家门前的卫生打扫干净,而且就是整个村寨的卫生大家都很爱护,一些妇女还经常自觉打扫村寨卫生。从民族文化传承来说,花腰傣是一个能歌善舞的民族,尤其是花腰傣的小调,非常优美。正如当地村民罗文桂所说:"我们花腰傣的小调非常好听,我们花腰傣人人都爱唱。"罗文桂不仅自己唱,还经常编一些新的花腰傣小调,教她女儿(罗凯茜,在曼线小学读五年级)唱,还唱给其他村民听,慢慢地,其他村民也会唱了。此外,为了开发旅游,南村村民自发成立了"南村文艺表演队",在表演队队长的带动下,不仅是表演队的队员在晚上编练舞蹈,其他村民甚至是一些小女孩如罗凯茜、罗凯华等都参与进来,连只有十一二岁的罗凯茜、罗凯华都说:"虽然我们不参加大人们的表演,但是我们还是喜欢晚上的时候和她们一起学跳,等到长大以后就可以参加表演了。"

在民族旅游开发中,社区居民从"文化代理"到"文化自理",不仅需要政府和专家的引导,更重要的是村民的文化自觉。[③] 如卢西诺·密纳彼(Luciano Minerbi,1999)关

① 杨慧,陈志明,张展鸿. 旅游、人类学与中国社会[J]. 昆明:云南大学出版社. 2001(5).
② 刘晖. 旅游民族学[M]. 北京:民族出版社,2006:357.
③ 刘晖. 旅游民族学[M]. 北京:民族出版社,2006:357.

于旅游和夏威夷的土著所言,“旅游应该是小规模的,具有生态和文化导向的,即更多属于本土的。”①南村的旅游开发正是像卢西诺·密纳彼(Luciano Minerbi,1999)所说的那样,且该村旅游景点的建构,都是在村民自觉参与开发的前提下进行的,这种开发模式,不仅有利于本民族传统文化的传承和保护,而且有利于该村旅游业的可持续发展。

综上所述,本文通过对南村旅游开发具体过程的分析,展示了南村景区与村寨一体化、景点与社区叠合在一起的自下而上的旅游开发模式。该社区居民是花腰傣文化资源的载体,他们的日常生产生活成了景区的主要构景要素,应成为旅游开发的参与主体与利益主体。民族地区开发旅游,社区景点的建构,都离不开当地社区居民的参与,少数民族社区居民也有能力开发本民族的资源,这不仅有利于本民族传统文化的传承和保留,也能催生本民族的文化自觉意识生发。

① 杨慧,陈志明,张展鸿. 旅游、人类学与中国社会. 昆明:云南大学出版社,2001.

# 西南民族村镇旅游促进民族社区可持续生计①研究

邢启顺

(贵州省社会科学院民族研究所,贵州贵阳,550000)

【摘　要】西南民族村镇旅游在一定程度上有效促进民族社区可持续生计实现,集中表现于促进民族社区自然资源的产业价值实现、促进民族社区人力资源合理配置、促进民族社区社会资源价值整合、促进物质资产的积累及运用、促进城乡资金流转渠道搭建等方面。

【关键词】民族村镇旅游;社区发展;可持续生计

## 一、促进民族社区自然资源的产业价值实现

### (一)民族社区自然资源的价值特征

在改革开放近30年的实践过程中,特别是我国农村现代化进程中,农村社区自然资源为农村发展贡献了力量,并为国家建设贡献了宝贵资源,但也出现一些问题。在新的历史条件下进行新农村建设,应该准确认识和把握民族社区资源价值具有的时代特征,更好地进行社区资源的挖掘利用。总体上相对于中东部区域看,西南民族地区社区自然资源具有以下特征:总体丰富多样,社区各具特色,产业价值实现途径单一而传统,开发空间广阔,民族村镇旅游开发有利于社区自然资源可持续利用。

西南民族地区大多地处热带亚热带高原山区,大小坝子分布于高山峡谷中,立体气候明显多样。这造就了西南民族赖以居住的自然环境生物资源多样,社区自然资源丰富多样,生产生活方式多样,民族文化多样。丰富的自然资源和丰富的民族文化相互作用,在不同历史时期产生了不同的价值。

民族社区村寨坐落于西南山区,又产生相对独特的民族特色、地区特色、社区特

[作者简介] 邢启顺(1976—　),男,汉族,贵州省社会科学院民族研究所,助理研究员,主要研究方向:人类学与西南民族,旅游人类学,农村发展。

① 可持续生计总体上属于人类可持续发展大目标,指人们特别是贫困人群的个人、家庭、社区等获得有用的自然资源权利、知识技能、社会资本、资金、土地等,用于维持较为长期稳定的生产生活。这一概念最早来源于发展领域理论,指出:"消除贫困的大目标在于发展个体、家庭和社区改善生计系统的能力。"纳列什·辛格和乔纳森·吉尔曼,《让生计可持续》,北京,《国际社会科学杂志》(中文版)第17卷第4期(2000年11月),第123-124页。

色。居住在青藏高原的藏族、羌族社区大多以畜牧业为主,牦牛、青稞及高原药材为当地村民熟知,几乎天天不离,每天的酥油茶成为日常生活的一部分。云贵高原坝子分布于高山之间,形成独特的坝子文化,仅一个小区域就有多种资源分布。如云南楚雄彝族地区盛产马樱花,彝族生活中视之为美,村村寨寨都有种植,彝族村寨还各具特色,有的以养蜂出名,有的以种核桃为主,有的以板栗扬名。如大姚县湾碧乡大村坐落在一山谷中,全村核桃种植已经有一定历史和规模,有核桃谷之名。有的中药材如三七需要特殊的地理环境,文山地区的壮族、苗族村寨以三七种植维持生计。贵州雷山县格头苗族村地处雷公山区,除了普遍生长的杉木树外,还生长有国家一级保护植物水杉,并形成利用传统苗族文化进行自觉保护的良好机制。

独特的社区自然资源包括水(河流、湖泊、地下水、山泉水等)、土地、森林、草原草甸、矿藏、野生动物、药材、花卉植物等。各个民族或地域范围内乃至某个民族村镇社区由于历史文化的差异,形成了独特的信仰、管理利用制度及相关的生活习惯等社会文化系统。如贵州雷公山区等地形成的水牌管理制度、广西壮族和瑶族的石牌制度、云南哈尼族森林生态及水资源利用。民族村镇独特的自然资源丰富多样,生态文化多样,生态知识多样,本土特色明显。有的以奇山怪石出名、有的因秀水风光闻名、有的以某种动植物著称,成为传统自然风光旅游的知名景点受到游人青睐。这些资源在当地生产生活中发挥了重要作用,是民族社区赖以生活的基础,具有重要价值。

西南山区丰富多样的自然资源在不同时期显示出不同的价值,但靠山吃山的传统一直在延续。在以农业生产为主的时代,丰富的自然资源为人们农业生产提供生产生活来源,利用森林提供的木材、野生动物、药材、水源,利用土地提供粮食,利用河流提供灌溉用水和大量水产品,每个民族村镇社区就是一个农业生态系统,这也曾经被当成小农经济受到批判,认为以家庭、社区为单位的小农经济生产效率低下。改革开放后,现代化不断冲击各个大小民族村镇,人民生产生活方式发生重大变化,自然资源仍然发挥了重要作用。总体上看,丰富的自然资源主要服务于农业生产,部分农业产品通过企业转换成农副产品和土特产品进入市场,少数资源转换为国家工业发展材料,部分自然资源转换为旅游资源,产业价值实现途径单一而传统,没有完全被发挥出来,开发空间依然广阔。

随着人们生活水平的提高,很多自然资源被开发成为重要旅游景点,在景点周边生活的民族村镇,依托自然风光旅游,开始经营农家乐等社区生态文化旅游,将民族文化纳入文化旅游的范畴,充实旅游市场,也为当地村民带来了各方面的效益。民族村镇旅游也在新的旅游消费理念引领下走向旅游市场,使社区自然资源的产业价值得以实现,是一种全新的社区可持续生计途径。

### (二)民族村镇旅游与社区自然资源的产业价值实现

早期的民族村镇旅游业依托自然景观旅游的带动发展起来,主要是满足游客旅途中的"文化需求",农家饭、农家乐、吃住在农家等休闲消费首先在城市周边产生,随即扩展到"民族(民俗)风情游"、"民族文化体验旅游"等具有地方民族特色的旅游模式。具有民族文化特色的民族村镇依赖其独有民族文化资源得以独立发展,民族村镇的自然资源也被同时作为社区旅游资源发挥作用,促进民族村镇旅游业发展。

贵州黄果树旅游景区一直都以黄果树瀑布吸引着国内外游客来观光。在景区所在地黄果树镇及紧邻黄果树瀑布的黄果树村、石头寨布依族村、平坝县天龙屯堡等,依托黄果树景区旅游的发展,从事旅游服务业,并经营民族文化体验旅游,使当地的民族村镇旅游得到很大发展。云南西双版纳热带雨林旅游带动傣族民族村镇旅游,大理苍山洱海旅游带动当地白族村镇旅游,香格里拉及三江并流景区旅游带动区域内藏族、彝族、纳西族等民族村镇旅游,四川九寨沟旅游带动当地藏羌民族文化村镇旅游,贵州梵净山旅游带动当地苗族土家族民族村镇文化旅游。

民族村镇文化独特的地方、民族风情游反过来带动了当地自然风光旅游,使社区自然资源发挥积极作用。云南、贵州以其多样的民族文化,在全省范围内形成以文化带旅游的局面,古镇、古村落、民族村、文化名乡镇、文化名村寨的旅游成为主导当地旅游市场的"品牌"。比较典型的是云南丽江宁蒗县摩梭人走婚习俗,它吸引了世界游客,使环泸沽湖区域成为令人向往的旅游胜地,洛水村(又写作"落水村")是典型代表。

洛水村旅游

洛水村现有624户,3067人,90%以上是摩梭人,11个自然村寨/村民小组,耕地3872亩,全是旱地,没有水田,乡村从业人员1605人。粮食作物以小麦、玉米为主,兼作少数谷物,燕麦、荞麦、大麦、豆类、薯类、油料等。同时林产品包括花椒、青梅、松茸、香菇、杂菌、青刺果、人工菌。养殖猪、牛等家畜,还有羊等。摩梭人"男不婚、女不嫁、结合自愿、离散自由"的母系民族婚姻制度走婚习俗一直作为"民族风情旅游资源"吸引了大量游客,带动了环泸沽湖民族村镇的旅游。泸沽湖被当地摩梭人奉为"母亲湖",其自然景观也受到游客青睐,在"摩梭文化游"中作用巨大,促进了民族风情旅游的发展。

其中,洛水自然村(组)85户,543人,耕地766亩。洛水村有120人从事住宿和餐饮业,其中洛水村民组就占80人。目前是泸沽湖景区主要的旅游接待点,大部分房屋根据景区规划在原来基础上扩大和装修,商铺大部分出租给外地商人出售旅游产品,少部分由落水村房主自己经营。已发展成为集游、住、娱和民俗观光、风景游览为一体的旅游示范点。

资料来源:《2004年农牧渔业综合统计年报表》(洛水村)及2007年12月调查资料。

具有民族风情独特性的村镇在旅游发展中,一般都非常重视社区自然环境的作用,旅游的发展使社区自然资源价值更充分地发挥出来。部分农副产品在旅游带动下扩大生产,作为特色旅游产品,走向产业化发展道路。

## 二、促进民族社区人力资源合理配置

### (一)民族社区人力资源结构失衡

自20世纪80年代以来农村的发展史,某种意义上是农村劳动力移民城市的历史,直到现在还在继续,往后还可能继续。城市化主导我国经济发展是一个历史必然,这个历程引导工业发展突飞猛进,带动整个国民经济的大发展。以城市带乡村、以工业带农业、以先富带后富是我国处理城乡关系、工农关系、局部与整体关系的基本发展策略,城乡二元结构造成农村人力资源长期处于半工半农的状态,大量农村劳动力在城市大多还是低技能劳动者。新农村建设中,农村人力资源成为突出问题之一,是解决"三农"问题的重要突破口。农村人力资源结构失衡的现状没有根本改变,不能解决新农村建设中人力资源可持续发展问题,在西南民族地区更为明显,既有区域特殊性,也有历史特殊性,概括起来主要包括:内部结构失衡,流入流出比例失衡。

我国西南民族地区农村人力资源数量大,质量低,存在大量剩余劳动力,内部结构严重失衡。内部结构主要包括农村从业人员总数、技能结构、知识结构、综合素质结构、年龄结构、性别结构、民族结构等方面。我国是农业大国的基本国情决定农村从业人数基数较大,需要时间来解决。由于大量青壮年农村劳动力通过升学、劳务输出等途径从农村转向城市,从事非农业生产,真正农业从业人员的技能结构、知识结构、综合素质结构普遍不合理,导致整体质量偏低。城乡劳动力受教育情况比较①(参见图1):1982年农村劳动力的平均受教育程度为5.01年;城镇劳动力的平均受教育程度为7.93年。到2000年农村劳动力的平均受教育程度仅为7.33年;城镇劳动力的平均受教育程度为10.2年。

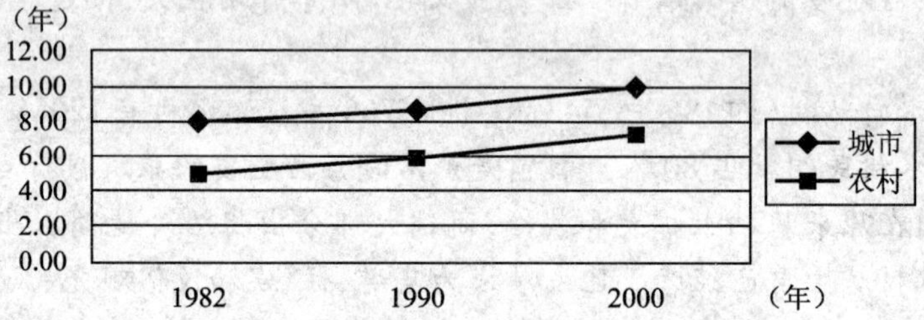


**图1 城乡人力资本积累速度差异**

资料来源:全国第三、四、五次人口普查资料。

在农村从业人员中,主要是妇女、老人和儿童,导致年龄结构、性别结构严重不合理。西南山区少数民族种类多、数量也大,民族地区农村从业人员中,少数民族所占比

① 苏力华,刘后根,林斌.矛盾与对策:农村劳动力素质现状及分析[J].农业经济.2007(1):55-56.

例也较大。

要解决农村人力资源问题,比较普遍的观点是:"农村剩余劳动力转移的根本途径在于农村城市化和农业产业化的发展"①,应该"发展农村教育,加强农村劳动力培养,增加农村人力资本投资,多途径开发农村人力资源,造就新型农民"②,一般做法是:进一步扩大农村人力资源输出,改善和提高农村专业技术中长期教育和短期培训,其目的是增加农民工收入,提高农村劳动者农业生产技能,提高农村劳动者素质,从深层意义上而言依然是服务于城市化和工业化发展。

新农村建设要求"城乡一体化",其目的在于消解城乡二元结构,解决城乡发展不平衡问题。人力资源作为民族地区可持续生计的基础,存在流出与流入结构比例不平衡问题。首先是数量不平衡,流出人力远远大于流入人力,甚至只有流出,没有流入。农村发展需要的高技能、高素质、高知识人才流向城镇,而城镇这方面人才几乎很少到农村。农村青壮年人力大量流向城市从事非农业生产活动,剩下老年、妇女和孩子从事农业生产;而农村农业生产活动需要的青壮年人力严重匮乏。

城乡人力资源需要对等发展,而不是牺牲农村。就目前的状况,无论从总量,还是从质量看,农村人力资源与城镇人力资源流动不平衡,还需要人力资源结构流动中的平衡发展。虽然在一段时间内,流出大于流入,但需要建立城乡人力资源自由平等流动的机制,以应对未来平衡发展状况。

从社区发展层面看,社区高素质人才缺乏,外流现状严重,只出不进,传统农业生产技术无人学习继承,本民族经济发展拘泥于传统,现代先进农业生产技术难以在社区推广,生产力水平进步慢,农业生产成本高,生活中有饭吃,缺钱花,打工虽然挣钱多,但难以持续一辈子,过了黄金年龄还必须返回农村,重新学习农业生产技术,从事传统的农业生产活动。

### (三)民族村镇旅游中人力资源配置形式和贡献

西南地区民族村镇旅游在发展过程中,能促进农村民族社区人力资源合理配置,一方面将留住本土优质人力资源,为家乡建设作贡献;另一方面能吸纳外地人力资源投入,为新农村建设服务。因而,民族村镇旅游业模式将对民族地区农村人力资源建设做出积极贡献。

农村从事农业生产的农民素质普遍低下,但不等于农村缺乏优质人力资源。农村优质人力资源在近30年过程中基本上服务于城市化和工业化发展需要,从基础教育到高等教育培育的农村人力资源通过升学、城市就业、外出打工等形式,从事非农生产活动,造成农村农业从业人员普遍素质低下。

民族村镇旅游业的发展历程昭示一个普遍情况,几乎每个发展相对成熟的旅游民族村镇都有一个当地"带头人"发挥了重要作用,这个"带头人"所带领的一群人就是

---

① 王知桂. 中国人力资源结构大调整[M]. 社会科学文献出版社,2006.

② 苏力华,刘后根,林斌. 矛盾与对策:农村劳动力素质现状及分析[J]. 农业经济. 2007(1):55-56.

农村具有一定素质的优质人力资源。在民族村镇旅游的发展中,当地政府和部分企业起了重要作用,但不可忽视当地"带头人"所起的作用。如果说民族村镇旅游业得以发展是市场机遇等因素综合作用的结果,那么当地"带头人"也是其中重要因素之一。

旅游民族村镇"带头人"具有一些共同特征:熟悉当地经济、社会、文化,并有一技之长,在当地社区有一定威信,对外部世界充分了解,具有在外学习、工作经历和工作经验,一般具有高中(含职业高中)、中专乃至大学学历,有一定组织管理能力,在社区旅游发展中懂得经营,能起到带头示范作用,并具有一定的社会活动能力,熟知外来人的需要,有能力将当地旅游资源推荐给不同客人。

在各个旅游村镇形成的适合当地发展需要的发展模式中,主要有社区自主管理型、企业主导型、政府主导型,无论哪一种类型都有当地社区的参与,"带头人"便自然成为社区的代表,参与到旅游经营管理中来。特别是社区自主型村镇,当地"带头人"发挥巨大作用,在他的带领下组织经营管理。在"公司+农户"经营模式中,大多数旅游公司组成人员乃至主要负责人就是当地人,他们能够将现代企业制度与民族传统文化制度结合起来进行经营管理,吸纳当地各种年龄层次的人参与,特别是吸纳青壮年农民从事旅游相关工作,让当地人足不出村实现非农化转向,对农村产业结构调整发挥重要作用。

人力资源本土化是西南农村民族村镇旅游业中的代表模式,是农村人力资源开发的实践案例,符合当地实际,开创了农村人力资源本土化利用典型,突破了农村人力资源单向外流模式。大量流向城市的"农村剩余劳动力"实际是农村优质人力资源,应该让他们发挥新农村建设主力军作用。

民族村镇旅游业吸引外地相关商家进驻民族社区,通过租赁当地社区住房,从事工艺品等旅游纪念品、乡村旅馆、通信、餐饮、交通等经营活动。民族村镇旅游业发展越充分的社区,外来人所占比例越高。云南丽江古城、大理古城中,外来人所占比例超过了当地人。这在一定意义上冲击了当地人的从业机会,客观上促进当地第三产业的尽快发育,实现农村人力资源由外入内的反向流动,促进人力资源的城乡一体化发展。新农村人力资源建设中,不应该忽视外来人对当地人力资源建设所发挥的作用,应该主动吸纳外来人才进入农村,完善人力资源城乡自由流动机制。

民族村镇旅游业一方面让本土优质人力资源本土化发展,另一方面吸纳外来人力资源,促进了西南农村人力资源的城乡双向自由流动,走出把农村优质人力资源当作"农村剩余劳动力"的误区,实现民族村镇人力资源的合理配置。

## 三、促进民族社区社会资源价值整合

### (一)民族地区社会资源及其价值

民族地区社会资源是社区拓展可持续生计的重要途径,是区别于社区内部人力资源的主要来自于外部的社会促进力量的总和。可用来实现其生计目标的社会资源可以转化为社会资本,来自内部的人力资源可以转化为人力资本,社会资源与人力资源作为社区可持续生计中“人”的要素，是民族地区可持续生计的推动力量。

民族地区社会资源分为几类：其一是基于民族传统的亲属、亲戚、家族、宗族、民族社团组织、朋友、社区成员间稳定的，相互团结、互信互助非正式的社会网络；其二是具有共同民族心理和族群认同的血缘、地缘正式社会团体组织；其三是代表政府直接领导的基于社区民主自治的正式组织机关。

西南民族地区社会资源具有其独有的类型和特征，表现出独特的社会价值。民族的多样性使西南地区的社会资源形成内部各不相同的单元，彼此间具有相对独立性；民族群体相对较小，分布相对集中，民族传统浓郁，血缘地缘网络相对稳定，互助基础较好，非正式的血缘地缘网络在当地社会具有重要作用；政府代表机关一般会同当地社会中已然形成的权威人物和组织共同进行社会治理，而不能相互脱离。历史上存在的农村精英人物在农村治理中具有一定作用，能够增加社会凝聚力，使农村相对稳定。20世纪80年代后，农村精英大多离开本土，进城谋生，谋求更大的发展空间，这部分外出的精英主要不是当地的人力资源，相对成为当地社会经济发展的外部社会资源。新农村建设中，需要整合包括当地外出精英在内的社会资源，开辟可持续生计途径。

这些社会资源通过协调人际关系，形成相互信任、情感交融、团结互助的社会关系网络，并在本民族权威（如寨老、长老、族长等）和当地社会组织领袖及基层政府机关的影响下，整合社会力量，规范信息网络，加强社会组织，提高社会效率，形成具有社会凝聚力的社会环境，以此转化为社会资本。

### （二）促进社会资源价值整合的方式和贡献

西南民族地区村镇旅游业作为第三产业的重要组成部分，以独特方式促进农村社会资源整合，对社区可持续生计发挥了重要作用，为新农村建设作出了重要而独特的贡献。民族村镇旅游业模式整合社会资源的方式可以概括为：传统与现代社会资源整合、纵向与横向社会资源整合、内部与外部社会资源整合。

西南民族地区基于民族传统的社会网络是非正式的，从形式上看非常松散。以血缘和地缘关系为主的亲戚、亲属长期共处，相互之间比较了解，历史上形成一个组织严密的社会网络，有比较完善的文化制度，相互团结，互信互助。民族村镇旅游发展中，作为旅游资源的民族民俗文化必须依赖于传统社会组织进行整合，文化资本通过社会资本转化为经济资本，传统社会文化制度和组织形式在文化资本转化为经济资本的过程中充当组织者角色，常常也被当作人力资本。这样的社会资源在民族发展过程中形成和发展，是历史的延续，在新的历史条件下，在全球经济一体化冲击下，面对新的经济模式而发生剧烈的社会文化变迁，是社会组织形式适应经济发展而发生的革新。传统的社会组织制度适应新经济发展需求转化为社会资本形式，传统社会文化的展演必须依托传统社会组织来实现，在既保存传统也适应现代的过渡中实现社会资源的资本价值。传统社会的寨老、头人、长老以及宗教领袖和地方社会精英也同时是传统社会资源的典型代表，诸多具有神圣性质的宗教仪式、婚礼仪式、歌舞表演等在转化为文化资源时，传统社会资源代表者也成为实践者，由传统社会的服务者转化为文化展演实践者,他们与现代社会经济发展组织者形成新的经济同盟,这样的经济同盟同时具有传统社会与现代社会的双重特征,社区参与正是基于此才显得非常必要。从这个意义上来说,民族村镇旅游实现了民族社区社会资源传统与现代的资源价值整合。

以传统农业为基础的民族村镇在相对较小的区域内进行生产经营活动,特别在全球化和现代化未深入发展时期,这一特征尤其明显,也即常常用"小农经济"来进行概括。在西南山区民族村镇,虽然已经被纳入全球市场,这一特征仍然明显,横向联系较少,纵向联系主要处于国家行政管理下的半计划、半市场经济状态,只有在靠近大中城市的周边村镇有所改观。民族村镇旅游从传统农业向旅游服务业的转换,发挥了纵向和横向社会资源整合作用。横向看,与村镇旅游服务相关的人才可以进行流动,如歌舞演员、餐饮接待人员、民族文化精英、农村商业精英、市场营销管理人才等可以在附近进行配置,带动相关信息服务、交通运输等人才则依靠周边社会资源的参与,地域范围小到周边村寨、大到全省范围乃至全国范围。如贵州雷山县郎德上寨的旅游接待中,歌舞表演主要是本村村民参与,但县域范围的表演也常常选择在此村寨进行,村民即周边可以从中获益,辐射范围也随之扩大;纵向看,民族村镇旅游发展得到跨越几个行政级的关注,发展越早越突出,这一特征越明显,大量的社会资源向个别村镇集中,村镇得到的发展机遇越大,所收到的社会效益和经济效益越大。

大部分民族村镇旅游处于经营初期的村镇,在半农半旅的状态下,仍然以家庭为经营单位。随着村镇旅游经营变得比较成熟,就不再局限于家庭范围内的经营管理,而需要村、镇乃至县、省范围内的整体经营管理,家庭个体经营已经不能满足村镇旅游发展的需要。村镇内部与外部形成一个互相不可分割的市场统一体,村镇内部社会资源逐渐与外部社会资源整合。家庭、社区、村镇与外部经营实体如旅游公司、旅游接待点、旅游产品销售点等主动寻找契合点进行合作,形成互利共赢体系。

民族村镇旅游促进社区实现可持续目标,支持和形成具有凝聚力的社会环境。通过改进传统社会社区内部功能,扩大当地民族社区组织与外部联系,从而直接支持资本积累的形成;通过对社区组织和网络的建立,形成稳定的社会结构,形成和发展开放的政策环境,帮助贫困户和民间团队之间建立互助的联系和组织,也帮助社区形成范围更广泛的组织机构和规则;增强对各种资源的管理组织,自我关系得到加强,增加农户收入,实现民族地区生计成果的良性循环。

## 四、促进物质资产的积累及运用

民族村镇旅游的发展促进贫困地区脱贫致富,收入也明显增加,为民族地区发展奠定了物质基础,从而促进民族地区物质资产的积累,为实现民族地区可持续生计创造了物质条件。主要表现在公共基础设施建设明显改善、家庭物质积累增加、总体生产力提高。

民族村镇旅游业的发展离不开旅游基础设施建设的支撑,具有旅游开发条件的民族村镇率先得到当地政府的支持,从旅游规划到实施,将公共基础设施建设摆在首位,包括道路交通条件、饮水、电力、通信、环境治理、公共娱乐场所、公益场馆等。政府的目的在于,通过政府投入基础设施建设,创造村镇旅游开发需要的基本环境,客观上促进了地区物质资产的积累。一般来说,创造一个达到基本条件的旅游村镇,需要的前期投入远远超出当地数年的收入,而恰当的一次投入却可以奠定一个地方数十年的发展基础。另外一种方式是企业投入,通过政府招商引资,商家做前期旅游基础设施投入,通过门票收入等共同分享收益,如云南西双版纳傣族园、云南保山腾冲和顺乡(镇)、贵州安顺天龙屯堡等村镇都采取这样的方式,促进了旅游村镇的物质资产积累,为往后生产生活奠定了物质基础。

在旅游开发比较成熟的村镇,家庭物质资产积累明显增加。在民族村镇旅游中,主要是以家庭为单位经营,在进行住宿接待和餐饮接待中,增加的收入一般用于房舍修建等。在四川郫县农科村,某农户进行餐饮接待的面积达到2000平方米,大多数私人农家大院各具特色,形同别墅。诸多农家接待点达到中小酒店的接待能力,如四川理县桃坪羌寨小琼羌家。云南大理鹤庆县草海镇新华村依靠银器制作,许多工匠家庭年收入近10万元,家庭住房兼作坊面积达到1000平方米。云南大理喜洲镇严家民居依靠白族三道茶表演,收入丰厚,修建白族民居建筑面积达3066平方米。相关家庭生计所需要的基础设施、生产工具、饮水和卫生设施、交通、信息,以及从事农业生产的生产资料、生产工具、化肥、种子、农药、农具等都有了积累。民族村镇旅游带来家庭物质资产积累,并产生连锁效应,一而十,十而百,带动整个村镇物质资产的积累,生产力水平显著提高,为新农村生产发展奠定了物质基础。

## 五、促进城乡资金流转渠道搭建

传统农业生产中,农村资金主要依靠农业产品的销售收入达到资金流转目标,甚至仅仅满足小区域内的市场流动。在大量农村劳动力外流变成半工半农的劳动者时,农村的资金主要依靠打工收入,将城市资金极其有限地转向农村,但也主要仅用于建房等,而不是进行农业生产性投资。民族村镇旅游业则搭建了城市与乡村资金的双向流动。一方面,农村从第一产业转向第三产业,由农业转向旅游服务业,农业产品直接转化成消费品;另一方面,城市投资者以旅游企业为代表,通过政府招商引资项目将资金投向农村,这大大缓解了农村建设投资完全依靠政府的局面。

城市外来资金投入主要分为公司投入、个人投入、游客投入三个部分,各自有不同的渠道和用途,一般根据投资者的期望进行,通过当地政府作为村镇法人代表,进行合作经营。

公司投入的民族村镇一般采用“公司+农户+政府”的经营模式,前期投资由公司承担,分为一次或几次投入,用于基础旅游设施建设等,包括规划、设计、运营、道路交通、经营场所、通信设施、接待设施等。政府作为村镇的法人代表,也承担相关的管理责任。投资经营过程中,公司一般都是经营主体,获益也最大,当地村民通过各种渠道参与到经营管理中,从中获得收益。采用这种模式的如云南西双版纳傣族园、四川理县桃坪羌寨、贵州安顺天龙屯堡、云南腾冲和顺镇等。企业收益要是门票收入和企业投资的经营场所，村民除了参与门票收入分成及旅游个体服务收入外，还包括餐饮住宿接待、旅游商品、歌舞表演收入等。企业的规模化投入和直接参与经营管理，有利于避免村镇旅游粗放型经营和无序经营，特别是克服村镇大额投资难题。

个人投入主要是指外地个体商户或家在本地人在外地的人，在村镇旅游开发中以经营某一方面擅长，有的兼营各种门类生意，在村镇开展旅游服务经营活动，一般以旅游商品加工制作生意、农家旅馆餐饮住宿接待、商务会所等为主。这些个体商户在经营期间会根据经营项目和个体实力进行一定投资，包括固定资产和非固定资产投资。对当地来说，个体商户的投资行为对当地旅游服务有一定冲击，会直接或间接影响当地的生产生活，这些影响中有正面的也有负面的。从客观上看，个体商户的固定资产投资一旦投入，当地就有了财富的累积，对地方发展非常有利。长远看，促进当地旅游服务水平提升，增加旅游服务内容，促进当地旅游发展。

游客的资金投入主要是消费型投入，包括吃、住、行、游、娱、购诸多方面。民族村镇所有投资都是因为游客的消费型投资拉动的，没有游客的消费就没有村镇的各种投入。游客的资金通过旅游消费间接转化为乡村建设的资金投入，客观上促进了乡村建设。

民族村镇旅游业促进当地社区村民增加了收入以后，作为一种再投资，当地居民也选择到外地投资兴业，出现民族社区本地资金外流，外出投资办企业等情况。如贵州靠蜡染刺绣民族工艺品加工制作发家的民间艺术家，其艺术品除了占有当地一定的市场份额外，还依靠家族企业等力量，将销售企业办到其他旅游景点，以及国内许多大中城市乃至国外。云南大理鹤庆县新华村有外出经营的传统，主要靠银器、铜器、铁器制作为生，旅游兴起以后，全村成为当地著名的旅游村寨，还带动了所在的草海镇的旅游，许多当地工匠不满足于当地商业发展，将银器加工制作生意做到和顺、丽江、贵州等地。

以家庭为基本单位的经营实体也吸引了一些外来投资，实现了资金回流，很多是外出打工挣钱后回乡投资搞旅游。纯粹靠城市打工的村寨很难实现资金的回流，农村的家庭只是农民们打工生涯结束后最后的养老保障性住所。部分外出归来的当地人和长期从事经营活动的商户将人力、物力、财力注入村寨，客观上增加了农村的综合投入，避免农村大量人力、物力、财力流入城市后的虚空状态。

城乡一体化既需要政策支持，也需要具备客观条件，特别是市场体制的完善，更需要资金支持。民族村镇旅游业搭建了城乡资金流动渠道，是城乡一体化发展值得借鉴的模式。

# 民族旅游地的旅游商品开发探讨
## ——以丽江古城为例

光映炯　张晓萍　和灿芬
(云南大学,云南昆明,650000)

【摘　要】民族旅游地的旅游商品是民族地区旅游经济的重要组成部分。旅游商品的开发不仅与民族旅游地形象息息相关,更影响到当地的旅游收入,同时涉及与旅游相关产业的发展。本文以丽江为例,从旅游商品的特点入手,分析在旅游商品开发方面存在的问题,提出开发有民族特色和地方特色的旅游商品系列,结合民族艺术的提炼和创新,以旅游市场的需求为导向,实现旅游商品的品牌化开发与营销理念。

【关键词】民族旅游;旅游商品;民族文化品牌

旅游购物在旅游总消费中所占的比重大小一直被旅游界视为衡量旅游消费水平层次高低的重要尺度,而旅游商品是发展旅游购物的基础,旅游商品的开发创新是旅游购物可持续发展的关键。[①]在旅游产业中,旅游购物属于非基本需求,需求弹性系数最大,具有相当的可塑性和拓展空间。在世界发达国家,旅游购物的收入占旅游总收入的50% 左右,2007 年国家旅游局统计数字表明,我国旅游商品仅占旅游总收入的25%,民族地区还远低于这个数字。

丽江从 20 世纪 80 年代开始发展旅游业,到 1995 年进入高速发展期。旅游业的年均增速超过 16%,已成为丽江毋庸置疑的支柱产业。随着丽江旅游业的蓬勃发展,旅游收入在地方经济的发展中起的作用也越来越明显。然而,目前丽江旅游商品消费比重偏低,丽江旅游商品收入与旅游经济增长不协调的现象明显,旅游商品市场存在不少问题,旅游商品营销成为旅游业发展的短板,严重制约着丽江旅游业的可持续发展。

因此,分析和解决丽江旅游商品市场存在的问题,对于增加丽江旅游商品的销售收入,提升丽江旅游竞争力,为丽江创造更多的就业机会和经济收入,使旅游商品消费

---

[作者简介] 光映炯(1975—　),女,云南红河人,云南大学工商管理与旅游管理学院讲师,云南大学中国少数民族艺术专业博士,主要从事旅游人类学、民俗学研究。张晓萍(1957—　),女,云南大理人,云南大学商旅学院教授,硕士生导师,主要研究旅游人类学、旅游文化学。和灿芬(1988—　),女,云南丽江人,云南大学工商管理学院助教。

① 钟志平. 我国旅游商品市场诊断及旅游商品开发创新能力分析[J]. 经济・管理,2003(3).

成为丽江新的经济增长点,促进丽江旅游业的可持续发展具有积极意义。

## 一、旅游商品的地方化与民族性

目前,理论界对旅游商品的界定尚没有达成共识,争论主要集中在旅游产品与旅游商品的名称、旅游商品与一般商品的区别以及旅游购物发生的时间和空间的确定等方面。比较有代表性的观点认为,“旅游商品是特指旅游者因旅游而产生购买的,其所有权发生转移的,含有旅游信息或旅游地文化内涵的劳动产品,不包括商业性或投资性的购买对象”。①

一般认为,旅游商品具有纪念性、艺术性和实用性的特点。旅游商品选择分类的标志不同,其分类方法也不同,以旅游商品的属性为分类标志,旅游商品可分为以下五类:旅游纪念品、旅游工艺品、旅游用品、旅游食品、其他商品等。

旅游商品与一般的商品有联系,也有区别,它们都是用于交换的劳动产品,都具有价值和使用价值。而区别在于旅游商品的购买者是旅游者,或者说旅游商品是专门为旅游者设计的,具有地方、民族文化特色的商品。而且,在旅游商品市场中,“越是民族的就越是世界的”,在民族地区越是有强大的竞争力和效益,如具有东巴特色、纳西特色的旅游纪念品、旅游工艺品就最受游客青睐。

## 二、丽江旅游商品开发现状及存在问题

1996年以后,丽江旅游开始迅猛发展,三项世界文化遗产地成功申报,也使丽江的知名度和美誉度得到提高。如今,丽江旅游已成为云南甚至我国旅游业中的一只领头羊,而且还在呈现不断发展的态势,接待旅游人数年年攀升,旅游收入不断提高,旅游产业规模不断壮大,旅游收入持续增长,但旅游商品销售收入占旅游总收入的比重较低。

### (一)旅游商品的开发现状

丽江古城主要由大研古城和束河古镇组成,笔者对丽江古城旅游商品销售种类、销售商铺进行了调查,发现丽江古城旅游商品市场上的商品种类很多,大体可以概括为前述五类,其中尤以旅游纪念品、旅游工艺品居多。如以东巴文化为主要内容的东巴纸产品、东巴绘画、木雕、木刻、蜡染、铃铛(铜铃和木铃)、小装饰品、纳西彩色土布、银制品、首饰等。旅游用品也较常见,如具有纳西特色、异域风情浓郁的服饰。还有蜜饯、牦牛肉等旅游食品。

丽江古城商铺的租金较高,每平方米商铺月租金平均已达400元,黄金旺铺的月租金高达900元。绝大多数商家均经营两种以上商品类型,也有不少店铺是由两三户出售不同品类商品的商家共同经营,以分担高房租的压力,所以专卖一个品类的商铺非常少。调查结果如图1、图2、图3和图4所示。

① 钟志平. 旅游商品学[M]. 中国旅游出版社,2005.

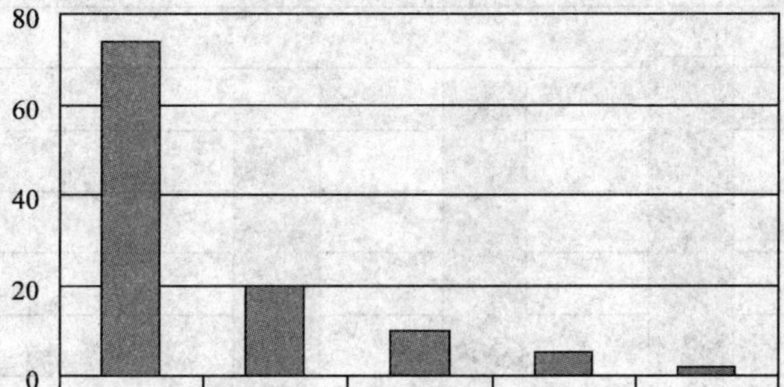


| 东巴木雕 | 东巴陶器 | 东巴纸坊 | 铜制品 | 蜡染 |
|---|---|---|---|---|
| 74 | 20 | 10 | 5 | 2 |

**图 1　古城旅游纪念品商铺数量**

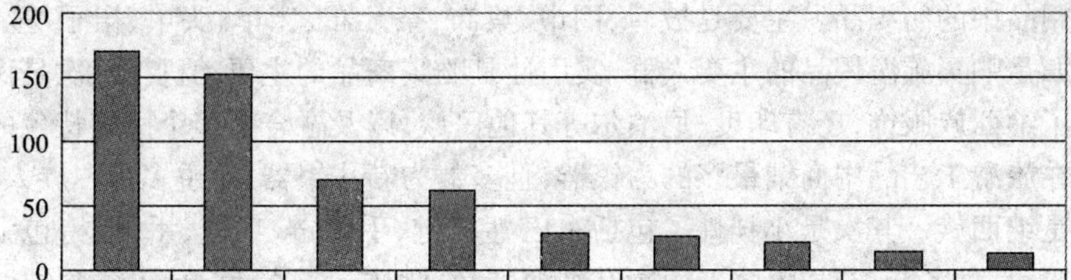


| 银器 | 小挂件 | 扎染 | 玉器 | 异地风情 | 古董 | 字画 | 石雕 | 木雕 |
|---|---|---|---|---|---|---|---|---|
| 170 | 152 | 70 | 62 | 28 | 26 | 21 | 14 | 13 |

**图 2　大研古城各类旅游工艺品商铺数量**

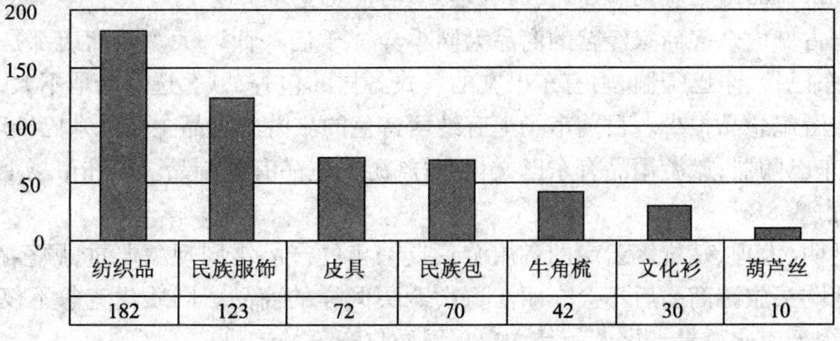


| 纺织品 | 民族服饰 | 皮具 | 民族包 | 牛角梳 | 文化衫 | 葫芦丝 |
|---|---|---|---|---|---|---|
| 182 | 123 | 72 | 70 | 42 | 30 | 10 |

**图 3　大研古城各类旅游用品商铺数量**

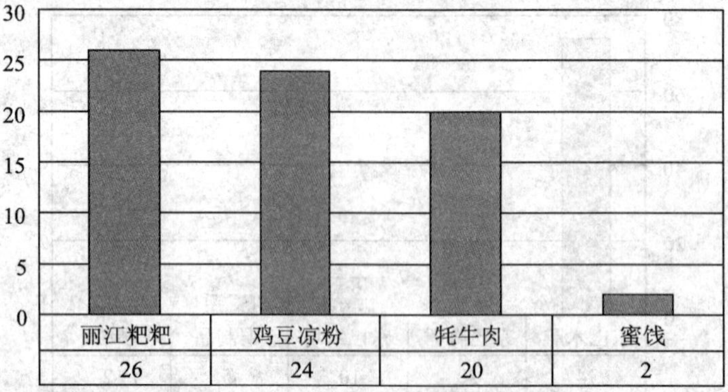


**图4　大研古城各类旅游食品商铺数量**

从图表中的数据可推断出,古城内旅游工艺品和旅游用品数量最多,其中最多的是旅游用品中的纺织品。主要是披肩、围巾、桌布、茶几布、床单、头巾、裙子等。说明家庭主妇是购买旅游用品的主要人群,实用性是购买商品的主要动机。其次是民族服饰。除了纳西族服饰,还有印度、尼泊尔等其他民族,以及融合了多个民族特色的个性服饰。在旅游工艺品中商铺最多的为银器,且多数为新华银器,店主多为白族人,只有少部分是纳西族。其次是小挂件。包括东巴姓名链、手机链、项链、手链、挎包上的装饰小件等,品种各异,花样繁多。而富有纳西特色、地方工艺特色,真正蕴含纳西文化的旅游纪念品,如东巴木雕、东巴陶器、东巴纸坊的商铺最少,价格相对稍贵。说明对东巴旅游商品开发的力度和深度都不够,还说明我国游客对文化型旅游产品的选购热情远不及实用型旅游产品高。

### (二)旅游商品存在的问题

1. 旅游商品缺乏特色和创新,品种单一、同质化竞争严重

大研古城内众多商家经营的商品大同小异,“千店一面”,大多数商店都是卖同样的披肩、东巴铃、东巴T恤,写有东巴文的各式各样的包等,顾客选择余地不大,有当地特色的旅游纪念品很少。目前市场上有纳西特色的旅游纪念品主要有东巴纸产品、东巴木雕、东巴陶器;旅游用品有东巴文化衫;旅游工艺品有铜制品。但在市场上所占份额很少,占8.8%。

在昆明、大理、楚雄等云南的各旅游景点销售的产品雷同现象严重,顾客在昆明、大理等地购买旅游商品后不会在丽江再次购买同样的商品。同质化竞争不仅在丽江本地严重,云南旅游景点旅游商品均出现同质化竞争的趋势。

其原因主要有:一是旅游纪念商品开发资金的缺乏。旅游纪念商品的生产经营需要较大的先期投入。丽江许多旅游纪念商品生产企业规模小,严重缺乏批量生产的启动资金,一些困难企业甚至连制作模具的费用都拿不出来,这就制约了旅游商品的开

发。二是旅游纪念商品开发专业人才的缺乏。[①] 目前,丽江从事旅游纪念商品设计开发的人员,很少是系统地受过旅游专业教育的,大多是半路出家,而旅游院校又鲜有设置旅游纪念商品工艺专业的,这就导致旅游纪念商品开发专业人才的缺乏。旅游纪念商品开发专业人才的缺乏是制约旅游纪念商品开发上档次、出特色的一个重要因素。三是商品生产企业少,有些出售的商品并不是丽江生产的,谈不上独特性、地方性和纪念性。商家都去同一个地方跟同样的产家批发,导致同质化竞争严重。其次是旅游商品经营者大都为来自农村的民间艺人,生产多处于小作坊式生产经营状态,规模小、设备简陋、产品技术含量不高、品种少、设计制作粗糙,艺术品位不高,缺乏地方特色及民俗含量。生产经营处于相互模仿阶段,缺乏设计创新能力。[②] 商品生产者素质过低,不能以发展的眼光看待发展的市场,往往以追求短期效益为主,使商品生产停留在一种维持状态,缺乏创新观念。

2. 旅游商品市场缺乏有效的激励和规范机制

旅游商品容易被模仿,对产品创新的保护需要法律来规范。目前市场上缺乏有效的法律规范和对旅游企业的行为进行激励或规范,旅游商品市场混乱。[③] 大多数旅游产品生产和销售商选择短期经营,生产和销售低档的旅游商品,不利于选择长期经营的企业的发展,其花费很大代价研发的新产品,一旦市场反映良好,在短时间内就被其他企业仿冒。在不规范的市场上,经过一段时间后,高质量创新旅游商品研发将陷入困境。

目前,丽江旅游商品销售的一窝蜂现象比较严重。《一米阳光》热播后,一夜之间,阿夏驼铃遍地开花;民族音乐碟子畅销,其他店铺也开始经营"淘碟";东巴文化衫热卖,其他店铺也开始加卖东巴文化衫。一家店经营的产品畅销后,其他商铺也纷纷效仿,卖该类产品,导致市场上产品同质竞争严重,一家商铺卖多种商品。由此引发压价竞争,导致古城里的旅游商品店几乎都亏本。不仅造成商品的贬值,而且也失去了旅游商品纪念的意义。

3. 旅游商品价格差异大

丽江旅游商品市场上旅游商品基本没有明码标价,质价不符现象突出。同样的商品在不同的地点或不同的人购买,价格相差几倍到几十倍之多,降低了游客对商品价格的信任度,影响游客购买量。更严重的是还存在假冒伪劣商品,假银、假玉、假牦牛皮、假东巴纸普遍存在,不仅导致商家信誉的缺失,还严重影响整个丽江的旅游形象,使游客在购物时更加小心翼翼,更多顾虑,担心买到假货而直接不消费,也影响旅游购物花费比重在旅游消费中的提升。

出现上述问题的主要原因是丽江旅游存在明显的淡旺季,"五一"、"十一"和寒暑

---

① 张鸿雁. 青海省旅游商品开发问题及其对策[J]. 重庆科技学院学报:社会科学版,2008(11):99-100.

② 李勇,沈苏霞. 论旅游商品市场培育中的政府行为[J]. 商业时代,2007(34):86-87.

③ 徐升艳,戴继洲. 对旅游商品市场的深度分析[J]. 广西财经学院学报,2007(6).

假时是旺季,其他季节游客稀少。商品经营者普遍抱有卖一季吃一年的心理,导致旅游购物市场宰客现象严重,价格不一,有时相差甚远,同样一件商品淡季卖几十元旺季喊价几百元。

4. 旅游商品品牌意识薄弱

丽江旅游商品的销售者多是个体经营者,价格取向使他们选择短期行为,谁的东西便宜、好卖就进谁的货,并非长期经营一种产品,缺乏品牌意识。而品牌是商家无形的资产,一个良好的品牌能提升商家的竞争实力,占领更多的销售市场,为商家带来源源不断的利润。

丽江旅游市场上尚缺乏有知名度、美誉度和品牌度的旅游商品,只有金钥匙系列产品稍微有点知名度,打造丽江品牌旅游商品将会是一个长期的过程,需要政府、企业、个人共同努力。

5. 对传统工艺缺乏应有的开发、重视与保护

丽江民间工艺众多,主要有永胜瓷器、丽江皮鞋(皮匠街)、东巴挂毯、东巴蜡染、永胜他留人的火绒土布、木质工艺品、丽江铜器、丽江银器、纳西木雕、剪纸等。目前的旅游商品中,丽江民族工艺品较少,只有少部分的东巴饰品、铜器、银器,而火绒土布、永胜瓷器几乎没有。

银器在丽江旅游工艺品中比例最高,丽江纯银含银量高,硬度低,亮度高,但名气不如新华银器。在市场上遍地开花的银器店中,多数为新华银器,店主多为白族。而本地人开得很少,百岁坊纯银店及分店,算是土生土长,时间较长,信誉很好的一家。市场上丽江铜器店也屈指可数,大研古城有五家,白沙四方街有一家,束河古镇则没有。

近几年来受到商品经济的发展和现代文化的冲击,以及传统工艺生产企业自身资金、人才等种种原因,经济效益不佳,传统工艺产品缺乏创新,人才流失,影响了这些企业朝着专业化的方向发展。而掌握民族工艺的艺人越来越少,也影响了民族工艺品的开发。以丽江土布为例。丽江土布多彩而不艳,坚持用纯棉原料,纹理稍粗。这种过去被认为是土气的土布,在现在的旅游市场上受到青睐。可是,目前丽江土布潜伏着三个致命的危机。一是出卖原材料,价格低廉。产家只卖原材料,而这原材料又由两个产家竞争出售,价格压得很低,工厂和工人并没有真正获利。二是无创新产品。厂内无高素质设计人才,织机老化,没有更新机种出台,加之要低价竞争,厂内无力研发新产品,厂子发展形成渐退之势。三是优质产品正在消失。部分老产品,由于工艺烦琐,低价出售难以收回成本,产家就做放弃处理。

## 三、民族旅游地旅游商品的开发对策

### (一)充分挖掘地方化和具有民族文化特色的旅游商品

有特色,满足市场需求的旅游商品才具有生命力。旅游纪念商品地方特色越浓,纪念价值越大,对旅游者的吸引力越强,而现在民族资源的优势运用得不够、不活、不

精、不深、不透。只有加强商品多样性和特色商品的开发,改变目前旅游商品单一、缺乏特色旅游商品、同质化竞争严重的局面,才能让丽江旅游商品市场保持生机和活力,构建一个良性的竞争市场。

首先,要以旅游地的民族文化为主调,大力开发文化承载型系列旅游商品。[①] 要高度重视旅游商品开发中民族元素的挖掘,组建专门的研究机构研究丽江特有的民族文化(东巴文化)、风俗习惯、传统工艺特色(火绒土布、永生瓷器、纳西木雕、丽江银器、丽江铜器),并与旅游商品开发有效结合,开发能够彰显民族特色的旅游商品。此外,还可依托丽江农副产品,开发特色旅游食品。如对丽江雪桃、梅子、松子、青刺果进行深层次加工,提高产品附加值。依托当地农副产品开发旅游商品,不仅能推出具有鲜明特色的旅游商品,而且能够带动区域农业、制造业和旅游业平衡发展,有利于实现旅游扶贫。

### (二)提高政府的重视程度

第一,提高对旅游商品开发重要性的认识。旅游商品在整个旅游收入中弹性最大、潜力最大、购物消费对旅游总体效应影响大。但相对于丽江发展迅速的旅游业而言,目前旅游商品的发展比较落后,旅游购物中旅游商品的消费所占比重常年较低,影响了丽江旅游总收入的提升以及丽江旅游的可持续发展。各级领导要充分认识到开发旅游商品的重要性,旅游购物在旅游创收中发挥的巨大作用。因此,要将旅游商品的生产和销售纳入各类建设发展规划,充分发挥政府的宏观调控作用,在政策上要给予一定的重视和优惠,努力改变丽江旅游购物落后的现状。

第二,加大政府有关政策、资金的倾斜力度。资金倾斜方面:一是政府应从财政支出中划出一定资金建立“旅游纪念商品开发专项基金”。改善当前旅游纪念商品开发、生产企业规模小、资金筹借能力弱的状况,以促进对旅游商品的开发和生产,奖励有重大贡献的丽江旅游商品设计、生产、销售人员,激发公众对旅游购物品开发创新的积极性。二是对有发展前途的中小旅游商品生产企业,在经济上,给予税收政策优惠。政策倾斜方面:调整旅游商品市场产业结构,整合企业资源,扶持重点旅游商品企业,推动旅游商品产业的发展;对本市有特色的旅游工艺品要完善商标品牌的注册措施并颁布相关保护法规,以保障工艺品生产企业的合法利益。

### (三)激励和规范旅游商品市场

旅游业的持续健康发展离不开良好的旅游市场秩序,规范旅游商品市场秩序,是优化丽江旅游市场环境,提高旅游服务质量和旅游者的满意程度,树立丽江良好的旅游形象的重要保障。而激励旅游产品创新,有利于提高丽江旅游商品的竞争力,提高市场占有率。

一是规范旅游商品市场,保护游客利益。政府主管部门颁布旅游商品市场的法律规范,加强对旅游商品市场的监管,打击非法的盗版仿冒,保护正规的旅游商品生产企

---

① 谢兆元,尹敏. 江西旅游商品开发的比较优势及市场拓展[J]. 商场现代化,2008(32):212-213.

业利益。引导旅游产品创品牌,申请专利,保护旅游商品生产企业的品牌,保护旅游商品的创新,对生产和销售假冒伪劣旅游商品的企业和个人进行惩罚。维护旅游者权益,针对游客购物侵权投诉,建立合理的处理机制。

二要对旅游商品市场进行合理定价。旅游市场环境直接影响到旅游者购买的欲望。一个规范的旅游环境能让旅游者在消费的时候做到心中放心,买得开心;反之,一个分不清真假,质价不符的购物环境直接影响旅游者的购物情绪乃至是败兴而归。因此必须规范与整顿旅游商品市场,为游客提供一个有序、放心的购物环境。

三是整顿旅游商品市场秩序,加大对旅游商品市场监管力度,建立合理、透明的旅游商品价格体系,提供质价相符的旅游商品。旅游行政管理部门,税务、工商、物价管理等部门要加强分工合作,对旅游购物商店进行明察暗访,监督旅游购物商店是否明码标价。① 治理购物环境,打击售卖假冒伪劣商品和强卖行为。② 同时,对旅游商品商店也要加强管理,旅游商品店设立信誉牌,使游客能在挂牌的旅游商品店购买到质优且价格适中的旅游纪念品精品。

### (四)提高民族文化品牌意识,打造品牌旅游商品

1999年年底,中国丽江国际东巴文化艺术节期间,我国香港非一般商科设计学校校长——廖仲旋先生借用纳西民族的东巴象形文字与现代商品市场相结合的方法,如对东巴象形符号的演变与转换,形成了纳西民族文化的系列产品——眼镜、领带、围巾、化妆品、灯具等,反映出设计者在融合东西方文化中注重把区域特色和现代商业包装巧妙结合,特别值得一提的是,当时有不少游客到处打听想购买这些产品,费了许多口舌解释说这些东西是样品,那些游客才遗憾地离去。

丽江政府相关部门应加强研究旅游商品的开发、生产和营销,制定发展旅游商品的目标、规划,打响"丽江制造"的品牌,注重营销宣传,提升品牌形象,使旅游商品成为新的经济增长点。还要重视对旅游商品的品牌宣传。一方面各地进行旅游促销宣传时,加强对地方优秀旅游商品和地方名优产品的宣传,改变目前只重视对美景历史文化民俗风情等方面的宣传的状况。在地方的旅游宣传网页和旅游手册中,加入旅游商品和地方名优产品以及优秀生产和销售企业的介绍。通过宣传使旅游者认识当地的旅游商品,减少旅游者的信息不对称,增加旅游者的消费。另一方面,要多方面多渠道充分利用各种媒体进行宣传。如广播、电视、报纸杂志、图书等,特别是互联网平台,加大丽江旅游商品宣传力度。利用各种文化节庆活动展销丽江旅游商品,参加旅游商品交易会、旅游节等提高知名度。除导游等人员宣传促销外还要加大广告的投入,扩大宣传。

### (五)加大民族旅游工艺品的保护与开发力度

丽江民间传统特色工艺众多,但由于资金、政策等原因,民间传统工艺的研究和保

① 慎丽华,张华丽.青岛旅游纪念商品开发策略研究[J].金卡工程:经济与法,2009(11):11-12.

② 李勇,沈苏霞.论旅游商品市场培育中的政府行为[J].商业时代,2007(34):86-87.

护力度不够,同时专门人才流失,青黄不接的现象非常严重。因此,加大传统民间工艺的保护力度迫在眉睫,研究开发旅游特色工艺品成为传承民间传统工艺的重要途径。

首先,应制定特殊政策对铜器、木雕等传统工艺以及民间艺人加强保护,鼓励这些技术的传播和发展。在对传统工艺品进行现代化开发、保持其艺术和工艺特色的同时,要融入现代思想观念和消费观念,使之适应现代旅游者的生活消费方式和纪念方式的需要。但在开发过程中要特别注意保持民间工艺所承载的核心文化,不使其文化变质、变味。对丽江土布,应培养或聘请服装设计师与营销人员,向服装化发展;引进人才,开发新产品,更新机种。

其次,要加大保护传统工艺资金投入的力度。对民间艺人进行物质和精神上的奖励,让他们有资金保障进行民族工艺的生产,有精神动力继续去传承民族工艺。

最后,增强保护民间传统工艺的意识。文化是旅游的灵魂,传统工艺作为文化的重要组成部分,只有得到传承与延续,旅游才会有生命力,作为文化载体的旅游商品也才有生命力。

再次,加大对创新人才的培养。政府要加大资金的投入力度,企业要重视人才的培训,个人要加强学习,从旅游商品开发设计、生产、销售等各个环节加强创新。

### (六)提升民族文化品牌创新意识与效度

要使民族旅游地旅游商品市场实现可持续发展,除了地方化与民族化的内核外,独创性是增强其长久活力的重要保证要素。而现在旅游商品在制作过程中较为突出的一个问题是设计和加工手段比较传统,纸上谈兵多,具体深入研究怎样制造的人少。因此,应激励旅游商品企业创新,积极引导新旅游商品开发。各地方可以采取切实的措施鼓励和支持旅游商品生产企业进行产品创新,不断开发具有文化底蕴和地方特色,以及纪念性和实用性相结合的旅游商品;引导地方名优产品生产企业开拓旅游市场,把地方名优产品开发成为旅游商品。可以对积极进行旅游商品创新的企业给予资金和税收方面的支持;鼓励企业和个人进行旅游商品的生产和销售,每年对对于地方旅游商品生产销售做出重大贡献的企业和个人进行奖励等。

此外,加强对旅游纪念商品开发设计人才的培养。一是旅游纪念商品生产企业可以与旅游科研单位联合组建旅游纪念商品开发机构,与现有工艺美术研究、设计、生产单位合作,成立旅游商品研制机构,从研制力量上加强旅游商品生产更新换代能力,加大旅游商品的开发力度。二是采取旅游院校与旅游工艺品生产企业联合办学形式,改变理论教学与市场实际脱节的现状,使旅游工艺品人才培养模式走产学结合之路。三是加大挖掘民间工匠和艺人对传统地方特色商品、土特产品、纪念品制作和开发的能力。

# 民族地区文化遗产景观的保护与旅游开发研究

## ——以青藏铁路沿线及周边地区为例

邸平伟
(青海民族大学工商管理学院,青海西宁,810000)

【摘　要】青藏铁路不仅是一条政治线、经济线,更是一条文化线,一条朝圣旅游遗产线。这里民族众多,文化灿烂,以丰富的少数民族文化遗产为核心的旅游资源使青藏铁路沿线及周边地区正逐渐向世界级旅游黄金带迈进。与此同时,如何保护好青藏线周边丰富的少数民族文化遗产,在保护前提下发展高原旅游业便引起了大家的关注。本文在文献研究和实地调研的基础上,从旅游学、文化学、人类学的角度出发,对青藏铁路周边多民族文化遗产的类型、生存现状、价值、旅游开发利用程度等进行了描述及分析,在此基础上提出了对多民族文化遗产如何进行有效保护,如何利用多民族文化遗产这一特有资源打造青藏铁路世界级旅游黄金带的对策与思路。

【关键词】青藏铁路;文化遗产;旅游景观;保护

近年来,我国广大民族地区旅游业得到了飞速发展,无论其规模、经济效益、社会效益和环境效益等均得到了全面提升与发展,可以说其发展外延进一步拓展,内涵得到进一步加强,一个和谐、健康、有序、特色鲜明的西部旅游越来越受到众多中外游客的关注与青睐。总结我国民族地区旅游业快速发展的成功经验,不难发现,各地大力发展以独具特色的本地本民族的内容丰富、形式多样的文化遗产为旅游景观而构成的民族文化旅游是最大亮点之一。

文化遗产景观是指由历史文化遗存、文物、历史遗址、遗迹等人类文化遗产构成的景观,在我国习惯称为“文物”,国际上通常称为“文化遗产(Cultural Heritage)”。联合国教科文组织1972年11月在法国巴黎举行的第十七次会议通过的《保护世界文化遗产和自然遗产公约》(简称《世界遗产公约》)中,把文化遗产分为物质文化遗产和非物质文化遗产两大类,列入《世界遗产名录》的文化遗产为世界文化遗产。

《世界遗产公约》对文化遗产的定义有文物、建筑群、遗址三条,这都是所谓物质

[基金项目]本文为2007年度国家社会科学基金艺术学项目《青藏铁路周边多民族非物质文化遗产保护与旅游发展研究——以西宁至格尔木段为例》阶段性成果之一,批准号:07EG82。

[作者简介]邸平伟(1964—　),男,蒙古族,青海海晏人,青海民族大学工商管理学院,教授,硕士生导师,研究方向:旅游管理及旅游文化。

文化遗产。物质文化遗产应当有这么几个特点:一是具有实体的概念,也就是看得见,摸得着;二是它具有历史价值或审美价值,是前人通过卓越的智慧和创造能力,留给后人的珍贵文化遗产;三是这些文化遗产能够代表一个地区、一个民族的历史文化精髓,具有唯一性和不可再生性。[1]

"非物质文化遗产"(the Intangible Cultural Heritage)一词最早正式出现于1998年联合国教科文组织颁布的《人类口头和非物质遗产代表作条例》。2003年10月联合国教科文组织的《保护非物质文化遗产公约》提出"非物质文化遗产"的概念,指各群体、团体,有时为个人视为其文化遗产的各种实践、表演、表现形式、知识和技能及其有关的工具、实物、工艺品和文化场所。其范围包括:(1)口头传说和表述,包括作为非物质文化遗产媒介的语言;(2)表演艺术;(3)社会风俗、礼仪、节庆;(4)有关自然界和宇宙的知识和实践;(5)传统的手工艺技能。

物质文化遗产与非物质文化遗产共同承载着人类社会的文明,是世界文化多样性的体现。我国非物质文化遗产所蕴含的中华民族特有的精神价值思维方式、想象力、文化意识、审美意识,是维护我国文化身份和文化主权的基本依据。加强文化遗产特别是非物质文化遗产的保护,不仅是国家和民族稳定发展的需要,也是国际社会文明对话和人类社会可持续发展的必然要求。

青海和西藏同处青藏高原,特殊的地理位置及地理解构、悠久的历史、众多的民族、多元的高原文化造就了两省区众多的世界级并独具高原特色的文化遗产旅游景观,这些文化遗产旅游景观俨然成为了青藏高原的文化标志和旅游标志。2006年建成并开通的青藏铁路线像一条珍珠项链恰好串联起了两省区极具代表性的众多文化遗产旅游景观,由此青藏铁路线不仅仅是一条连接西藏与内地的交通大动脉,更是一条横亘于青藏高原的文化遗产线,一条蜿蜒于青藏高原的世界级的文化遗产旅游景观旅游带。

## 一、青藏铁路沿线及周边地区少数民族文化遗产旅游景观的分布及类型

全长1956公里的青藏铁路从总起点青海省西宁市出发,依次经过德令哈市、格尔木市、安多地区、那曲直至目前的终点站拉萨市,几乎连接起了青藏高原的主要城市和人口密集地区。沿线及周边地区经济较为发达、民族众多、民族文化精彩纷呈,尤其是民族文化遗产类型多、数量广、价值高,以此而构成的旅游景观魅力无穷。

### (一)世界级文化遗产旅游景观

黄教圣地塔尔寺、布达拉宫、罗布林卡、大昭寺等。

### (二)世界级非物质文化遗产旅游景观

2009年列入世界《人类非物质文化遗产代表作名录》的《格萨尔》史诗、青海热贡艺术、藏戏3项文化遗产项目。

### (三)具有深远影响的世界级的文化线路遗产旅游景观

丝绸之路南线(青海道);象征民族团结的唐蕃古道;多条宗教朝圣线路。

(四)现代文化遗产旅游景观

博物馆类:青海省境内的有青海省博物馆、青海原子城国家级爱国主义教育示范基地纪念馆、柳湾彩陶博物馆、中国藏医药文化博物馆、马步芳公馆、青藏文化馆等。西藏境内的有西藏博物馆、西藏革命展览馆等。

工业遗址类:我国第一个核武器研制基地——原子城221退役基地。

(五)古文化遗产旅游景观

青海境内的史前文化遗产景观有柳湾彩陶遗址、民和喇家遗址等。象征中华民族精神的昆仑文化。古文化遗迹景观有:海晏县西海郡城遗址;共和县伏俟城遗址;湟源丹噶尔古城、都兰古墓群、天峻县西王母石室遗址;刚察县境内的舍布齐岩画、哈龙岩画;天峻县卢山岩画;野牛沟岩画;勒巴沟岩画。西藏境内的当雄古代洞穴岩壁画、绒玛岩画;藏王墓等。

(六)多民族文化遗产(物质文化遗产和非物质文化遗产)旅游景观

民族文化遗产旅游景观:藏族、回族、土族、撒拉族、蒙古族、门巴族等。

多宗教文化遗产旅游景观:藏传佛教文化、伊斯兰教文化、道教文化、基督教文化等,其中宗教寺院文化(藏传佛教寺院为代表)旅游景观是青藏高原文化遗产旅游景观的代表,包括各寺院的建筑文化、次数不等的"法会",活佛转世制度、"扎仓"文化等。

独具特色的民俗文化遗产旅游景观:以藏族、回族、土族、撒拉族、蒙古族等世居少数民族为代表的婚俗文化、饮食文化、居住文化、服饰文化、歌舞文化、丧葬文化、民间信仰文化、劳作文化、医药和天文为代表的科技文化等。

(七)民族节庆文化遗产旅游景观

青海河湟地区"六月六花儿会"、民和"纳顿"节、同仁"六月会"、於菟节、藏历年、穆斯林"开斋节"、环青海湖地区的"祭海"活动、康巴艺术节、玉树赛马会,西藏境内的那曲赛马会、当雄赛马节、藏历年、雪顿节、林卡节、沐浴节等。

(八)独特高原地貌与民族文化遗产的有机融合而成的旅游景观

充满着传说色彩的日月山及文成公主;美丽的青海湖与"祭海";青海湖与西王母瑶池的传说;雄伟的昆仑山与博大而神秘的昆仑文化;神奇的三江源与康巴文化;离青藏铁路最近的被藏族群众奉为"天湖"和"神湖"的措那湖;羌塘草原上色彩斑斓的游牧文化、远古岩画、古象雄国的遗址、英雄格萨尔王的足迹及随处可见的玛尼堆、经幡、古塔,著名的唐蕃古道贯穿南北;念青唐古拉山和纳木错不仅是西藏最引人注目的神山圣湖,而且是民歌和传说中生死相依的情人和夫妇,已是世界屋脊上最大的宗教圣地和旅游景观之一。

(九)灾难遗迹旅游景观

史前人类活动灾难遗址——喇家遗址;昆仑山大地震裂缝带;"4·14"玉树地震遗迹。

当然,青藏铁路沿线及周边地区并非所有的文化遗产资产都必然是文化旅游产品。所选取的文化遗产景观首先必须具备旅游资源的核心特征吸引力;其次,可进入性要强;最后,要使游客满足其体验感,产生系列旅游消费。

## 二、青藏铁路沿线及周边地区少数民族文化遗产旅游景观的价值及特点

### (一)历史悠久,内容丰富,形式多样,民族性突出

该线路所经地区众多的少数民族文化遗产,是伴随着世居于青藏高原各民族不断传承、光大、融合和不断变革而形成的,它凝聚着高原各民族数千年的智慧结晶,其内容博大精深,包含了民族文化、宗教文化、民俗文化、考古遗迹、民间工艺等各文化层面,尤其是许多非物质文化遗产,内容更为丰富、民族形式更为多样,无疑是全人类宝贵的文化财富。可以肯定,青藏线是一条名副其实的蕴含着浓郁高原地域文化特色的少数民族文化艺术走廊。

### (二)具有极高的历史文化价值和深远的社会影响

因其悠久的历史和丰富的民族文化内涵,挖掘、研究、保护这些文化遗产,对研究青藏线所经地区各民族的历史渊源、文化特质、文化交融等均具有极其重要的参考价值。以青藏线周边丰富的少数民族非物质文化遗产为例,每一项非物质文化遗产都是高原各民族在某一项领域中的历史活态的体现,“是认识这些民族、种群文化史的活化石”[2],原生态地反映着每一民族的文化身份和民族特色,从不同层面显现着每一民族独具特色的历史文化发展轨迹,通过这些非物质文化遗产,我们可以了解青藏高原各少数民族在特定历史时期的生产发展水平、生活习俗、精神世界、审美情趣等,因而,它们都具有极高的、非常丰富的历史文化价值。此外,“许多非物质文化遗产又在不同民族的交往过程中,通过不断的碰撞、渗透、交叉、融合,形成了文化的特异性与适应性并存共生的‘和而不同’”[3]甚至是相互交融的局面,青海省黄南州同仁县的“热贡六月会”遗产项目就是典型的例子。可以说,保护并弘扬青藏线周边众多少数民族的优秀文化遗产,对促进该线路所经地区乃至更大范围内的民族团结、社会和谐发展具有非常重要的支撑作用。

### (三)潜在旅游经济效益巨大

青藏铁路沿线及周边地区的多民族文化遗产由于其内容与形式的独特性、种类的丰富性以及所呈现的神秘、神奇、原始等特征,使其观赏价值、人文科考价值均很高,由此构成的众多的现实人文旅游景观以及旅游线路堪称国内外一流。而且,铁路沿线及周边地区历史上就是藏传佛教诞生及弘扬发展之地,著名的宗教寺院、古城古镇多分布于此,形成了多条著名的宗教朝觐线路。由此,完全可以把青藏铁路沿线及周边地区打造成为当今国际上非常推崇的民族文化遗产旅游景观带。随着青藏铁路国际旅游观光列车的开通以及青藏两地旅游基础设施的不断完善,其潜在旅游经济效益将会逐渐凸显出来,青藏线必将成为我国不可多得的世界级旅游品牌。

## 三、青藏铁路沿线及周边地区多民族文化遗产旅游景观的管理

青藏高原海拔高(平均在4000米以上)、空气稀薄、气候干燥、太阳辐射比较强、气温比较低、降雨比较少,因此,生态环境异常脆弱,人文生存环境条件艰苦。因而,对青藏铁路沿线及周边地区众多的民族文化遗产旅游景观的管理难度大,必须照顾到其特殊性。

### (一)加大对构成文化旅游的资产——文化遗产的科学有效的保护力度

文化遗产管理的一条潜在原则是从遗产的保护中获得“社会效益”[4]。

1. 制定保护青藏铁路周边地区多民族文化遗产资源的地方性法规和实施细则

从法律的角度约束、制止人们的破坏行为,并以此从宏观上指导、监督今后青藏线进一步实施经济深度发展的开发行为,保障该地区众多民族文化遗产的安全。

2. 尽快开展青藏铁路沿线及周边地区多民族文化遗产资源的普查清理工作

进行名录登记,这不仅是采取保护措施的主要依据来源,事实上该行为本身就是一种保护措施,也是今后对文化遗产进行深一步研究并进行开发利用的出发点,其意义非常深远。

3. 重视文化遗产的节庆活动,为遗产项目及遗产拥有者提供集中展示的平台,以此进行有效的保护

这样做的好处在于节庆场所“会成为人群的聚集点,让那些可能分散在很大地理范围内的人们相聚在一起。而且,表演者和工匠所做的以及他们所知道的东西能够在这里被记录下来并能够获得重新验证”,[4]让来自民间的艺人或表演者无论在物质上还是精神上收获不小,对保护自身文化积极性很高。

4. 强化研究机构,建立系统教育培训体系

这一工作分两个层面进行。一是地方文化主管部门和群众文化馆等单位深入基层组织开展某项遗产的教育培训工作,即开办培训班;二是通过各地大中专院校及职业技术学校,开设培养体系各不相同的相关专业,让一些珍贵的文化遗产走进学校,通过专业教学使之得到保护与发展。

5. 根据物质文化遗产与非物质文化遗产不同的特征,其保护模式应加以区别

青藏线周边多民族文化遗产包括物质文化遗产和非物资文化遗产。物质文化遗产保护的对象是物质载体本身,需要大量自然科学技术手段,在这里人扮演着保护者的角色;非物质文化遗产保护的重点却是遗产持有人,因此,对重要的非物质文化遗产可采用确立传承人以及对传承组织和个人予以经费资助等办法。

6. 沿线设立重点保护基地及重点保护项目

例如,青海省黄南州热贡文化生态保护实施成为中国继闽南、徽州之后第三个国家级文化生态保护实验区。青海省黄南藏族自治州的热贡地区融合了汉传佛教、藏传佛教、儒家文化等多个元素,以及古代西羌文化、吐蕃文化、蒙古文化等几十个民族文化成分,使热贡艺术呈现出异彩纷呈、多姿多彩、博大精深的特色文化生态。是青海省

非物质文化遗产最集中,文化资源最丰富,文化形态最具多样性、唯一性和独特性的一个地区,极具文化代表性和保护价值,在全国乃至全世界具有广泛影响。近些年来,青海省探索出了一条既符合人类文化遗产保护和国家有关部门专业规定要求,又有利于热贡文化后续发展的新途径,使热贡艺术、热贡六月会、於菟、藏戏等热贡文化得到了有效保护,促成了当地文化产业的形成与发展。

7. 以旅游开发进促文化遗产保护

青藏线已显现出世界级旅游黄金线的品牌价值,据此,应抓紧对沿线及周边地区弥足珍贵的少数民族文化遗产资源的深度开发。这样,青藏沿线文化遗产的多数传承者和拥有者因开展旅游增加了自身收入,改善了生活,甚至脱贫致富,使他们感受到自身文化的经济价值,促使他们提高保护自身文化的自觉性,加入到保护文化遗产的行列,这是在经济欠发达的地区最有效的文化遗产保护措施之一。

采取以上保护举措,其意义不仅仅是对青藏线周边地区多民族文化遗产的珍惜与尊重,也从更深远意义上反映了我们人类的进步,反映了我们对自身的尊重,即对人类精神家园的呵护,这是当今世界各国的一种自觉行为,是我国当今倡导构建和谐社会这一治国方略内涵与形式的一种具体体现。

### (二)基于旅游人类学视野下的青藏铁路沿线及周边地区多民族文化遗产的旅游开发理念及措施

(1)进行旅游规划与开发时必须突出青藏铁路沿线及周边地区多民族文化遗产的“真实性”(authenticity)。

青藏铁路的全线开通激活了沿线及周边地区的旅游业,成倍的国内外游客使当地政府及广大农牧民对发展旅游业信心倍增,大兴土木、包装文化、展演文化等蔚然成风,旅游经济提速上扬,但随之一些负面影响接踵而至,如部分景区景点的游客承载量严重超标,部分景区景点过于现代化,民俗演出趋于商业化等。正如美国旅游人类学家格雷本(NelsonH Graburn,1976)所认为:在旅游经济中,出于赚钱的目的,任何可以合法地吸引外来游客的文化因素,都可以被包装、被定价、作为商品提供和出售给游客,文化被当作商品来买卖。舞台化是商品化的重要形式之一。另外,众多游客持续不断地涌进,众多外来文化、不同制度下的价值观、不同生活背景下的生活观等对当地居民及当地文化势必会造成一定的冲击和影响,会使一些文化的表层象征逐渐弱化[5]。长此以往,沿线丰富而珍贵的多民族文化遗产旅游资源也将势必受到程度不同的破坏,失去文化的真实性,导致青藏线旅游形象受损。因此,如何尽最大努力保护好青藏线周边多民族创造的珍贵文化遗产,把其“真实性”的一面供游客体验欣赏,并对游客体现出持续的吸引力,进而做到本地旅游业可持续发展是旅游规划与开发工作的关键。

旅游的真实性大致可以从三个方面得到体现和认识:一是“客观性真实”(Objective authenticity),二是“建构性真实”(Constructive authenticity),三是“存在性真实”(Existential authenticity)[6]。因此,凸显青藏线周边多民族文化遗产的“真实性”是一项系统工程,首先,要进一步加强旅游目的地政府主管部门在旅游业中的主导行为,发挥引领、监管、督导、教育、协调等职能,教育旅游地居民尊重、保护自身文化,旅游活动中保证尽量给游客提供原汁原味的民族文化。同时,组织人员编制好具有战略性的各项旅游规划,保证旅游开发工作依法有序进行。其次,引导各旅游企业从游客必需的吃、住、行、游、购、娱等各环节设计生产具有"真实性"的文化遗产旅游产品,加大旅游产品的文化内涵,提供高质量旅游产品。最后,制定相关规章制度,控制来青藏高原的旅游者的行为,引导他们理解、尊重旅游地的文化遗产,正如《国际文化旅游宪章(重要文化古迹遗址旅游管理原则和指南)》(1999年10月)中的原则三所指出的:确保带给游客一段有价值的经历,确保带给游客一段有价值的、满意的和愉悦的经历,古迹保护和旅游的计划应该提供游客高质量的信息,以确保游客最清楚地了解遗产的重要特征和保护其需要,使他们能够以恰当的方式享受在当地的旅游。

此外,在对文化遗产景观进行旅游规划与开发时必须处理好另一层关系,即"真实性"与"现实性"之间的关系。许多旅游者都需要"真实性",但这种"真实性"却不必是现实性。真实性是一种社会结构,它是部分地由个体本身的知识及其参照系所决定的。[4]许多旅游者都对文化遗产感兴趣,但其中大多数人对于过去、对于一些少数民族只有很少的知识,因此,他们愿意通过一次旅行来感知、体验某一地模式化或场景化的对某些文化遗产景观(这里主要指的是很多非物质文化遗产项目)的再现。所以,民族地区的旅游主管部门在与旅游规划部门以及旅游投资商,特别是当地居民经协商达成统一意见后,可选取可进入性强、符合旅游接待点要求的地方,建立遗产类主题公园、遗产类主体博物馆等,构成旅游景观。

(2)规划开发青藏铁路沿线及周边地区多民族文化遗产旅游中,必须保护当地社区居民的利益。

旅游发达国家和地区的成功经验告诉我们,当地的居民是旅游业发展的最终受益人;而且,当地的居民是旅游资源的一部分,从国际旅游发展的趋势来看,当地居民的文化、生活、生产方式构成的人文景观是以自然风光为基础的旅游地的最好的互补资源;当地的居民参与管理、得到利益,才能根除居民、发展商、游客的潜在冲突,消除旅游业发展的潜在阻碍。青藏线所经地区的大多数农牧民受教育程度低,掌握的生产技术有限,从事生产活动单一,经济收入水平普遍低下。在此情况下,靠着代代传承的民族文化遗产从事旅游以增加收入来源,可以说是非常可靠且成本较低的创收渠道,深受农牧民欢迎。因此,要打造青藏铁路旅游品牌,沿线及周边地区的政府部门从政策制定、资金投入、技术扶持、人员培训等各方面首先必须关注当地居民,激发他们的积极性、创造性,保护他们的合法权益,保证他们的利益得到满足。因为他们是青藏线珍贵而丰富文化遗产的传承者、拥有者、守护者和传播者,他们的态度决定着打造青藏线多民族文化遗产旅游带的成功与否。

(3)选择青藏铁路沿线及周边地区有影响的朝圣旅游线路争取早日申请其列入世界遗产名录。

2003 年世界遗产委员会第 27 次大会在巴黎总部召开,要求为加入有关文化线路而修改“行动指南”。2005 年最新版的公约操作指南在“文化景观”的概念旁附注了附件三“特殊类型遗产提名的指南”(Annex 3:Guidelines on the inscription of specific types of properties on the World Heritage List),提出了四种特殊的可列入世界遗产名录的遗产类型:

文化景观(Cultural Landscapes);

历史城镇及城镇中心(Historic Towns and Town Centres);

运河遗产(Heritage Canals);

线路遗产(Heritage Routes)[8]。

实际上,早在 1993 年,世界遗产委员会第 17 次大会上,西班牙圣地亚哥—德孔波斯特拉朝圣之路(The Route of Santiago de Compostela)已被列入世界遗产名录。

青藏铁路沿线及周边地区民族众多,宗教文化源远流长,历史上该地区就是藏传佛教诞生及弘扬发展之地,著名的宗教寺院、古城古镇多分布于此,形成了多条著名的宗教朝觐线路,在时机成熟之时,积极申报世界遗产名录,这对于加大对该地区范围内的多民族文化遗产的保护,扩大、提升该铁路沿线及周边地区作为旅游线路的知名度,会产生非同寻常的积极影响。

(4)选择沿线旅游开发重点地区,推出地方代表性文化遗产旅游项目,以点带面,点面结合,走青藏线旅游逐级发展之路。

青藏铁路从总起点西宁至终点拉萨近 2000 公里的线路,沿途依次经过西宁、格尔木、安多、那曲、拉萨等主要旅游地段,可概括为青藏线三大旅游圈,即大西宁旅游圈、格尔木旅游圈和拉萨旅游圈。三大旅游圈是青藏线最主要旅游集散地和旅游目的地,高原文化遗产资源集中,旅游基础设施相对配套完善,而且每一旅游圈因各自所处地理环境的不同,气候的差异,民族成分的不同,生产方式的不同,呈现出不同的地方民族文化特色。为此,青藏线将西宁、格尔木、拉萨三大文化旅游圈作为发展旅游的中心区域,努力挖掘三地特色鲜明的文化遗产资源,打造出三大文化遗产旅游品牌,以此吸引中外游客。

据此,大西宁旅游圈应主推以藏族、回族、土族、撒拉族等民族创造的多宗教、多民族、多文化为特征的旅游地形象;格尔木旅游圈则应突出昆仑文化及蒙古族民俗风情为特征的旅游形象;拉萨旅游圈主打藏民族文化及藏传佛教为主体的雪域圣地旅游形象。而且每一旅游圈内设计出丰富多彩的旅游线路,在此基础上逐步向周边地区延伸,把更多、更神秘的文化遗产展现给世人,使青藏线成为一条真正意义上的文化遗产旅游线。

(5)根据不同游客的需求,策划多样文化遗产旅游产品,并适度突出文化遗产旅游产品组合特点。

经济的发展、旅游经验的丰富已使当下很多游客的消费模式跨入感情消费阶段,他们更加注重旅游消费的个性化,注重追求旅游产品所具有的精神和文化内涵,注重选择适合自己需求的旅游活动方式。因此,围绕青藏沿线及周边地区丰富的多民族文化遗产旅游资源,设计规划出多种不同主题、不同内容、不同形式的针对不同游客需求的旅游产品。如青藏高原少数民族节庆观赏游,青藏高原少数民族艺术采风游,青藏高原农家游、牧家游,以青藏高原藏传佛教寺院游为主的高原多民族宗教文化游,青藏高原文化遗迹科考游,青藏高原历史文化名城游等。总之,形式要多样,内容要丰富,特别提倡游客体验游,即突出旅游中游客的参与性,让游客亲身感受高原少数民族文化遗产的魅力。

为避免某些文化遗产旅游产品的单一性,应因地制宜,加强资源组合,包括文化景观与自然景观的组合,不同民族文化的组合,主题不同的文化遗产景观组合等。

(6)倡导可持续发展的青藏铁路沿线文化遗产旅游发展模式

第一,以规划为行动指南,避免开发中的盲目行为、无序行为乃至对文化旅游资源的破坏行为。这里所说的规划应是青藏线旅游整体规划,因此规划要突出青藏线作为一条反映青藏高原多民族多样文化遗产,以之为主题的文化旅游线路特点。

第二,对青藏线多民族文化遗产旅游黄金带的游客承载量要有一个科学的估算,要控制好青藏线旅游发展规模,注重经济效益的同时,兼顾社会效益和生态环境效益。

第三,两地相关政府部门要加大对青藏线旅游市场的监管力度,整治规范旅游市场,维护旅游者的权益,创造良好的旅游市场环境。

## 四、结语

从现状看,虽然青藏铁路沿线各级政府和职能部门已经意识到保护多民族文化遗产以及实施"可持续性发展"战略的重要性,但我们也不得不指出,目前开展的许多工作还停留在政治和官方的宣传层面,在具体实施时难以有效地、整合性地、最大限度地发挥青藏线"文化遗产旅游景观"走廊的优势,缺乏具有国际水准的、符合国际惯例的集保护、利用、开发于一体的高规格旅游项目。据此,按照国际相关组织和我国对遗产保护的相关要求和指标对青藏沿线及周边地区开展调查、评估、分析、整合和规划是当务之急。同时要以我国发达省区在保护人类文化与自然遗产以及旅游开发方面的研究和经验为参照,一定以青藏两地省情为出发点,保证青藏线成为一条永久的幸福线、文化线、旅游线。

## 参考文献

[1]李志超. 文化遗产学的基本概念及大学责任[J]. 教育与现代化. 2007(3).

[2]王文章. 非物质文化遗产概论[M]. 北京:文化艺术出版社,2006.

[3]宗晓莲. 旅游开发与文化变迁:以云南省丽江县纳西族文化为例[M]. 北京:中国旅游出版社,2006.

[4]Mckercher B. ,Du Cros H. ,朱路平. 文化旅游与文化遗产管理[M]. 天津:南

开大学出版社,2006.

[5]郭万平. 世界自然与文化遗产[M].杭州:浙江大学出版社,2006.

[6]彭兆荣. 旅游人类学[M].北京:民族出版社,2004.

[7]UNESCO. Operational Guidelines for the Implementation of the World Heritage Convention. 2005. 83. Data sources: http://whc. unesco. org/archive/opguide05 – en. pdf.

# 民族地区旅游投资开发模式研究

梁福兴　覃　澄

(桂林理工大学旅游学院,广西桂林,541004)

【摘　要】经济的不断发展使更多资金开始投向旅游业,民族地区旅游业的发展也离不开各类旅游投资的进驻,民族地区各类旅游投资只有在互相协调发展的情况下,才能使民族旅游业更好、更快地合理发展。

【关键词】民族旅游;旅游投资;投资模式

## 一、民族地区旅游投资开发现状分析

### (一)东部地区

中国东部地区,是指黑龙江、吉林、辽宁、河北、北京、天津、山东、江苏、上海、浙江、福建、广东、海南、香港、澳门、台湾等省市及地区。这些地区的经济发展水平相对中部地区和西部地区高,有着优越的地理优势,旅游业发展基础良好。因此,不管是政府对民族旅游的财政支持还是各类企业投资、外资投资,畲族、高山族等地区的投资数量和质量,相较都高于中部和西部地区;旅游投资的方式也更为成熟,基本实现了多元化的旅游投资发展,不再是单一的计划经济的政府主导性投资。由于经济的发展,以及国家投资政策的放宽,外资对东部民族旅游的投资越来越多,旅游投资呈现市场经济特点。

### (二)中部地区

中部地区,包括河南、湖北、湖南、安徽、江西和山西六省市。这些省市的民族旅游业的发展有一定的基础,也有着优秀的代表,如湖北的长江三峡游、湖南的张家界景区、安徽的黄山国家风景名胜区、江西的红色旅游等。这些经验,为旅游开发起了示范作用,更为民族旅游投资起了良好的带动作用。

### (三)西部地区

西部地区,包括重庆、四川、贵州、云南、西藏、陕西、甘肃、青海、宁夏和新疆、内蒙古和广西十二个省、市、自治区。西部地区自然资源丰富,民族旅游资源有着原生态、

---

[作者简介]梁福兴(1963—　),男,副教授,主要研究方向:民族经济,民族景观;覃澄(1985—　),女,壮族,广西南宁人,桂林理工大学旅游学院2009级硕士研究生,研究方向:少数民族经济。

多元化的特点,但是由于地理环境的限制、交通不便、投资力度有限等种种原因,西部地区的旅游经济相较于东部地区落后,在资金上表现相对稀缺,造成了对旅游业的投资开发受到了一定的限制。此外,西部地区的旅游开发较晚、旅游基础较差。所以,相对旅游业较发达的东部和中部地区,需要合理的、强有力的旅游投资,方可加快其提升发展。

西部地区也有旅游开发的典型,如云南省和四川省的旅游业发展可以与东部地区的旅游业发展相媲美。这都得益于两个省在旅游业发展过程中不盲目效仿旅游业发达地区的成功模式,对自身进行了有针对性的符合地方特色、条件的规划和策划,并成功地吸引了各类旅游投资商的资金注入,促进了当地旅游业的快速发展,为西部地区的旅游业发展树立了榜样。

## 二、民族地区旅游投资开发模式探讨

### (一)政府投资型

国务院规定了旅游资源属于国家资源(《风景名胜区管理条例》,国务院2006年颁布),因此,一旦旅游资源的属性被认定,该项旅游资源就属于国家所有。各级政府作为资源所有人代理,有效行使管理和开发的权力。旅游资源国家所有的表现,主要在于政府对旅游资源开发和经营的许可权。现有政府投资型一般表现为政府对旅游业的财政拨款,通常用于旅游基础设施建设。但是,由于各级政府的财政状况不同,对民族旅游投资的力度也各有不同。经济相对发达的东部地区,政府对旅游基础设施建设的投入也相对雄厚得多。

旅游基础设施投入,是一项高投资、收益回报期长、收益低的项目。因此,在一些经济不够发达的中西部地区,政府对旅游基础设施建设的投入,往往达不到成功吸引外来旅游投资的目的,造成了中西部地区的旅游业发展相对缓慢。

### (二)外来投资型

外来投资型的民族旅游投资,多数以企业投资形式为主。这种外来投资型民族旅游投资,可以解决政府投资型的民族旅游投资所存在的资金投入不足和资金投入时间过长的问题。这种类型的外来投资,除了带来基础设施建设资金外,同时还将一些先进的管理经验和企业文化带入所投资的民族地区。但是,同时外来投资带来的文化,也会对民族地区的原生文化和旅游经济环境带来冲击,造成民族文化同化程度越来越高,不利于地方特色文化在民族旅游中的体现和传承。此外,外来企业投资往往容易造成垄断现象,使当地社区居民较少享有旅游开发利益。

### (三)地方自筹投资型

地方自筹资金投资型,包括集体组织型和个体投资型两种。地方自筹资金进行民族旅游投资,可以充分发挥民族旅游地区社区居民在旅游开发过程中的作用,避免了外来企业投资与当地社区居民可能产生的利益冲突和矛盾。但是,地方自筹资金,无论是集体组织,还是个人投资,对于西部经济不发达的民族地区,在数量上和质量上来说,都是很难与外来企业投资相比拟的。

由于缺乏先进的管理经验和管理模式,加之资金投入能力限制,地方自筹资金投入民族地区旅游开发往往忽略了项目可行性评估和旅游资源整合,容易造成民族旅游投资开发的盲目性和短视性,造成民族旅游资源被不可挽回地破坏。

### (四)多方合资型

多方合资型民族旅游投资,是指外来旅游投资与民族地方政府、集体、个人和社会集团等投资共同进行民族旅游开发。多方合资型民族旅游开发,可以很好地将企业与民族地区经济实体、民族社区居民联合起来,避免产生单一性外来经济实体投资造成的文化冲击和文化同化的风险。同时,也可以规避外来企业独资所造成的民族旅游资源垄断。

## 三、民族地区旅游投资开发模式改进

### (一)现代管理理念

随着经济的不断发展,国家更注重作为民族地区软实力的第三产业发展。旅游业作为第三产业中一个“引领产业”,更要起到很好的多产发展的带头作用。除了民族旅游业自身发展之外,也可联合推动其他相关产业的共同发展。民族地区旅游业,可以结合民族文化产业和其他经济产业实现共同进步,同时促进民族传统特色文化的传承和发展。

民族地区旅游发展注重引进新型现代管理理念尤为重要,现代新型管理理念有助于协调各方旅游投资在民族地区旅游业发展中的各种关系,使政府、社区、投资者、经营者等各方作用和利益达到最大化,促进民族地区旅游业的发展。

### (二)模式改进途径

东部地区和中西部地区的发展程度差距较大,西部民族旅游发展,可以与中东部地区结成合作伙伴关系,在站稳民族旅游特色模式的基础上,促使旅游投资商更为关注西部地区的民族特色旅游资源的保护和可持续性,促进可持续发展。

在经济政策宽松的情况下,注重鼓励外资向西部民族地区引进。例如,广西作为一个沿海沿边有着良好区位、交通优势的地区,可以充分利用其民族特色文化旅游资源的优势,在中国—东盟博览会永久落户广西的基础上,加强与东盟各国之间的密切关系联合,在民族旅游产业之间进行更为广泛的投资交流和往来发展,使之成为广西民族旅游业发展的宝贵资源。新加坡、泰国、马来西亚等国家的民族旅游业发展基础较好,可以引进其外资和经验加大对广西民族旅游业的投资和发展。同时鼓励有实力的广西地方民族旅游企业向东盟地区发展。

在原有的民族地区旅游投资过程中,民族地区社区居民往往没有作为一个重要的旅游开发参与成分,因此在旅游投资开发过程中,往往会造成投资者和社区居民间的矛盾和冲突。强调民族地区社区居民参与是今后民族地区旅游投资开发的必然趋势。

### (三)新型模式建构

在民族旅游业不断发展的过程中,原有的计划经济型投资模式应向市场经济型模式转变。中西部民族旅游投资开发过程,可以以东部地区的旅游投资开发模式作为参考,但不是完全照搬,尤其是大规模实力型投资模式不宜在民族旅游投资模式中推广。立足实际经济实力与外来投资实力相融合,是民族地区制定一套符合自身旅游发展模式的前提基础。

首先,政府在旅游投资开发过程中,更重要的作用是引导和监督,而不是超能力的借贷投资。对于中西部经济不发达的民族地区,政府可以对民族旅游基础设施建设进行前期财政扶持,在旅游基础设施相对完善的基础上,更多倾向于外来企业投资和本地社会资本投入的结合。政府对外来投资进行严格把关,尤其是对民族旅游项目投资可行性的严格审查和把关,注重确保民族地区特色、稀缺民族旅游资源,尤其是传统民族文化旅游资源的保护性开发利用。

随着地区民族经济的不断发展,越来越多的社会游资开始进驻民族地区旅游业,尤其是随着拥有特殊政策支持的旅游景观房地产业的发展,非旅游企业投资大量转移到了民族旅游业。需要民族地区政府在给予外来旅游投资和地方自筹旅游投资在土地、税收等方面政策优惠的同时,更加注重吸引外来资金对民族旅游资源开发的投资,而不是对民族旅游地土地和资源的垄断和炒作。

其次,加大对民族地区社区居民参与旅游投资开发的支持力度。民族社区居民在旅游开发过程中,对基础设施建设、环境保护、文化传承等方面都起着不可替代的作用。同时,民族社区居民与外来旅游投资的合作,对民族旅游开发、旅游经济发展和民族社会和谐起着至关重要的作用。民族社区居民参与,可以使外来旅游投资开发更易操作,避免外来文化与民族原生文化发生矛盾冲突。

再次,促进外来企业投资和民族地区自有资金合作的民族旅游投资开发模式。这种开放性合作模式,不仅能发扬外来旅游企业投资在资金和管理上的优势,还能充分调动民族地区自有资金对旅游投资的积极性,有效避免外来旅游企业投资对民族旅游业的控制和垄断,也可有效避免单纯民族旅游投资对当地民族旅游资源的粗放型开发利用,使投资双方共享旅游投资开发带来的更好成果。

最后,促进外来投资向民族地区综合旅游产业的延伸发展。利用民族地区特色、稀缺旅游资源,结合国家经济政策,促进外资投入民族旅游业发展的同时,鼓励其对民族旅游相关产业的综合投资,促进农、林、牧、副、渔、商贸、城建、社会文化等相关产业的投资发展,促进民族旅游业对相关产业的促进作用。

## 参考文献

[1]黄郁成,张国平,李金波. 乡村旅游投资主体关系研究[J]. 旅游学刊. 2007(6):75－79.

# 在震撼中触摸青海高原人的心灵
## ——谈开发青海民族旅游文化的新思路

贾晞儒
(青海民族大学民族研究所,青海西宁,810000)

【摘　要】开发青海特色旅游文化资源,必须有一个整体规划,既要反映各民族的独特文化,又要展现各民族文化中的共聚性特征,形成一个点面结合的有层级、有个性而又内在联系紧密的民族特色旅游文化圈,使旅游者不但可以获得精神上的愉悦,而且会受到心灵的震撼。

【关键词】青海;民族特色旅游文化;新思路

自古以来,我们把黄河称为“母亲河”,因为黄河之水是一切生命之源,是人们生存和繁衍的命脉,我们的祖先就是守着这一条永不枯竭的滔滔黄河,才奠定了中华民族社会文化生活的基石。而青海的各族人民正是祖祖辈辈守护“母亲河”之源的传人。因为有了黄河,才有了由西向东的湟水(青海)、洮河(甘肃)、沣河(陕西)、渭河(陕西)、洛河(陕西)、汾河(山西)、沁河(陕西)、伊水(河南)、涧水(河南)、济水(河南)、汶水(山东)、洙水(山东)、泗水(山东)等构成的一个完整水系。这个水系上的各个名称不仅仅表明黄河水系的不同称谓,而且它们是一种文化符号,像一条条纤细的丝线连接着千山万水,编织了多姿多彩、璀璨而永恒的民族文化摇篮。这个摇篮就是各民族赖以生存和繁衍的生命线。《诗经》也给我们展现了这样一幅美妙的图景:“河水清且涟漪”(《诗·魏风·伐檀》)、“原隰既平,泉流既清”(《诗·小雅·黍苗》)、“彼汾且洳,言采其莫”(《诗·魏风·汾沮洳》)、“振鹭于飞,于彼西雍”(《诗·周颂·振鹭》)、“猗彼漆沮,潜有多鱼”(《诗·周颂·潜》)、“蒹葭苍苍,白露为霜”(《诗·秦风·蒹葭》)、“敦彼行苇,牛羊勿践履。方苞方体,维叶泥泥”(《诗·大雅·行苇》)。既有北方风吹草低见牛羊的大草原的广阔和豪迈,又有南方柔媚、温润的水乡风光;既有“绿树村边合,青山郭外斜。开轩面场圃,把酒话桑麻”(孟浩然《过故人庄》)的田园美景和悠然自得的农家境域,也有“青海长云暗雪山”,“大漠风尘日色昏”(王昌龄《从军行》七首之一、二首的第一句)的青海湖上空的长云弥漫、横亘着绵延千里隐隐雪山的雄伟壮观和狂风起时的飞沙走石的暴烈大漠。这种多姿多彩、形态

[作者简介] 贾晞儒(1936—　),男,陕西省蓝田县人,教授,从事语言文学研究。

各异的自然风光,给我们勾勒出了中华民族的文化景观。这就是说,中华各民族处在不同的自然环境中,共同吸吮着黄河的"乳汁",用各自的聪明才智和勤劳勇敢,创造了并且还在不断地创造着各具特色而又相互联结的物质文明和精神文明。而青海各族人民则是偎依在母亲怀抱中最近的儿女,母亲的乳汁哺育了她们在共同性中的特殊的体质和精神特质,这种体质和精神又使她们在这片土地上创造了独具特色的物质文化和精神文化,展现出与内地文化有联系又有不同的神韵以及在自然、社会和艺术领域中的美学特征。这一切都成为我们发展旅游事业的重要文化资源。

## 一、在共性中凸显个性特征

青海各民族的文化之间不但存在着共性的特征,而且与汉族和其他民族的文化也同样具有普遍的共同性。那么,我们应该为旅游观光者提供什么样的旅游文化品牌呢?首先,我们必须明白一个问题,这就是内地旅游者,乃至国外友人为什么来青海旅游?是来观赏青海的"青山绿水"之美景,还是来体验青海的山川雄奇和戈壁草原的广袤与寂寥?是来体验柔情韵味的风土人情和纤纤细嫩的青枝绿叶、花红水清的风光,还是来感受豪迈、刚毅、淳朴的民风民俗?论风景,各有优势;论风情,各有特色。不言而喻,我们应该突出自己的优势和特色。有一年,我曾经参加在格尔木市举办的关于开发旅游文化资源的学术研讨会,其间,又参加了一次该市召开的"招商引资大会"。在这个大会会场,会前会后始终播放的是全国流行的"走进新时代"一类的歌曲,听不到能够展现当地民情民意和民族情感的歌曲,也看不到那个城市应该具有的地域性特色。我想,这是一个少数民族世居的地方,地域特色十分突出:巍巍昆仑环抱,皑皑雪山映现,日照盐池的万丈霞光,还有时不时飘荡在天空的咩咩叫声、狺狺犬吠和草原牧场上的袅袅炊烟,以及从蒙古包、牧民帐篷里飘出来的悠悠深沉的歌声。这种天然的生存环境,培育了与之相适应的人文景观和人文生态风貌,多么诱人啊!我当时就想:为什么不突出这些特色呢?难道旅游者为聆听"走进新时代"之类的流行歌曲,观看鳞次栉比的高楼大厦而来的吗?我侘傺不虞。还是用一位浙江女旅游者的话作回答吧!那是在会议即将结束的时候,会议主办单位,组织与会代表同前来旅游的朋友一起参观胡杨林,在爬一座沙丘时,我与她相遇,她脱掉了鞋袜,光着脚丫攀登,时不时地就顺沙流滑下来,再奋力向上攀爬。我问她:"你怎么到这儿来旅游?这里有什么好看的?"她却说:"如果是观花赏草,游山玩水,或者观赏文物古迹,我就不来这里。这里的人太不简单了,他们把根牢牢地扎在这里,创造了这座美丽的城市和非凡的民族文化。昨天和前天我们去牧民家做客,和他们交上了朋友。他们热情好客、坚强豪迈、朴实善良、勤劳智慧、乐观自信,令我们感动。听说胡杨要是活了,就三千年不死,死了,三千年不倒,倒了,三千年不朽。它们真是这里人的精神象征啊!所以我怎么也要去拜访它们(她特别用了"拜访"这个词)。来到这里,我感到震撼,真是接受了一次心灵的洗礼。今年我来了,明年,我还要带儿子再来!"她的话,使我意识到青海旅游业的开发,不仅仅是为旅游者提供"观光"和悠闲的心理愉悦,一个与内地不同的重要特征和功能,就是民族文化精神的展示与宣扬,让旅游者在自娱中得到某种心灵的领悟和精神上的震撼。试想,当你看到在一片几乎见不到生命迹象的沙丘上,竟然有一丛丛胡杨巍然“站立”在那里,皮肤是那样的粗糙,躯体却是那样的坚挺,一个个都高昂着头,伸展着纵横交错的枝杈和枝杈上密密麻麻的多种形状的绿叶的时候,你一定会感到它们像从杀敌战场上凯旋归来的钢铁战士,又像是袅袅多姿的少女迎接客人们到来一样的刚毅豪迈、乐观热情,不能不使你心灵一震,敬慕之心油然而生。也许有人会说,你这不是把旅游搞成了教条式的说教了吗?非也!当旅游者踏上青海大地,看到皑皑雪山,莽莽昆仑,滔滔黄河,辽阔的草原、戈壁的时候,看到了藏族、土族、蒙古族等民族的激昂、奔放的舞蹈,听到豪迈、浑厚、深沉、悠扬的歌曲的时候,他们会有什么感想?可以说,是一种异样的感受,深深的感染,即不知不觉中发生情感的变化,更是发自他们内心的“震撼”和“感动”,表现为情不自禁的欢笑、敬佩和“畅所欲言”,或者令其疑惑消解、忧愁尽散、心旷神怡,进而参与其中或手舞足蹈、放声高歌。这能说是“教条式的说教”吗?这是一种热起来的“特色旅游文化”,是人们自发追求的精神享受,是在特定环境中的自我无意识的“社会化”过程。是这个外部现实或者说客观现实转化为内部现实或主观现实的必然结果。旅游者身处这种客观现实,会不自觉地通过自己的感知、记忆、想象、表象和思维等心理活动,实现“内化”过程,即产生积极的心理反应——敬佩世世代代生活在青海高原的各族人民,为中华民族创造了辉煌而又具有地域特色的丰富多彩的民族文化,他们会为在我们国家的这样高寒缺氧的地区有这样雄伟、奇特的文化和文化景观而感到骄傲,他们在欣赏和享受这种文化的时候,也会在主观上把自己和当地的各族人民群众相认同,并会成为他们的精神榜样而内化,审视自己的行为标准和价值判断,使他们在离开青海高原的时候,带走的是无穷的“回味”,而流连忘返。

由于工作的关系,我也交结了许多内地的朋友,有青年人,也有中老年人,他们在从青海旅游返回自己的家乡以后的通话或来信中,都无不谈到自己的这些感受。我想,这可能就是社会心理学所说的“内化”作用吧!他们在来青海以前,对青海的印象是模糊的,不真切的,甚至还有些畏怯。但是,当他们进入青海境内,亲耳所闻、亲目所见,有了直接的亲身体验之后,尽管是短暂的,其认识也必定会发生一些变化,即他们一定“接受了新观点,新情感和新打算,并将其纳入自己的价值体系之内,成为自己态度体系有机组成部分,即彻底形成了新态度”。这就是青海旅游特色的魅力之所在。这魅力既在历史的沉积中,也在历史的呈现中;既可以睹物思人,也可以睹物思事、思情,让旅游者在感受中回想,在想象中驰骋,穿透历史的壁障,倾听壮伟的呼喊,回响起心灵的震撼与顿悟!但是,我们也应该给旅游者以现实的魅力:柴达木开发的历史“脚印”与灵魂的彰显;格尔木在荒漠戈壁的崛起、慕生忠将军的身影在人们心中的显现;走进慕生忠将军的陈列馆,我们就可以感受到他热爱这片土地的心还在怦怦跳荡,“柴达木人的精神”感动着巍巍昆仑、皑皑雪山,使茫茫荒野变成了离太阳最近的“明珠”璀璨的宝地!如果我们能进一步充实和凸显这种神奇,使民族旅游文化内涵和精髓,得到更大的彰显,以赢得旅游者的青睐,青海特色旅游文化的价值就会得到更大的提升。从地域环境讲,这种特色在青海高原尤为鲜明,如玉树、果洛、黄南、海北、互助、民和、循化等州县,都有值得开发的项目。但是,我们也必须注意到,开发"神奇",不是渲染迷信。这是两个截然不同的概念和目标。所谓"神奇",就是青海多彩、多变的自然风光和展现在旅游者眼前的非常奇妙、神异的原生态的斑驳、突兀的地形地貌特征和浓郁的民族文化特征,以及在这种自然生态环境和民族文化环境中,发生的史无前例的、翻天覆地变化的神奇和表现出来的各民族人民独有的性格特征和精神风貌。

## 二、凸显多元文化中的向心力

前面,我们强调了在青海旅游文化中要开发、建设具有地域特色和民族特色的文化资源。但是,任何特色都是相对于普遍存在的共性而言的,都是有条件的,而不是孤立于一切事物之外的东西,何况,中华各民族在共同开发、建设自己家园的历史长河中,必然有多文化元素的融合,形成了异彩纷呈的文化大观,在各自的特色文化中饱含着一定的共同具有的审美价值观念和文化价值判断。例如,旅游者在观赏了土族的"纳顿"和蒙古族的"那达慕",土族的"安昭舞"和蒙古族的"安代舞"、藏族的"锅庄舞"之后,就必然会感觉到它们之间存在着"你中有我,我中有你"的某些文化联系和神韵的内聚力。土族的"纳顿"一词是"娱乐"的意思,蒙古语的"那达慕"也是"游戏、娱乐"的意思,虽然表现的形式和内容有一定的差异,但主题是一致的。只是因为土族是以农业为主的农耕民族,举行"纳顿"是在丰收的季节,即每年的农历七月十二日至九月十五日,以庙会的形式庆贺丰收、讴歌美好生活,感谢神恩,祈祷来年五谷丰登。蒙古族则是以牧业为主的畜牧业民族,举行"那达慕"也是在每年农历的七月,因为这时的草原水草丰美、牛羊肥壮,正是牧民庆贺丰收、悠闲自在的季节。此时举行"那达慕"既是牧民们亲友聚会、欢庆丰收,祝贺幸福、感谢天恩的好日子,也是牧民们举行文娱体育活动的大好季节。此时,除举行摔跤、射箭、赛马、唱歌和跳舞等传统节目以外,还有物资交流等商贸活动的内容。至于"安昭"、"安代"、"锅庄"之间的联系就更为明显了,它们都是世世代代传承下来的群众歌舞形式,舞蹈动作、形式、歌词内容等,都有许多相似或相同的地方,早先,是围着篝火,群起而舞,由一人领唱,众人合唱,少则三五人,多则百十人不等,不分男女老少都可参加。唱词也大多是庆贺丰收、赞美幸福吉祥和祝愿和睦安宁等方面的内容。而今有了新的发展,既可在设宴、聚会的群体场合,也可在家庭喜庆或者休闲的日子里,随时随地都可以举行。目前,在一些民族高校,乃至城市居民区,也跳起了锅庄舞。舞蹈的共同特点是群众性和普及性,舞蹈动作简单易学。动作的一致性增进了舞蹈者之间的心灵沟通和情绪的相互张扬而气氛热烈,尽管舞蹈者不一定都相互认识,但此时,他们的心灵是相通的,他们的感情也是凝聚在一起的。这种看似原始、素朴的舞蹈形式,却蕴含着十分丰富、深刻的文化元素,这种元素不就是中华民族共同具有的文化特质吗?旅游者只要身临其境,必会产生这种心灵上的感悟而久久不能归途。

著名的湟中塔尔寺、西宁东关的清真大寺等宗教建筑,以其独特的建筑风格和文化底蕴,赢得了国内外旅游者的青睐,因为在这些建筑文化的深处闪烁着各民族文化的心智,流淌着多民族文化的血液。不论在建筑结构上,还是在色彩勾画中,不仅体现了藏民族、回民族的文化特色和精神内涵,而且也使人看到了汉族等各民族的文化智慧。如果追溯它们的建设历史和历史沿革,其中必有许多动人的故事令旅游者心驰神往,使他们体会到在这里的任何一个民族的文化成就中,都包含着汉族等兄弟民族间的相互吸收的精神成果,表现出在审美心理、精神向往等方面的亲密关系。因此,我们在开发、建设民族旅游文化的时候,应该着力这方面的建设。

我们还应该谈谈青海湖的旅游文化资源开发的问题。在历史上,青海湖沿岸曾经是蒙古族、藏族等兄弟民族迁徙、驻牧的地方。在和硕特部首领固始汗率领自己的部众由新疆迁徙至青海湖驻牧伊始,就把祭拜青海湖纳入本民族信仰体系之中。雍正四年(1726 年)在青海湖东岸竖立由满、蒙、汉 3 种文字直行阴刻的“灵显青海之神”石碑一块,1986 年从察汗城运至青海省畜牧厅属湖东种羊场保存,这是现存祭海会盟的一件珍贵文物。清光绪后期,藏民族也参与其中。在祭海会盟中,“朝旨居中,文武长官率蒙、番行谢恩礼”,到了“民国期间,为了体现五族共和,汉族、回族等民族也参加进来,由民国中央政府派员指定主持人……奏乐、鸣炮、三鞠躬、诵读祭文等。”在整个祭海活动中洋溢着各民族友爱合作的亲热气氛,表达了各民族共同的美好愿望,这在蒙古语的“祭海歌”中得到了充分的表现:

虎年初一的吉祥时辰,
是王爵晋升的日子。
随从的大小官员们,
各自晋升其位。
神威的虎符大印,
握在你的右手,多么神气!
六十本法规大典啊,
拿在你手中显神力!
银碗斟满的马奶酒啊,
是敬给你的琼浆玉液。
钉上银掌的大走马啊,
是供奉你远征的坐骑。
那米黄色的骡子啊,
是西宁办事大臣的乘骑;
那铁青色的骡群啊,
是随从官员们的护卫。
在这美丽的青海湖畔,
搭起了蓝色的大牙帐,

大臣诸颜们欢聚一堂，

举行隆重的祭海仪式。

祝愿我们民族共和，

幸福无疆！

今天，我们应该在青海湖旅游文化中凸显这种各民族的凝聚精神和氛围，使青海湖的历史文化成为展现各民族大团结的历史叙说和昭示。

现在，我们再看看青海各民族的居住文化。青海传统的民居文化的异中有同，同中有异的特点，也同样蕴含着深厚的各民族共同具有的精神特质。就以撒拉族来说，房屋的装饰很有讲究，首先是窗子的构型为正方形格子，窗轴在上方，便于从下面开启通风、采光，窗子内侧贴以白纸，其中央或四周贴上花卉图案的红色剪纸，构思巧妙，形象逼真，别具特色，充分体现了撒拉族人民的审美情趣，而且在"房屋正面檐饰有精雕细刻的花槽……民族特色也越来越浓，在雕有双'喜'字、双龙双珠等图案的同时，撒拉人也开始在花槽正中雕有祈求吉祥平安的阿拉伯经文。"这"双喜"、"双龙双珠"图案不也是中华各民族共同向往、祈盼的吉祥、美好的象征吗？信奉伊斯兰教的撒拉族的来源有着美好的传说，他们是从中亚撒马尔罕，历经千辛万苦长途跋涉，终于在明洪武三年(1370 年)五月十八日来到了现在的循化"骆驼泉"这个地方定居了下来，开始了他们创造新生活的艰辛历程。我们可以想象，在这 600 多年的历史过程中，撒拉族人民在和周边的其他兄弟民族的密切往来中相互学习、相互借鉴，不论在物质生活方面，还是在精神文化生活方面，尽管有着显著的差异，但也必然有着共同的追求和期盼，客观的现实把他们紧密地联系在一起，共同面对严峻的自然环境、各种各样的自然灾害和社会危难。这一切又都客观地培育了他们必须具有的共同精神气质和共同的美好追求，诸如顽强拼搏、乐观自信、豪迈豁达的精神气魄和热情好客的朴实豪放的情感，以及追求吉祥、安宁和和谐美好的生活理想等，都无不表现出各民族的向心力和亲和力。形散而神聚的特点，正是青海民族旅游文化的核心。我们要凸显这个核心，就应该对青海民族文化的认识有一个质的飞跃，不要被表面现象所迷惑，即要有一个科学的认识，只有这样，才能谈到以科学发展观开发青海民族旅游资源，发展旅游事业的问题。

从总体上看，我们应该以唐蕃古道青海段为轴心，分地区、分民族、分类别，抓重点，有计划、有目标地进行规划和开发，使青海境内的每一个旅游观光点成为青海民族旅游文化总体结构的有机组成部分，形成一个有层级、有意蕴、有特色，又有相互之间的历史内在联系的旅游文化圈，要让旅游者观看了"甲"的旅游点，必然产生参观"乙"的旅游点的向往。不要为了凸显某一个旅游点，而忽视了它和其他旅游点之间的内在联系和其中所蕴含的各民族"谁也离不开谁"的精神元素，只有这样，才能给旅游者一个比较完整、清晰的"大美青海"的观念和图景，并使之对"大美青海"的内涵有一个比较准确和深刻的感受。

## 三、结语

青海民族旅游文化是一个整体,是一个有着内在联系的点点各异的网状旅游观光带,不可割断它们之间的历史联系和内涵上的相互交错和融合,从这个角度出发,我们才能够在开发旅游文化资源的时候,科学地展现青海民族传统文化的精神内核和独特的人文景观,而不至于被表面现象湮没了那些深邃的文化真谛。例如,我们常说的"倒淌河",看起来是一条不显眼的小水渠,但是有关它却传颂着世代相传的真切、动人的历史故事;循化的"骆驼泉"虽然缄默不语,却深藏着悠悠的历史记忆;蒙古族的"敖包",看起来是一个土石堆,但它却包含着厚重的民族情感和民族向往;塔尔寺的建筑风格、色彩匀称的图案和错落有致的殿堂,都在告诉我们宗教文化的幽深,它也映射着各民族智慧的光辉,展现着藏、汉、蒙古、土族等各民族的向心力。有人说:"外行看热闹,内行看门道。"这话说得有理,据笔者所知,现在越来越多的旅游者都是为追求某种精神享受和刺激,向往文化的神韵和奇特的魅力而奔向沙漠、草原、戈壁、雪山和旷野的,他们带着探索的心态,接踵而来到青海,因此,为他们提供这方面的资源和条件,应该说,是我们着力开发的一个重要方面。我觉得,要开创青海旅游文化的新局面,首先要培养一大批高素质的导游专业工作者,他们应该懂得青海的历史,特别是青海民族史,比较全面的懂得青海各民族的习俗文化和民族文化交往、民族友爱团结的真实的历史事件和故事,熟悉青海的山山水水、沟沟壑壑,地貌特征及附着其上的各种传说、故事和文化意蕴 。如果有可能,导游者应该是双语人,既能说一口流利的汉语普通话,又能说一种民族语言或外语。其次,要对我省旅游点的开发作必要的整合和规划,坚持历史与现实相结合、消遣自娱与神奇向往相结合、民族文化点与民族文化交错相结合,形成一个有层级、有特色、有内涵、有愉悦、有顿悟的特色旅游文化圈,克服一般化、表层化的旅游设计思路,走具有地域特色的文化旅游创新之路。

责任编辑:郭珍宏

**图书在版编目(CIP)数据**

中国民族旅游研究. 2011卷/吴忠军,邱平伟主编
. --北京: 旅游教育出版社,2013.8
ISBN 978-7-5637-2578-6

Ⅰ.①中… Ⅱ.①吴… ②邸… Ⅲ.①少数民族—民族地区—旅游业发展—研究—中国 Ⅳ.①F592.7

中国版本图书馆CIP数据核字(2013)第059093号

**中国民族旅游研究(2011卷)**

吴忠军 邸平伟 主编

杨主泉 副主编

| | |
|---|---|
| **出版单位** | 旅游教育出版社 |
| **地　　址** | 北京市朝阳区定福庄南里1号 |
| **邮　　编** | 100024 |
| **发行电话** | (010)65778403　65728372　65767462(传真) |
| **本社网址** | www.tepcb.com |
| **E-mail** | tepfx@163.com |
| **印刷单位** | 北京中科印刷有限公司 |
| **经销单位** | 新华书店 |
| **开　　本** | 787mm×1092mm　1/16 |
| **印　　张** | 22.25 |
| **字　　数** | 379千字 |
| **版　　次** | 2013年8月第1版 |
| **印　　次** | 2013年8月第1次印刷 |
| **定　　价** | 78.00元 |

(图书如有装订差错请与发行部联系)